Menschliches Handeln

Eine Grundlegung ökonomischer Theorie

Ludwig von Mises

mises.at

Sponsoren:

Georg Zundel

incrementum

scholarium

ISBN:

978-3-902639-51-6 Mises - Menschliches Handeln, 1. Band
978-3-902639-52-3 Mises - Menschliches Handeln, 2. Band
978-3-902639-53-0 Mises - Menschliches Handeln, 3. Band
978-3-902639-54-7 Mises - Menschliches Handeln, 4. Band

Übersetzung: Rahim Taghizadegan
Lektorat: Gregor Hochreiter
Satz: Philipp Bogensberger

Inhaltsverzeichnis

VORWORT DES ÜBERSETZERS

In seinem kurzen Vorwort zur Erstausgabe von *Human Action* hielt Ludwig von Mises dezidiert fest, dass es sich um keine Übersetzung von *Nationalökonomie* handelt. Daraus ergibt sich die Bedeutung und Schwierigkeit der vorliegenden Ausgabe: Der Text von *Nationalökonomie* bildete zwar die Grundlage, war aber für die englische Neuausgabe überarbeitet, verändert und ergänzt worden. Diese Überarbeitungen hielt man lange für unwesentlich, denn die Struktur war sehr ähnlich geblieben. Erst der genaue und sorgfältige Vergleich offenbarte die Fülle an Veränderungen. Diese Veränderungen sind ideengeschichtlich relevant und interessant. Die vorliegende Ausgabe bietet für Misesforscher daher eine wichtige Quelle, um jedem Detail der Textveränderung nachzugehen.

Dieses Interesse ist allerdings gewiss ein sehr spezielles. Für die breitere Leserschaft bietet die vorliegende Ausgabe das Hauptwerk von Mises in frischem Satz, erstmals in der letzten und aktuellsten Fassung auf Deutsch, die etliche inhaltliche Ergänzungen enthält, die *Human Action* von *Nationalökonomie* unterscheiden. Einiges hatte Mises gestrichen und gekürzt, das er für ein späteres, internationaleres Publikum für nicht mehr relevant hielt. Alle Streichungen sind detailliert dokumentiert und in den umfangreichen Kommentaren am Ende angeführt und in voller Länge nachzulesen. Die vorliegende Ausgabe ist also allumfassend, sie stellt die finale Synthese von Mises' Hauptwerk dar und enthält alles, was sich in *Nationalökonomie* und in *Human Action* befindet.

Die Aufgabe war eine monumentale. Zuerst hatte sie sich der deutsche Lehrer Helmut Krebs gestellt. Seine Arbeit motivierte dieses Projekt. Schon die ersten Korrektoratsversuche offenbarten das Ausmaß der Arbeit, und der Einsatz von Helmut Krebs verdient großen Respekt. Der Vergleich Wort für Wort, wobei Feinheiten der Übersetzung von inhaltlichen Änderungen kaum zu unterscheiden sind, erforderte ein mehrfaches Durcharbeiten. Leider konnte aufgrund der komplexen Arbeitsschritte einer wissenschaftlichen Übersetzung dieser Länge nicht auf der Vorarbeit von Helmut Krebs aufgebaut werden, die vorliegenden Übersetzungen beruhen daher nicht mehr auf dieser. Ich habe sie mit kompetenter Hilfe von Gregor Hochreiter, der Lektorat und Vergleichsarbeiten durchführte, neu erstellt – auf der Grundlage eines wirklich präzisen Vergleichs der verschiedenen Fassungen. Die Vielzahl an Veränderungen, an nahezu jeder Stelle des Buches, und die Schwierigkeiten des Satzes ließen den Arbeitsaufwand explodieren. Ohne die finanzielle Unterstützung der Liechtensteiner Vermögensverwaltung *Incrementum AG*, die versucht, die Einsichten der Österreichischen Schule für Anleger nutzbar zu machen, und von Georg Zundel, einem langjährigen Förderer der Österreichischen Schule im deutschsprachigen Raum, der darüber hinaus die Übersetzung angeregt hat, wäre diese Arbeit undenkbar gewesen. Schließlich hat das *scholarium* einen Teil des erheblichen Mehraufwand aufgefangen (da ist allen Unterstützern dieser Einrichtung zu danken).

Übersetzungen stellen für den Übersetzer eine große Herausforderung dar, gilt es doch, nicht bloß ein Wort nach dem anderen zu übersetzen, sondern unter Beibehaltung des Stils des Autors den Sinn der Aussage zu begreifen und dem Leser in der Zielsprache in den Worten des Autors zu vermitteln. Der Übersetzer steht damit vor der Herausforderung, die Gebundenheit an die Aussagen des Autors mit der kreativen Tätigkeit der Wiedergabe des Sinngehalts der Aussage zu vereinen. Daher muss der Übersetzer weitreichende Entscheidungen treffen. Da das vorliegende Werk keine vollständige Neuübersetzung von *Human Action* ist, sondern nur jene Teile übersetzt wurden, die in *Human Action* im Vergleich zu *Nationalökonomie* neu hinzugekommen sind, wurde weitestgehend versucht, den Sprachduktus von *Nationalökonomie* beizubehalten. Dies trifft nicht nur auf die Fachbegriffe zu, sondern auf den Text als Ganzes.

Anleitung für den Leser

Die Schwierigkeit beim Satz war, den Text als Ganzen für den Erstleser leicht lesbar zu halten und dennoch für den Spezialisten die Entstehungsgeschichte detailliert nachzuzeichnen. Dazu wurde mit unterschiedlichen Schriftarten und Endnoten gearbeitet. Text, der direkt aus *Nationalökonomie* übernommen wurde, weil die Teile in *Human Action* als direkte Übersetzungen identifiziert wurden, ist durch Serifen ausgezeichnet. Text, der in *Human Action* neu hinzugekommen ist, bzw. inhaltlich verändert wurde, ist serifenlos.

Die Endnoten enthalten zum einen jene Wörter und Passagen, die in *Human Action* im Vergleich zu *Nationalökonomie* nicht enthalten sind. Hier angeführt sind auch jene wenigen Passagen, die in *Human Action* an anderer Stelle vorkommen. Sollte ein Wort oder ein Satzteil in *Nationalökonomie* nahe an der Formulierung in *Human Action* sein, aber nicht ident, so haben wir die in *Nationalökonomie* vorzufindende Formulierung beibehalten, den in *Human Action* verwendeten Begriff jedoch vermerkt. Die Endnotenziffern sind im Text kursiv gehalten, um sie von Fußnoten zu unterscheiden. Der lange Endnotenteil am Ende bildet daher einen eigenen Kommentarband. Diese Lösung erlaubt den größten Komfort, dass der an Details interessierte Leser Endnoten und Text direkt vergleichen kann, ohne hin- und her zu blättern.

Hier ein Beispiel für die Nutzung der Endnoten. Im Haupttext steht etwa an einer Stelle:

> Wer nur wünscht und hofft, greift in das Getriebe der Welt und in die Gestaltung seines Lebens[62] nicht selbsttätig ein.

Die Serifenschrift verweist auf originalgetreue Übernahme aus *Nationalökonomie*.

Die Endnote *62* ist ein Hinweis auf eine leichte, vielleicht interessante Abweichung in *Human Action*, die jedoch nicht bedeutsam genug ist, um in dieser Ausgabe neu übersetzt zu werden, weil sie in der Regel nur den Freiheiten der Übersetzung folgte. Das Nachschlagen bei der Endnote *62* nach dem Wort «Lebens» zeigt:

> [62]Lebens > destiny

Diese Notation bedeutet, dass in *Human Action* das Wort «destiny» anstelle der wortwörtlichen Übersetzung «life» gewählt wurde. Ein serifenloser Text in den Endnoten zeigt stets eine Änderung oder Ergänzung in *Human Action* an, wobei wir in unserer Fassung die Ursprungsversion in *Nationalökonomie* aus dem oben genannten Grund vorgezogen haben.

Ein weiteres Beispiel:

> Für die Lehre vom Handeln[67] gibt es denn auch nicht den Unterschied zwischen «aktiven» und «passiven» oder «indolenten» Menschen.

Im Kommentarband mit den Endnoten findet sich:

> [67]die Lehre vom Handeln > Praxeology

Mises hat in *Human Action* den Begriff «Praxeologie» schon selbstbewusster und häufiger verwendet. Allerdings lag aufgrund der inhaltlichen Identität kein Grund vor, das Original in *Nationalökonomie* abzuändern. In Serifenschrift angeführt ist zudem in der Endnote «die Lehre vom Handeln», damit klar wird, welche Wörter genau ersetzt wurden. Steht in den Endnoten nur ein Text in Serifenschrift, so bezeichnet das eine Streichung in *Human Action* von Text, der sich in *Nationalökonomie* fand. Diese Streichungen können ganze Kapitel umfassen, diese finden sich dann ebenso unter den Endnoten. Der Haupttext folgt also stets – abgesehen von unerheblichen Abweichungen der Übersetzung – der Variante von *Human Action*, welche die jüngere ist und demnach eher der gewünschten Endfassung von Mises entspricht. Auch die Kapitelordnung folgt *Human Action*.

Der Kommentarband mit den Endnoten wurde zudem um einen Text zur Wirkungsgeschichte und Bedeutung von *Human Action* in den USA ergänzt. Dieser Text stellt die deutsche Erstübersetzung eines leicht gekürzten Kapitels der meisterhaften Mises-Biographie «The Last Knight of Liberalism» unseres Kollegen Guido Hülsmann dar.

Von den Endnoten verschieden sind die Fußnoten, die Teil der Originaltexte sind. Bei Fußnoten, die neu in *Human Action* zu finden sind, wurden direkte Zitate, falls verfügbar, einer deutschen Übersetzung entnommen. Bei indirekten Zitaten wurde der Verweis auf das Original belassen. Sollte in *Human Action* als Quelle die englische Übersetzung eines Buches angegeben sein, erfolgt der Verweis auf die deutsche Übersetzung des entsprechenden Werkes, sofern vorhanden. Wurde das Original auf Deutsch verfasst, wird auf jeden Fall auf das deutsche Original verwiesen.

Der Vollständigkeit halber wurden auch jene Quellenverweise beibehalten, die nur in der englischen Ausgabe einen Sinn ergeben, wie z. B. Verweise auf die englische Übersetzung deutscher Originaltexte bzw. das Fehlen derselben, wie z. B.:

> Es scheint, dass es keine englische Übersetzung dieses Gedichtes gibt. Das Buch von Douglas Yates (Franz Grillparzer, A Critical Biography, (Oxford, 1946)), I, 57, gibt eine kurze englische Zusammenfassung seines Inhalts.
>
> Für eine Übersetzung von Nietzsches Gedicht vgl. Maximilian A. Mügge, Friedrich Nietzsche (New York, 1911), S. 275.

Fußnoten, die von *Human Action* nicht aus *Nationalökonomie* übernommen wurden, finden sich in den Endnoten an der Stelle eingefügt, an der sie sich in *Nationalökonomie* befinden. Die bibliographischen Angaben wurde nicht verändert, d.h. auch etwaige Fehler nicht korrigiert.

Wenn nur die Fußnote gestrichen wurde, wird das so angezeigt:

> [FN: Vgl. Franz Brentano, Vom Ursprung sittlicher Erkenntnis. 2. Auflage, Leipzig 1921, S. 94. Anm. 29.]

Wenn eine längere Passage, die eine Fußnote enthält, gestrichen wurde, enthält die Endnote die gesamte Passage mit der gestrichenen Fußnote:

> Alle Erfahrung bezieht sich dabei auf Vergangenes; sie sagt, wie es gewesen ist, und nicht, wie es sein wird. «Erfahrung», sagt Kant, «gibt niemals ihren Urteilen wahre oder strenge, sondern nur angenommene und komparative Allgemeinheit (durch Induktion), so dass es eigentlich heißen muss: so viel wir bisher wahrgenommen haben, findet sich von dieser oder jener Regel keine Ausnahme»[FN: Vgl. Kant, Kritik der reinen Vernunft. (Werke, Inselausgabe, III. Bd., S. 36.)].

Unbedeutende Querweise wurden komplett, bei bedeutenden die Seitenangabe gestrichen, da die Seitenzahlen natürlich nicht mehr übereinstimmen können. In der digitalen Fassung erübrigen sich heute Seitenhinweise, auch ein Index ist nicht mehr nötig und wurde daher weggelassen.

Nationalökonomie wurde 1940 in der Schweiz veröffentlicht und daher in der damals gültigen Schweizer Rechtschreibung gesetzt. Diese Rechtschreibung haben wir in allen Passagen, die eins zu eins in *Human Action* vorzufinden sind, beibehalten. Die in *Human Action* neu hinzugekommenen Wörter oder Passagen, die von uns übersetzt wurden, folgen der neuen deutschen Rechtschreibung wie sie der Duden vorgibt. Jene wenigen Passagen, die in *Human Action* an anderer Stelle als in *Nationalökonomie* zu finden sind, entsprechen der Schweizer Rechtschreibung. Zudem wurden die in der Schweiz üblichen Anführungszeichen, die Guillemets «», im gesamten Text verwendet.

Einige wenige Rechtschreibfehler im Original wurden korrigiert und sind ebenso in serifenloser Schrift ausgeführt. Die in *Nationalökonomie* und *Human Action* unterschiedliche Zitierweise wurde vereinheitlicht.

Stilistische Unterschiede

Human Action, 1949 veröffentlicht, wirkt konfrontativer als die neun Jahre früher in einer gänzlich anderen Welt veröffentlichte *Nationalökonomie*. Trotz Mises' lebenslanger Ablehnung aller Sozialismen ist *Nationalökonomie* ein Werk, das der

Österreicher Mises geschrieben hat. William M. Johnston hat in seiner «Österreichische Kultur- und Geistesgeschichte» den Österreicher als ausgleichenden, vermittelnden Menschenschlag beschrieben. Speziell in Ostösterreich und der über die Jahrhunderte stetig an Bedeutung gewinnenden Reichs- und Residenz- sowie späteren Bundeshauptstadt Wien prallten Ost und West aufeinander – auch kriegerisch, allen voran aber kulturell, ethnisch und weltanschaulich. Auch 30 Jahre nach dem Fall des Eisernen Vorhangs ist kaum jemanden bewusst, dass Mises' Geburtsstadt, das damalige Lemberg und heutige Lviv, von Wien nur etwas weiter entfernt ist als Frankfurt oder Zürich. Die exponierte Lage Wiens als östlichste Stadt des Westens und westlichste Stadt des Ostens – damals wie heute – macht Wien in Wirklichkeit zum Dreh- und Angelpunkt der beiden Hälften Europas.

Dem Österreicher im Allgemeinen und dem Wiener im Speziellen wird häufig vorgeworfen, er sei wankelmütig, nachgiebig und prinzipienlos. Das ist eine übertrieben negative Auslegung. Der Wiener ist, sich seiner geografischen Lage vollends bewusst, vermittelnd, ausgewogen und unbeschadet seiner mitunter ausgeprägten Grobheit im Letzten tolerant. Bei aller *intellektuellen* Prinzipienfestigkeit – der Wiener weiß, dass angesichts der Vielgestaltigkeit der Donaumetropole *politischer* Extremismus in die Katastrophe führen muss. Der Untergang der ersten Republik, den Mises zuerst hautnah, dann aus seinem ersten Exil, beobachten musste, war eben auch die Folge der politischen Kompromisslosigkeit des jungen Staates. Mises, mit Unterbrechung während des Ersten Weltkriegs seit 1909 und bis 1934 an der Wiener Handelskammer tätig, hat diesen institutionellen Zwang zu Diskussion, Kompromiss und Einigung, der allerdings in der Zwischenkriegszeit zu schwach war, um die politischen Spannungen zu zähmen, sicherlich mitbekommen. *Nationalökonomie* atmet diese Luft des Miteinander-im-Gespräch-Bleibens, auch wenn Mises bereits 1934 Österreich, das nach der Niederlage im 1. Weltkrieg nur mehr den Namen mit der untergegangenen Donaumonarchie teilte, verlassen hatte.

Human Action ist dagegen durchzogen vom konfrontativeren angelsächsischen Geist. «The winner takes it all» – dieses Leitmotiv, das nur Sieger und Besiegte kennt, spiegelt sich politisch beispielsweise im Mehrheitswahlrecht wider. *Human Action* ist daher keine eins zu eins Übersetzung von *Nationalökonomie*, weil dessen Leserschaft eine andere ist. Um dieser kulturellen Andersartigkeit gerecht zu werden, hat Ludwig von Mises also weitreichende Überarbeitungen vorgenommen. Neben den bereits erwähnten Unterschieden hat Mises die gänzlich anders geartete geschichtlichen Formung der USA im Vergleich zu Deutschland und Österreich(-Ungarn) berücksichtig und dem Umstand Rechnung getragen, dass die angelsächsische Welt wesentlich stärker im Empirismus verhaftetet ist als die abstrakter denkende deutsche Kultur. Ein weiterer gravierender Unterschied ergibt sich aus der Tatsache, dass *Nationalökonomie* 1940 und damit in den Anfangszügen des Zweiten Weltkrieges veröffentlicht wurde, *Human Action* 1949 und damit nach dem Sieg über den Nationalsozialismus, der jedoch eine deutliche Ausdehnung des Kommunismus – räumlich wie weltpolitisch – zur Folge hatte. Anhand zweier Beispiele sollen diese Unterschiede herausgearbeitet werden:

Nationalökonomie, S. 137:

> Die einzelnen Mitglieder eines Staates oder Volkes und die verschiede-

nen Gruppen, die sie bilden, stehen einander nicht in Liebe und inniger Verbundenheit gegenüber. Sie hassen und bekämpfen einander nicht selten als Todfeinde. Der Bayer hasste den Preußen und der Preuße den Bayer; wenn sie sich auf gemeinsamem Boden zusammenzufinden und als Glieder eines Volkes zu lieben gelernt haben, war das das Werk der nationalen Ideologie. Der Adelige sieht nicht im Unadeligen seines eigenen Volkes den ihm artgleichen Menschen, wohl aber im Adeligen fremder Völker und Staaten.

Human Action, S. 167:

The various members of a nation or linguistic group and the clusters they form are not always united in friendship and good will. The history of every nation is a record of mutual dislike and even hatred between its subdivisions. Think of the English and the Scotch, the Yankees and the Southerners, the Prussians and the Bavarians. It was ideologies that overcame such animosities and inspired all members of a nation or linguistic group with those feelings of community and belonging together which present-day nationalists consider a natural and original phenomenon.

Zweites Beispiel:
Nationalökonomie, S. 282f:

Unter dem Einfluss der für die merkantilistischen Ideen gemachten Propaganda bedienen sich die Wirte in der Marktwirtschaft oft einer Ausdrucksweise, die mit den Grundsätzen, die sie im Handeln befolgen, ebenso im Widerspruch steht wie mit dem Ganzen der Gesellschaftsordnung, in der sie zu handeln haben. Der Engländer spricht von den in England gelegenen Produktionsstätten und mitunter auch von denen, die in den britischen Dominions, in Indien und in den Kronkolonien liegen, als von «unseren». Doch wenn er nicht gerade eine politische Demonstration beabsichtigt, ist er nicht geneigt, freiwillig für das Erzeugnis, «seiner» Werke mehr zu zahlen als für das der «fremden» Werke. Aber auch dann, wenn er so vorgeht, wird diese Ausdrucksweise noch nicht sinnvoll. In welchem Sinne kann ein Londoner, der nicht Bergwerksbesitzer ist, in England gelegene Kohlengruben als «unsere» bezeichnen? In welchem Sinne kann er die Kohlengruben des Ruhrgebiets als «fremde» bezeichnen? Ob er Kohle englischer oder deutscher Herkunft kauft, er muss doch in jedem Fall den Marktpreis bezahlen.

Im 18. Jahrhundert hat kein Wiener davon gesprochen, dass Brüssel «uns» gehört. Er wird den Tatbestand, dass Brüssel damals «österreichisch» war, richtig ausgedrückt haben durch den Satz: Unser Landesherr ist auch der Beherrscher der (vormals spanischen) Niederlande. Doch hundert und mehr Jahre später sagte der Wiener oder Prager harmlos: «Galizien gehört uns» oder «wir haben Bosnien okkupiert». Nach dem Friedensschluss von St. Germain sagte der Wiener: «Man hat uns unsere Kohlengruben genommen» und nicht nur die Wiener

> und die anderen Österreicher, sondern die ganze Welt bezweifelte, ob ein «Land» ohne Kohlengruben «lebensfähig» sei. [...]
>
> Es kann nicht gelingen, den Gegensatz zwischen der marktlosen Gemeinwirtschaft eines Volkes und der Marktwirtschaft, die Wirte, doch nicht Völker als handelnde Einheiten kennt, zu überbrücken. In der Marktwirtschaft ist die Unterscheidung zwischen inländischen und ausländischen Waren ein politisches Postulat. Sie wird nur dort sinnvoll, wo eine Volkswirtschaft als handelnde Einheit allen ihr nicht angehörigen Wirten gegenübersteht.

Human Action S. 323:

> Fascinated by the propaganda of Neo-Mercantilism, people apply idioms which are in contrast to the principles they take as guides in their acting and to all the characteristics of the social order in which they are living. Long ago the British began to call plants and farms located in Great Britain, and even those located in the Dominions, in the East Indies, and in the colonies, «ours.» But if a man did not just want to make a show of his patriotic zeal and to impress other people, he was not prepared to pay a higher price for the products of his «own» plants than for those of the «foreign» plants. Even if he had behaved in this way, the designation of the plants located within the political boundaries of his nation as «ours» would not be adequate. In what sense could a Londoner, before the nationalization, call coalmines located in England which he did not own «our» mines and those of the Ruhr «foreign» mines? Whether he bought «British» coal or «German» coal, he always had to pay the full market price. It is not «America» that buys champagne from «France.» It is always an individual American who buys it from an individual Frenchman.

Inhaltliche Hinweise

Neu sind folgende Kapitel, wobei auch jene Kapitel angeführt werden, die zwar einen ähnlichen Inhalt haben, die aber durchgängig neu formuliert sind:

- Kapitel 3: Ökonomie und die Revolte gegen die Vernunft
- Kapitel 6: Ungewissheit
- Kapitel 35: Das Wohlfahrtsprinzip versus das Marktprinzip

Aus dem «Schlusswort» in *Nationalökonomie* wurde in *Human Action* ein aus drei kurzen Kapiteln bestehender neuer 7. Teil:

- Kapitel 37: Der unscheinbare Charakter der Ökonomie
- Kapitel 38: Der Stellenwert der Ökonomie im Akademischen

- Kapitel 39: Ökonomie und die wesentlichen Probleme der menschlichen Existenz

Umstellungen:

- «Die Krise des Interventionismus» (ursprünglich 6. Teil, 8. Kapitel) beschließt neu den 6. Teil.

Die gewichtigste Ergänzung in *Human Action* ist die Behandlung der Ungewissheit und damit die stärkere Berücksichtigung des Unternehmers. Für diesen führt Ludwig von Mises einen neuen englischen Begriff ein: *Promoter*. Das Englische verwendet ja paradoxerweise einen französischen Begriff für den Unternehmer, da das ursprünglichere *undertaker* (analog zum deutschen Wort) heute nur noch einen Leichenbestatter bezeichnet. *Promoter*, von *promovere*, vorantreiben, beschreibt ganz gut die aktive Rolle des Unternehmers, der Ungewissheit schultert und die Zukunft nicht nur antizipiert, sondern ihr als Geburtshelfer zum Eintritt verhilft. Näheres zum ideengeschichtlichen, begriffsgeschichtlichen und ökonomischen Hintergrund des Unternehmerbegriffs findet sich in meinem Buch «Helden, Schurken, Visionäre» (Finanzbuch-Verlag, 2016).

Promoter hat sich als Begriff nicht durchgesetzt. Heute denkt man eher an die «Promotion» und damit im Englischen an Werbung – in der heutigen, ebenso gewandelten Bedeutung. Ähnlich ist es beim deutschen Begriff «Kundschaft». Dieser bedeutet ursprünglich die Kenntnis der Zuverlässigkeit und Güte eines unternehmerischen Angebots. Verbreitet sich diese «Kundschaft», steigt der Markenwert eines Unternehmens. Der englische Ausdruck dafür ist «Goodwill» und wird als immaterieller Unternehmenswert geführt. In Nationalökonomie verwendet Mises «Kundschaft» im ursprünglichen Sinne, in *Human Action*, ist dieser stets mit Goodwill wiedergegeben. Wir haben das Original nicht geändert, auch wenn «Kundschaft» heute von den meisten als schlichte Bezeichnung für Käufer – «Kunden» – gebraucht wird.

Anstelle von Promoter bleiben wir konsequenterweise auch beim Unternehmer, oder gar «Wirt», dem schönsten und kürzesten deutschen Wort für den unternehmerisch Tätigen, der die offensichtliche Wurzel der gesamten Wirtschaft ist. Dieses, von Mises gerne benutzte Wort, wird heute fast nur noch für den Gastwirt verwendet. Sprache ist, wie Menger einst richtig erkannt hatte, eine dynamische, spontane Ordnung. Das Deutsch in *Nationalökonomie* ist entsprechend älter als das Englisch in *Human Action*. Unklarheiten und verstaubte Formulierungen muss der Leser daher im Originaltext in Kauf nehmen. Trotzdem ist eine Modernisierung des alten Deutsch noch nicht geboten, denn für damalige Verhältnisse hat es einen ausgesprochen klaren und lesbaren Stil. Darum ist der Text gut gealtert und rechtfertigt kein Umschreiben. Wer Mises' philosophische Ausführungen mit den deutschen Philosophen derselben Zeit vergleicht, dem wird drastisch bewusst, dass die Österreichische Schule der Ökonomik seit ihren Anfängen durch Klarheit und Allgemeinverständlichkeit heraussticht. Die trotzdem unbestreitbare Schwierigkeit der Texte liegt allein an der Komplexität der Thematik.

Bedeutung des Werkes

Wie Guido Hülsmann in seinem Text deutlich macht, hatte *Human Action* herausragende Bedeutung für den Neubeginn der Österreichischen Schule als Austrian School in den USA. Ohne Ludwig von Mises wäre diese Tradition womöglich nur noch eine Fußnote in den Geschichtsbüchern. In hohem Alter, nach Verlust seiner Heimat, meisterte er eine Fremdsprache und begann noch einmal beinahe von null. Ein ordentlicher Lehrstuhl blieb ihm stets verwehrt. Sein Schüler Friedrich A. von Hayek erhielt nach Mises' Tod den Nobelpreis für die Weiterführung und Vertiefung der Leistungen seines Lehrers – vor allem aber wohl, um ein ideologisches Alibi für den parallel an den Etatisten Gunnar Myrdal vergebenen Preis zu bieten.

Nationalökonomie ging leider im Krieg unter und entfaltete daher kaum Wirkung. Die Österreichische Schule der Ökonomik verschwand in Europa nahezu völlig von der Bildfläche, mit wenigen Ausnahmen, wie etwa Roland Baader, der wichtigste deutsche Schüler von Friedrich A. von Hayek. Ich selbst, in Wien aufgewachsen, habe diese Tradition erst in den USA kennengelernt und studiert – bevor ich dann zu einem Schüler von Roland Baader wurde. Auch mein zweiter Lehrer ist so wie Guido Hülsmann ein Deutscher: Hans-Hermann Hoppe war Murray N. Rothbard am Lehrstuhl der University of Nevada nachgefolgt. Hoppe, der im selben Jahr geboren wurde, in dem *Human Action* erschien, führte die konsequentere und konfrontativere Linie des wichtigsten amerikanischen Mises-Schülers Rothbard weiter und leistete einen wichtigen Beitrag zur Rückkehr der Österreichischen Schule der Ökonomik als eigenständige und selbstbewusste Tradition nach Europa.

Mises' *Human Action* war so wirkmächtig, weil das Werk eine erkenntnistheoretisch fundierte Alternative zum ökonomischen Hauptstrom formulierte, ohne dabei die Marktfeindlichkeit der üblichen «heterodoxen» Ansätze aufzuweisen. Diese Besonderheit erklärt natürlich auch die mangelnde akademische Rezeption von Mises. Ludwig von Mises hatte stets höchste akademische Standards hochgehalten, doch in den USA erkannte er, dass die Universitäten korrumpiert waren. Die Bürger können sich nicht mehr auf die Arbeitsteilung verlassen, durch Intellektuelle aufgeklärt und durch Journalisten informiert zu werden. Beide Gruppen bilden falsche Eliten, die die Interessen der breiten Bevölkerung eigenen ideologischen Vorlieben opfern. Darum richtete sich *Human Action* noch mehr als *Nationalökonomie* an ein Laienpublikum. Viele Kürzungen, Straffungen, Hinzufügungen und Umformulierungen sind von diesem Geist getragen, die Verständlichkeit und Relevanz für den Laien zu vergrößern. Mises fügte Beispiele und Wiederholungen ein.

Dabei blieb es natürlich ein schwieriger Wälzer. In den USA gelang es aber, an den Torwächtern der Universitäten und Massenmedien vorbei, ein breiteres Publikum zu erreichen, oft Menschen, die große wirtschaftliche bzw. unternehmerische Erfahrung hatten und die größere Realitätsnähe und Relevanz der Mises'schen Abhandlung intuitiv erfassten. Dabei erlag Mises nicht allzu sehr dem Druck, anhand der Tagespolitik zu polarisieren, sondern blieb dem Anliegen treu, eine wertneutrale Darstellung ökonomischer Grundprinzipien vorzulegen.

Die stellenweise Härte der Formulierung, der systemhafte Aufbau und der vermeintliche neokantianische Einschlag werden Mises gerne vorgeworfen, um damit berechtigte Gründe für die mangelnde akademische Rezeption anzuführen. Diese

Kritik ist nicht ganz unberechtigt, greift aber zu kurz. *Human Action* ist zwischen einer akademischen Abhandlung und einer Schrift für ein größeres Laienpublikum angesiedelt. In der Ökonomik geht es um menschliche Existenz; die Massenmorde des 20. Jahrhunderts waren frisch und die schreckliche Bilanz des Sozialismus wurde zur Zeit des Erscheinens noch von den meisten Intellektuellen negiert. Berücksichtigt man neben dem geopolitischen Kontext noch die persönliche Geschichte kann man eigentlich nur Bewunderung dafür empfinden, wie moderat und sachlich im Ton Mises noch bleiben konnte. Für die Nazis war er Staatsfeind Nummer eins – sie plünderten seine Bibliothek noch am Vorabend des «Anschlusses» und wollten seine Frau entführen, um ihn aus dem Schweizer Exil zu locken. Die Sozialisten sahen ihn als Klassenfeind Nummer eins und schmähen ihn bis heute gerne als «Rechten».

Ludwig von Mises versuchte tatsächlich einen grundlegenden Neuaufbau der Ökonomik als Praxeologie. Der deduktive Charakter erscheint vielen Kritikern als dogmatisch. Stellenweise könnte man den Eindruck haben, Mises verhalte sich wie die Modellbauer des ökonomischen Hauptstromes. Doch der Eindruck täuscht. Seine Praxeologie beruht nicht auf Modellannahmen, sondern auf den wenigen Universalien menschlichen Handelns. Aufgrund der Vielfalt der Menschen sind diese Universalien nicht konkret, sondern sehr allgemein – kategorienhaft. Daher wirkt Mises' Zugang vielleicht abstrakt. Er stellt allerdings den nüchternen Versuch dar, alle Schlussfolgerungen aus den wenigen Prämissen, die wir sicher für alle Menschen als zutreffend annehmen können, sauber bis ins Letzte zu durchdenken. Der Duktus, der Anleihen an den dominanten deutschen Philosophen der Zeit nimmt, täuscht dabei mehr Kantianismus vor als für Mises Zugang nötig ist. Selbst beruft er sich eher auf Epikur, und seine Abhandlung wirkt durchaus aristotelisch. Mises' Prämissen sind eben keine vereinfachenden Annahmen, sondern Essenzen der menschlichen Natur. Damit ist er kein Systembauer im konstruktivistischen Sinne, sondern versucht eine «Summa» der logischen Durchdringung realer Phänomene. Dieser Realismus im Gegensatz zum deutschen Idealismus wird in *Human Action* noch eine Spur deutlicher, dabei hilft auch die etwas empirischere Prägung der angelsächsischen Welt.

Fast alle großen deutschsprachigen Abhandlungen des letzten Jahrhunderts über die menschliche Gesellschaft sind unlesbar geworden: Der Stil ist heutigen Lesern unzugänglich, weil sich Sätze über Seiten ziehen, mit allerlei Einschüben. Die Wortwahl reizt heutige Sensibilitäten. Düstere Anzeichen des totalitären Massenwahns liegen zwischen den Zeilen. Mises' magnum opus steht hier deutlich heraus. Es ist heute noch lesbar und hat moralisch keine Kraft eingebüßt, weil Mises prophetisch die falschen Ideen seiner Zeit als falsch erkannt hatte. Am Massen-, Klassen- und Rassenwahn streifte er nicht an. Mises ist heute wie damals ein Unikum: Dem zeitlos Richtigen gegen jeden Zeitgeist folgend, und damit stets seiner Zeit voraus. Umso wichtiger, dass sein Hauptwerk endlich wieder in einer sorgfältigen Neuausgabe in deutscher Sprache zur Verfügung steht, ohne zu verdecken, wie sehr wir unseren amerikanischen Freunden zu Dank verpflichtet sind, die Fackel der Freiheit hochgehalten zu haben. Doch Mises hatte richtig erkannt, dass das nicht zu falschem Stolz führen darf: Auch in den USA war es nur eine kleine Minderheit, die meist dem stolzen Interventionismus unterlag. Letztlich wird nicht die Geopolitik Europa und die USA nachhaltig verbinden, sondern allenfalls

Erkenntnisdrang und friedlicher Austausch zwischen den kleinsten Minderheiten auf beiden Kontinenten: den Individuen. Mises bleibt dafür ein Vorbild, sein lebenslanger Leitspruch mag uns ermuntern: *Tu ne cede malis* – gib dem Schlechten nicht nach!

Rahim Taghizadegan

Wien, Februar 2019

VORWORT DES AUTORS

Von Herbst 1934 bis Sommer 1940 hatte ich das Privileg, den Lehrstuhl für Internationale Wirtschaftsbeziehungen am Graduate Institute of International Studies in Genf, Schweiz, zu übernehmen. In der ruhigen Atmosphäre dieses Ortes des Lernens, den zwei bedeutende Gelehrte, Paul Mantoux und William E. Rappard, organisiert hatten und weiterhin leiteten, machte ich mich daran, einen alten Plan von mir auszuführen, eine umfassende Abhandlung über Wirtschaftswissenschaft zu schreiben. Das Buch – Nationalökonomie, Theorie des Handelns und Wirtschaftens – wurde in den düsteren Tagen des Monats Mai 1940 in Genf veröffentlicht.

Der vorliegende Band ist keine Übersetzung dieses früheren Buches. Obwohl die allgemeine Struktur wenig verändert wurde, wurden alle Teile neu geschrieben.

Meinem Freund Henry Hazlitt möchte ich ganz besonders für seine Freundlichkeit danken, das Manuskript zu lesen und mir wertvolle Anregungen zu geben. Ich bin auch Herrn Arthur Goddard für sprachliche und stilistische Beratung zu Dank verpflichtet. Darüber hinaus bin ich Herrn Eugene A. Davidson, Herausgeber der Yale University Press, und Herrn Leonard E. Read, Präsident der Foundation for Economic Education, für ihre freundliche Ermunterung und Unterstützung sehr dankbar.

Ich brauche kaum hinzuzufügen, dass keiner dieser Herren direkt oder indirekt für die in dieser Arbeit enthaltenen Meinungen verantwortlich ist.

Ludwig von Mises

New York, Februar 1949.

EINLEITUNG

1. Nationalökonomie und Praxeologie

Die Nationalökonomie ist unter allen Wissenschaften die jüngste. In den letzten zweihundert Jahren sind wohl viele neue Wissenschaften aus den Disziplinen, die schon die Griechen begründet haben[1], hervorgegangen; doch immer handelte es sich dabei um Abzweigung und Verselbständigung eines Teiles, der schon im alten Systeme des Lernens seinen Platz gefunden hatte. Das Forschungsgebiet wurde genauer abgeteilt und mit neuen Verfahren bearbeitet, man entdeckte in ihm bisher nicht beachtete Provinzen und man lernte, es in anderem Lichte zu sehen, als die Vorfahren es gesehen hatten. Doch der Umkreis der Forschung selbst wurde nicht erweitert. Mit der Nationalökonomie betrat die Humanwissenschaft jedoch ein Gebiet, das ihr früher verschlossen geblieben war und woran niemand gedacht hatte. Die Entdeckung der Gesetzmäßigkeit[2] im Ablauf und Wechselwirken der Markterscheinungen führte über das altüberlieferte System der Wissenschaften hinaus. Sie brachte Erkenntnis, die man weder als Logik, Mathematik oder Psychologie, noch als Physik oder Biologie ansehen durfte.

Die Philosophen waren schon lange darauf bedacht, die Ziele zu ermitteln, die Gott oder die Natur im Laufe der Menschheitsgeschichte zu verwirklichen versuchten. Sie suchten nach dem Gesetz des Schicksals und der Evolution der Menschheit. Aber auch jene Denker, deren Untersuchung frei von jeglicher theologischer Tendenz war, scheiterten bei diesen Bestrebungen völlig, weil sie sich einer fehlerhaften Methode verschrieben hatten. Sie befassten sich mit der Menschheit als Ganzes oder mit anderen ganzheitlichen Konzepten wie Nation, Rasse oder Religion. Sie stellen ganz willkürlich die Ziele auf, zu denen das Verhalten solcher Gesamtheiten führen muss. Aber sie konnten die Frage nicht zufriedenstellend beantworten, welche Faktoren die verschiedenen handelnden Individuen dazu zwangen, sich so zu verhalten, dass das Ziel der unaufhaltsamen Evolution des Ganzen erreicht wurde. Sie haben auf verzweifelte Behelfe zurückgegriffen: die wunderbare Einmischung der Gottheit entweder durch Offenbarung oder durch die Entsendung von Propheten und geweihten Führern, die vorher festgelegte Harmonie, die Vorbestimmung oder das Wirken einer mystischen und sagenhaften «Weltseele» oder «Volksseele». Andere sprachen von einer «List der Natur», die dem Menschen Impulse einpflanzte, die ihn unwissentlich genau auf den Weg brachten, den die Natur von ihm wollte.

Andere Philosophen waren realistischer. Sie haben nicht versucht, die Entwürfe von Natur oder Gott zu erraten. Sie[3] hatten die gesellschaftlichen Probleme unter dem

Gesichtspunkte der Regierung von Menschen durch die Obrigkeit betrachtet. Sie suchten Normen für die Politik aufzustellen, eine Kunstlehre der Menschen- und Staatsführung. Die philosophischen Köpfe entwarfen Reformpläne für den Neubau des Staates, die bescheideneren begnügten sich mit der Sammlung und Ordnung des gegebenen Erfahrungsstoffes. Alle aber waren von der Überzeugung durchdrungen, dass im gesellschaftlichen Leben keine Gesetzmäßigkeit und Notwendigkeit von der Art walte, die man im Ablauf des Denkens und der Naturvorgänge bereits erkannt hatte. Man forschte nicht nach den Baugesetzen der Gesellschaft, weil man dachte, die Gesellschaft könne von den Menschen willkürlich gebaut werden. Wenn im Staate nicht alles den Wünschen der Reformer entsprach und wenn ihre Utopien sich als undurchführbar erwiesen, so konnte das nur der sittlichen Unzulänglichkeit der Menschen zugeschrieben werden. Die gesellschaftlichen Probleme erschienen als ethische Probleme. Um den Idealstaat nach den Plänen der Reformer zu errichten, bedürfe es, meinte man, guter Fürsten und guter Bürger; mit guten Menschen lasse sich jedes Gesellschaftsideal verwirklichen.

Die Entdeckung der notwendigen Verbundenheit der Markterscheinungen stürzte diese Auffassung. Man stand mit Verblüffung einer neuen Erkenntnis gegenüber. Es gibt also, musste man sich sagen, auch für die Betrachtung menschlichen Verhaltens in der Gesellschaft einen anderen Gesichtspunkt als den von gut und böse, von gerecht und ungerecht. Auch im Gesellschaftlichen waltet eine Gesetzmäßigkeit, der sich das Handeln anzupassen hat, wenn es erfolgreich sein will. Man hat an die gesellschaftlichen Erscheinungen nicht mehr als Richter heranzutreten, der Lob und Tadel spendet nach Wertmaßstäben, die er aus seinem Empfinden hervorholt; man hat die Gesetze des menschlichen Handelns und der gesellschaftlichen Kooperation zu erforschen, wie der Physiker die Gesetze der Natur[4] erforscht. Die menschliche Gesellschaft und das menschliche Handeln als Gegenstand einer Wissenschaft der gegebenen Beziehungen[5], nicht mehr einer Normwissenschaft vom Wünschenswerten, das war eine Wendung von ungeheuerer Tragweite sowohl für das Denken und die Philosophie als auch für das soziale Handeln selbst.

Die Bedeutung dieser radikalen Wendung des Denkens wurde zunächst freilich noch für mehr als hundert Jahre dadurch in hohem Maße eingeschränkt, dass man dachte, sie beziehe sich nur auf einen engen Ausschnitt aus dem Gesamtfelde des menschlichen Handelns, auf die Markterscheinungen. Die klassische Nationalökonomie stieß auf ein Hindernis, das sie nicht zu überwinden vermochte, auf die scheinbare Antinomie des Wertes[6]. Ihre Werttheorie war fehlerhaft und zwang sie, den Umfang ihrer Wissenschaft einzuschränken. Die Nationalökonomie blieb zunächst Lehre von der wirtschaftlichen Seite der menschlichen Handlungen, eine Theorie des Wohlstands und des Egoismus. Sie befasste sich mit menschlichem Handeln nur insoweit, als es durch das ausgelöst wird, was – sehr unbefriedigend – als Gewinnmotiv bezeichnet wurde, und sie behauptete, dass es darüber hinaus noch andere menschliche Handlungen gebe, deren Behandlung Aufgabe anderer Disziplinen sei.[7] Der Umsturz des Denkens, den die Klassiker eingeleitet haben, wurde erst durch die subjektivistische Nationalökonomie vollendet, die die Theorie der Marktpreise zur allgemeinen Theorie der Wahlakte ausgestaltete.

Man hat lange Zeit gebraucht, um zu erkennen, dass es bei dem Übergang von der klassischen Wertlehre zu der modernen Wertlehre um mehr ging als um die Verdrängung einer unhaltbaren Wert- und Preislehre durch eine befriedigendere. Die allgemeine Theorie der Wahlakte und Präferenzen reicht weit über den Problemkreis hinaus, den man von Cantillon, Hume und Smith bis John Stuart Mill als den nationalökonomischen angesehen hat. Sie ist mehr als bloß Lehre von der wirtschaftlichen Seite des menschlichen Handelns oder von dem auf die Versorgung mit materiellen Gütern gerichteten menschlichen Handeln. Sie ist die Lehre von allem menschlichen Handeln schlechthin. Im Wählen fallen alle menschlichen Entscheidungen. Im Wählen wird nicht nur zwischen materiellen Gütern und persönlichen Diensten entschieden. Alles Menschliche steht zur Wahl; jedes Ziel und jedes Mittel, Materielles und Ideelles, Hohes und Gemeines, Edles und Unedles stehen in einer Reihe und werden durch das Handeln gewählt oder zurückgestellt. Nichts, was Menschen begehren oder meiden wollen, bleibt der Ordnung und Reihung durch die Wertskala und durch das Handeln entzogen. Die subjektivistische Nationalökonomie[8] erweitert den wissenschaftlichen Horizont und das von den Klassikern bearbeitete Forschungsgebiet: aus der politischen Ökonomie geht die allgemeine Lehre vom menschlichen Handeln, die Praxeologie[1], hervor. Die nationalökonomischen oder katallaktischen[2] Probleme sind eingebettet in eine allgemeinere Wissenschaft und können aus diesem Zusammenhang nicht mehr losgelöst werden. Keine Behandlung nationalökonomischer Probleme kann darauf verzichten, von den Wahlakten auszugehen; die Nationalökonomie wird zu einem Teil, wenn auch zum[9] bisher am besten ausgearbeiteten Teil, einer allgemeineren Wissenschaft, der Praxeologie.

2. Das erkenntnistheoretische Problem einer allgemeinen Wissenschaft vom menschlichen Handeln

An der neuen Wissenschaft schien alles problematisch zu sein. Sie war ein Fremdkörper im System der alten Wissenschaften, und man wusste nicht, wie man sie klassifizieren und rubrizieren sollte. Doch man war anderseits davon überzeugt, dass es zur Einreihung der Nationalökonomie in den Katalog der Wissenschaften[10] keiner Umgestaltung oder Erweiterung des Katalogschemas bedürfe. Man hielt das Katalogsystem für vollständig; wenn die Nationalökonomie nicht hineinzupassen schien, so musste es an der unzulänglichen Behandlung ihrer Probleme durch die Nationalökonomen liegen.

Man verkennt die Bedeutung, die den Auseinandersetzungen über das Wesen, den Umfang und logischen Charakter[11] der Nationalökonomie zukommt, wenn man sie als scholastische Spitzfindigkeit von pedantischen Professoren[12] abtut. Nach landläufiger Annahme wurden von Pedanten über die Wahl der zweckmäßigsten Methode unnütze Worte vergeudet, während die Wissenschaft selbst, unbekümmert um diesen unnötigen Zank, ruhig ihren Weg weiterschritt. Doch im Methodenstreit zwischen den österreichischen Ökonomen und der preußischen Historischen Schule, den selbsternannten «intellektuellen Leibwächtern des Hauses Hohenzollern», und in

[1]Der Ausdruck «Praxeologie» wurde zuerst von Espinas verwendet. Vgl. Alfred Espinas, «Les origines de la Technologie» *Revue philosophique*, (XV. Jahrgang, 30. Bd)., S. 114 f. und im gleichnamigen Buch (Paris, 1897), S. 7 f.

[2]Den Ausdruck «Catallactics or the Science of Exchanges» hat Whately eingeführt. Vgl. Richard Whately, *Introductory Lectures on Political Economy*, (London, 1831), S. 6.

den Diskussionen zwischen der Schule von John Bates Clark und dem amerikanischen Institutionalismus ging es keineswegs um die Frage, ob dieses oder jenes Verfahren fruchtbarer sei, sondern um die Grundlagen der Wissenschaft und um ihr logisches Daseinsrecht. Ausgehend vom Standpunkte einer Wissenschaftslehre, der das praxeologische Denken fremd war, und einer Logik, die neben Logik und Mathematik nur empirische Naturwissenschaft und Geschichte gelten lassen wollte, suchte man den Erkenntniswert der Nationalökonomie zu leugnen. Der Historismus wollte sie durch Wirtschaftsgeschichte ersetzen, der Positivismus durch eine illusorische Sozialwissenschaft, deren Struktur der Newton'schen Mechanik nachgebildet werden sollte. Beide Richtungen begegneten sich in schroffer Ablehnung aller Ergebnisse des nationalökonomischen Denkens. Durfte und konnte die Nationalökonomie diesen Angriffen gegenüber schweigen?[13]

Der Radikalismus dieser Gesamtverwerfung der Ökonomie wurde bald durch einen noch universelleren Nihilismus[14] überboten. Seit alters her hatten die Menschen in ihrem Denken, Reden und Handeln die Einheit und Unveränderlichkeit der logischen Struktur des menschlichen Denkens als fraglos gegeben erachtet. Alle Wissenschaften hatten stillschweigend diese Voraussetzung zugrundegelegt. Im Kampfe um den erkenntnistheoretischen[15] Charakter der Nationalökonomie wurde, zum erstenmal in der Geschichte der Menschheit, auch diese Lehre bestritten. Der Marxismus verkündete, dass das Denken von der Klassenlage des Denkers abhängig sei. Die Lehre von der Einheit und Unwandelbarkeit der logischen Struktur des menschlichen Denkens wurde als Fabel erklärt. Jeder sozialen Klasse sei eine besondere Logik eigen; was das – notwendigerweise klassengebundene – Denken zutage fördere, sei nichts als «ideologische Verhüllung» der selbstsüchtigen Sonderinteressen der Klasse, der der Denker angehört. Es sei Aufgabe der Wissenssoziologie, die Philosophien und wissenschaftlichen Theorien[16] zu entlarven und ihren «ideologischen» Charakter[17] zu enthüllen. Die Nationalökonomie[18] sei «bürgerliche Wissenschaft»[19], ihre Schöpfer, die Nationalökonomen, «Sykophanten» des Kapitals. Erst die klassenlose Gesellschaft[20] werde die Lügen der Ideologien durch Wahrheit ersetzen.

Dieser Polylogismus wurde bald auch in anderen Spielarten vorgetragen. Der Historismus behauptet, dass die logische Struktur des Denkens und Handelns sich im Laufe der geschichtlichen Entwicklung verändere. Der rassenanthropologische[21] Polylogismus will jeder Rasse eine besondere Logik zuordnen. Und schließlich tritt der Irrationalismus auf den Plan, der der Vernunft[22] die Befähigung aberkennen will, das Irrationale, das dem menschlichen Tun den Weg weist, geistig zu erfassen.

Alle diese[23] Lehren reichen weit über das Gebiet der Nationalökonomie hinaus. Sie stellen nicht nur die Nationalökonomie und Praxeologie in Frage, sondern alle menschliche Wissenschaft[24] und die menschliche Vernunft als solche. Sie gehen die Physik und die Mathematik nicht weniger an als die Nationalökonomie. Ihre Zurückweisung scheint somit nicht die Aufgabe einer Einzelwissenschaft zu sein, vielmehr der Wissenschaftslehre und der Philosophie zuzufallen. Man will daraus die Berechtigung des Vorgehens jener Nationalökonomen ableiten, die ruhig in ihrer Einzelarbeit fortfahren, ohne sich um die erkenntnistheoretischen Grundprobleme und um die Einwendungen des Polylogismus und des Irrationalismus zu kümmern. Wie der Physiker sich nicht darum kümmert, ob man seine Theorien als bürgerlich, westlerisch[25] oder jüdisch zu entlarven sucht, so hätte auch der

Nationalökonom die Verleugnungen und Schmähungen[26] mit einem Achselzucken abzutun. Er möge doch die Hunde bellen lassen und sich um ihr Gekläff nicht weiter kümmern. Ihm zieme es, sich nach dem Worte Spinozas zu richten: Sane sicut lux se ipsam et tenebras manifestat, sic veritas norma sui et falsi est.

Doch die Sachlage ist für die Nationalökonomie eine andere als für Mathematik und[27] Naturwissenschaft. Polylogismus und Irrationalismus richten ihre Angriffe gegen Praxeologie und Nationalökonomie. Wenn sie ihre Behauptungen auch allgemein fassen, so dass sie sich auf alle Wissenschaften beziehen, so haben sie dabei doch immer nur die Wissenschaft vom menschlichen Handeln im Auge. Sie verkünden laut, dass die Auffassung, die Wissenschaft könnte zu Ergebnissen führen, die für alle Menschen ohne Unterschied ihrer Herkunft, Rasse und ihrer Klassenlage gleicherweise gültig wären, eine Illusion sei, und sie gefallen sich darin, manche Theorien der Mathematik und Physik als bürgerlich oder westlerisch zu brandmarken. Doch wenn es zur Verwendung dieser so gekennzeichneten Lehren in der Praxis kommt, schenken sie dieser Kritik weiter keine Beachtung. Die Technik Sowjetrusslands macht von allen Ergebnissen der bürgerlichen Physik, Chemie und Biologie Westeuropas unbedenklich Gebrauch, als ob sie doch für alle Klassen allgemeingültig[28] wären. Die Nazi-Ingenieure und -Ärzte lehnen es nicht ab, die Theorien, Entdeckungen und Erfindungen von Menschen «minderwertiger» Rassen und Nationen zu nutzen. Das Verhalten von Menschen aller Rassen, Nationen, Religionen, Sprachgruppen und Gesellschaftsschichten beweist eindeutig, dass sie die Lehren des Polylogismus und Irrationalismus in Bezug auf Logik, Mathematik und Naturwissenschaften nicht unterstützen.[29]

Da geht man auf dem Gebiete der Praxeologie und der Nationalökonomie anders vor. Polylogismus, Historizismus und Irrationalismus wurden gerade zu dem Zwecke geschaffen, um die Nichtberücksichtigung der nationalökonomischen Theorie in der Wirtschaftspolitik zu rechtfertigen. Die Sozialisten, Rassisten, Nationalisten und Etatisten scheiterten in ihren Bemühungen, die Theorien der Ökonomen zu widerlegen und die Richtigkeit ihrer eigenen falschen Doktrinen zu demonstrieren. Es war genau diese Frustration, die sie dazu veranlasste, die logischen und erkenntnistheoretischen Prinzipien zu negieren, auf denen alles menschliche Denken sowohl in weltlichen Aktivitäten als auch in der wissenschaftlichen Forschung beruht.

Es ist nicht zulässig, über diese Einwände allein aufgrund der politischen Motive, die sie inspiriert haben, hinwegzugehen. Kein Wissenschaftler darf im Vorfeld davon ausgehen, dass eine Missbilligung seiner Theorien unbegründet sein muss, weil seine Kritiker von Leidenschaft und Parteilichkeit durchdrungen sind. Er ist verpflichtet, auf jede Kritik zu antworten, ohne Rücksicht auf die zugrundeliegenden Motive und Hintergründe. Nicht weniger unzulässig ist es, angesichts der oft vertretenen Meinung zu schweigen, dass die Theoreme der Ökonomie nur unter hypothetischen Annahmen gültig seien, die nie im Leben realisiert würden, und dass sie daher für das geistige Erfassen der Realität nutzlos seien. Es ist merkwürdig, dass einige Schulen diese Meinung zu billigen scheinen und trotzdem ruhig weitermachen, ihre Kurven zu zeichnen und ihre Gleichungen zu formulieren. Sie kümmern sich nicht um die Bedeutung ihrer Argumentation und um ihren Bezug zur Welt des wirklichen Lebens und Handelns.[30]

Dieser Standpunkt ist unhaltbar. Zu den wesentlichen Problemen der Wissenschaft gehört vor allem die Aufzeigung und Definition aller Bedingungen und Voraussetzungen, unter denen ihre Sätze Geltung beanspruchen. Wenn man der

Nationalökonomie immer wieder die Physik als Muster hinstellen will, sollte man doch nicht vergessen, dass kein Physiker je die Auffassung vertreten könnte, die Klarstellung mancher Voraussetzungen und Bedingungen der Gültigkeit eines physikalischen Satzes läge außerhalb des Aufgabenkreises der Physik. Die erste Frage, die an den Nationalökonomen herantritt, ist doch die, in welchem Verhältnis seine Sätze zu dem Handeln der Menschen stehen, dessen geistige Erfassung den Gegenstand seiner Wissenschaft bildet.

Es obliegt der Nationalökonomie, sich gründlich mit der Behauptung auseinanderzusetzen, dass ihre Lehren nur Geltung hätten für die kapitalistische Wirtschaft der kurzen und schon für immer in die Vergangenheit versunkenen liberalen Geschichtsepoche der westeuropäischen Kultur. Es obliegt ihr und keiner andern Wissenschaft, alle Einwendungen zu prüfen, die man aus verschiedenen Blickwinkeln gegen die Brauchbarkeit ihrer Sätze zur Deutung und geistigen Erfassung des gesellschaftlichen Handelns vorgebracht hat. Sie hat ihr System so aufzubauen, dass es gegen die[31] Kritik des Irrationalismus, des Historismus, des Physikalismus, Behaviorismus und aller Spielarten des Polylogismus gefeit ist. Es ist ein unerträglicher Zustand, dass auf der einen Seite Tag für Tag neue Argumente vorgebracht werden, die die Sinnlosigkeit und Nutzlosigkeit der Bemühungen der Nationalökonomie aufzuzeigen vermeinen, und dass auf der andern Seite die Nationalökonomen so tun, als ob das alles mit ihrer wissenschaftlichen Arbeit nichts zu schaffen hätte.[32]

Es genügt heute nicht mehr, sich mit den Problemen der Markttheorie in der überlieferten Weise zu befassen; man muss die Markttheorie[33] fest in der allgemeinen Lehre vom menschlichen Handeln, in der Praxeologie, verankern. Dieses Bemühen wird auch den einzelnen Sonderproblemen der Katallaktik zu Gute kommen. Man wird sich dadurch nicht nur gegen viel irregeleitete Kritik absichern, sondern auch entdecken, dass wichtige Fragen bisher ungenügend oder gar nicht behandelt wurden, weil sie im Rahmen der Markttheorie nicht vollständig lösbar erschienen. Das gilt vor allem vom Problem der Wirtschaftsrechnung.

3. Wirtschaftstheorie und die Praxis des menschlichen Handelns[34]

Es ist üblich, dass viele Menschen die Ökonomie als rückständig schelten. Nun ist es ganz offensichtlich, dass unsere ökonomische Theorie nicht vollkommen ist. Es gibt keine Vollkommenheit in der menschlichen Erkenntnis, auch nicht bei irgendeiner anderen menschlichen Errungenschaft. Allwissenheit ist dem Menschen verwehrt. Die aufwendigste Theorie, die unseren Wissensdurst vollständig zu befriedigen scheint, kann eines Tages durch eine neue Theorie abgeändert oder verdrängt werden. Die Wissenschaft gibt uns keine absolute und endgültige Gewissheit. Sie gibt uns nur Sicherheit im Rahmen unserer geistigen Fähigkeiten und des vorherrschenden Standes des wissenschaftlichen Denkens. Ein wissenschaftliches System ist nur eine Station in einer endlos fortschreitenden Suche nach Wissen. Es ist notwendigerweise von der Unzulänglichkeit betroffen, die jeder menschlichen Anstrengung innewohnt. Aber diese Tatsachen anzuerkennen, bedeutet nicht, dass die heutige Wirtschaft rückständig ist.

Es bedeutet lediglich, dass Ökonomie eine lebendige Sache ist – und zu leben, bedeutet sowohl Unvollkommenheit als auch Veränderung.

Der Vorwurf einer angeblichen Rückständigkeit wird gegen die Ökonomie aus zwei verschiedenen Blickwinkeln erhoben.

Es gibt auf der einen Seite einige Naturforscher und Physiker, die die Ökonomie dafür kritisieren, dass sie keine Naturwissenschaft ist und nicht die Methoden und Verfahren des Labors anwendet. Es ist eine der Aufgaben dieser Abhandlung, den Irrtum solcher Ideen aufzuzeigen. In diesen einleitenden Bemerkungen kann es ausreichen, ein paar Worte über ihren psychologischen Hintergrund zu sagen. Bei engstirnigen Menschen ist es üblich, über jeden Aspekt nachzudenken, in dem sich andere Menschen von ihnen selbst unterscheiden. Das Kamel in der Fabel rümpft über alle anderen Tiere die Nase, weil sie keinen Buckel haben, und der Ruritaner kritisiert den Laputaner, weil er kein Ruritaner ist. Der Forscher im Labor betrachtet es als die einzig würdige Heimstätte der Erkenntnis und die Differentialgleichungen als die einzige vernünftige Methode, um die Ergebnisse des wissenschaftlichen Denkens auszudrücken. Er ist einfach nicht in der Lage, die erkenntnistheoretischen Probleme menschlichen Handelns zu sehen. Für ihn kann Ökonomie nichts anderes sein als eine Form der Mechanik.

Dann gibt es Leute, die behaupten, dass mit den Sozialwissenschaften etwas nicht stimmen könne, weil die sozialen Verhältnisse unbefriedigend seien. Die Naturwissenschaften haben in den letzten zwei- bis dreihundert Jahren erstaunliche Ergebnisse erzielt, und durch die praktische Anwendung dieser Ergebnisse ist es gelungen, den allgemeinen Lebensstandard in einem nie dagewesenen Ausmaß zu verbessern. Aber, so sagen diese Kritiker, die Sozialwissenschaften hätten es völlig versäumt, die sozialen Verhältnisse befriedigender zu gestalten. Sie hätten Elend und Hunger, Wirtschaftskrisen und Arbeitslosigkeit, Krieg und Tyrannei nicht ausgemerzt. Sie wären steril und hätten nichts zur Förderung des Glücks und des menschlichen Wohlergehens beigetragen.

Diese Nörgler begreifen nicht, dass der enorme Fortschritt der technologischen Produktionsmethoden und die daraus resultierende Zunahme von Wohlstand nur durch die Verfolgung jener liberalen Politik möglich war, die die praktische Anwendung der ökonomischen Lehren darstellt. Es waren die Ideen der klassischen Ökonomen, die durch jahrhundertealte Gesetze, Bräuche und Vorurteile auferlegte Hemmschwellen des technologischen Fortschritts aus dem Weg räumten und das Genie der Reformer und Innovatoren von den Zwangsjacken der Zünfte, der staatlichen Bevormundung und des sozialen Drucks verschiedener Art befreiten. Sie waren es, die das Ansehen der Eroberer und Plünderer minderten und die sozialen Vorteile, die sich aus dem Unternehmertum ergaben, demonstrierten. Keine der großen modernen Erfindungen wäre nutzbar gewesen, wenn die Mentalität der vorkapitalistischen Ära nicht von den Ökonomen gründlich beseitigt worden wäre. Was gemeinhin als «industrielle Revolution» bezeichnet wird, war ein Spross der ideologischen Revolution, die durch die Doktrinen der Ökonomen hervorgerufen wurde. Die Ökonomen sprengten die alten Grundsätze: dass es unfair und ungerecht sei, einen Konkurrenten zu übertrumpfen, indem man bessere und billigere Waren herstellt; dass es ungerecht sei, von den traditionellen Produktionsmethoden abzuweichen; dass Maschinen ein Übel seien, weil sie Arbeitslosigkeit verursachen; dass es eine der Aufgaben des Staates sei, effiziente Geschäftsleute daran zu hindern, reich zu werden, und die weniger effizienten gegen die Konkurrenz der effizienteren zu schützen; dass die Einschränkung der Freiheit der Unternehmer durch staatlichen Zwang oder durch Zwang anderer sozialer Kräfte ein geeignetes Mittel zur Förderung des Wohlergehens einer Nation sei. Die britische politische Ökonomie und die französische Physiokratie waren die Schrittmacher des modernen Kapitalismus. Sie sind es, die den Fortschritt der Naturwissenschaften möglich gemacht haben, der den Massen Vorteile gebracht hat.

Was mit unserer Zeit nicht stimmt, ist eben die weit verbreitete Unkenntnis der Rolle, die diese Politik der wirtschaftlichen Freiheit in der technischen Entwicklung der letzten zweihundert Jahre gespielt hat. Die Menschen fielen dem Irrtum zum Opfer, dass die Verbesserung der Produktionsmethoden nur durch Zufall gleichzeitig mit der Politik des Laissez-faire erfolgte. Von marxistischen Mythen getäuscht, betrachten sie den modernen Industrialismus als Ergebnis der Operation mysteriöser «Produktivkräfte», die in keiner Weise von ideologischen Faktoren abhängig sind. Sie glauben, dass die klassische Ökonomie kein Faktor für den Aufstieg des Kapitalismus war, sondern vielmehr sein Produkt, sein «ideologischer Überbau», d. h. eine Doktrin, die die unfairen Ansprüche der kapitalistischen Ausbeuter verteidigen sollte. Die Abschaffung des Kapitalismus und der Ersatz der Marktwirtschaft und des freien Unternehmertums durch sozialistischen Totalitarismus würden daher den weiteren Fortschritt der Technologie nicht beeinträchtigen. Im Gegenteil, er würde die technologische Verbesserung fördern, indem er die Hindernisse beseitigen würde, die die egoistischen Interessen der Kapitalisten ihr in den Weg legen.

Charakteristisch für dieses Zeitalter der zerstörerischen Kriege und des sozialen Zerfalls ist die Revolte gegen die Ökonomie. Thomas Carlyle bezeichnete die Ökonomie als «dismal science» (trostlose Wissenschaft) und Karl Marx stigmatisierte die Ökonomen als «Sykophanten der Bourgeoisie». Quacksalber, die ihre Allheilmittel und Abkürzungen zum irdischen Paradies preisen, haben Freude daran, die Ökonomie als «orthodox» und «reaktionär» zu verachten. Demagogen sind stolz auf das, was sie ihre Siege über die Ökonomie nennen. Der «praktische» Mann rühmt sich seiner Verachtung für die Ökonomie und seiner Unkenntnis der Lehren der «Lehnstuhl»-Ökonomen. Die Wirtschaftspolitik der letzten Jahrzehnte ist das Ergebnis einer Mentalität, die jede Art von solider Wirtschaftstheorie verspottet und die falschen Lehren ihrer Gegner verherrlicht. Was als «orthodoxe» Ökonomie bezeichnet wird, ist in den meisten Ländern von den Universitäten ausgeschlossen und den führenden Staatsmännern, Politikern und Schriftstellern praktisch unbekannt. Die Schuld für den unbefriedigenden Zustand der wirtschaftlichen Verhältnisse kann sicherlich nicht einer Wissenschaft zugeschrieben werden, die sowohl die Herrscher als auch die Massen verachten und ignorieren.

Mit dem Schicksal der Nationalökonomie ist, das muss betont werden, das Geschick der modernen Kultur, wie sie die Völker weißer europäischer Rasse seit zweihundert Jahren ausgebaut haben, unlösbar verknüpft. Diese Kultur konnte entstehen, weil die Völker von Ideen beherrscht wurden, die die Anwendung der Lehren der Nationalökonomie auf die Politik darstellten. Sie wird und muss verschwinden, wenn die Politik auf den Wegen, die sie unter dem Einfluss der die Nationalökonomie bekämpfenden Lehren eingeschlagen hat, weiterschreiten sollte.

Es stimmt, dass die Ökonomie eine theoretische Wissenschaft ist, und als solche verzichtet sie auf jegliches Werturteil. Die Lehre vom menschlichen Handeln hat den Menschen nicht zu sagen, welche Ziele sie sich setzen und wie sie werten sollen. Sie ist eine Lehre von den Mitteln zur Erreichung von Zielen, nicht eine Lehre von der richtigen Zielwahl. Die letzten Entscheidungen, die Wertungen und Zielsetzungen, liegen jenseits des Bereichs der Wissenschaft. Die Wissenschaft sagt nicht, wie man handeln soll; sie zeigt nur, wie man handeln müsste, wenn man die Ziele, die man sich gesetzt hat, erreichen will.

Das scheint sehr wenig zu sein, und man glaubt, dass die Wissenschaft, die sich auf die Erkenntnis des Seins beschränken muss und über die höchsten und letzten Werte nichts zu sagen vermag, für das Leben und Handeln nichts zu bedeuten habe. Doch es ist nicht so. Die Aufdeckung dieses Irrtums ist jedoch nicht Aufgabe dieser einleitenden Bemerkungen. Es ist eines der Ziele dieser Abhandlung selbst.[35]

4. Zusammenfassung

Es war notwendig, diese Bemerkungen vorauszuschicken, um zu rechtfertigen, dass dieses Buch die Probleme der Nationalökonomie in den weiteren Rahmen praxeologischer Ausführungen[36] stellt. Es genügt eben bei dem gegenwärtigen Stande sowohl des ökonomischen Denkens als auch der politischen Diskussionen über die grundsätzlichen Fragen der sozialen Organisation[37] nicht mehr, die Katallaktik gesondert darzustellen. Diese Probleme sind nur ein Teilgebiet einer allgemeinen Wissenschaft vom menschlichen Handeln und müssen als solche untersucht werden.[38]

Teil I

Menschliches Handeln[39]

Kapitel 1

DER HANDELNDE MENSCH

1. Handeln und unbewusste Reaktion

Menschliches Handeln ist bewusstes Verhalten. Wir können auch sagen: Handeln ist Wollen, das sich in Tat und Wirken umsetzt und damit verwirklicht, ist ziel- und zweckbewusstes Sichbenehmen, ist sinnhafte Antwort des Subjekts[40] auf Reize und die Gegebenheit[41] der Welt, ist die bewusste Anpassung der menschlichen Persönlichkeit an den Zustand des Universums, der sein Leben bestimmt[42]. Mit diesen und ähnlichen[43] Umschreibungen können wir die an den Anfang unserer Untersuchung gestellte Begriffsbestimmung verdeutlichen und vor manchen Missverständnissen bewahren. Doch alles, was wir zu sagen haben, ist in unserer Begriffsbestimmung schon enthalten.[44]

Bewusstes oder zielgerichtetes Verhalten hebt sich scharf ab vom unbewussten Verhalten, von den Reflexvorgängen und der Reaktion der Zellen und Nerven auf Reize. Man ist zuweilen geneigt anzunehmen, dass die Grenze zwischen bewusstem Verhalten der menschlichen Persönlichkeit und unbewusstem Reagieren der[45] im Menschen wirkenden Kräfte[46] fließend sei. Das ist nur soweit richtig, als es mitunter nicht leicht sein mag, festzustellen, ob ein konkretes Verhalten als bewusstes oder als unbewusstes[47] anzusprechen ist. Doch die Scheidung von Bewusst und Unbewusst ist nichtsdestoweniger scharf und kann klar vollzogen werden.

Das unbewusste Verhalten der Organe und Zellen des Körpers[48] ist für das bewusste Verhalten gerade so ein Datum wie irgend eine andere Tatsache der Außenwelt. Wie der handelnde Mensch mit dem Wetter oder der Attitüde seiner Nachbarn rechnen muss, so muss er auch mit dem rechnen, was in seinem Leib vor sich geht.[49] Es gibt freilich einen Spielraum, innerhalb dessen das bewusste Verhalten das Leibliche auszuschalten vermag. Man kann des Leiblichen bis zu einem gewissen Grade Herr werden, man kann manchmal[50] Krankheit[51] durch Willenskraft überwinden oder angeborene oder erworbene Unzulänglichkeit der leiblichen Ausstattung wettmachen oder Reflexbewegungen unterdrücken. Soweit man das kann, reicht dann aber auch das Feld des bewussten Verhaltens. Wenn das bewusste Verhalten das unbewusste[52] Reagieren der Zellen und Reflexzentren, das es ausschalten könnte, nicht ausschaltet, liegt für unsere Betrachtungsweise bewusstes[53] Verhalten vor.

Unsere Betrachtungen sind allein auf das Handeln gerichtet und nicht auf die seelischen Vorgänge, die zum Handeln führen. Das eben trennt die allgemeine Lehre vom Handeln, die Praxeologie, von der Psychologie. Gegenstand der Psychologie sind die Vorgänge in unserem Innern, die zu einem bestimmten Handeln führen oder führen können; Gegenstand unserer Wissenschaft ist das Handeln selbst. Damit ist auch unser Verhältnis zum psychoanalytischen Begriff des Unbewussten gegeben. Auch die Psychoanalyse ist Psychologie, und ihre Aufmerksamkeit gilt nicht dem Handeln, sondern dem[54], was im menschlichen Innern zum Handeln treibt. Das Unbewusste, von dem sie spricht, ist eine psychologische und keine praxeologische Kategorie. Ob der Beweggrund, der das Handeln auslöst, aus der bewussten Überlegung stammt oder aus dem Verdrängten und Unbewussten, das aus einer Versenkung heraus dem Handeln Ziele weist, die der bewussten Überlegung fremd sind, ändert nichts am Wesen des Handelns. Auch der Mörder, den das ihm unbewusste *Es* zur Tat treibt, und der Neurotiker, der Zwangshandlungen vornimmt, die dem ungeschulten Beobachter «sinnlos» vorkommen, handeln; sie streben Zielen zu wie jeder andere. Es ist das Verdienst der[55] Psychoanalyse, gezeigt zu haben, dass auch dem Verhalten der Neurotiker und Psychopathen *Sinn* zukommt, dass auch sie handeln und Ziele suchen, mögen auch uns anderen, die wir uns *Normale* und *Gesunde* nennen, die Gedankengänge, die sie zu ihrer Zielsetzung führten, unlogisch und die Wahl der Mittel, die sie getroffen haben, unzweckmäßig erscheinen.

Das Unbewusste im psychoanalytischen Sinn und das Unbewusste im praxeologischen Sinn gehören zwei verschiedenen Gedankensystemen und Forschungsansätzen an[56]. Auch die Wissenschaft vom Handeln verdankt – wie andere[57] Wissenschaften[58] – sehr viel der Psychoanalyse; um so wichtiger ist es darum, die Grenze zu erkennen, die sie vom Gebiet der psychoanalytischen Betrachtung scheidet.

Handeln ist nicht etwa einfaches Vorziehen und Bevorzugen. Vorziehen und Bevorzugen übt der Mensch auch dort, wo[59] Dinge und Ereignisse[60] unentrinnbar sind oder so wahrgenommen werden. So kann man Sonnenschein dem Regenvorziehen und hoffen, dass die Sonne erscheinen möge[61]. Wer nur wünscht und hofft, greift in das Getriebe der Welt und in die Gestaltung seines Lebens[62] nicht selbsttätig ein. Anders der Handelnde. Er wählt,[63] entscheidet und versucht, ein Ziel zu erreichen. Von zwei unvereinbaren Dingen nimmt er das eine und lässt sich das andere entgehen. Jedes Handeln ist daher zugleich ein Nehmen und ein Verzichten.

Das Aussprechen von Wünschen und Hoffnungen, die Ankündigung geplanten Handelns und die Fassung von Entschlüssen, zu deren Durchführung man nicht schreitet, sind zwar Handeln, insoweit durch sie selbst ein Zweck verwirklicht werden soll; sie sind jedoch von dem Handeln, das sie ankündigen, empfehlen oder verwerfen, verschieden. Handeln ist eine reale Sache.[64] Das Verhalten des ganzen Menschen und nicht sein Gerede über die unausgeführte Absicht über ein Verhalten ist das, worauf es ankommt. Man muss aber anderseits wieder das Handeln von dem Einsatz von Arbeit unterscheiden. Das Handeln setzt Mittel für die Erreichung von Zwecken ein. Zu diesen Mitteln wird meist auch die Aufwendung eigener Arbeit gehören. Doch das ist durchaus nicht immer der Fall. Unter bestimmten

Bedingungen genügt das Wort. Wer[65] Befehle und Weisungen erteilt, handelt auch ohne die geringste Aufwendung eigener Arbeit. Sprechen und Schweigen, ja mitunter schon Lächeln oder Ernstbewahren können Handeln sein. Verzehren und genießen sind ebenso Handeln wie die Enthaltung von Verzehr und Genuss, die sich dem Handelnden bieten.[66]

Für die Lehre vom Handeln[67] gibt es denn auch nicht den Unterschied zwischen «aktiven» und «passiven» oder «indolenten» Menschen. Der rührige Mensch, der tätig sein Schicksal selbst zu bereiten sucht, handelt nicht mehr als der schlaffe Mensch, der die Dinge nimmt, wie sie kommen. Denn auch das Nichtstun und die Faulheit sind Handeln, sind[68] Gestaltung des Geschehens. Wo die Bedingungen des Handelns gegeben sind, handelt der Mensch immer, ob er nun eingreift oder untätig bleibt. Wer aushält, was er ändern könnte, handelt nicht weniger als derjenige, der eingreift, um ein anderes Ergebnis zu erzielen. Ein Mensch, der auf die Beeinflussung der Funktionsweise physiologischer und instinktiver Faktoren verzichtet, die er beeinflussen könnte, handelt auch. Handeln heißt nicht nur tun, sondern auch nicht tun, was möglich ist. Wir können sagen, dass Handeln die Manifestation des Willens eines Menschen ist. Aber das würde unserem Wissen nichts hinzufügen. Denn der Begriff wird nichts anderes bedeuten als die Fähigkeit des Menschen, zwischen verschiedenen Zuständen zu wählen, den einen zu bevorzugen, den anderen zu übergehen und sich entsprechend der Entscheidung zu verhalten, die getroffen wurde, um den gewählten Zustand anzustreben und den anderen aufzugeben.

2. Die Voraussetzungen menschlichen Handelns

Wir nennen Zufriedenheit oder Befriedigtsein den Zustand eines Menschen, der zu keiner Handlung führt und führen kann. Der handelnde Mensch ist bestrebt, einen weniger befriedigenden Zustand durch einen befriedigenderen zu ersetzen. Sein Verstand stellt sich Bedingungen vor, die für ihn besser sind, und sein Handeln zielt darauf ab, diesen erwünschten Zustand herbeizuführen. Der Anreiz, der einen Mann zum Handeln anstößt, ist immer ein gewisses Unbefriedigtsein.[1] Ein Mensch, der mit dem Zustand seiner Angelegenheiten vollkommen zufrieden ist, hätte keinen Anreiz, die Dinge zu ändern. Er hätte weder Wünsche noch Begierden, er wäre vollkommen glücklich. Er würde nicht handeln, er würde einfach sorglos leben.

Aber um einen Menschen zum Handeln zu bringen, reichen Unbefriedigtsein und das Bild eines befriedigenderen Zustands allein nicht aus. Eine dritte Bedingung ist erforderlich: die Erwartung, dass zielgerichtetes Verhalten die Macht hat, das gefühlte Unbefriedigtsein zu beseitigen oder zumindest zu lindern. In Ermangelung dieser Bedingung ist keine Handlung möglich. Der Mensch müsste dem Unvermeidlichen nachgeben. Er müsste sich dem Schicksal unterwerfen.

Das sind die allgemeinen Bedingungen menschlichen Handelns. Der Mensch ist das Wesen, das unter diesen Bedingungen lebt. Er ist nicht nur *homo sapiens*, sondern ebenso *homo agens*. Wesen menschlicher Abstammung, die entweder von Geburt an oder durch erlittene Defekte dauerhaft handlungsunfähig sind (im engeren Sinne des Wor-

[1] Vgl. John Locke, *An Essay Concerning Human Understanding*, Hrsg. Fraser (Oxford, 1894), I, S. 331-333; vgl. Gottfried W. Leibniz, *Nouveaux essais sur l'entendement humain*, Hrsg. Flammarion, S. 119.

tes und nicht nur im rechtlichen Sinne), sind praktisch nicht menschlich. Obwohl die Gesetze und die Biologie sie für Menschen halten, fehlt ihnen das Wesensmerkmal der Menschheit. Auch das neugeborene Kind ist kein handelndes Wesen. Es ist noch nicht den ganzen Weg von der Empfängnis bis zur vollen Entfaltung seiner menschlichen Qualitäten gegangen. Aber am Ende dieser Entwicklung wird es zu einem handelnden Wesen.

Über Glück

In der Umgangssprache nennen wir einen Menschen «glücklich», dem es gelungen ist, seine Ziele zu erreichen. Eine adäquatere Beschreibung seines Zustandes wäre, dass er glücklicher ist als zuvor. Es gibt jedoch keinen zulässigen Einwand gegen eine Sprechweise, die menschliches Handeln als Streben nach Glück definiert.

Aber wir müssen aktuelle Missverständnisse vermeiden. Das Endziel menschlichen Handelns ist immer die Befriedigung des Begehrens des handelnden Menschen. Es gibt keinen Standard für mehr oder weniger Befriedigung außer individuellen Werturteilen, die für verschiedene Menschen und für dieselben Menschen zu verschiedenen Zeiten unterschiedlich sind. Was einen Menschen unbefriedigt und weniger unbefriedigt macht, wird von ihm nach dem Maßstab seines eigenen Willens und Urteilsvermögens, aus seiner persönlichen und subjektiven Bewertung bestimmt. Niemand ist in der Lage zu verordnen, was einen Mitmenschen glücklicher machen sollte.

Diese Feststellung bezieht sich in keiner Weise auf die Gegensätze von Egoismus und Altruismus, von Materialismus und Idealismus, von Individualismus und Kollektivismus, von Atheismus und Religion. Es gibt Menschen, deren einziges Ziel es ist, den Zustand des eigenen Egos zu verbessern. Es gibt andere Menschen, bei denen die Kenntnis der Schwierigkeiten ihrer Mitmenschen genauso viel Unbefriedigtsein wie oder sogar noch mehr Unbefriedigtsein als ihre eigenen Wünsche hervorruft. Es gibt Menschen, die nichts anderes wünschen, als die Befriedigung ihres Verlangens nach Geschlechtsverkehr, Essen, Trinken, noblen Häusern und anderen materiellen Dingen. Aber andere Menschen kümmern sich mehr um die Befriedigungen, die gemeinhin als «höher» und «ideal» bezeichnet werden. Es gibt Individuen, die ihr Handeln an die Erfordernisse der sozialen Zusammenarbeit anpassen wollen; es gibt aber auch renitente Menschen, die sich den Regeln des gesellschaftlichen Lebens widersetzen. Es gibt Menschen, für die das Endziel der Pilgerfahrt auf Erden die Vorbereitung auf ein glückseliges Leben ist. Es gibt andere Menschen, die nicht an die Lehren irgendeiner Religion glauben und nicht zulassen, dass ihre Handlungen von ihnen beeinflusst werden.

Die Praxeologie ist den Endzielen des Handelns gegenüber gleichgültig. Ihre Erkenntnisse gelten für alle Arten von Handlungen, unabhängig von den angestrebten Zielen. Sie ist eine Wissenschaft der Mittel, nicht der Ziele. Sie wendet den Begriff Glück im rein formalen Sinn an. In der praxeologischen Terminologie ist folgender Satz eine Tautologie: Das einzige Ziel des Menschen ist es, Glück zu erlangen. Er impliziert keine Aussage über den Stand der Dinge, von dem der Mensch Glück erwartet.

Dass das Unbefriedigtsein die Triebfeder des menschlichen Handelns ist und dass sein Ziel die weitestgehende Abstellung des Unbefriedigtsein ist, das heißt den handelnden Menschen sich glücklicher fühlen zu lassen[69], haben schon Hedonismus und Eudämonismus gelehrt. In der des Epikur mögen wir dieses

Endziel völliger Glücksseligkeit und Zufriedenheit erblicken, dem menschliches Handeln zustrebt, ohne es je erreichen zu können. Gegenüber der Großartigkeit dieser Erkenntnis verblasst der Fehler, in den viele Vertreter dieser Philosophie[70] verfielen, wenn sie die Begriffe Lust und Unlust nicht formal fassten, ihnen vielmehr einen mehr oder weniger grobsinnlichen Inhalt gaben. Die theologischen, mystischen und anderen Schulen einer heteronomen Ethik haben den Kern des Epikureanismus nicht erschüttert, weil sie keinen anderen Einwand erheben konnten als[71] die Nichtberücksichtigung der «höheren» und «edleren» Genüsse vorzuwerfen.[72] Dass die Ausdrucksweise vieler ausgezeichneter Vertreter des Hedonismus, Eudämonismus und Utilitarismus solchen Missverständnissen und Irrtümern entgegenkommt, sei ohne weiteres zugegeben. Aber die Sprache der modernen Philosophen und noch mehr die der modernen Ökonomen ist so präzise und geradlinig, dass es zu keiner Fehlinterpretation kommen kann.

Über Instinkte und Impulse

Man kommt mit den Methoden der Triebsoziologie um keinen Schritt in der Erkenntnis des Grundproblems menschlichen Handelns weiter. Diese Schule[73] unterscheidet die Ziele, denen die Menschen zustreben, nach Klassen und ordnet jeder Klasse einen besonderen Trieb als Beweggrund zu. Der Mensch erscheint dann als ein Wesen, das von vielen angeborenen Trieben und Neigungen geleitet wird. Man glaubt wohl, diese Erklärung widerlege ein für allemal die verhassten Lehren der Ökonomie und der utilitaristischen Ethik, [74] und bemerkt nicht, dass – worauf schon Feuerbach hingewiesen hat – jeder Trieb ein Glückseligkeitstrieb ist[2]. Das Verfahren besteht in nichts anderem als in einer willkürlichen Klassifizierung der unmittelbaren Ziele des Handelns und in einer Verdinglichung[75] der einzelnen Klassen von Zielen[76]. Wenn wir sagen, Ziel des Handelns sei Befriedigung, sei Behebung eines Unbefriedigtsein, sagt die Trieblehre, Ziel des Handelns sei Befriedigung der instinktiven Triebe.

Die[77] Triebsoziologie glaubt, dass[78] sie erwiesen habe, dass das Handeln nicht von der Vernunft[79] bestimmt werde, sondern von dunklen[80] Urtrieben, Urkräften, Urinstinkten und Neigungen, die nie rational zu begreifen[81] wären. Sie ist sich sicher, dass es ihr gelungen sei, die Oberflächlichkeit des Rationalismus zu entlarven und schmäht die Ökonomie als «Gewebe falscher Schlussfolgerungen aus falschen psychologischen Annahmen»[3]. Doch Rationalismus, Praxeologie und Ökonomie beschäftigen sich nicht mit den letzten Quellen und Zielen des Handelns[82], ihr Feld ist das der Mittel und Wege, auf denen man den Zielen und Zwecken, die man sich gesetzt hat, zustrebt. Ein Trieb mag noch so geheimnisvoll dem Dunkel der Urgewalten und Urerlebnisse entstammen, die Wege, auf denen der handelnde Mensch ihn zu befriedigen sucht, werden von dem Lichte der vernünftigen Abwägung von Aufwendung und Erfolg erhellt.

Auch wer im Affekt handelt, handelt. Was das Handeln im Affekt vom übrigen Handeln unterscheidet, ist die Wertung von Kosten und Erfolg. Der Affekt

---

[2] Vgl. Ludwig A. von Feuerbach, *Sämtliche Werke*, Hrsg. Bolin and Jodl (Stuttgart, 1907), X, S. 231.

[3] William McDougall, *An Introduction to Social Psychology*, 14. Aufl. (Boston, 1911), S. 11. [eigene Übersetzung]

verschiebt die Wertung; von Leidenschaft erfüllt, sieht der Handelnde das Ziel viel begehrenswerter und die Nachteile, die mit seiner Erreichung verbunden sind, viel kleiner als sonst. Nie haben die Menschen ernstlich bezweifelt, dass auch im Affekt Mittel und Zweck abgewogen werden und dass man durch Maßnahmen, die die Kosten der Hingabe an den Affekt erhöhen, diese Wahl zu beeinflussen vermag. Wenn man die aus Leidenschaft oder in Trunkenheit verübten Verbrechen milder bestraft als andere Verbrechen, dann fördert man sie, wogegen strenge Strafen in vielen Fällen abschreckend wirken, sogar auf Menschen, die von scheinbar unwiderstehlicher Leidenschaft getrieben werden.

Das Verhalten der Tiere suchen wir durch die Annahme zu erfassen, dass das Tier dem Trieb, der gerade in ihm am stärksten wirksam, ist, blind und hemmungslos folgt. Da wir beobachten können, dass das Tier bald Nahrung sucht, bald den Begattungsakt vollzieht, bald andere Tiere oder Menschen angeht, sprechen wir von seinem Nahrungstrieb, von seinem Geschlechtstrieb, von seinem Aggressionstrieb. Wir nehmen an, dass ihm solche Triebe angeboren sind und dass es ihnen folgen muss.

Wenn wir jedoch von den Trieben des Menschen sprechen, haben wir anderes im Sinne. Der Mensch ist eben nicht ein Wesen, das blind und hemmungslos dem Impuls folgt, der in ihm gerade am stärksten wirkt. Der Mensch bändigt seine Triebe durch die Vernunft, er rationalisiert sein Verhalten. Er weiß auf die Befriedigung eines Triebes zu verzichten, um andere Triebe, Emotionen und Impulse zu befriedigen. Er verzichtet auf die Befriedigung eines brennenden Impulses, um andere Wünsche zu befriedigen. Er ist nicht der Spielball seiner Triebe. Er bedenkt die Folgen seines Verhaltens. Der Mann fällt nicht über jedes Weib her, das seinen Geschlechtstrieb entzündet; er verschlingt nicht jede Nahrung, die seinen Appetit reizt; er schlägt nicht jeden nieder, den er am liebsten umbringen möchte. Er ordnet die Wünsche und Begehrungen, die in seiner Brust aufsteigen, in eine Rangordnung, er wählt; kurz gesagt, er handelt. Der Mensch ist das Wesen, das Hemmungen hat, das seine Impulse und Begierden beherrschen kann, das die Macht hat, instinktive Begierden und Impulse zu unterdrücken.

Es kann[83] geschehen, dass ein Begehren – ein Trieb – im Menschen mit solcher Vehemenz auftritt, dass kein Nachteil, den die Befriedigung nach sich ziehen könnte, ihn davon abhalten kann, die Befriedigung zu suchen. Das bedeutet aber nicht, dass er nicht wählt; er wählt, indem er sich für die Befriedigung des Triebes entscheidet[4].

3. Menschliches Handeln als letzte Gegebenheit

Seit Urzeiten sind die Menschen neugierig, den unbewegten Beweger zu erkennen, die Ursache allen Seins und aller Veränderung, die ultimative Substanz, aus der alles hervorgeht und die die Ursache für sich selbst ist. Die Wissenschaft ist bescheidener. Sie ist sich der Grenzen des menschlichen Geistes und der menschlichen Suche nach Wissen bewusst. Sie zielt darauf ab, jedes Phänomen bis zu seiner Ursache zurückzu-

[4] In diesen Wahlakten spielt eine große Rolle der Umstand, dass der Befriedigung in einem näheren Abschnitt der Zukunft eine Befriedigung in einem späteren Abschnitt der Zukunft entgegengehalten wird. Über die Wertung in solcher Situation vgl. weiter unten.

verfolgen. Sie ist sich jedoch bewusst, dass diese Bemühungen notwendigerweise auf unüberwindbare Mauern stoßen. Es gibt Phänomene, die nicht analysiert und auf andere Phänomene zurückgeführt werden können. Sie sind die letzten Gegebenheiten. Der Fortschritt der wissenschaftlichen Forschung kann den Nachweis erbringen, dass etwas, was früher als letzte Gegebenheit galt, auf Komponenten reduziert werden kann. Aber es wird immer einige irreduzible und nicht analysierbare Phänomene geben, manch letzte Gegebenheit.

Der Monismus lehrt, dass es nur eine einzige Substanz gebe, der Dualismus, dass es zwei gebe, der Pluralismus, dass es viele gebe. Es hat keinen Sinn, sich über diese Probleme zu streiten. Solche metaphysischen Auseinandersetzungen sind endlos. Der gegenwärtige Stand unseres Wissens bietet nicht die Mittel, um sie mit einer Antwort zu lösen, die jeder vernünftige Mensch für zufriedenstellend halten muss.

Der materialistische Monismus behauptet, dass die menschlichen Gedanken und Wünsche das Produkt des Funktionierens der Körperorgane, der Gehirnzellen und der Nerven seien. Menschliches Denken, Wollen und Handeln werden einzig und allein durch materielle Prozesse hervorgerufen, die eines Tages durch die Methoden der physikalischen und chemischen Untersuchung vollständig erklärt würden. Auch dies ist eine metaphysische Hypothese, obwohl sie von ihren Befürwortern als unerschütterliche und unbestreitbare wissenschaftliche Wahrheit betrachtet wird.

Verschiedene Doktrinen wurden weiterentwickelt, um die Beziehung zwischen Geist und Körper zu erklären. Sie sind reine Vermutungen ohne Bezugnahme auf beobachtete Tatsachen. Mit Sicherheit kann man nur sagen, dass es Beziehungen zwischen mentalen und physiologischen Prozessen gibt. Hinsichtlich der Art und des Funktionierens dieser Verbindung wissen wir wenig bis gar nichts.

Konkrete Werturteile und konkrete menschliche Handlungen lassen sich nicht weiter analysieren. Wir können durchaus davon ausgehen oder glauben, dass sie absolut abhängig von ihren Ursachen und durch diese bedingt sind. Aber solange wir nicht wissen, wie äußere Fakten – physikalische und physiologische – in einem menschlichen Verstand bestimmte Gedanken und Wünsche hervorbringen, die zu konkreten Handlungen führen, müssen wir uns einem unüberwindbaren *methodischen Dualismus* stellen. Die fundamentalen Aussagen des Positivismus, Monismus und Panphysikalismus sind nach heutigem Kenntnisstand nur metaphysische Postulate ohne jede wissenschaftliche Grundlage und für die wissenschaftliche Forschung bedeutungs- und nutzlos. Vernunft und Erfahrung zeigen uns zwei getrennte Bereiche: die äußere Welt der physikalischen, chemischen und physiologischen Phänomene und die innere Welt des Denkens, Fühlens, Bewertens und zielgerichteten Handelns. Keine Brücke verbindet – soweit wir heute sehen können – diese beiden Sphären. Identische äußere Ereignisse führen manchmal zu unterschiedlichen menschlichen Reaktionen, und unterschiedliche äußere Ereignisse erzeugen manchmal die gleiche menschliche Reaktion. Wir wissen nicht, warum.

Angesichts dieser Sachlage können wir nicht umhin, uns eines Urteils über die wesentlichen Aussagen des Monismus und des Materialismus zu enthalten. Wir mögen glauben oder nicht, dass es den Naturwissenschaften eines Tages gelingen wird, die Produktion konkreter Ideen, Werturteile und Handlungen so zu erklären, wie sie die Herstellung einer chemischen Verbindung als notwendiges und unvermeidbares Ergebnis einer bestimmten Kombination von Elementen erklären. In der Zwischenzeit sind wir gezwungen, einen methodischen Dualismus anzunehmen.

Menschliches Handeln ist eine der Wirkmächte, die Veränderungen herbeiführen. Es ist ein Element der kosmischen Aktivität und des Werdens. Daher ist es ein legitimer Gegenstand wissenschaftlicher Untersuchungen. Zumindest unter den gegenwärtigen Bedingungen – es kann nicht auf seine Ursachen zurückgeführt werden, es muss als letzte Gegebenheit betrachtet und als solche untersucht werden.

Es ist wahr, dass die Veränderungen, die durch menschliches Handeln herbeigeführt werden, im Vergleich zu den Folgen des Wirkens der großen kosmischen Kräfte nur geringfügig sind. Aus der Sicht der Ewigkeit und des unendlichen Universums ist der Mensch ein unendlich kleines Körnchen. Aber für den Menschen ist menschliches Handeln mit seinen Unbeständigkeiten die Realität. Das Handeln ist die Essenz seiner Natur und Existenz, sein Mittel, sein Leben zu bewahren und sich über die Tiere und Pflanzen zu erheben. So vergänglich alle menschlichen Bemühungen auch sein mögen, für den Menschen und für die menschliche Wissenschaft sind sie von vorrangiger Bedeutung.[84]

4. Rationalität und Irrationalität[85] – Subjektivismus und Objektivität der praxeologischen Forschung[86]

Menschliches Handeln ist notwendigerweise immer vernünftig[87]. Der Ausdruck «rationales Handeln» ist mithin pleonastisch und daher[88] abzulehnen. Die Begriffe rational und irrational sind unangemessen und bedeutungslos, wenn sie auf die Endziele der Handlung angewendet werden. Das Endziel der Handlung ist immer die Befriedigung einiger Wünsche des handelnden Menschen. Da niemand in der Lage ist, seine eigenen Werturteile an die Stelle derjenigen des handelnden Individuums zu setzen, ist es sinnlos, über die Ziele und Wünsche anderer Menschen zu urteilen. Kein Mensch ist befähigt zu erklären, was einen anderen Menschen glücklicher oder weniger unzufrieden machen würde. Der Kritiker sagt uns entweder, was er glaubt anzustreben, wenn er an die Stelle seines Mitmenschen treten würde; oder er erklärt in diktatorischer Arroganz, indem er den Willen und die Wünsche seines Mitmenschen unbekümmert beiseiteschiebt, welcher Zustand dieses anderen Menschen für ihn, den Kritiker selbst, besser wäre.

Es ist üblich, eine Handlung als irrational zu bezeichnen, wenn sie auf Kosten der materiellen und greifbaren Vorteile auf das Erreichen von «idealen» oder «höheren» Befriedigungen abzielt. In diesem Sinne sagen die Menschen zum Beispiel – manchmal mit Zustimmung, manchmal mit Missbilligung –, dass ein Mensch, der Leben, Gesundheit oder Reichtum opfert, um «höhere» Güter wie die Treue zu seinen religiösen, philosophischen und politischen Überzeugungen oder die Freiheit und Blüte seiner Nation zu erreichen, durch irrationale Erwägungen motiviert ist. Das Streben nach diesen höheren Zielen ist jedoch weder mehr noch weniger rational oder irrational als das nach anderen menschlichen Zielen. Es ist ein Irrtum anzunehmen, dass der Wunsch, die nackten Notwendigkeiten des Lebens und der Gesundheit zu beschaffen, rationaler, natürlicher oder gerechtfertigter ist als das Streben nach anderen Gütern oder Annehmlichkeiten. Es ist wahr, dass der Appetit auf Nahrung und Wärme bei Menschen und anderen Säugetieren üblich ist und dass ein Mensch, dem es an Nahrung und Unterkunft mangelt, seine Bemühungen in der Regel auf die Befriedigung dieser dringenden Bedürfnisse konzentriert und sich nicht viel um andere Dinge kümmert. Der Impuls, zu leben, das eigene Leben zu bewahren und jede Gelegenheit zur Stärkung der eigenen Lebenskraft zu nutzen, ist ein elementarer Bestandteil des Lebens, der in jedem Lebewesen präsent ist. Diesem Impuls nachzugeben, ist jedoch – für den Menschen – keine unvermeidliche Notwendigkeit.

Während alle anderen Tiere bedingungslos vom Impuls zur Erhaltung ihres eigenen Lebens und vom Impuls der Vermehrung getrieben werden, hat der Mensch die Kraft, auch diese Impulse zu beherrschen. Er kann sowohl seine sexuellen Begierden als auch seinen Lebenswillen kontrollieren. Er kann sein Leben aufgeben, wenn ihm der Zustand, unter dem allein er es bewahren könnte, unerträglich erscheint. Der Mensch ist fähig, für eine Sache zu sterben oder Selbstmord zu begehen. Leben ist für den Menschen das Ergebnis einer Wahl, eines Werturteils.

Dasselbe gilt für den Wunsch, in Wohlstand zu leben. Die bloße Existenz von Asketen und Menschen, die auf materielle Gewinne verzichten, um an ihren Überzeugungen festzuhalten und ihre Würde und Selbstachtung zu bewahren, ist ein Beweis dafür, dass das Streben nach greifbareren Annehmlichkeiten nicht unvermeidlich ist, sondern das Ergebnis einer Entscheidung. Natürlich zieht die übergroße Mehrheit das Leben dem Tod und den Reichtum der Armut vor.

Es ist willkürlich, nur die Befriedigung der physiologischen Bedürfnisse des Körpers als «natürlich» und damit «rational» und alles andere als «künstlich» und damit «irrational» zu betrachten. Es ist das charakteristische Merkmal der menschlichen Natur, dass der Mensch wie alle anderen Tiere nicht nur Nahrung, Unterkunft und Zusammenleben sucht, sondern dass er auch andere Arten der Befriedigung anstrebt. Der Mensch hat spezifisch menschliche Wünsche und Bedürfnisse, die wir als «höher» bezeichnen können, als die, die er mit den anderen Säugetieren gemeinsam hat.

Wenn die Begriffe rational und irrational auf die Mittel angewandt werden, die für die Erreichung der Ziele gewählt wurden, dann implizieren sie ein Urteil über die Zweckmäßigkeit und Angemessenheit des angewandten Verfahrens. Der Kritiker befürwortet oder missbilligt die Methode unter dem Gesichtspunkt, ob sie am besten geeignet ist, das fragliche Ziel zu erreichen. Es ist eine Tatsache, dass die menschliche Vernunft nicht unfehlbar ist und dass der Mensch sehr oft bei der Auswahl und Anwendung von Mitteln irrt. Eine für das Ziel ungeeignete Handlung bleibt hinter den Erwartungen zurück. Sie steht im Widerspruch zum Zweck, ist aber rational, d.h. das Ergebnis einer vernünftigen – wenn auch fehlerhaften – Überlegung und eines Versuchs – wenn auch eines erfolglosen Versuchs –, ein bestimmtes Ziel zu erreichen. Die Ärzte, die vor hundert Jahren bestimmte Methoden zur Behandlung von Krebs eingesetzt haben, die unsere heutigen Ärzte ablehnen, waren – aus der Sicht der gegenwärtigen Pathologie – schlecht instruiert und daher ineffizient. Aber sie handelten nicht irrational, sie taten ihr Bestes. Es ist wahrscheinlich, dass in hundert Jahren mehr Ärzte über effizientere Methoden zur Behandlung dieser Krankheit verfügen werden. Sie werden effizienter, aber nicht rationaler sein als unsere Ärzte.

Das Gegenteil von Handeln ist nicht *irrationales* Verhalten, sondern eine Reaktion auf Reize der Körperorgane und Instinkte, die nicht durch den Willen des Betroffenen gesteuert werden können. Auf denselben Reiz kann der Mensch unter bestimmten Bedingungen sowohl durch Reaktion als auch durch Handeln reagieren. Wenn ein Mensch ein Gift aufnimmt, reagieren die Organe, indem sie ihre Abwehrkräfte aufbieten; zusätzlich kann das Handeln durch ein Gegengift eingreifen.

Im Hinblick auf das Problem der Antithese, rational und irrational, gibt es keinen Unterschied zwischen den Naturwissenschaften und den Sozialwissenschaften. Wissenschaft ist und muss immer rational sein. Es ist das Bestreben, durch eine systematische Anordnung des gesamten verfügbaren Wissens einen mentalen Zugriff auf die Phänomene des Universums zu erlangen. Wie bereits erwähnt, muss die Analyse von Objekten in ihren Bestandteilen jedoch früher oder später zwangsläufig einen Punkt erreichen, über den sie nicht hinausgehen kann. Der menschliche Verstand ist nicht einmal in der Lage, eine Art von Wissen zu begreifen, das nicht durch eine letzte Gegebenheit begrenzt ist, die für weitere Analysen und Reduktionen unzugänglich ist. Die wissenschaftliche Methode, die den Geist bis zu diesem Punkt trägt, ist völlig rational. Die letzte Gegebenheit kann als irrationale Tatsache bezeichnet werden.

Es ist heutzutage in Mode, die Sozialwissenschaften als rein rational zu kritisieren. Der populärste Einwand gegen die Ökonomie ist, dass sie die Irrationalität von Leben und Realität vernachlässige und versuche, die unendliche Vielfalt der Phänomene in trockene rationale Schemata und blutleere Abstraktionen zu pressen. Kein Vorwurf könnte absurder sein. Wie jeder Zweig des Wissens geht die Ökonomie so weit, wie sie mit rationalen Methoden getragen werden kann. Dann hält sie ein mit der Feststellung der Tatsache, dass sie einer letzten Gegebenheit gegenübersteht, d.h. ein Phänomen, das – zumindest nach dem derzeitigen Stand unseres Wissens – nicht weiter analysiert werden kann. Die Lehren der Praxeologie und der Ökonomie gelten für jedes menschliche Handeln ohne Rücksicht auf die zugrundeliegenden Motive, Ursachen und Ziele. Die letzten Werturteile und die Endziele menschlichen Handelns sind für jede Art von wissenschaftlicher Untersuchung gegeben; sie stehen keiner weiteren Analyse offen. Die Praxeologie beschäftigt sich mit den Wegen und Mitteln, die für die Erreichung solcher Endziele gewählt wurden. Ihr Gegenstand sind die Mittel, nicht die Ziele.[89]

In diesem Sinne kann man von dem Subjektivismus der Wissenschaft vom Handeln sprechen. Sie nimmt die Wertsetzungen der handelnden Menschen als gegeben an, sie bewahrt ihnen gegenüber vollständige Neutralität und fällt selbst keine Werturteile[90]. Der einzige Maßstab, den sie anwendet, ist die Frage, ob die gewählten Mittel für die Erreichung der angestrebten Ziele geeignet sind oder nicht. Wenn der Eudämonismus von Glückseligkeit, wenn der Utilitarismus von Nutzen, wenn die Nationalökonomie von Nützlichkeit spricht, dann muss man Glückseligkeit, Nutzen, Nützlichkeit subjektivistisch verstehen als das, was der handelnde Mensch sucht, weil er es für anstrebenswert erachtet. In diesem Formalismus liegt der Fortschritt der modernen Auffassung von Eudämonismus, Hedonismus und Utilitarismus gegenüber den älteren materialistischen Auffassungen und der Fortschritt der modernen subjektivistischen Wertlehre gegenüber der objektivistischen Wertlehre der Klassiker. In diesem Subjektivismus unserer Lehre liegt auch zugleich ihre Objektivität. Weil sie subjektivistisch gerichtet ist, weil ihr jedes Werturteil eines handelnden Menschen als gegeben und keiner weiteren Kritik unterworfen erscheint, ist sie über alle Parteiungen und Parteikämpfe erhaben, ist sie gleichgültig gegenüber den Konflikten aller Schulen des Dogmatismus und der ethischen Doktrinen, es sie wertfrei und frei von vorgefassten Ideen und Vorurteilen[91], ist sie allgemeingültig und schlechthin «menschlich».[92]

5. Über Kausalität als Voraussetzung des Handelns

Handeln kann der Mensch nur, weil er in einer Welt lebt, in der er Kausalbeziehungen zu entdecken vermag, die den Wandel und das Werden im Universum bestimmen. Handeln benötigt und setzt die Kategorie der Kausalität voraus. Nur der Mensch, der die Umwelt im Lichte der Kausalität sieht, vermag zu handeln. Die Kausalität ist eine Kategorie des Handelns. Die Kategorie *Mittel-Zweck* setzt die Kategorie *Ursache-Wirkung* voraus. In einer[93] Welt ohne Kausalität und Regelmäßigkeit von Phänomenen wäre für menschliche Vernunft und für menschliches Denken kein Feld. Eine so beschaffene Welt wäre ein Chaos, in dem die Menschen sich nicht zu orientieren vermöchten. Der Mensch ist nicht einmal in der Lage, sich die Bedingungen eines solchen chaotischen Universums vorzustellen.

Wo der Mensch keinen Kausalzusammenhang zu entdecken weiß, kann er auch nicht handeln. Der Satz lässt sich nicht umkehren. Der Mensch kann, auch wenn er den Kausalzusammenhang kennt, nicht handeln, wenn er es nicht vermag, die Ursache zu beeinflussen.[94] Die Grundform[95] der Kausalforschung lautet: wo und wie habe ich einzusetzen, um den Ablauf der Dinge von der Richtung, die er ohne mein Eingreifen nehmen würde, in Bahnen abzulenken, die meinen Wünschen besser entsprechen? In diesem Sinne wirft der Mensch zuerst die Frage auf: wer oder was trägt die Schuld[96]? Weil er handeln will, forscht er nach Regelmäßigkeit und dem Gesetz. Erst später wird dieses Suchen durch die Metaphysik in eine Forschung nach dem letzten Grunde alles Bestehenden umgedeutet. Viele Jahrhunderte hatten zu tun, um diese überspannten Vorstellungen wieder auf die bescheidenere Fragestellung zurückzuführen: wo müsste man einsetzen oder einsetzen können, um dies oder das zu erreichen?

Die Behandlung, die dem Kausalitätsproblem in den letzten Jahrzehnten unter dem Einfluss einiger physikalischer Missverständnisse zuteil wurde, war recht unglücklich. Diese unerfreuliche Episode der Philosophiegeschichte wird hoffentlich künftigem Philosophieren zur Warnung dienen.

Es gibt Veränderungen, deren Ursache wir nicht kennen oder zumindest heute noch nicht kennen. Mitunter gelingt es uns, ein Teilwissen zu erlangen, so dass wir sagen können: auf A folgt in 70 % der Fälle B, in den übrigen Fällen C oder auch D, E, F, und s. w. Um dieses Wissen in ein befriedigenderes Wissen zu verwandeln, wird man A in seine Elemente aufzuspalten haben; solange das nicht gelingt, wird man mit einem statistischen Gesetz vorliebnehmen müssen. Doch dieser Tatbestand erschüttert nicht die praxeologische Bedeutung der Kategorie der Kausalität. Dass Nichtwissen oder teilweises Nichtwissen der Annahme einer Kategorie der Kausalität widersprechen sollte, hatte man früher nie zu behaupten gewagt.

Mit den philosophischen, erkenntnistheoretischen und metaphysischen Problemen der Kausalität und der unvollkommenen Induktion[97] kann sich die Praxeologie nicht befassen. Sie muss sich von jeder Metaphysik fernhalten. Wir haben einfach festzustellen: Um handeln zu können, muss der Mensch die kausale Verknüpfung zwischen Ereignissen, Prozessen oder Zuständen[98] kennen. Und nur[99] soweit er sie richtig erkannt hat, wird sein Handeln Erfolg haben können. Wir bewegen uns dabei bewusst in einem Zirkel. Denn dass der Kausalzusammenhang richtig erfasst wurde, vermögen wir nur daran zu erkennen, dass das Handeln, das an dieser Auffassung über den Kausalzusammenhang orientiert war, zu dem erwarteten Erfolg geführt hat. Doch diesem Zirkelschluss können wir nicht entrinnen, weil eben die Kausalität eine praxeologische Kategorie ist. Das gerade zwingt uns, in der Darstellung der Praxeologie einige Worte diesem Grundproblem allen Philosophierens zu widmen.

6. Das Alter Ego[100]

Wenn wir bereit sind, den Begriff Kausalität im weitesten Sinne zu verstehen, kann man die Teleologie als eine Variante der kausalen Untersuchung bezeichnen. Finale Ursachen sind in erster Linie Ursachen. Die Ursache eines Ereignisses wird als eine Handlung oder Quasi-Handlung gesehen, die auf ein bestimmtes Ziel abzielt.[101]

Dem primitiven Menschen wie dem Säugling ist diese Betrachtungsweise allerdings fremd. Er nimmt im Gegenteil mit ganz naiver anthropomorpher Einstellung an, dass die Außenwelt nur aus Wesen besteht, die handeln, wie er selbst handelt. Er beseelt die Natur, er sieht die Tiere und die Pflanzen, die Berge, die Flüsse, die Quellen, sogar die Steine und Himmelskörper als empfindende, wollende und vor allem auch als handelnde Wesen[102] wie er selbst. Erst in einem späteren Stadium der kulturellen Entwicklung verzichtet der Mensch auf diese animistischen Ideen und ersetzt sie durch das mechanistische Weltbild.[103] Die mechanistische Weltansicht[104] bewährt sich so ausgezeichnet, dass man schließlich meint, sie könne alle Probleme des Denkens und der wissenschaftlichen Forschung lösen.[105] Materialismus und Panphysikalismus proklamieren das mechanistische Weltbild als die Essenz allen Wissens und die experimentellen und mathematischen Methoden der Naturwissenschaften als die einzige wissenschaftliche Denkweise; alle Veränderungen in der Welt sollen als Bewegungen aufgefasst werden, die den Gesetzen der Mechanik gehorchen.

Dem Hinweis auf die offene erkenntnistheoretische Problematik des Kausalitätsprinzips und des Induktionsschlusses[106] vermögen die Verfechter der mechanistischen Auffassung die Tatsache entgegenzuhalten, dass ihr Verfahren sich im Leben bewährt habe. Dass die Laboratoriumsversuche so verlaufen, wie man nach den Theorien erwarten durfte, und dass die Maschinen so arbeiten, wie die Technologien es voraussagen, sei eine Bestätigung die Richtigkeit der Methoden und Erkenntnisse der modernen Naturwissenschaft[107]. Wenn die Wissenschaft[108] auch nicht Wahrheit gebe – und wer wisse, was Wahrheit letzten Endes ist? – sei es auf jeden Fall gewiss, dass sie darin funktioniere, uns zum Erfolg zu führen[109].

Doch gerade wenn man sich auf den Boden dieses pragmatischen Bewährungsbegriffes stellt, muss man die Leere des panphysikalischen Dogmas[110] ablehnen. Es ist der Wissenschaft – zumindest bisher – nicht gelungen aufzuzeigen, wie äußere Tatsachen sich im Innern des Menschen in Wollen und Handeln umsetzen[111]. Die Panphysiker können sicherlich nicht behaupten, dass die von ihnen empfohlenen Verfahren jemals auf dem Gebiet der zwischenmenschlichen Beziehungen und der Sozialwissenschaften funktioniert hätten. Aber es steht außer Zweifel, dass das Prinzip, nach dem ein Ego mit jedem Menschen so umgeht, als wäre der andere ein denkender und handelnder Mensch wie er selbst, seine Nützlichkeit sowohl im Alltag als auch in der wissenschaftlichen Forschung bewiesen hat. Es ist nicht zu leugnen, dass es funktioniert.[112]

Es kann kein Zweifel darüber bestehen, dass der Vorgang, die Mitmenschen als Wesen zu betrachten, die denken und handeln wie ich, das Ego[113], sich im Leben bewährt hat und dass hingegen dem Versuch, pragmatische Bestätigung des Postulats zu erhalten, nach dem sie einfach wie die Gegebenheiten der naturwissenschaftlichen Betrachtung zu sehen, keine Bewährung werden kann. Das erkenntnistheoretische Problem des Fremdverstehens (oder, richtiger ausgedrückt, des Fremdbegreifens) mag[114] nicht geringere Schwierigkeiten bieten als das des Kausalprinzips oder das der unvollständigen Induktion. Dass meine Logik auch die Logik der anderen und schlechthin die einzige menschliche Logik ist, und dass die Kategorien meines Handelns auch die Kategorien des Handelns der anderen und schlechthin alles menschlichen Handelns sind, kann[115] nicht bewiesen werden. Doch der Pragmatist möge bedenken, dass diese Annahmen sich in Wissenschaft und Leben bewährt haben, und der Positivist möge nicht vergessen, dass er, wenn er zu uns spricht, stillschweigend[116] die intersubjektive Gültigkeit der Logik und damit den Gegenstandbereich des Denkens und Handelns des Alter Ego, dessen eminent menschlichen Charakter,[117] voraussetzt.[5]

Denken und Handeln sind das Menschliche, das, was allen Menschen gegeben und eigen ist und was sie, über die Zugehörigkeit zur zoologischen Spezies homo sapiens hinaus, zu Menschen stempelt. Es ist nicht die Aufgabe der Praxeologie, zu untersuchen, in welchem Verhältnis Denken und Handeln stehen. Ihr muss es genügen festzustellen, dass es nur ein Denken[118] gibt, das für Menschen denkbar ist, und nur ein Handeln, das menschlich ist und vom Menschengeist begriffen werden kann. Ob es nicht noch irgendwo Welten gibt oder geben kann, wo anders gedacht und gehandelt werden kann, entzieht sich der Erkenntnis durch die menschliche Vernunft. Wir beschränken uns auf die Betrachtung menschlichen Handelns.

Dieses menschliche Handeln, das mit dem menschlichen Denken untrennbar verbunden ist, ist denknotwendig bestimmt. Sowenig einer menschlichen Vernunft eine Logik fassbar wäre, die von dem Inhalte unserer Logik abweicht, sowenig könnte ein Mensch ein Handeln fassen, das kategorial von dem Handeln verschieden wäre, von dem wir sprechen.[119]

Zur geistigen Erfassung der Realität[120] stehen der menschlichen Vernunft nur zwei Prinzipien zur Verfügung: das teleologische und das kausale.[121] Ein Geschehen, das mit keinem dieser beiden Mittel erfasst werden könnte, erschiene dem menschlichen Geist[122] unbegreiflich und mysteriös. Das menschliche Denken mag sich noch so sehr anstrengen, es könnte doch nie dazu gelangen, Veränderungen anders zu erfassen als entweder durch das Prinzip der mechanistischen Kausalität oder durch das der Teleologie[123].[6] Es stimmt, wie bereits erwähnt, dass die Teleologie als eine Variante der Kausalität angesehen werden kann. Aber die Feststellung dieser Tatsache hebt die wesentlichen Unterschiede zwischen den beiden Kategorien nicht auf.[124]

Der der panmechanistischen Weltansicht zugrundeliegende Verfahrensmonismus, der nur die mechanistische Kausalität gelten lassen will, weil er ihr einen höheren Erkenntniswert oder überhaupt nur ihr Erkenntniswert beilegt, wurzelt in einem metaphysischen Vorurteil. Beide Erkenntnisprinzipien – das kausale sowohl

---

[5]Vgl. Alfred Schütz, *Der sinnhafte Aufbau der sozialen Welt*, (Wien, 1932), S. 18, Anm. 2.

[6]Vgl. Karel Engliš, *Begründung der Teleologie als Form des empirischen Erkennens*, (Brünn, 1930), S. 15 ff.

als das teleologische – sind, dem begrenzten Wirkungsbereich der menschlichen Vernunft entsprechend, unvollkommen und führen nicht zu letzter Erkenntnis und Einsicht. Das Kausalprinzip leitet zu einem regressus in infinitum, den die Vernunft nie auszuschöpfen vermag, und die Teleologie versagt, wenn die Frage nach dem Beweger des Bewegers gestellt wird. Für beide Verfahren gibt es ein Gegebenes, das nicht weiter aufgelöst und erklärt werden kann. Volle Beruhigung,[125] apodiktische Gewissheit und Allerkenntnis können Denken und Wissenschaft nicht bieten. Wer diese finden will, muss sich an den Glauben wenden und versuchen, sein Gewissen zu beruhigen, indem er ein Glaubensbekenntnis oder eine metaphysische Lehre annimmt[126].

Bleiben wir im Bereiche des Denkens und der Erfahrung, so dürfen wir uns der Einsicht nicht verschließen, dass der Mitmensch handelt und dass wir nicht berechtigt sind, aus modischer Vorliebe und aus unbegründetem[127] Vorurteil von der Tatsache dieses Handelns abzusehen. Die tägliche Erfahrung, dieselbe, die uns zeigt, dass wir durch kausale Deutung des Geschehens der übrigen Außenwelt gut fahren, lehrt uns, in unseren Mitmenschen handelnde Wesen zu sehen wie wir selbst. Für die Deutung des Handelns aber steht uns kein anderes Deutungsschema zur Verfügung als das, das wir durch die Einsicht in das Wesen unseres eigenen Handelns gewonnen haben. Wir haben nur die Wahl zwischen diesem und der kausalmechanistischen Betrachtung, die sich für die Erfassung des Handelns unserer Mitmenschen als unbrauchbar erweist.

Das Problem des Studiums und der Analyse des Handelns anderer Menschen ist in keiner Weise mit dem Problem der Existenz einer Seele oder der Unsterblichkeit der Seele verbunden. Insoweit die Einwände von Empirie, Behaviorismus und Positivismus gegen irgendeine Variante der Seelentheorie gerichtet werden, sind sie von keinem Nutzen für unser Problem. Die Frage, mit der wir es zu tun haben, ist, ob es möglich ist, menschliches Handeln intellektuell zu erfassen, wenn man es nicht als sinnvolles und zielgerichtetes Verhalten begreift, das auf das Erreichen bestimmter Ziele abzielt. Behaviorismus und Positivismus wollen die Methoden der empirischen Naturwissenschaften auf die Realität menschlichen Handelns anwenden. Sie interpretieren es als Reaktion auf Reize. Aber diese Reize selbst sind durch die Methoden der Naturwissenschaften nicht beschreibbar. Jeder Versuch, sie zu beschreiben, muss sich auf die Bedeutung beziehen, die ihnen handelnde Menschen verleihen. Wir können das Angebot einer Ware zum Verkauf als «Reiz» bezeichnen. Aber was in einem solchen Angebot wesentlich ist und es von anderen Angeboten unterscheidet, kann nicht beschrieben werden, ohne die Bedeutung zu erfassen, die die handelnden Parteien der Situation zuschreiben. Kein dialektischer Kunstgriff kann die Tatsache, dass der Mensch davon getrieben wird, bestimmte Ziele erreichen zu wollen, verschleiern. Es ist dieses zielgerichtete Verhalten – nämlich Handeln –, das Gegenstand unserer Wissenschaft ist. Wir können uns unserem Thema nicht nähern, wenn wir die Bedeutung außer Acht lassen, die der handelnde Mensch der Situation, d.h. dem gegebenen Zustand und seinem eigenen Verhalten gegenüber dieser Situation beimisst.[128]

Es ist der Physik nicht angemessen, nach den finalen Ursachen zu suchen[129], weil für den Physiker nichts auf ein in den physikalischen Vorgängen wirkendes Handeln eines nach menschlicher Weise handelnden Wesens hindeutet. Es ist dem Praxeologen nicht angemessen, von dem Wirken des Willens und der Absicht des handelnden Wesens[130] abzusehen, weil sie zweifellos gegebene Tatsachen sind und er dann eben nicht Praxeologie, nicht Ökonomie und nicht Gesellschaftslehre betreiben würde[131]. Man kann die Erscheinungen menschlichen Handels oft – nicht immer – auch als Gegenstand naturwissenschaftlicher Betrachtung ansehen. Man kann das Gehen und das Sprechen biologisch studieren, man kann das Abfeuern eines Gewehres physikalisch und chemisch untersuchen u.s.w. Doch dann treibt man eben Biologie, Chemie oder Physik und nicht Praxeologie und vernachlässigt genau die Probleme, die die Wissenschaft des zielgerichteten menschlichen Verhaltens zu klären versucht.[132]

Über den Instinkt[133]

Dass wir nur die Wahl zwischen den beiden Wegen der Kausalität und der Teleologie haben und dass wir ein Geschehen, das wir einerseits mit der kausal-naturwissenschaftlichen Methode nicht ganz fassen können, das wir aber auch anderseits nicht als zielgerichtetes menschliches Handeln ansehen dürfen, zu einem Quasi-Handeln stempeln müssen, um geistig an seine Erklärung heranzukommen, zeigt am klarsten der Begriff des Instinkts.

Wir beobachten zwei Dinge: erstens die inhärente Tendenz eines lebenden Organismus, auf einen Reiz nach einem regelmäßigen Muster zu reagieren, und zweitens die günstigen Auswirkungen dieses Verhaltens auf die Stärkung oder Erhaltung der Vitalkräfte des Organismus. Wenn wir in der Lage wären, ein solches Verhalten als Ergebnis einer zielgerichteten Ausrichtung auf bestimmte Ziele zu interpretieren, würden wir es Handlung nennen und es nach den teleologischen Methoden der Praxeologie behandeln. Aber da wir keine Spur eines bewussten Geistes hinter diesem Verhalten gefunden haben[134], greifen wir zur Annahme, dass ein uns unbekannter Faktor – eben der Instinkt – wirksam war. Der Instinkt löst die quasi zielstrebige Regung des Tieres aus, der Instinkt lenkt unbewusstes und doch zweckmäßiges Verhalten menschlicher Nerven und Muskeln. Indem wir das Unbekannte und Rätselhafte solchen Verhaltens als Instinkt hypostasieren, kommen wir der Lösung des Problems, das hier vor uns liegt, nicht um einen Schritt näher. Wir dürfen nie vergessen[135], dass dieser Ausdruck nur – vielleicht vorläufig, vielleicht für immer – als Markstein steht, um eine Stelle zu bezeichnen, über die hinaus unser Denken und Forschen nicht zu dringen vermochte.

Es ist der Biologie[136] gelungen, für manche Abläufe, die man früher dem Wirken des Instinkts zuschrieb, eine *natürliche,* d.h. eine kausal-mechanische Erklärung zu finden, die sie als mechanische oder chemische Reaktionen auf Reize zeigt. Doch es blieb genug übrig, das auf diesem Wege nicht geklärt werden kann. Tiere[137] zeigen ein Verhalten, das wir nicht anders zu erfassen vermögen als durch die Annahme, dass in ihnen etwas – nämlich der Instinkt – wirksam ist, ein Agens, das Ziele sucht wie wir handelnde Menschen.

Das Bestreben des Behaviorismus, das menschliche Verhalten von außen her mit den von der Tierpsychologie entwickelten Methoden zu studieren, beruht auf einer argen Selbsttäuschung. Wir können das Verhalten der Tiere[138], soweit es sich nicht als Ausfluss physiologischer Prozesse von der Art[139] der Atmung und des Stoffwechsels darstellt, nur nach den Methoden, die wir zur Erfassung menschlichen Handelns ausgebaut haben,[140] studieren. Der Behaviorist nähert sich dem Gegenstand seiner Untersuchungen mit den menschlichen Vorstellungen von Zweck und Erfolg. Er wendet unwissentlich auf den Gegenstand seiner Studien die menschlichen Vorstellungen von Zweckmäßigkeit und Schädlichkeit an. Er täuscht sich selbst, indem er jeglichen verbalen Bezug zum Bewusstsein und zum Streben nach Zielen ausschließt. Tatsächlich sucht sein Verstand überall nach Zielen und misst jede Haltung mit dem Maßstab einer verstümmelten Vorstellung von Zweckmäßigkeit. Die Wissenschaft des menschlichen Verhaltens – soweit es sich nicht um Physiologie handelt – kann den Bezug auf Sinn und Zweck nicht aufgeben. Sie kann nichts aus der Tierpsychologie und der Beobachtung der unbewussten Reaktionen von Neugeborenen lernen. Es ist im Gegenteil die Tierpsychologie und die Kinderpsychologie, die nicht auf die Hilfe verzichten können, die die Wissenschaft des menschlichen Handelns leistet. Ohne praxeologische Kategorien wären wir nicht in der Lage, das Verhalten von Tieren und Säuglingen zu begreifen und zu verstehen.[141]

Die Beobachtung der tierischen Instinkthandlungen erfüllt den Menschen immer von neuem mit Staunen und regt zu Fragen an, die niemand zu beantworten vermag. Doch dass Tiere und auch Pflanzen sich quasi zweckmäßig verhalten, ist nicht mehr und nicht weniger wunderbar, als das, dass der Mensch denkt und handelt, dass in der unbelebten Weit jene Funktionalbeziehungen bestehen, die die Physik beschreibt, und dass in der belebten Welt die biologischen Prozesse ablaufen. All dies ist wunderlich in dem Sinne, dass es eine letzte Gegebenheit für unseren suchenden Verstand ist.

Solch eine letzte Gegebenheit ist das, was wir tierischen Instinkt nennen.[142] Wie die Konzepte von Bewegung, Kraft, Leben und Bewusstsein ist auch Instinkt nur ein Ausdruck für einen Grenzpunkt menschlichen Denkens, und nicht etwa ein Wort zur Bezeichnung der Ursache oder gar der letzten Ursache[7].[143]

Das absolute Ziel

Um mögliche Fehlinterpretationen der praxeologischen Kategorien zu vermeiden, erscheint es zweckmäßig, eine Binsenweisheit zu betonen.

Die Praxeologie beschäftigt sich, wie die historischen Wissenschaften des menschlichen Handelns, mit zielgerichtetem menschlichen Handeln. Wenn sie von *Zielen* spricht, meint sie die Ziele, welche die handelnden Menschen anstreben. Wenn sie von *Sinn* spricht, meint sie den Sinn, welchen die handelnden Menschen ihren Handlungen beimessen.

Praxeologie und Geschichte sind Manifestationen des menschlichen Geistes und als solche durch die intellektuellen Fähigkeiten sterblicher Menschen bedingt. Praxeologie und Geschichte tun nicht so, als wüssten sie etwas über die Absichten eines absoluten und objektiven Verstandes, über einen objektiven Sinn, der dem Lauf der Ereignisse und der historischen Entwicklung innewohne, und über die Pläne, die Gott oder die Natur oder der Weltgeist oder das Schicksal bei der Leitung des Universums und der menschlichen Angelegenheiten zu verwirklichen versuche. Sie haben nichts mit dem gemein, was man Geschichtsphilosophie nennt. Sie behaupten nicht, wie die Werke von Hegel, Comte, Marx und einer Vielzahl anderer Autoren, Informationen über den wahren, objektiven und absoluten Sinn des Lebens und der Geschichte zu verkünden.

[7] Vgl. Claude Bernard, «*La vie est une cause première qui nous échappe comme toutes les causes premières et dont la science expérimentale n'a pas à se préoccuper*», La Science experimentale, (Paris, 1878), S. 137.

Der vegetative Mensch

Einige Philosophien raten dem Menschen, als letztes Ziel des Verhaltens den völligen Verzicht auf jede Handlung zu suchen. Sie betrachten das Leben als ein absolutes Übel voller Schmerz, Leiden und Qualen und leugnen apodiktisch, dass jede gezielte menschliche Anstrengung es erträglich machen könne. Glück könne nur durch völliges Absterben des Bewusstseins, des Willens und des Lebens erreicht werden. Der einzige Weg zur Glückseligkeit und Erlösung bestehe darin, vollkommen passiv, gleichgültig und träge zu werden wie die Pflanzen. Das souveräne Gute sei das Aufgeben des Denkens und Handelns.

Das ist die Essenz der Lehren verschiedener indischer Philosophien, insbesondere des Buddhismus, und von Schopenhauer. Die Praxeologie kommentiert sie nicht. Sie ist neutral in Bezug auf alle Werturteile und die Wahl der Endziele. Ihre Aufgabe ist es nicht, zu billigen oder zu missbilligen, sondern nur Fakten zu ermitteln.

Das Thema der Praxeologie ist menschliches Handeln. Es geht nicht um Menschen, denen es gelungen ist, alles zu unterdrücken, was den Menschen als Mensch auszeichnet: den Willen, das Begehren, das Denken und das Streben nach Zielen. Es geht um den handelnden Menschen, nicht um den in eine Pflanze verwandelten und auf eine rein vegetative Existenz reduzierten Menschen.[144]

Kapitel 2

DIE ERKENNTNISTHEORETISCHEN PROBLEME DER WISSENSCHAFTEN VOM MENSCHLICHEN HANDELN

1. Praxeologie und Geschichte

Es gibt zwei Hauptzweige der Wissenschaften vom menschlichen Handeln: Praxeologie und Geschichte.

Geschichte ist die Sammlung und systematische Anordnung aller Erfahrungsdaten, die das menschliche Handeln betreffen. Sie behandelt den konkreten Inhalt menschlichen Handelns. Sie untersucht alle menschlichen Bestrebungen in ihrer unendlichen Vielfalt und alle individuellen Handlungen mit all ihren zufälligen, besonderen und konkreten Implikationen. Sie hinterfragt die Ideen, die die handelnden Männer leiten, und das Ergebnis der durchgeführten Handlungen. Sie umfasst jeden Aspekt menschlicher Aktivitäten. Sie ist zum einen allgemeine Geschichte und zum anderen die Geschichte verschiedener engerer Felder. Es gibt die Geschichte des politischen und militärischen Handelns, der Ideen und der Philosophie, der wirtschaftlichen Aktivitäten, der Technologie, der Literatur, der Kunst und Wissenschaft, der Religion, der Sitten und Gebräuche und vieler anderer Bereiche des menschlichen Lebens. Es gibt Ethnologie und Anthropologie, soweit sie nicht Teil der Biologie sind, und es gibt Psychologie, soweit sie weder Physiologie noch Erkenntnistheorie noch Philosophie ist. Es gibt die Linguistik, soweit sie weder Logik noch Sprachphysiologie ist.[1]

[1]Wirtschaftsgeschichte, deskriptive Ökonomie und Wirtschaftsstatistik sind natürlich Geschichte. Der Begriff Soziologie wird in zwei verschiedenen Bedeutungen verwendet. Die deskriptive Soziologie beschäftigt sich mit jenen historischen Phänomenen menschlichen Handelns, die nicht in der deskriptiven Ökonomie betrachtet werden; sie überschneidet sich gewissermaßen mit dem von der

Gegenstand aller Geschichtswissenschaften ist die Vergangenheit. Sie können uns nichts lehren, was für alle menschlichen Handlungen, also auch für die Zukunft, gültig wäre. Das Studium der Geschichte macht einen Menschen weise und vernünftig. Es vermittelt aber kein Wissen und Können, das für die Bewältigung konkreter Aufgaben genutzt werden könnte.

Auch die Naturwissenschaften beschäftigen sich mit vergangenen Ereignissen. Jede Erfahrung ist eine Erfahrung von etwas, das vergangen ist; es gibt keine Erfahrung von zukünftigen Ereignissen. Doch die Erfahrung, der die Naturwissenschaften ihren Erfolg verdanken, ist die Erfahrung des Experiments, in dem die einzelnen Elemente des Wandels isoliert betrachtet werden können. Die so gesammelten Fakten können für die Induktion verwendet werden, ein besonderes Verfahren des Schließens, das pragmatische Beweise für seine Zweckmäßigkeit geliefert hat, obwohl seine zufriedenstellende epistemologische Charakterisierung immer noch ein ungelöstes Problem ist.

Die Erfahrung, mit der sich die Wissenschaften vom menschlichen Handeln auseinandersetzen müssen, ist immer eine Erfahrung komplexer Phänomene. Es können keine Laborexperimente im Hinblick auf menschliches Handeln durchgeführt werden. Wir sind nie in der Lage, die Veränderung nur in einem Element zu beobachten, während alle anderen Bedingungen des Ereignisses einem Fall gleichen würden, in dem sich das betreffende Element nicht geändert hätte. Die historische Erfahrung als Erfahrung komplexer Phänomene liefert uns keine Fakten in dem Sinne, in dem die Naturwissenschaften diesen Begriff verwenden, um isolierte, experimentell getestete Ereignisse zu bezeichnen. Die durch historische Erfahrungen vermittelten Informationen können nicht als Baustoff für die Konstruktion von Theorien und die Vorhersage zukünftiger Ereignisse verwendet werden. Jede historische Erfahrung ist offen für verschiedene Interpretationen und wird in der Tat unterschiedlich interpretiert.

Die Postulate des Positivismus und verwandter Schulen der Metaphysik sind daher illusorisch. Es ist unmöglich, die Wissenschaften vom menschlichen Handeln nach dem Muster der Physik und der anderen Naturwissenschaften zu reformieren. Es gibt keine Möglichkeit, eine a posteriori-Theorie des menschlichen Verhaltens und der sozialen Ereignisse zu etablieren. Die Geschichte kann keine allgemeine Aussage in der Art und Weise, wie die Naturwissenschaften eine Hypothese auf der Grundlage von Laborversuchen akzeptieren oder ablehnen, beweisen oder widerlegen. Weder eine experimentelle Verifikation noch eine experimentelle Falsifikation einer allgemeinen Aussage ist in diesem Bereich möglich.

Komplexe Phänomene, bei deren Zustandekommen verschiedene Kausalketten miteinander verwoben sind, können keine Theorie testen. Solche Phänomene werden im Gegenteil erst durch eine Interpretation in Form von Theorien, die zuvor aus anderen Quellen entwickelt wurden, verständlich. Bei Naturphänomenen darf die Interpretation eines Ereignisses nicht im Widerspruch zu den durch Experimente zufriedenstellend verifizierten Theorien stehen. Bei historischen Ereignissen gibt es keine solche

Ethnologie und der Anthropologie beanspruchten Feld. Die allgemeine Soziologie nähert sich der historischen Erfahrung hingegen aus einem universelleren Blickwinkel als die anderen Geschichtszweige. Die eigentliche Geschichte befasst sich zum Beispiel mit einer einzelnen Stadt oder mit Städten in einer bestimmten Periode oder mit einem einzelnen Volk oder mit einem bestimmten geographischen Gebiet. Max Weber beschäftigt sich in seinem Hauptwerk *Wirtschaft und Gesellschaft* (Tübingen, 1922), S. 513-600, mit der Stadt im Allgemeinen, d.h. mit der gesamten historischen Erfahrung von Städten ohne Einschränkung auf historische Epochen, geographische Gebiete oder einzelne Völker, Nationen, Rassen und Zivilisationen.

Einschränkung. Den Kommentatoren würde es freistehen, auf recht willkürliche Erklärungen zurückzugreifen. Wo es etwas zu erklären gibt, war der menschliche Verstand noch nie verlegen, imaginäre Theorien ad hoc zu erfinden, ohne jede logische Rechtfertigung.

Eine ähnliche Einschränkung, wie sie die experimentell getesteten Theorien den Versuchen der Interpretation und Aufklärung einzelner physikalischer, chemischer und physiologischer Ereignisse auferlegen, bietet die Praxeologie auf dem Gebiet der Menschheitsgeschichte. Die Praxeologie ist eine theoretische und systematische, keine historische Wissenschaft. Ihr Anwendungsbereich ist menschliches Handeln als solches, unabhängig von allen umweltbedingten, zufälligen und individuellen Umständen der konkreten Handlungen. Ihre Erkenntnisweise ist rein formal und allgemein, ohne Bezugnahme auf den materiellen Inhalt und die Besonderheiten des konkreten Falles. Sie zielt auf Wissen ab, das für alle Fälle gültig ist, in denen die Bedingungen genau denjenigen entsprechen, die in ihren Annahmen und Schlussfolgerungen impliziert sind. Ihre Aussagen und Vorschläge sind nicht aus Erfahrung abgeleitet. Sie sind, wie die der Logik und Mathematik, a priori. Sie unterliegen keiner Verifikation oder Falsifikation aufgrund von Erfahrungen und Fakten. Sie sind sowohl logisch als auch zeitlich vor dem Verständnis historischer Sachverhalte angesiedelt. Sie sind eine notwendige Voraussetzung für jedes intellektuelle Verständnis historischer Ereignisse. Ohne sie könnten wir im Laufe der Ereignisse nichts anderes als kaleidoskopische Veränderungen und chaotisches Gewirr sehen.

2. Der formale und apriorische Charakter der Praxeologie

Eine modische Tendenz in der zeitgenössischen Philosophie besteht darin, die Existenz jeglichen a-priori-Wissens zu leugnen. Alles menschliche Wissen, so wird behauptet, stamme aus der Erfahrung. Diese Haltung kann leicht als übertriebene Reaktion auf die Extravaganzen der Theologie und eine falsche Geschichts- und Naturphilosophie verstanden werden. Metaphysiker waren begierig darauf, durch Intuition moralische Gebote, die Bedeutung der historischen Evolution, die Eigenschaften von Seele und Materie und die Gesetze, die physikalische, chemische und physiologische Ereignisse regeln, zu entdecken. Ihre sprunghaften Spekulationen manifestierten eine unbekümmerte Missachtung von Tatsachenwissen. Sie waren überzeugt, dass die Vernunft ohne Bezug auf Erfahrung alles erklären und alle Fragen beantworten könne. Die modernen Naturwissenschaften verdanken ihren Erfolg der Beobachtungs- und Experimentiermethode. Empirie und Pragmatismus haben zweifellos Recht, wenn sie lediglich die Abläufe der Naturwissenschaften beschreiben. Aber es ist genauso gewiss, dass sie völlig falsch liegen in ihrem Bestreben, jegliche Art von a-priori-Wissen abzulehnen und Logik, Mathematik und Praxeologie als empirische und experimentelle Disziplinen zu charakterisieren.

Was die Praxeologie anbelangt, so sind die Fehler der Philosophen auf ihre völlige Unkenntnis der Ökonomie[2] und sehr oft auf ihre erschreckend unzureichende Kenntnis

[2]Kaum ein Philosoph hatte eine universellere Vertrautheit mit verschiedenen Zweigen des zeitgenössischen Wissens als Henri Bergson, doch eine beiläufige Bemerkung in seinem letzten großen Buch beweist eindeutig, dass Henri Bergson völlig unwissend über das fundamentale Theorem der

der Geschichte zurückzuführen. In den Augen des Philosophen ist die Behandlung philosophischer Fragen eine erhabene und edle Berufung, die nicht auf das niedrige Niveau anderer Erwerbstätigkeiten gesetzt werden darf. Der Professor ärgert sich darüber, dass er ein Einkommen aus dem Philosophieren bezieht; er ist beleidigt durch den Gedanken, dass er Geld verdient wie der Handwerker und der Knecht. Geldangelegenheiten sind gemeine Dinge, und der Philosoph, der die eminenten Probleme der Wahrheit und der absoluten ewigen Werte untersucht, sollte seinen Verstand nicht dadurch beschmutzen, dass er ihnen Aufmerksamkeit schenkt. Keine Zeile eines zeitgenössischen Philosophen enthüllt die geringste Vertrautheit mit selbst den elementarsten Problemen der Ökonomie.

Das Problem, ob es a priori Elemente des Denkens gibt oder nicht, d.h. notwendige und unausweichliche intellektuelle Denkbedingungen, die jedem tatsächlichen Fall von Empfängnis und Erfahrung vorausgehen, darf nicht mit dem genetischen Problem verwechselt werden, wie der Mensch seine charakteristische menschliche geistige Fähigkeit erworben hat. Der Mensch stammt von nichtmenschlichen Vorfahren ab, denen diese Fähigkeit fehlte. Diese Vorfahren waren mit einer gewissen Potentialität ausgestattet, die sie im Laufe der Zeitalter der Evolution in vernünftige Wesen verwandelte. Diese Transformation wurde durch den Einfluss einer sich verändernden kosmischen Umwelt erreicht, die auf nachfolgende Generationen wirkt. Daher kommt der Empiriker zu dem Schluss, dass die Grundprinzipien der Argumentation ein Ergebnis der Erfahrung sind und eine Anpassung des Menschen an die Bedingungen seiner Umwelt darstellen.

Diese Idee führt, wenn sie konsequent verfolgt wird, zu der weiteren Schlussfolgerung, dass es zwischen unseren vormenschlichen Vorfahren und dem Homo sapiens verschiedene Zwischenstadien gab. Es gab Wesen, die zwar noch nicht mit der menschlichen Fähigkeit der Vernunft ausgestattet waren, aber mit einigen rudimentären Elementen des schlussfolgernden Denkens ausgestattet waren. Ihr Verstand war noch kein logischer Verstand, sondern ein prälogischer (bzw. eher unvollkommen logischer) Verstand. Ihre unzusammenhängenden und fehlerhaften logischen Funktionen entwickelten sich Schritt für Schritt vom prälogischen Zustand zum logischen Zustand. Vernunft, Intellekt und Logik sind historische Phänomene. Es gibt eine Geschichte der Logik und eine Geschichte der Technik. Nichts deutet darauf hin, dass diese Logik, wie wir sie kennen, die letzte und abschließende Stufe der intellektuellen Evolution ist. Die menschliche Logik ist eine historische Phase zwischen prähumaner Nichtlogik auf der einen Seite und übermenschlicher Logik auf der anderen Seite. Vernunft und Verstand, die wirksamste Ausrüstung des Menschen im Kampf ums Überleben, sind eingebettet in den kontinuierlichen Fluss zoologischer Ereignisse. Sie sind weder ewig noch unveränderlich. Sie sind vergänglich.

Darüber hinaus besteht kein Zweifel, dass jeder Mensch in seiner persönlichen Entwicklung nicht nur die physiologische Metamorphose von einer einfachen Zelle zu einem hochkomplizierten Säugetierorganismus wiederholt, sondern nicht weniger die spirituelle Metamorphose von einer rein vegetativen und tierischen Existenz zu einem vernünftigen Verstand. Diese Transformation vollzieht sich nicht im vorgeburtlichen Leben des Embryos, sondern erst später, wenn das neugeborene Kind Schritt für Schritt

modernen Wert- und Tauschtheorie war. Zum Tausch merkt er an: «l'on ne peut le pratiquer sans s'être demandé si les deux objets échangés sont bien de même valeur, c'est-a-dire échangéables contre un même troisième.» *Les Deux Sources de la morale et de la religion* (Paris, 1932), S. 68.

zum menschlichen Bewusstsein erwacht. So durchläuft jeder Mensch in seiner frühen Jugend, ausgehend von den Tiefen der Finsternis, verschiedene Zustände der logischen Struktur des Verstandes.

Dann sind da noch die Tiere. Wir sind uns der unüberbrückbaren Kluft bewusst, die unsere Vernunft von den reaktiven Prozessen ihres Gehirns und ihrer Nerven trennt. Aber gleichzeitig erahnen wir, dass die Kräfte in ihnen verzweifelt um das Licht des Verstehens kämpfen. Sie sind wie Gefangene, die bestrebt sind, aus dem Untergang der ewigen Finsternis und des unausweichlichen Automatismus auszubrechen. Wir fühlen mit ihnen, weil wir selbst in einer ähnlichen Position sind: Vergeblich gehen wir gegen die Begrenzung unseres intellektuellen Apparates vor, vergeblich streben wir nach unerreichbarer vollkommener Erkenntnis.

Aber das Problem des a priori hat einen anderen Charakter. Es geht nicht um das Problem, wie Bewusstsein und Vernunft entstanden sind. Es bezieht sich auf den wesentlichen und notwendigen Charakter der logischen Struktur des menschlichen Verstandes.

Die grundsätzlichen logischen Zusammenhänge sind nicht beweis- oder widerlegbar. Jeder Versuch, sie zu beweisen, muss ihre Gültigkeit voraussetzen. Es ist unmöglich, sie einem Wesen zu erklären, das sie nicht selbst besitzen würde. Die Bemühungen, sie nach den Regeln der Definition zu definieren, müssen scheitern. Sie sind primäre Sätze, die jeder nominalen oder realen Definition vorausgehen. Sie sind letzte, nicht analysierbare Kategorien. Der menschliche Verstand ist völlig unfähig, sich logische Kategorien im Gegensatz zu ihnen vorzustellen. Wie auch immer sie den übermenschlichen Wesen erscheinen mögen, sie sind für den Menschen unausweichlich und absolut notwendig. Sie sind die unverzichtbare Voraussetzung für unbewusstes und bewusstes Wahrnehmen sowie für das Erfahren.

Sie sind nicht weniger eine unverzichtbare Voraussetzung für die Erinnerung. In den Naturwissenschaften besteht die Tendenz, die Erinnerung als Beispiel für ein allgemeineres Phänomen zu beschreiben. Jeder lebende Organismus bewahrt die Wirkungen früherer Stimulationen, und der gegenwärtige Zustand der anorganischen Materie wird durch die Wirkungen aller Einflüsse geprägt, denen er in der Vergangenheit ausgesetzt war. Der gegenwärtige Zustand des Universums ist das Produkt seiner Vergangenheit. Wir können daher in einem losen metaphorischen Sinn sagen, dass die geologische Struktur unseres Globus die Erinnerung an alle früheren kosmischen Veränderungen bewahrt, und dass der Körper eines Menschen den Ablagerungen des Schicksals und der Wechselfälle des Lebens sowohl seiner Vorfahren als auch von ihm selbst entspricht. Aber das Gedächtnis ist etwas ganz anderes als die Tatsache der strukturellen Einheit und Kontinuität der kosmischen Evolution. Es ist ein Phänomen des Bewusstseins und als solches durch das logische a priori bedingt. Psychologen sind erstaunt darüber, dass der Mensch sich an nichts aus der Zeit seiner Existenz als Embryo und als Säugling erinnert. Freud versuchte zu erklären, dass dieses Fehlen von Erinnerung durch die unbewusste Unterdrückung unerwünschter Erinnerungen hervorgerufen wurde. Die Wahrheit ist, dass es von unbewussten Zuständen nichts gibt, woran man sich erinnern kann. Tierautomatismus und unbewusste Reaktion auf physiologische Stimulationen sind weder für Embryonen und Säuglinge noch für Erwachsene Erinnerungsmaterial. Nur an bewusste Zustände kann man sich erinnern.

Der menschliche Verstand ist keine Tabula rasa, auf dem die äußeren Ereignisse ihre eigene Geschichte schreiben. Er ist mit einer Reihe von Werkzeugen ausgestattet, um die Realität zu erfassen. Diese Werkzeuge, d.h. die logische Struktur seines Verstandes, erwarb der Mensch im Laufe seiner Entwicklung von der Amöbe zum gegenwärtigen Zustand. Aber diese Werkzeuge sind logischerweise vor jeder Erfahrung.

Der Mensch ist nicht nur ein Tier, das völlig den Reizen unterworfen ist, die unweigerlich die Umstände seines Lebens bestimmen. Er ist auch ein handelndes Wesen. Und die Kategorie des Handelns geht logischerweise jeder konkreten Handlung voraus.

Die Tatsache, dass der Mensch nicht die schöpferische Kraft hat, sich Kategorien vorzustellen, die im Widerspruch zu den grundlegenden logischen Zusammenhängen und zu den Prinzipien der Kausalität und Teleologie stehen, legt uns das nahe, was man als methodischen Apriorismus bezeichnen kann.

Jeder in seinem täglichen Verhalten zeugt immer wieder von der Unveränderlichkeit und Universalität der Kategorien des Denkens und Handelns. Wer sich an seine Mitmenschen wendet, wer sie informieren und überzeugen will, wer Fragen stellt und auf die Fragen anderer antwortet, der kann nur deshalb so verfahren, weil er sich an etwas wenden kann, das allen Menschen gemeinsam ist – nämlich an die logische Struktur der menschlichen Vernunft. Die Vorstellung, dass *A* gleichzeitig *nicht-A* sein könnte, oder dass *A B* vorzuziehen gleichzeitig sein könnte, *B A* vorzuziehen, ist für den menschlichen Verstand einfach unvorstellbar und absurd. Wir sind nicht in der Lage, irgendeine Art von prälogischem oder metalogischem Denken zu verstehen. Wir können uns keine Welt ohne Kausalität und Teleologie vorstellen.

Es spielt für den Menschen keine Rolle, ob es jenseits der dem menschlichen Verstand zugänglichen Sphäre andere Sphären gibt, in denen es etwas gibt, das sich kategorial vom menschlichen Denken und Handeln unterscheidet. Kein Wissen aus solchen Sphären dringt in den menschlichen Verstand ein. Es ist müßig, sich zu fragen, ob die Dinge an sich anders sind als das, was sie uns erscheinen, und ob es Welten gibt, die wir nicht erahnen können, und Ideen, die wir nicht begreifen können. Das sind Probleme, die über den Rahmen der menschlichen Wahrnehmung hinausgehen. Das menschliche Wissen wird durch die Struktur des menschlichen Verstandes bedingt. Wenn sie menschliches Handeln als Gegenstand ihrer Untersuchungen wählt, kann sie nichts anderes bedeuten als die Kategorien von Handlungen, die dem menschlichen Verstand eigen sind, und ihre Projektion in die äußere Welt des Werdens und der Veränderung. Alle Theoreme der Praxeologie beziehen sich nur auf diese Aktionskategorien und gelten nur im Orbit ihrer Operation. Sie geben nicht vor, Informationen über nie erträumte und unvorstellbare Welten und Beziehungen zu vermitteln.

Die Praxeologie ist also im doppelten Sinne menschlich. Sie ist menschlich, weil sie für ihre Theoreme, innerhalb der in den zugrunde liegenden Annahmen genau definierten Sphäre, universelle Gültigkeit für alle menschlichen Handlungen beansprucht. Sie ist zudem menschlich, weil sie nur menschliches Handeln zum Gegenstand hat und nicht danach strebt, etwas über nichtmenschliche Handlungen zu wissen, sei es untermenschliches oder übermenschliches Handeln.

Die angebliche logische Heterogenität des Urmenschen

Es ist ein allgemeiner Irrtum zu glauben, dass die Schriften von Lucien Lévy-Bruhl die These stützen, dass die logische Struktur des Geistes des Urmenschen kategorial anders war und ist als die des zivilisierten Menschen. Im Gegenteil, was Lévy-Bruhl auf der Grundlage einer sorgfältigen Prüfung des gesamten verfügbaren ethnologischen

Materials über die geistigen Funktionen des primitiven Menschen berichtet, beweist eindeutig, dass die grundlegenden logischen Beziehungen und die Kategorien des Denkens und Handelns in den intellektuellen Aktivitäten der Wilden dieselbe Rolle spielen wie in unserem eigenen Leben. Der Inhalt der Gedanken des Urmenschen unterscheidet sich vom Inhalt unserer Gedanken, aber die formale und logische Struktur ist beiden gemeinsam.

Es stimmt, dass Lévy-Bruhl selbst behauptet, dass die Mentalität der Naturvölker im Wesentlichen «mystisch und prälogisch» sei; die kollektiven Darstellungen des Urmenschen werden durch das «Gesetz der Teilhabe» geregelt und seien demzufolge dem Gesetz des Widerspruchs gegenüber gleichgültig. Lévy-Bruhls Unterscheidung zwischen prälogischem und logischem Denken bezieht sich jedoch auf den Inhalt und nicht auf die Form und kategoriale Struktur des Denkens. Denn er erklärt, dass auch in einem Volk wie dem unsrigen Ideen und Beziehungen zwischen Ideen bestehen, die dem «Gesetz der Teilhabe» unterliegen, mehr oder weniger unabhängig, mehr oder weniger beeinträchtigt, aber dennoch unvermeidlich Seite an Seite mit denen, die dem Gesetz der Vernunft unterworfen sind. «Das Prälogische und das Mystische sind mit dem Logischen koexistent.»[3]

Lévy-Bruhl verweist die wesentlichen Lehren des Christentums auf den Bereich des prälogischen Geistes.[4] Nun mögen wohl viele Einwände erhoben werden gegen die christlichen Lehren und ihre theologische Auslegung. Aber niemand wagte es jemals zu behaupten, dass die christlichen Kirchenväter und Philosophen – unter ihnen der heilige Augustinus und der heilige Thomas – einen Geist hatten, dessen logische Struktur sich kategorial von der unserer Zeitgenossen unterschied. Der Streit zwischen einem Menschen, der an Wunder glaubt, und einem anderen, der nicht daran glaubt, bezieht sich auf den Inhalt des Denkens, nicht auf seine logische Form. Ein Mensch, der versucht, die Möglichkeit und Realität von Wundern zu demonstrieren, kann sich irren. Aber die Entlarvung seines Irrtums – das zeigen die brillanten Essays von Hume und Mill – ist gewiss nicht weniger logisch aufgebaut, als die Widerlegung eines philosophischen oder ökonomischen Irrtums.

Entdecker und Missionare berichten, dass der primitive Mensch in Afrika und Polynesien bei seiner frühesten Kenntnis der Dinge stehen bleibt und niemals nachdenkt, wenn er es irgendwie vermeiden kann.[5] Europäische und amerikanische Lehrer berichten manchmal dasselbe von ihren Schülern. In Bezug auf die Mossi auf dem Niger zitiert Lévy-Bruhl die Beobachtung eines Missionars: «Das Gespräch mit ihnen dreht sich nur um Frauen, Nahrung und (in der Regenzeit) um die Ernte.»[6] Welche anderen Themen zogen viele Zeitgenossen und Nachbarn von Newton, Kant und Lévy-Bruhl vor?

Die Schlussfolgerung, die man aus den Studien von Lévy-Bruhl ziehen kann, drückt sich am besten in seinen eigenen Worten aus: «Der primitive Verstand ist, wie unser eigener, bestrebt, die Gründe für das, was geschieht, zu finden, aber er sucht diese nicht in der gleichen Richtung wie wir.»[7]

---

[3] Lucien Lévy-Bruhl, *How Natives Think*, Übers. L.A. Clare (New York, 1932), S. 386 [eigene Übersetzung].

[4] Vgl. ebd., S. 377.

[5] Vgl. Lucien Lévy-Bruhl, *Primitive Mentality*, Übers. L.A. Clare (New York, 1923), S. 27ff.

[6] Ebd., S. 27 [eigene Übersetzung].

[7] Ebd., S. 437 [eigene Übersetzung].

Ein Bauer, der auf eine reiche Ernte aus ist, kann – je nach Inhalt seiner Ideen – verschiedene Methoden wählen. Er kann einige magische Riten vollziehen, er kann sich auf eine Pilgerfahrt begeben, er kann dem Bild seines Schutzheiligen eine Kerze darbringen, oder er kann mehr und bessere Düngemittel einsetzen. Aber was auch immer er tut, es ist immer Handlung, d.h. der Einsatz von Mitteln zur Erreichung von Zielen. Magie ist im weiteren Sinne eine Variante der Technik. Exorzismus ist eine bewusste, zielgerichtete Handlung, die auf einer Weltanschauung beruht, die die meisten unserer Zeitgenossen als abergläubisch und damit als unangemessen verurteilen. Aber das Konzept des Handelns impliziert nicht, dass die Handlung von einer korrekten Theorie und einer Technik geleitet wird, die Erfolg verspricht, und dass sie das angestrebte Ziel erreicht. Es bedeutet nur, dass der Ausführende der Handlung glaubt, dass die angewandten Mittel den gewünschten Effekt erzielen werden.

Keine ethnologischen oder historischen Fakten widersprechen der Behauptung, dass die logische Struktur des Geistes bei allen Menschen aller Rassen, Zeitalter und Länder einheitlich ist.[8]

3. Das A-Priori und die Realität

Aprioristische Argumentation sei rein konzeptionell und deduktiv. Sie könne nichts anderes produzieren als Tautologien und analytische Urteile. Alle ihre Schlüsse seien logisch aus den Prämissen abgeleitet und waren bereits in ihnen enthalten. Folglich, so ein populärer Einwand, könne sie unserem Wissen nichts hinzufügen.

Alle geometrischen Theoreme sind bereits in den Axiomen impliziert. Der Begriff des rechteckigen Dreiecks impliziert bereits den Satz des Pythagoras. Dieses Theorem ist eine Tautologie, deren Ableitung zu einem analytischen Urteil führt. Nichtsdestotrotz würde niemand behaupten, dass die Geometrie im Allgemeinen und der Satz des Pythagoras im Besonderen unser Wissen nicht erweitern. Erkenntnis aus rein deduktivem Denken ist auch kreativ und öffnet unserem Verstand den Zugang zu zuvor versperrten Sphären. Die wesentliche Aufgabe der aprioristischen Argumentation besteht darin, einerseits alles, was in den Kategorien, Konzepten und Prämissen impliziert ist, aufzudecken und andererseits zu zeigen, was sie nicht implizieren. Es ist ihre Berufung, das, was vorher verborgen und unbekannt war, offensichtlich zu machen.[9]

Im Konzept des Geldes sind alle Theoreme der Geldtheorie bereits impliziert. Die Quantitätstheorie fügt unserem Wissen nichts hinzu, was nicht eigentlich im Begriff des Geldes enthalten ist. Sie transformiert, entwickelt und entfaltet; sie analysiert nur und ist daher tautologisch wie der Satz des Pythagoras in Bezug auf das Konzept des rechteckigen Dreiecks. Niemand würde jedoch den Erkenntniswert der Quantitätstheorie leugnen. Für einen Geist, der nicht durch ökonomische Argumentation erhellt ist, bleibt sie unbekannt. Eine lange Reihe von fehlgeschlagenen Versuchen, die betreffenden Probleme zu lösen, zeigt, dass es sicher nicht leicht war, den heutigen Wissensstand zu erreichen.

---

[8] Vgl. die brillanten Aussagen von Ernst Cassirer, *Philosophie der symbolischen Formen* (Berlin, 1925), II, S. 78.

[9] Die Wissenschaft, sagt Emile Meyerson, ist «l'acte par lequel nous ramenons à l'idéntique ce qui nous a, tout d'abord, paru n'être pas tel.». *De l'Explication dans les sciences* (Paris, 1927), S. 154. Vgl. auch Morris R. Cohen, *A Preface to Logic* (New York, 1944), S. 11-14.

Es ist kein Mangel des Systems der aprioristischen Wissenschaft, dass sie uns nicht die volle Erkenntnis der Realität vermittelt. Ihre Konzepte und Theoreme sind geistige Werkzeuge, die den Zugang zu einem vollständigen Verständnis der Realität eröffnen; sie sind aber nicht an sich schon die Gesamtheit des faktischen Wissens über alle Dinge. Die Theorie und das Verstehen von lebendiger und sich verändernder Realität stehen nicht im Gegensatz zueinander. Ohne Theorie, der allgemeinen aprioristischen Wissenschaft des menschlichen Handelns, gibt es kein Verständnis der Realität des menschlichen Handelns.

Das Verhältnis von Vernunft und Erfahrung ist seit langem eines der grundlegenden philosophischen Probleme. Wie alle anderen Probleme der Erkenntniskritik haben sich die Philosophen diesem nur mit Bezug auf die Naturwissenschaften genähert. Sie haben die Wissenschaften vom menschlichen Handeln ignoriert. Ihre Beiträge waren für die Praxeologie nutzlos. Bei der Behandlung der erkenntnistheoretischen Probleme der Ökonomie ist es üblich, eine der für die Naturwissenschaften vorgeschlagenen Lösungen zu übernehmen. Einige Autoren empfehlen Poincarés Konventionalismus.[10] Sie betrachten die Prämissen der ökonomischen Argumentation als eine Frage der sprachlichen oder postulativen Konvention.[11] Andere ziehen es vor, Ideen von Einstein zu akzeptieren. Einstein wirft die Frage auf: «Wie ist es möglich, daß die Mathematik, die doch ein von aller Erfahrung unabhängiges Produkt des menschlichen Denkens ist, auf die Gegenstände der Wirklichkeit so vortrefflich paßt? Kann denn die menschliche Vernunft ohne Erfahrung durch bloßes Denken Eigenschaften der wirklichen Dinge ergründen?»[12]

Die Wissenschaften vom menschlichen Handeln unterscheiden sich jedoch grundlegend von den Naturwissenschaften. Alle Autoren sind bestrebt, ein erkenntnistheoretisches System der Wissenschaften vom menschlichen Handeln nach dem Muster der Naturwissenschaften zu konstruieren.

Der reale Gegenstand der Praxeologie, das menschliche Handeln, kommt aus derselben Quelle wie das menschliche Denken. Handeln und Vernunft sind gleichartig und homogen; sie können sogar als zwei verschiedene Aspekte ein und derselben Sache bezeichnet werden. Dass die Vernunft die Macht hat, durch reine Argumentation die wesentlichen Merkmale des Handelns deutlich zu machen, ist eine Folge der Tatsache, dass das Handeln der Vernunft entsprießt. Die Theoreme, die durch die richtige praxeologische Argumentation erreicht werden, sind nicht nur vollkommen gewiss und unanfechtbar, wie die richtigen mathematischen Theoreme. Sie verweisen zudem mit der vollen Rigidität ihrer apodiktischen Gewissheit und Unbestreitbarkeit auf die Realität des Handelns, wie sie im Leben und in der Geschichte erscheint. Die Praxeologie vermittelt genaues und präzises Wissen über reale Dinge.

Ausgangspunkt der Praxeologie ist nicht eine Wahl von Axiomen und eine Entscheidung über die Vorgehensweisen, sondern die Reflexion über das Wesen des Handelns. Es gibt keine Handlung, bei der die praxeologischen Kategorien nicht vollständig und vollkommen auftreten. Es gibt keine denkbare Handlungsweise, bei der Mittel und Ziele oder Kosten und Erlöse nicht klar unterschieden und präzise voneinander getrennt werden können. Es gibt nichts, was nur annähernd oder unvollständig in die ökonomische Kategorie eines Tausches passt. Es gibt nur Tausch und Nichttausch; und in Bezug auf

[10] Vgl. Henri Poincaré, *La Science et l'hypothèse* (Paris, 1918), S. 69.
[11] Vgl. Felix Kaufmann, *Methodology of the Social Sciences* (London, 1944), S. 46-47.
[12] Albert Einstein, *Geometrie und Erfahrung* (Berlin, 1923), S. 3.

jeden Tausch sind alle allgemeinen Theoreme, die den Tausch betreffen, in ihrer vollen Strenge und mit all ihren Implikationen gültig. Es gibt keine Zwischenstufen zwischen Tausch und Nichttausch oder zwischen direktem Tausch und indirektem Tausch. Es kann niemals eine Erfahrung gemacht werden, die diesen Aussagen widerspricht.

Eine solche Erfahrung wäre in erster Linie deshalb unmöglich, weil jede Erfahrung menschlichen Handelns von den praxeologischen Kategorien abhängig ist und erst durch ihre Anwendung möglich wird. Wenn wir uns nicht an die praxeologischen Überlegungen erinnern würden, dann wären wir niemals in der Lage, etwas zu erkennen und zu begreifen. Wir würden Bewegungen wahrnehmen, aber weder Kaufen noch Verkaufen, noch Preise, Löhne, Zinssätze und so weiter. Erst durch die Anwendung des praxeologischen Schemas sind wir in der Lage, eine Erfahrung über einen Kauf- und Verkaufsakt zu machen, und zwar unabhängig davon, ob unsere Sinne gleichzeitig Bewegungen von Menschen und nichtmenschlichen Elementen der Außenwelt wahrnehmen oder nicht. Ohne praxeologisches Wissen würden wir nie etwas über Tauschmittel lernen. Wenn wir uns Münzen nähern, ohne dass es solche Vorkenntnisse gibt, würden wir in ihnen nur runde Metallplatten sehen, mehr nicht. Erfahrung in Bezug auf Geld erfordert Vertrautheit mit der praxeologischen Kategorie *Tauschmittel*.

Die Erfahrung von menschlichem Handeln unterscheidet sich von der Erfahrung von Naturphänomenen dadurch, dass sie praxeologisches Wissen erfordert und voraussetzt. Deshalb sind die Methoden der Naturwissenschaften für das Studium der Praxeologie, der Ökonomie und der Geschichte ungeeignet.

Mit der Behauptung des a-priori-Charakters der Praxeologie entwerfen wir keinen Plan für eine zukünftige neue Wissenschaft, die sich von den traditionellen Wissenschaften vom menschlichen Handeln unterscheidet. Wir behaupten nicht, dass die theoretische Wissenschaft des menschlichen Handelns aprioristisch sein sollte, sondern dass sie es ist und immer war. Jeder Versuch, über die durch menschliches Handeln aufgeworfenen Probleme nachzudenken, ist zwangsläufig an apriorische Überlegungen gebunden. Dabei spielt es keine Rolle, ob es sich bei den Menschen, die über ein Problem diskutieren, um Theoretiker handelt, die nur darauf abzielen, reines Wissen zu gewinnen, oder um Staatsmänner, Politiker und Normalbürger, die bereit sind, die auftretenden Veränderungen zu begreifen und herauszufinden, welche Art von öffentlicher Ordnung oder privatem Verhalten ihren eigenen Interessen am besten entspricht. Man kann anfangen, über die Bedeutung konkreter Erfahrungen zu streiten, die Debatte wendet sich zwangsläufig von den zufälligen und umweltbedingten Merkmalen des betreffenden Ereignisses zu einer Analyse der Grundprinzipien ab und verzichtet unmerklich auf jeden Verweis auf die tatsächlichen Ereignisse, die das Argument hervorgerufen haben. Die Geschichte der Naturwissenschaften ist eine Aufzeichnung von Theorien und Hypothesen, die verworfen wurden, weil sie durch Erfahrung widerlegt wurden. Man erinnere sich zum Beispiel an die Irrtümer der älteren Mechanik, die durch Galileo widerlegt wurden, oder an das Schicksal der Phlogistontheorie. Kein solcher Fall ist in der Geschichte der Ökonomie verzeichnet. Die Verfechter logisch inkompatibler Theorien beziehen sich auf dieselben Ereignisse zum Beweis, dass ihr Standpunkt durch die Erfahrung bestätigt wurde. Die Wahrheit ist, dass die Erfahrung eines komplexen Phänomens – und es gibt keine andere Erfahrung im Bereich des menschlichen Handelns – immer auf der Grundlage verschiedener gegensätzlicher Theorien interpretiert werden kann. Ob die Interpretation als zufriedenstellend oder unbefriedigend angesehen wird, hängt von der Einschätzung der betreffenden Theorien ab, die zuvor auf der Grundlage apriorischer Argumentation erstellt wurden.[13]

Die Geschichte kann uns keine allgemeinen Regeln, Prinzipien oder Gesetze lehren. Es gibt keine Mittel, um aus einer historischen Erfahrung a posteriori irgendwelche Theorien oder Theoreme über menschliches Verhalten und Politiken zu abstrahieren. Die Daten der Geschichte wären nichts anderes als eine ungeschickte Anhäufung unzusammenhängender Ereignisse, ein verwirrender Haufen, wenn sie nicht durch systematisches praxeologisches Wissen geklärt, angeordnet und interpretiert werden könnten.

4. Das Prinzip des methodologischen Individualismus[145]

Die Praxeologie beschäftigt sich mit den Handlungen einzelner Menschen. Erst im weiteren Verlauf ihrer Untersuchungen wird die Erkenntnis menschlicher Kooperation erreicht und soziales Handeln als Sonderfall der universelleren Kategorie menschlichen Handelns behandelt.

Dieser methodologische Individualismus wurde von verschiedenen metaphysischen Schulen vehement angegriffen und als nominalistischer Irrtum verunglimpft. Der Begriff des Individuums, sagen die Kritiker, sei eine leere Abstraktion. Der wirkliche Mensch sei notwendigerweise immer ein Mitglied eines sozialen Ganzen. Es sei sogar unmöglich, sich die Existenz eines Menschen vorzustellen, der vom Rest der Menschheit getrennt und nicht mit der Gesellschaft verbunden ist. Der Mensch als Mensch sei das Produkt einer sozialen Evolution. Sein herausragendes Merkmal, die Vernunft, habe nur im Rahmen der sozialen Gegenseitigkeit entstehen können. Es gebe kein Denken, das nicht von den Begriffen und Vorstellungen der Sprache abhängt. Aber Sprache sei offensichtlich ein gesellschaftliches Phänomen. Der Mensch sei immer Mitglied eines Kollektivs. Da das Ganze sowohl logisch als auch zeitlich vor seinen Teilen oder Mitgliedern liege, komme das Studium des Individuums nach dem Studium der Gesellschaft. Die einzig geeignete Methode zur wissenschaftlichen Behandlung menschlicher Probleme sei die Methode des Universalismus oder Kollektivismus.[146]

Der Streit, ob dem Ganzen oder den Teilen[147] logisch[148] der Vorrang zukommt, ist freilich müßig.[149] Er ist müßig als Aufgabe reiner Logik, weil Ganzes und Teile korrelative Begriffe sind, die logisch gleichen Rang haben. Als logische Konzepte sind beide außerhalb der Zeit.

Nicht weniger unangemessen im Hinblick auf unser Problem ist die Bezugnahme auf den Antagonismus von Realismus und Nominalismus, wobei diese beiden Begriffe in der Bedeutung verstanden werden, die ihnen der mittelalterliche Scholastizismus beigelegt hat. Es ist unbestritten, dass im Bereich des menschlichen Handelns soziale Gebilde eine reale Existenz haben. Niemand wagt es, zu leugnen, dass Nationen, Staaten, Gemeinden, Parteien, Religionsgemeinschaften, echte Faktoren sind, die den Verlauf menschlicher Ereignisse bestimmen. Der methodologische Individualismus, der die Bedeutung solcher Kollektivgebilde keineswegs in Frage stellt, betrachtet es als eine seiner Hauptaufgaben, ihr Werden und Verschwinden, ihre sich verändernden Strukturen und ihre Funktionsweise zu beschreiben und zu analysieren. Und er wählt die einzige Methode, die geeignet ist, dieses Problem zufriedenstellend zu lösen.

[13]Vgl. Edward P. Cheyney, *Law in History and Other Essays* (New York, 1927), S. 27.

Zuerst müssen wir erkennen, dass alle Handlungen von Individuen ausgeführt werden. Ein Kollektiv operiert immer durch die Vermittlung einer oder mehrerer Personen, deren Handlungen mit dem Kollektiv als sekundärer Quelle zusammenhängen. Es ist die Bedeutung, den die handelnden Individuen und all jene, die von ihrer Handlung berührt werden, einer Handlung zuschreiben, die ihren Charakter bestimmt. Es ist die Bedeutung, den eine Handlung als die Handlung eines Individuums und eine andere Handlung als die Handlung des Staates oder der Gemeinde kennzeichnet. Der Henker, nicht der Staat, richtet einen Kriminellen hin. Es ist die Bedeutungszuschreibung der Betroffenen, die im Handeln des Henkers eine Handlung des Staates erkennt. Eine Gruppe bewaffneter Männer nimmt einen Ort ein. Es ist die Bedeutungszuschreibung der Betroffenen, die diese Besetzung nicht den Offizieren und Soldaten vor Ort, sondern ihrer Nation anlastet. Wenn wir die Bedeutung der verschiedenen Handlungen von Individuen untersuchen, lernen wir notwendigerweise alles über die Handlungen des kollektiven Ganzen. Denn ein soziales Kollektiv hat keine Existenz und Realität außerhalb der Handlungen der einzelnen Mitglieder. Das Leben eines Kollektivs wird in den Handlungen der Individuen gelebt, die seinen Körper bilden. Es ist kein soziales Kollektiv denkbar, das nicht in den Handlungen einiger Individuen wirksam ist. Die Realität eines sozialen Ganzen[150] besteht darin, dass es bestimmte Handlungen der Individuen lenkt und freigibt. Der Weg zu einer Erkenntnis des kollektiven Ganzen führt also über eine Analyse der Handlungen der Individuen.

Als denkendes und handelndes Wesen tritt der Mensch aus seiner vormenschlichen Existenz bereits als soziales Wesen hervor. Die Evolution von Vernunft, Sprache und Kooperation ist das Ergebnis desselben Prozesses; sie waren untrennbar und notwendigerweise miteinander verbunden. Aber dieser Prozess fand in Individuen statt. Es bestand in Veränderungen im Verhalten von Individuen. Es gibt keine andere Substanz, in der sie auftrat, als die Individuen. Es gibt kein gesellschaftliches Substrat außer den Handlungen der Individuen. [151]

Dass es Völker, Staaten und Kirchen gibt, dass es im Rahmen der Arbeitsteilung eine soziale Zusammenarbeit gibt, erkennen wir einzig am Handeln Einzelner[152]. Niemand hat noch ein Volk erkannt, der nicht zuerst Volksgenossen[153] erkannt hat.[154] In diesem Sinne kann man sagen, dass ein gesellschaftliches Kollektiv durch die Handlungen der Individuen entsteht. Das bedeutet nicht, dass das Individuum zeitlich früher ist.[155] Wir wollen damit nur einfach sagen, dass gesellschaftliche Gebilde in den konkreten Handlungen der Einzelnen zum Ausdruck kommen.

Es ist nicht notwendig, darüber zu streiten, ob ein Kollektiv die Summe seiner Teile ist oder mehr, ob es ein Gebilde sui generis ist, und ob es vernünftig ist oder nicht, von seinem Willen, seinen Plänen, Zielen und Handlungen zu sprechen und ihm eine eigene «Seele» zuzuschreiben. Solch pedantisches Gerede ist müßig. Ein kollektives Ganzes ist ein besonderer Aspekt des Handelns verschiedener Individuen und als solches eine reale Sache, die den Verlauf der Ereignisse bestimmt.[156]

Man hüte sich davor, von anschaulicher Erfassung der Gestalt gesellschaftlicher Gebilde zu sprechen. Sie sind nie konkret wahrnehmbar, ihre Erkenntnis ist immer Verstehen der Bedeutung, den die handelnden Menschen ihren Handlungen zuschreiben.[157] Die Anschauung mag uns zeigen, dass viele Menschen – ein Haufen, eine Menge[158] – beisammen sind; ob[159] sie als bloße Ansammlung oder als[160] Masse (in dem Sinne, in dem dieser Begriff in der zeitgenössischen Psychologie verwendet wird) oder als organischer Verband oder sonst als gesellschaftliche Gesamtheit handeln, ist eine Frage, die nur beantwortet werden kann, indem man die Bedeutung versteht, den sie selbst ihrer Gegenwart beimessen. Und diese Bedeutung ist immer Bedeutungszuschreibung von Individuen.[161] Nicht Anschauung, sondern Überlegung, ein geistiger Prozess, führt uns zur Erkenntnis der gesellschaftlichen Gebilde.[162]

Diejenigen, die das Studium des menschlichen Handelns von den kollektiven Einheiten aus beginnen wollen, stoßen auf ein unüberwindliches Hindernis in der Tatsache, dass ein Individuum gleichzeitig zu verschiedenen kollektiven Einheiten gehören kann und – mit Ausnahme der primitivsten Stammesangehörigen – tatsächlich gehört. Die Probleme, die sich aus der Vielzahl der nebeneinander existierenden sozialen Einheiten und deren Gegensätzen ergeben, können nur durch den methodologischen Individualismus gelöst werden.

Ich und Wir

Das *Ich*[163] ist die Einheit des handelnden Menschen. Es ist fraglos gegeben und kann durch kein Denken aufgelöst werden.

Das *Wir* ist immer das Ergebnis eines gedanklichen Summationsverfahrens, das zwei oder mehrere *Ich* zusammenfasst. Wenn jemand *Ich* sagt, bedarf es keiner Rückfrage, um[164] den Sinn der Aussage klarzustellen; ebenso steht es mit dem *Du* und wofern die Person, auf die hingewiesen wird, eindeutig bezeichnet wird, auch mit dem *Er*. Doch wenn jemand *Wir* sagt, dann bedarf es der Feststellung, wer die *Ich* sind, die in diesem *Wir* zusammengefasst werden. *Wir* können immer nur Einzelne sagen; auch wenn sie es im Chor sagen, bleibt es doch Aussage von Einzelnen.

Die *Wir* können nicht anders handeln, als indem jeder Einzelne von ihnen handelt. Sie handeln entweder alle zusammen. Oder es handelt einer von ihnen zugleich auch für die übrigen. Dann besteht das Mithandeln der übrigen in dem Akt, durch den sie die Lage, die das Handeln des Einen auch für sie wirksam macht, haben entstehen lassen. Nur in diesem Sinne handelt ein Organ[165] für ein gesellschaftliches Gebilde; die Einzelnen, die das Kollektivgebilde zusammensetzen, bewirken es oder lassen es zu, dass das Handeln *eines* Einzelnen auch für sie wirksam werde.

Die Bemühungen der Psychologie, das *Ich* aufzulösen und als Schein zu entlarven, sind[166] belanglos. Das praxeologische *Ich* läßt sich nicht wegdisputieren. Ein *Ich* ist der, der wählt. Was er auch immer früher gewesen sein mag und was in Zukunft noch aus ihm werden mag, im Akt der Wahl und der Entscheidung ist der Mensch ein *Ich*.

Vom Pluralis logicus (und vom rein zeremoniellen Pluralis majestatis) muss man den Pluralis gloriosus unterscheiden. Wenn ein Kanadier, der noch nie das Eislaufen ausprobiert hat, sagt: «Wir sind die besten Eishockeyspieler der Welt», oder wenn ein italienischer Bauer stolz behauptet: «Wir sind die bedeutendsten Maler der Welt», dann wird niemand getäuscht. Aber in Bezug auf politische und wirtschaftliche Probleme entwickelt sich der Pluralis gloriosus zum Pluralis imperialis und spielt als solcher eine wichtige Rolle bei der Vorbereitung der Akzeptanz von Lehren, die die internationale Wirtschaftspolitik bestimmen.

5. Das Prinzip des methodologischen Singularismus[167]

Wie vom einzelnen Menschen, so nimmt unsere Wissenschaft auch von der einzelnen Handlung ihren Ausgang. Wir sprechen nicht in unbestimmten[168] Ausdrücken vom Handeln der Menschen, sondern von einem bestimmten Handeln, das ein bestimmter Mensch dort und damals[169] vollzogen hat. Doch wir betrachten dieses Handeln nicht im Hinblick auf das, was ihm durch die besonderen Umstände und Umgebung des Einzelfalls zuteil wurde und was es von allem anderen Handeln unterscheidet, sondern nur im Hinblick auf das, was in ihm als Notwendiges und Allgemeines erkannt werden kann.[170]

Jahrtausendelang[171] hat der Universalismus den Zugang zu den Problemen unserer Wissenschaft behindert, wie denn auch die Universalisten von heute niemals den Weg zu ihr zu finden vermögen. Universalismus, Kollektivismus und Begriffsrealismus sehen nur Ganzheiten und Gesamtheiten[172]. Sie spekulieren von der Menschheit, von Völkern, von Staaten,[173] Klassen. Sie arbeiten mit Allgemeinbegriffen wie Tugend und Laster, Recht und Unrecht, mit Bedürfnisgattungen[174] und mit Gütergattungen[175]. Sie fragen etwa:[176] Warum schätzt man das Gold höher als das Eisen? Auf diesen Wegen gelangen sie niemals zu Ergebnissen; sie finden nur Antinomien und Paradoxien. [177]Die bekannteste dieser Antinomien ist die Wertantinomie[178], an der noch die klassische Nationalökonomie Schiffbruch gelitten hat.

Wir aber fragen:[179] Was geht im Handeln vor? Was ist es, wenn der Einzelne dort und damals, hier und heute, immer und überall handelt? Was vollzieht sich, wenn er das Eine wählt und Anderes läßt?[180]

Der Akt des Handelns ist immer[181] Entscheidung zwischen verschiedenen gegebenen Möglichkeiten, die dem wählenden Individuum offenstehen. Niemals wird zwischen Tugend und Laster gewählt, stets nur zwischen zwei konkreten Handlungsweisen, von denen man, von bestimmten Gesichtspunkten aus, die eine tugendhaft, die andere lasterhaft nennen mag. Niemals wird zwischen «Gold» und «Eisen» im Allgemeinen gewählt, stets nur zwischen gegebenen Mengen von Gold und gegebenen Mengen von Eisen. Die einzelne Handlung ist in ihrer unmittelbaren Tragweite scharf begrenzt, und wenn wir zu richtigen Schlussfolgerungen kommen[182] wollen, haben wir streng auf diese Grenzen zu achten.

Das menschliche Leben ist eine ununterbrochene Abfolge von einzelnen Handlungen. Aber die einzelne Handlung ist keineswegs isoliert. Sie ist ein Glied in einer Kette von Handlungen, die zusammen eine Handlung auf einer höheren Ebene bilden, die auf ein entfernteres Ziel gerichtet ist. Jede Handlung hat zwei Aspekte. Es handelt sich zum einen um eine Teilhandlung im Rahmen einer weiterreichenden Handlung, also um die Erfüllung eines Teils der Ziele, die sich eine weitergehende Handlung gesetzt hat. Andererseits ist sie selbst ein Ganzes im Hinblick auf die Handlungen, die durch die Ausführung ihrer eigenen Teile angestrebt werden.

Es hängt vom Umfang des Projekts ab, auf das der handelnde Mensch im Augenblick hinarbeiten will, ob die weitergehende Handlung oder eine Teilhandlung, die auf ein unmittelbareres Ziel gerichtet ist, betrachtet wird. Es ist nicht nötig, dass die Praxeologie Fragen nach der Art der von der *Gestaltpsychologie* aufgeworfenen

Fragen stellt. Der Weg zur Leistung großer Dinge muss immer über die Erfüllung von Teilaufgaben führen. Eine Kathedrale ist etwas anderes als ein Haufen von Steinen, die miteinander verbunden sind. Aber das einzige Verfahren für den Bau einer Kathedrale besteht darin, einen Stein auf den anderen zu legen. Für den Architekten steht das gesamte Projekt im Vordergrund. Für den Baumeister sind es die einzelnen Wände, für den Maurer die einzelnen Steine. Was für die Praxeologie zählt, ist die Tatsache, dass die einzige Methode, um größere Aufgaben zu erfüllen, darin besteht, ausgehend von den Fundamenten Schritt für Schritt, Teil für Teil zu bauen.

6. Die individuellen und sich verändernden Merkmale menschlichen Handelns[183]

Jedes Handeln, d.h. die angestrebten Ziele und die Mittel, die zur Erreichung dieser Ziele gewählt und angewandt werden, ist in seinem konkreten Inhalt durch das konkrete Sein[184] des handelnden Menschen bestimmt. Der einzelne Mensch ist das Ergebnis einer langen zoologischen Entwicklung, die sein Animalisches[185] geformt hat. Er wird als Erbe geboren und trägt als biologisches Erbgut den Niederschlag der Geschichte seiner Vorfahren. Mit der Geburt tritt er dann nicht in die *Welt* schlechthin, sondern in eine bestimmte *Umwelt*. Das Angeborene[186] und das in der Umwelt im Laufe des Lebens Erworbene ergeben zusammen die Gesamtheit dessen, was das Sein des Einzelnen zu jedem Zeitpunkt seiner irdischen Pilgerschaft ausmacht,[187] sein Schicksal. Sein Handeln ist nicht «frei» in dem metaphysischen Sinne, den man diesem Ausdrucke beizulegen pflegte; es ist[188] bestimmt durch Herkunft und alle Umwelteinflüsse, denen er selbst und seine Vorfahren ausgesetzt waren.

Herkunft und Umwelt des Einzelnen weisen seinem Handeln die Richtung. Die Ziele, denen er zustrebt, und die Wege[189], auf denen er diese Ziele zu erreichen sucht, sind ihm durch sie gegeben. Er lebt nicht einfach als Mensch in abstracto. Er lebt als Sohn seiner Familie, seiner Rasse und seines Zeitalters;[190] als Bürger[191] seines Landes, seines Volkes, als Mitglied seiner Gesellschaftsschicht, als Ausübender seines Berufes, als Anhänger seiner Kirche, seiner Weltanschauung und seiner Partei[192]. Er bildet seine geistigen Inhalte und seine Wertmaßstäbe nicht selbst, er übernimmt sie von anderen Leuten. Seine Ideologie ist das, was seine Umgebung ihm mitgibt.[193] Nur sehr wenigen ist es vergönnt, aus Eigenem heraus neue und originelle Ideen zu denken und an dem überkommenen Ideengut von Glaubensbekenntnissen und Lehren etwas zu ändern.

Der gewöhnliche Mensch spekuliert nicht über die großen Probleme. In Bezug auf sie verlässt er sich auf die Autorität anderer Menschen, er verhält sich wie «jeder anständige Mensch sich benehmen muss», er ist wie ein Schaf in der Herde. Es ist genau diese intellektuelle Trägheit, die den Menschen als gewöhnlichen Menschen charakterisiert. Doch der gewöhnliche Mensch hat die Wahl. Er entscheidet sich für traditionelle Muster oder Muster, die von anderen Menschen übernommen werden, weil er überzeugt ist, dass dieses Verfahren am besten geeignet ist, um sein eigenes Wohlergehen zu erreichen. Und er ist bereit, seine Ideologie und damit seine Handlungsweise zu ändern, wenn er überzeugt ist, dass dies seinen eigenen Interessen besser dient.

Das meiste im täglichen Verhalten eines Menschen ist einfache Routine. Er führt bestimmte Handlungen aus, ohne ihnen besondere Aufmerksamkeit zu schenken. Er tut viele Dinge, weil er in seiner Kindheit dazu erzogen wurde, weil andere Menschen sich genauso verhalten und weil es in seiner Umgebung üblich ist. Er erwirbt Gewohnheiten, entwickelt automatische Reaktionen. Aber er gibt sich diesen Gewohnheiten nur hin, weil er ihre Wirkung begrüßt. Sobald er feststellt, dass die Verfolgung des gewohnten Weges das Erreichen von als wünschenswert erachteten Zielen behindern kann, ändert er seine Einstellung. Ein Mensch, der in einem Gebiet aufgewachsen ist, in dem das Wasser sauber ist, hat die Gewohnheit, achtlos zu trinken, zu waschen und zu baden. Wenn er sich an einen Ort begibt, an dem das Wasser durch krankheitserregende Keime verunreinigt ist, wird er sich mit größter Sorgfalt den Verfahren widmen, um die er sich vorher nie gekümmert hat. Er wird sich selbst ständig beobachten, um sich nicht zu schaden, indem er sich gedankenlos seiner traditionellen Routine und seinen automatischen Reaktionen hingibt. Die Tatsache, dass eine Handlung im Regelfall sozusagen spontan durchgeführt wird, bedeutet nicht, dass sie nicht auf einen bewussten Willen und eine bewusste Entscheidung zurückzuführen ist. Befolgen einer Routine, die geändert werden könnte, ist Handeln.

Die Praxeologie beschäftigt sich nicht mit dem sich verändernden Inhalt des Handelns, sondern mit seiner reinen Form und seiner kategorialen Struktur. Die Erforschung der zufälligen und umweltbedingten Merkmale menschlichen Handelns ist Aufgabe der Geschichte.[194]

7. Der Umfang und die spezifische Methode der Geschichte

Das Studium aller Erfahrungsdaten über menschliches Handeln ist der Bereich der Geschichte. Der Historiker sammelt und sichtet kritisch alle verfügbaren Dokumente. Auf Grundlage dieser Indizien nähert er sich seiner eigentlichen Aufgabe.

Es wurde behauptet, dass die Aufgabe der Geschichte darin bestehe, zu zeigen, wie die Ereignisse tatsächlich stattgefunden haben, ohne vorgefasste Annahmen und Werte (*wertfrei*, d.h. neutral gegenüber allen Werturteilen). Der Bericht des Historikers solle ein getreues Bild der Vergangenheit sein, sozusagen eine geistige Fotografie, die eine vollständige und unvoreingenommene Beschreibung aller Fakten liefert. Es solle vor unserem geistigen Auge die Vergangenheit mit all ihren Merkmalen wiedergeben.

Nun, eine wirkliche Reproduktion der Vergangenheit würde eine Vervielfältigung erfordern, die menschlich nicht möglich ist. Geschichte ist keine geistige Reproduktion, sondern eine verdichtete Darstellung der Vergangenheit in konzeptioneller Hinsicht. Der Historiker lässt die Ereignisse nicht einfach für sich selbst sprechen. Er ordnet sie aus dem Blickwinkel der Ideen, die der Bildung der allgemeinen Begriffe zugrunde liegen, die er in ihrer Darstellung verwendet. Er berichtet nicht über Tatsachen, wie sie geschehen sind, sondern nur über *relevante* Tatsachen. Er nähert sich den Dokumenten nicht ohne Voraussetzungen, sondern ausgestattet mit dem gesamten Apparat der wissenschaftlichen Kenntnisse seiner Zeit, also mit allen Lehren der zeitgenössischen Logik, Mathematik, Praxeologie und Naturwissenschaften.

Es liegt auf der Hand, dass der Historiker nicht durch Vorurteile und Parteigrundsätze beeinflusst werden darf. Diejenigen Schriftsteller, die historische Ereignisse als Waffenarsenal für das Führen ihrer Parteifehden betrachten, sind keine Historiker, sondern Propagandisten und Apologeten. Sie sind nicht darauf bedacht, sich Wissen anzueignen, sondern das Programm ihrer Parteien zu rechtfertigen. Sie kämpfen für die Dogmen einer metaphysischen, religiösen, nationalen, politischen oder sozialen Doktrin. Sie usurpieren den Namen der Geschichte für ihre Schriften als Tarnmantel, um die Leichtgläubigen zu täuschen. Ein Historiker muss in erster Linie auf Erkenntnis zielen. Er muss sich von jeder Parteilichkeit befreien. Er muss in diesem Sinne neutral gegenüber jeglichen Werturteilen sein.

Dieses Postulat der *Wertfreiheit* kann im Bereich der aprioristischen Wissenschaft – Logik, Mathematik und Praxeologie – und im Bereich der experimentellen Naturwissenschaften leicht befriedigt werden. Es ist logischerweise nicht schwer, eine scharfe Grenze zu ziehen zwischen einer wissenschaftlichen, unvoreingenommenen Behandlung dieser Disziplinen und einer Behandlung, die durch Aberglauben, vorgefasste Ideen und Leidenschaft verzerrt ist. Viel schwieriger ist es, dem Gebot der Wertneutralität in der Geschichte zu folgen. Denn Gegenstand der Geschichte, der konkrete zufällige und umweltbedingte Inhalt menschlichen Handelns, sind Werturteile und ihre Projektion in die Realität des Wandels. Bei jedem Schritt seiner Tätigkeit beschäftigt sich der Historiker mit Werturteilen. Die Werturteile der Männer, über deren Handlungen er berichtet, sind das Fundament seiner Ermittlungen.

Es wurde behauptet, dass sich der Historiker selbst den Werturteilen nicht entziehen kann. Kein Historiker – nicht einmal der naive Chronist oder Zeitungsreporter – hält alle Fakten fest, wie sie passieren. Er muss diskriminieren, er muss einige Ereignisse auswählen, die er für würdig hält, festgehalten zu werden, und andere Ereignisse stillschweigend übergehen. Diese Wahl, so heißt es, impliziere an sich schon ein Werturteil. Sie sei notwendigerweise durch die Weltsicht des Historikers bedingt und somit nicht unparteiisch, sondern ein Ergebnis vorgefasster Ideen. Die Geschichte könne niemals etwas anderes sein als eine Verzerrung der Tatsachen; sie könne niemals wirklich wissenschaftlich sein, das heißt, wertneutral und nur auf die Aufdeckung der Wahrheit bedacht.

Es besteht natürlich kein Zweifel daran, dass der Entscheidungsspielraum, den die Auswahl der Fakten in die Hände des Historikers legt, missbraucht werden kann. Es kann und wird passieren, dass die Auswahl des Historikers von parteilicher Voreingenommenheit geleitet wird. Jedoch sind die Probleme, die damit verbunden sind, viel komplizierter, als diese populäre Lehre uns glauben machen würde. Ihre Lösung muss auf der Grundlage einer viel gründlicheren Überprüfung der Methoden der Geschichte gesucht werden.

Bei der Bearbeitung eines historischen Problems nutzt der Historiker das gesamte Wissen, das von der Logik, der Mathematik, den Naturwissenschaften und vor allem von der Praxeologie bereitgestellt wird. Doch die geistigen Werkzeuge dieser nicht-historischen Disziplinen reichen für seine Aufgabe nicht aus. Sie sind für ihn unentbehrliche Hilfsmittel, aber an sich machen sie es nicht möglich, die Fragen zu beantworten, mit denen er sich auseinandersetzen muss.

Der Lauf der Geschichte wird bestimmt durch die Handlungen von Individuen und durch die Auswirkungen dieser Handlungen. Die Handlungen werden bestimmt durch die Werturteile der handelnden Individuen, d.h. die Ziele, die sie erreichen wollten, und durch die Mittel, die sie für die Erreichung dieser Ziele eingesetzt haben. Die Wahl der Mittel ist das Ergebnis des gesamten technologischen Wissens der handelnden Personen. In vielen Fällen ist es möglich, die Wirkungen der eingesetzten Mittel aus praxeologischer oder naturwissenschaftlicher Sicht zu beurteilen. Aber es gibt noch sehr viel mehr aufzuklärende Dinge, für die es keine solche Hilfe gibt.

Die spezifische Aufgabe der Geschichte, für die sie eine bestimmte Methode anwendet, ist das Studium dieser Werturteile und der Wirkungen der Handlungen, soweit sie nicht durch die Lehren aller anderen Wissenszweige analysiert werden können. Das eigentliche Problem des Historikers besteht darin, die Dinge immer so zu interpretieren, wie sie geschehen sind. Aber er kann dieses Problem nicht auf der Grundlage der Theoreme lösen, die von allen anderen Wissenschaften allein zur Verfügung gestellt werden. Letztendlich verbleibt im Grunde genommen bei jedem seiner Probleme etwas, das sich der Analyse anderer Wissenschaften entzieht. Es sind diese individuellen und einzigartigen Eigenschaften jedes Ereignisses, die durch das *Verstehen* studiert werden.

Die Einzigartigkeit oder Individualität, die jeder historischen Tatsache zugrunde liegt, wenn alle Mittel zur Interpretation, die Logik, Mathematik, Praxeologie und Naturwissenschaften zur Verfügung stellen, erschöpft sind, ist eine letzte Gegegebenheit. Aber während die Naturwissenschaften nichts über ihre letzten Gegegebenheiten sagen können, als dass sie solche sind, kann die Geschichte versuchen, ihre letzten Gegegebenheiten verständlich zu machen. Obwohl es unmöglich ist, sie auf ihre Ursachen zu reduzieren – sie wären keine letzten Gegegebenheiten, wenn eine solche Reduktion möglich wäre –, kann der Historiker sie verstehen, weil er selbst ein Mensch ist. In der Philosophie von Bergson wird dieses Verstehen als Intuition bezeichnet, d.h. «la sympathie par laquelle on se transporte a l'intérieur d'un objet pour coïncider avec ce qu'il a d'unique et par conséquent d'unexprimable»[14]. Die deutsche Erkenntnistheorie nennt diesen Akt *das spezifische Verstehen der Geisteswissenschaften* oder einfach *Verstehen*. Es ist die Methode, die alle Historiker und alle anderen Menschen immer anwenden, um menschliche Ereignisse der Vergangenheit zu kommentieren und zukünftige Ereignisse vorherzusagen. Die Entdeckung und Abgrenzung des Verstehens war einer der wichtigsten Beiträge der modernen Epistemologie. Dies ist weder ein Projekt für eine neue Wissenschaft, die noch nicht existiert und begründet werden soll, noch die Empfehlung einer neuen Vorgehensweise für eine der bereits existierenden Wissenschaften.

Das Verstehen darf nicht mit – auch nur bedingter – Zustimmung verwechselt werden. Der Historiker, der Ethnologe und der Psychologe halten manchmal Handlungen fest, die für ihre Gefühle schlicht abstoßend und ekelhaft sind; sie verstehen sie nur als Handlungen, d.h. als die Festlegung der zugrundeliegenden Ziele und der technologischen und praxeologischen Methoden, die für ihre Ausführung angewandt werden. Einen Einzelfall zu verstehen, bedeutet nicht, ihn zu rechtfertigen oder zu entschuldigen.

Ebenso wenig darf Verstehen mit dem Akt des ästhetischen Genusses eines Phänomens verwechselt werden. Empathie (*Einfühlung*) und Verstehen sind zwei radikal verschiedene Haltungen. Es ist etwas ganz anderes, ein Kunstwerk einerseits historisch zu verstehen, seinen Ort, seine Bedeutung und seine Bedeutung im Fluss der Ereignisse zu bestimmen und es andererseits emotional als Kunstwerk wertzuschätzen. Man kann eine Kathedrale mit den Augen eines Historikers betrachten. Aber man kann dieselbe Kathedrale entweder als begeisterter Bewunderer oder als unberührter und gleichgültiger Besucher betrachten. Dieselben Individuen sind zu beiden Reaktionsweisen, zur

[14]Vgl. Henri Bergson, *La pensée et le mouvant*, 4. Aufl. (Paris, 1934), S. 205.

ästhetischen Wertschätzung und zum wissenschaftlichen Verständnis des Verstehens fähig.

Das Verstehen stellt die Tatsache fest, dass eine Einzelperson oder eine Gruppe von Einzelpersonen eine bestimmte Handlung unternommen haben, die von bestimmten Werturteilen und Entscheidungen ausgeht und auf bestimmte Ziele abzielt, und dass sie für die Erreichung dieser Ziele bestimmte Mittel eingesetzt haben, die bestimmte technologische, therapeutische und praxeologische Lehren vorschlagen. Darüber hinaus versucht es, die Wirkungen und die Intensität der Wirkungen einer Handlung einzuschätzen; es versucht, jeder Handlung ihre Relevanz zuzuordnen, d.h. ihre Auswirkung auf den Verlauf der Ereignisse.

Der Raum des Verstehens ist das geistige Erfassen von Phänomenen, die nicht vollständig durch die Logik, die Mathematik, die Praxeologie und die Naturwissenschaften aufgeklärt werden können. Es darf niemals im Widerspruch zu den Lehren dieser anderen Wissenszweige stehen.[15] Die wirkliche physische Existenz des Teufels wird durch unzählige historische Dokumente belegt, die ansonsten recht zuverlässig sind. Viele Gerichte haben in einem ordentlichen Gerichtsverfahren auf der Grundlage der Zeugenaussagen und der Geständnisse der Angeklagten festgestellt, dass der Teufel fleischlichen Verkehr mit Hexen hatte. Jedoch kann keine Berufung auf das Verstehen die versuchte Behauptung eines Historikers rechtfertigen, dass der Teufel wirklich existierte und in menschliche Ereignisse anders als in den Visionen eines erregten menschlichen Gehirns eingriff.

Während dies in den Naturwissenschaften allgemein anerkannt ist, gibt es einige Historiker, die eine andere Einstellung zur Wirtschaftstheorie einnehmen. Sie versuchen, sich gegen die Theoreme der Ökonomie auf Dokumente zu berufen, die angeblich Dinge beweisen, die mit diesen Theoremen unvereinbar seien. Sie erkennen nicht, dass komplexe Phänomene keinen Satz beweisen oder widerlegen können und daher auch keine Aussage einer Theorie bezeugen können; Wirtschaftsgeschichte ist nur möglich, weil es eine ökonomische Theorie gibt, die in der Lage ist, wirtschaftliches Handeln zu beleuchten. Wenn es keine ökonomische Theorie gäbe, wären Berichte über ökonomische Tatsachen nichts anderes als eine Sammlung von unverbundenen Daten, die jeder willkürlichen Interpretation zugänglich sind.

8. Begreifen und Verstehen

Die Aufgabe der Wissenschaften vom menschlichen Handeln ist es, Sinn und Relevanz menschlichen Handelns zu verstehen. Sie wenden dazu zwei verschiedene erkenntnistheoretische Verfahren an: Begreifen und Verstehen. Begreifen ist das geistige Werkzeug der Praxeologie; Verstehen ist das spezifische geistige Werkzeug der Geschichte.

Die Erkenntnis der Praxeologie ist begriffliche Erkenntnis. Sie bezieht sich auf das, was im menschlichen Handeln notwendig ist. Sie ist die Erkenntnis von Universalien und Kategorien.

Die Erkenntnis der Geschichte bezieht sich auf das, was in jedem Ereignis oder jeder Klasse von Ereignissen einzigartig und individuell ist. Sie analysiert zunächst jedes Objekt ihrer Studien mit Hilfe der geistigen Werkzeuge, die von allen anderen

[15] Vgl. Charles-Victor Langlois & Charles Seignobos, *Introduction to the Study of History*, Übers. George G. Berry (London, 1925), S. 205-208.

Wissenschaften zur Verfügung gestellt werden. Nach dieser Vorarbeit steht sie vor einem ganz spezifischen Problem: der Aufklärung der Einzigartigkeit und Individualität des Falles durch das Verstehen.

Wie bereits erwähnt, wurde behauptet, dass Geschichte niemals wissenschaftlich sein könne, weil das historische Verständnis von den subjektiven Werturteilen des Historikers abhänge. Verstehen, so wird behauptet, sei nur ein euphemistischer Begriff für Willkür. Die Schriften von Historikern seien immer einseitig und parteiisch, sie berichten nicht über die Fakten, sie verzerren sie.

Es ist natürlich eine Tatsache, dass wir historische Bücher haben, die aus verschiedenen Blickwinkeln geschrieben wurden. Es gibt Geschichten der Reformation, die aus katholischer Sicht geschrieben wurden, und andere, die aus protestantischer Sicht geschrieben wurden. Es gibt «proletarische» und «bürgerliche» Geschichte, Tory-Historiker und Whig-Historiker; jede Nation, Partei und Sprachgruppe hat ihre eigenen Historiker und ihre eigenen Vorstellungen von Geschichte. Aber das Problem, das diese unterschiedlichen Interpretationen bieten, darf nicht mit der absichtlichen Verzerrung von Tatsachen durch Propagandisten und Apologeten verwechselt werden, die als Historiker auftreten. Jene Tatsachen, die auf unbestreitbare Weise auf der Grundlage des zur Verfügung stehenden Quellenmaterials festgestellt werden können, muss der Historiker als Vorarbeit feststellen. Dies ist kein Feld für das Verstehen. Es ist eine Aufgabe, die durch den Einsatz der Werkzeuge aller nichthistorischen Wissenschaften zu bewältigen ist. Die Phänomene werden durch umsichtige kritische Untersuchung der vorhandenen Aufzeichnungen erfasst. Soweit die Theorien der nichthistorischen Wissenschaften, auf denen der Historiker seine kritische Auseinandersetzung mit den Quellen gründet, einigermaßen zuverlässig und sicher sind, kann es keine willkürliche Uneinigkeit über die Feststellung der Phänomene als solche geben. Was ein Historiker behauptet, ist entweder richtig oder wider die Tatsachen, wird entweder durch die verfügbaren Dokumente belegt oder widerlegt oder ist unbestimmt, weil die Quellen uns keine ausreichenden Informationen liefern. Die Sachverständigen können anderer Meinung sein, jedoch nur auf der Grundlage einer vernünftigen Auslegung der verfügbaren Beweismittel. Die Diskussion lässt keine willkürlichen Behauptungen zu.

Allerdings sind sich die Historiker sehr oft nicht einig, was die Lehren der nichthistorischen Wissenschaften angeht. Dann kann es natürlich zu Meinungsverschiedenheiten hinsichtlich der kritischen Prüfung der Aufzeichnungen und der daraus zu ziehenden Schlussfolgerungen kommen. Es entsteht ein unüberbrückbarer Konflikt. Aber seine Ursache ist nicht die Willkür gegenüber dem konkreten historischen Phänomen. Er geht auf eine unbeantwortete Frage zurück, die sich auf die nichthistorischen Wissenschaften bezieht.

Ein antiker chinesischer Historiker konnte berichten, dass die Sünde des Kaisers eine katastrophale Dürre ausgelöst hatte und dass der Regen wieder fiel, als der Herrscher für seine Sünde gebüßt hatte. Kein moderner Historiker würde einen solchen Bericht akzeptieren. Die zugrundeliegende meteorologische Lehre steht im Widerspruch zu den unbestrittenen Grundlagen der zeitgenössischen Naturwissenschaften. Aber es gibt keine solche Einstimmigkeit in vielen theologischen, biologischen und ökonomischen Fragen. Dementsprechend sind Historiker verschiedener Meinung.

Ein Befürworter der Rassenlehre des nordischen Ariertums wird jeden Bericht über die intellektuellen und moralischen Errungenschaften «minderwertiger» Rassen als erlogen und einfach unglaubwürdig missachten. Er wird solche Berichte so behandeln, wie alle modernen Historiker mit dem oben erwähnten chinesischen Bericht umgehen. Es kann keine Einigung über irgendein Phänomen der Geschichte des Christentums erzielt werden zwischen Menschen, für die die Evangelien Heilige Schriften sind, und Menschen, in deren Augen sie menschliche Dokumente sind. Katholische und protestantische Historiker sind sich über viele Tatsachenfragen nicht einig, weil sie von unterschiedlichen theologischen Vorstellungen ausgehen. Ein Merkantilist oder Neomerkantilist muss zwangsläufig einem Ökonomen widersprechen. Eine Darstellung der deutschen Geldgeschichte in den Jahren 1914 bis 1923 ist durch die geldtheoretischen Auffassungen des Autors bestimmt. Die Geschehnisse der Französischen Revolution werden auf ganz andere Weise von denen dargestellt, die an die heiligen Rechte des gesalbten Königs glauben als von denen, die andere Ansichten vertreten.

Die Historiker streiten sich in solchen Fragen nicht in ihrer Eigenschaft als Historiker, sondern in der Anwendung der nichthistorischen Wissenschaften auf den Gegenstand der Geschichte. Sie sind anderer Meinung wie die agnostischen Ärzte anderer Meinung sind in Bezug auf die Wunder von Lourdes als die Mitglieder des medizinischen Komitees, das Beweismittel für diese Wunder sammelt. Nur wer glaubt, dass Tatsachen ihre eigene Geschichte auf die Tabula rasa des menschlichen Geistes schreiben, macht die Historiker für solche Meinungsverschiedenheiten verantwortlich. Man verkennt dann, dass Geschichte niemals ohne Voraussetzungen studiert werden kann und dass die Uneinigkeit über die Voraussetzungen, d.h. den gesamten Inhalt der nichthistorischen Wissenszweige, die Feststellung historischer Tatsachen berühren muss.

Diese Voraussetzungen bestimmen auch die Entscheidung des Historikers über die Wahl der von ihm genannten und der ob ihrer Irrelevanz zu vernachlässigenden Tatsachen. Bei der Suche nach den Ursachen, warum eine Kuh keine Milch gibt, wird ein moderner Tierarzt alle Berichte über den bösen Blick einer Hexe völlig außer Acht lassen; vor dreihundert Jahren hätte er das anders gesehen. Ebenso wählt der Historiker aus der unendlichen Vielzahl von Ereignissen, die der behandelten Tatsache vorausgegangen sind, jene, die zu ihrer Entstehung hätten beitragen können – oder sie verzögert haben – und vernachlässigt jene, die sie nach seinem Verständnis der nichthistorischen Wissenschaften nicht hätten beeinflussen können.

Veränderungen in den Lehren der nichthistorischen Wissenschaften müssen folglich mit der Neuschreibung der Geschichte einhergehen. Jede Generation muss die gleichen historischen Probleme neu behandeln, weil sie ihr in einem anderen Licht erscheinen. Das theologische Weltbild älterer Zeiten führte zu einer Behandlung der Geschichte, die sich von den Theoremen der modernen Naturwissenschaften unterscheidet. Subjektivistische Ökonomie bringt historische Werke hervor, die sich stark von denen unterscheiden, die auf merkantilistischen Lehren beruhen. Soweit sich aus diesen Meinungsverschiedenheiten Divergenzen in den Büchern der Historiker ergeben, sind sie nicht das Ergebnis vermeintlicher Unbestimmtheit und Ungewissheit in der Geschichtswissenschaft. Sie sind im Gegenteil das Ergebnis der fehlenden Einstimmigkeit im Bereich der anderen Wissenschaften, die im Volksmund als gewiss und genau bezeichnet werden.

Um mögliche Missverständnisse zu vermeiden, ist es zweckmäßig, einige weitere Punkte hervorzuheben. Die oben genannten Divergenzen dürfen nicht verwechselt werden:

1. mit gezielter, böswilliger Verzerrung von Tatsachen.
2. mit dem Versuch, Handlungen rechtlich oder moralisch zu rechtfertigen oder zu

verurteilen.

3. mit der lediglich beiläufigen Einfügung von Bemerkungen, die Werturteile in einer streng objektiven Darstellung des Sachverhalts zum Ausdruck bringen. Eine Abhandlung über die Bakteriologie verliert ihre Objektivität nicht, wenn der Autor, der die menschliche Sichtweise einnimmt, die Erhaltung des menschlichen Lebens als letztes Ziel betrachtet und unter Anwendung dieses Standards wirksame Methoden zur Bekämpfung von Keimen als gut und wirkungslose Methoden als schlecht bezeichnet. Ein Keim, der solch ein Buch schriebe, würde diese Urteile revidieren, aber der materielle Inhalt seines Buches würde sich nicht von dem des menschlichen Bakteriologen unterscheiden. Ebenso kann ein europäischer Historiker, der sich mit den mongolischen Invasionen des 13. Jahrhunderts beschäftigt, von «günstigen» und «ungünstigen» Ereignissen sprechen, weil er den Standpunkt der europäischen Verteidiger der westlichen Zivilisation einnimmt. Aber diese Billigung des Wertmaßstabs einer Partei muss nicht notwendigerweise den materiellen Inhalt seiner Studie beeinträchtigen. Sie kann – aus der Sicht des zeitgenössischen Wissens – durchaus objektiv sein. Ein mongolischer Historiker könnte sie voll und ganz unterstützen, abgesehen von solchen beiläufigen Bemerkungen.

4. mit einer Darstellung des Handelns einer Partei bei diplomatischen oder militärischen Auseinandersetzungen. Das Aufeinandertreffen konfligierender Gruppen kann aus Sicht der Ideen, Motive und Ziele behandelt werden, die die Handlungen beider Seiten angetrieben haben. Für ein vollständiges Verständnis dessen, was geschehen ist, ist es notwendig, das, was auf beiden Seiten geschehen ist, zu berücksichtigen. Das Ergebnis war Folge des Zusammenwirkens beider Parteien. Aber um ihre Handlungen zu verstehen, muss der Historiker versuchen, die Dinge so zu sehen, wie sie den handelnden Männern in der kritischen Zeit erschienen sind, nicht nur so, wie wir sie jetzt sehen mit der Perspektive unseres heutigen Wissens. Eine Geschichte von Lincolns Politik in den Wochen und Monaten vor dem Ausbruch des Bürgerkriegs ist natürlich unvollständig. Aber keine historische Untersuchung ist vollständig. Unabhängig davon, ob der Historiker mit den Unionisten oder den Konföderierten sympathisiert oder ob er absolut neutral ist, kann er sich objektiv mit Lincolns Politik im Frühjahr 1861 auseinandersetzen. Eine solche Untersuchung ist eine unverzichtbare Vorstufe zur Beantwortung der umfassenderen Frage, wie der Bürgerkrieg ausbrach.

Nun endlich, nachdem diese Probleme gelöst sind, kann die eigentliche Frage in Angriff genommen werden: Gibt es irgendein subjektives Element im historischen Verständnis, und wenn ja, in welcher Weise bestimmt es das Ergebnis historischer Studien?

Soweit es die Aufgabe des Verstehens ist, die Tatsachen festzustellen, dass die Menschen durch konkrete Werturteile motiviert und auf bestimmte Mittel ausgerichtet waren, kann es keine Meinungsverschiedenheiten unter wahren Historikern geben, d.h. Menschen, die auf die Erkenntnis vergangener Ereignisse bedacht sind. Aufgrund der unzureichenden Informationen aus den verfügbaren Quellen kann es zu Ungewissheiten kommen. Aber das hat nichts mit dem Verstehen zu tun. Es bezieht sich auf die Vorarbeiten, die der Historiker zu leisten hat. Aber das Verstehen hat eine zweite Aufgabe zu erfüllen. Es muss die Auswirkungen und die Intensität der durch eine Handlung hervorgerufenen Wirkungen beurteilen, es muss sich mit der Relevanz jedes Motivs und jeder Handlung auseinandersetzen.

Hier haben wir es mit einem der Hauptunterschiede zwischen Physik und Chemie auf der einen Seite und den Wissenschaften vom menschlichen Handeln auf der anderen Seite zu tun. Im Bereich der physikalischen und chemischen Ereignisse gibt es konstante Beziehungen zwischen den Größen (oder zumindest wird es allgemein angenommen, dass es solche gibt), und der Mensch ist in der Lage, diese Konstanten mit angemessener Genauigkeit durch Laborexperimente zu entdecken. Es gibt keine derartigen konstanten Beziehungen im Bereich des menschlichen Handelns außerhalb der physikalischen und chemischen Technologien und Therapeutika. Für einige Zeit glaubten Ökonomen, dass sie eine solche konstante Beziehung in den Auswirkungen von Änderungen der Geldmenge auf die Warenpreise entdeckt hatten. Es wurde behauptet, dass ein Anstieg oder Rückgang der im Umlauf befindlichen Geldmenge zu proportionalen Änderungen der Warenpreise führen müsse. Die moderne Ökonomie hat die Falschheit dieser Aussage eindeutig und unwiderlegbar aufgedeckt. Diejenigen Ökonomen, die durch «quantitative Ökonomie» das ersetzen wollen, was sie «qualitative Ökonomie» nennen, irren sich völlig. Im Bereich der Ökonomie gibt es keine konstanten Beziehungen, und folglich ist auch keine Messung möglich. Stellt ein Statistiker fest, dass auf einen Anstieg des Kartoffelangebots in Atlantis um 10 Prozent zu einem bestimmten Zeitpunkt ein Preisrückgang um 8 Prozent folgte, so stellt er nicht fest, was mit einer Änderung des Kartoffelangebots in einem anderen Land oder zu einem anderen Zeitpunkt geschehen ist oder geschehen kann. Er hat die «Elastizität der Nachfrage» von Kartoffeln nicht «gemessen». Er hat ein einzigartiges und individuelles historisches Faktum geschaffen. Kein intelligenter Mensch kann bezweifeln, dass das Verhalten der Menschen in Bezug auf Kartoffeln und jede andere Ware variabel ist. Unterschiedliche Individuen schätzen dieselben Dinge auf unterschiedliche Weise, und die Bewertungen ändern sich bei denselben Individuen unter sich ändernden Bedingungen.

Außerhalb des Feldes der Wirtschaftsgeschichte wagte es noch niemand, zu behaupten, dass in der Menschheitsgeschichte konstante Beziehungen herrschen. Es ist eine Tatsache, dass in den bewaffneten Konflikten, die in der Vergangenheit zwischen Europäern und rückständigen Völkern anderer Rassen ausgetragen wurden, ein europäischer Soldat in der Regel mit mehreren einheimischen Kämpfern mithalten konnte. Aber niemand war jemals so dumm, die Größe der europäischen Überlegenheit zu «messen». Die Undurchführbarkeit der Messung ist nicht auf das Fehlen technischer Messmethoden zurückzuführen. Sie liegt daran, dass es keine konstanten Beziehungen gibt. Wäre es nur durch technische Unzulänglichkeiten bedingt, wäre in manchen Fällen zumindest eine ungefähre Schätzung möglich. Aber das Wesentliche ist, dass es keine konstanten Beziehungen gibt. Ökonomie ist nicht, wie ignorante Positivisten immer wieder wiederholen, rückwärtsgewandt, weil sie nicht «quantitativ» ist. Sie ist nicht quantitativ und misst nicht, weil es keine Konstanten gibt. Statistische Daten, die sich auf wirtschaftliche Ereignisse beziehen, sind historische Daten. Sie erzählen uns, was in einem nicht wiederholbaren historischen Fall passiert ist. Physikalische Ereignisse können auf der Grundlage unseres experimentell gewonnenen Wissens über konstante Beziehungen interpretiert werden. Historische Ereignisse sind einer solchen Interpretation nicht zugänglich.

Der Historiker kann alle Faktoren aufzählen, die bei der Herbeiführung einer bekannten Wirkung beteiligt haben, und alle Faktoren, die gegen sie gearbeitet haben und die zu einer Verzögerung und Milderung des Endergebnisses geführt haben könnten. Aber er kann die verschiedenen ursächlichen Faktoren nicht quantitativ auf die erzeugten Effekte abstimmen, es sei denn, er versteht sie. Er kann, außer durch das

Verstehen, nicht die Rolle jedes der *n* Faktoren bei der Erzeugung des Effekts *P* bestimmen. Das Verstehen ist im Bereich der Geschichte sozusagen das Äquivalent der quantitativen Analyse und Messung.

Die Technologie kann uns sagen, wie dick eine Stahlplatte sein muss, um nicht von einer Kugel durchbohrt zu werden, die in einer Entfernung von 300 Metern von einem Winchester-Gewehr abgefeuert wird. Sie kann somit die Frage beantworten, warum ein Mensch, der sich hinter einer Stahlplatte bekannter Dicke versteckt hat, durch einen Schuss verletzt oder nicht verletzt wurde. Die Geschichte ist ratlos, mit der gleichen Gewissheit zu erklären, warum es einen Anstieg des Milchpreises von 10 Prozent gab oder warum Präsident Roosevelt Gouverneur Dewey bei der Wahl von 1944 besiegte oder warum Frankreich von 1870 bis 1940 unter einer republikanischen Verfassung stand. Solche Probleme erlauben keine andere Behandlung als die des Verstehens.

Jedem historischen Faktor versucht das Verstehen seine Relevanz zuzuordnen. Beim Verstehen gibt es keinen Raum für Willkür. Die Freiheit des Historikers wird durch sein Bestreben, eine befriedigende Erklärung der Realität zu liefern, eingeschränkt. Sein Leitstern muss die Suche nach der Wahrheit sein. Aber notwendigerweise geht in das Verstehen ein Element der Subjektivität ein. Das Verstehen des Historikers ist stets geprägt von Spuren seiner Persönlichkeit. Es spiegelt den Geist des Autors wider.

Die aprioristischen Wissenschaften – Logik, Mathematik und Praxeologie – zielen auf ein Wissen ab, das für alle Wesen, die mit der logischen Struktur des menschlichen Verstandes ausgestattet sind, uneingeschränkt gültig ist. Die Naturwissenschaften zielen auf eine für alle Wesen gültige Erkenntnis, die nicht nur mit der Fähigkeit der menschlichen Vernunft, sondern auch mit den menschlichen Sinnen ausgestattet sind. Die Einheitlichkeit menschlicher Logik und Empfindung verleiht diesen Wissenszweigen den Charakter universeller Gültigkeit. Das ist zumindest der Grundsatz, nach dem sich das Studium der Physiker richtet. Erst in den letzten Jahren begannen sie, die Grenzen ihrer Bemühungen zu erkennen und entdeckten unter Verzicht auf die übertriebenen Ansprüche älterer Physiker die «Unschärferelation». Sie erkennen heute, dass es Nicht-Observable gibt, deren Unbeobachtbarkeit in prinzipiellen erkenntnistheoretischen Überlegungen gründet.[16]

Historisches Verstehen kann niemals zu Ergebnissen führen, die von allen Menschen akzeptiert werden müssen. Zwei Historiker, die in Bezug auf die Lehren der nichthistorischen Wissenschaften und die Feststellung der Tatsachen, soweit diese ohne Verstehen ihrer Relevanz festgestellt werden können, völlig übereinstimmen, können sich in ihrem Verstehen der Relevanz dieser Tatsachen widersprechen. Sie mögen voll und ganz in der Feststellung übereinstimmen, dass die Faktoren *a, b* und *c* bei der Erzeugung des Effekts *P* zusammenwirkten; dennoch können sie sich hinsichtlich der Relevanz der jeweiligen Beiträge von *a, b* und *c* für das Endergebnis weitgehend uneinig sein. Soweit das Verstehen darauf abzielt, jedem Faktor seine Relevanz zuzuweisen, ist es offen für den Einfluss subjektiver Urteile. Natürlich handelt es sich dabei nicht um Werturteile, sie drücken keine Präferenzen des Historikers aus. Es handelt sich um Relevanzurteile.[17]

---

[16] Vgl. Arthur Eddington, *The Philosophy of Physical Science* (New York, 1939), S. 28-48.

[17] Da es sich hier nicht um eine Dissertation über die allgemeine Erkenntnistheorie handelt, sondern um die unverzichtbare Grundlage einer wirtschaftswissenschaftlichen Abhandlung, ist es nicht notwendig, die Analogien zwischen dem Verständnis der historischen Relevanz und den Aufgaben, die

Historiker können aus verschiedenen Gründen anderer Meinung sein. Sie können unterschiedliche Auffassungen in Bezug auf die Lehren der nichthistorischen Wissenschaften vertreten; sie können ihre Argumentation auf eine mehr oder weniger vollständige Vertrautheit mit den Aufzeichnungen gründen; sie können sich im Verstehen der Motive und Ziele der handelnden Menschen und der von ihnen angewandten Mittel unterscheiden. All diese Differenzen sind offen für eine Auflösung durch «objektive» Argumentation; es ist möglich, eine universelle Einigung über sie zu erzielen. Aber soweit Historiker bei Relevanzurteilen anderer Meinung sind, ist es unmöglich, eine Lösung zu finden, die alle vernünftigen Menschen akzeptieren müssen.

Die intellektuellen Methoden der Wissenschaft unterscheiden sich in ihrer Art nicht von denen, die der gewöhnliche Mensch in seiner täglichen weltlichen Argumentation anwendet. Der Wissenschaftler benutzt dieselben Werkzeuge wie der Laie, er benutzt sie nur geschickter und vorsichtiger. Verstehen ist kein Privileg der Historiker. Es geht jeden etwas an. Bei der Beobachtung seiner Umweltbedingungen ist jeder Mensch ein Historiker. Jeder nutzt das Verstehen im Umgang mit der Ungewissheit zukünftiger Ereignisse, auf die er sein eigenes Handeln ausrichten muss. Die besondere Denkweise des Spekulanten ist ein Verstehen der Relevanz der verschiedenen Faktoren, die zukünftige Ereignisse bestimmen. Und – um es auch an diesem frühen Punkt unserer Untersuchungen zu betonen – das Handeln zielt notwendigerweise immer auf zukünftige und damit unsichere Bedingungen ab und ist somit immer Spekulation. Der Handelnde blickt sozusagen mit den Augen eines Historikers in die Zukunft.

Naturgeschichte und Menschheitsgeschichte

Kosmogonie, Geologie und die Geschichte des biologischen Wandels sind historische Disziplinen, da sie sich mit einzigartigen Ereignissen der Vergangenheit befassen. Sie arbeiten jedoch ausschließlich mit den erkenntnistheoretischen Methoden der Naturwissenschaften und bedürfen nicht des Verstehens. Sie müssen manchmal auf nur ungefähre Schätzungen von Größenordnungen zurückgreifen. Solche Schätzungen sind jedoch keine Relevanzurteile. Sie sind eine weniger vollkommene Methode zur Bestimmung quantitativer Zusammenhänge als die «exakte» Messung. Sie dürfen nicht mit dem Zustand im Bereich des menschlichen Handelns verwechselt werden, der durch das Fehlen konstanter Beziehungen gekennzeichnet ist.

Wenn wir von Geschichte sprechen, denken wir nur an die Geschichte des menschlichen Handelns, dessen spezifisches geistiges Werkzeug das Verstehen ist.

Die Behauptung, dass die moderne Naturwissenschaft alle ihre Errungenschaften der experimentellen Methode verdankt, wird manchmal mit dem Hinweis auf die Astronomie angegriffen. Nun ist die moderne Astronomie im Wesentlichen eine Anwendung der physikalischen Gesetze, die experimentell auf der Erde entdeckt wurden, auf die Himmelskörper. Früher basierte die Astronomie hauptsächlich auf der Annahme, dass die Bewegungen der Himmelskörper ihren Lauf nicht ändern würden. Kopernikus und Kepler versuchten einfach zu erraten, in welcher Kurve sich die Erde um die Sonne bewegt. Da der Kreis als die «perfekteste» Kurve galt, wählte Kopernikus sie für seine Theorie. Später ersetzte Kepler, durch ähnliche Raterei, den Kreis durch die Ellipse.

---

ein diagnostizierender Arzt zu erfüllen hat, hervorzuheben. Die Erkenntnistheorie der Biologie liegt außerhalb des Rahmens unserer Untersuchungen.

Erst seit Newtons Entdeckungen ist die Astronomie zu einer Naturwissenschaft im engeren Sinne geworden.

9. Über Idealtypen

Die Geschichte beschäftigt sich mit einzigartigen und unwiederholbaren Ereignissen, mit dem irreversiblen Fluss der menschlichen Angelegenheiten. Ein historisches Ereignis kann nicht ohne Bezugnahme auf die beteiligten Personen sowie auf Ort und Zeitpunkt seines Eintretens beschrieben werden. Soweit ein Geschehen ohne einen solchen Bezug erzählt werden kann, handelt es sich nicht um ein historisches Ereignis, sondern um eine naturwissenschaftliche Tatsache. Der Bericht, dass Professor X am 20. Februar 1945 in seinem Laboratorium ein bestimmtes Experiment durchgeführt hat, ist ein Bericht über ein historisches Ereignis. Der Physiker glaubt, dass er Recht hat, wenn er von der Person des Experimentators und dem Datum und Ort des Experiments abstrahiert. Er bezieht sich nur auf jene Umstände, die seiner Meinung nach für die Herstellung des erreichten Ergebnisses relevant sind und, wenn sie wiederholt werden, dasselbe Ergebnis wieder hervorbringen. Er wandelt das historische Ereignis in eine *Tatsache* der empirischen Naturwissenschaften um. Er ignoriert den aktiven Eingriff des Experimentators und versucht, sich ihn als gleichgültigen Beobachter und Überbringer unverfälschter Realität vorzustellen. Es ist nicht Aufgabe der Praxeologie, sich mit den erkenntnistheoretischen Fragen dieser Philosophie zu befassen. Die Physiker selbst sind endlich auf dem Weg, den Fehler der Gottähnlichkeit zu entdecken, die sie sich anzumaßen pflegten.

Obwohl einzigartig und unwiederholbar, haben historische Ereignisse eines gemeinsam: Sie sind menschliches Handeln. Die Geschichte begreift sie als menschliches Handeln; sie begreift ihre Bedeutung durch das Werkzeug praxeologischer Erkenntnis und versteht ihre Bedeutung im Blick auf ihre individuellen und einzigartigen Eigenschaften. Was für die Geschichte zählt, ist immer der Sinn der betroffenen Menschen: der Sinn, den sie dem Zustand beimessen, den sie verändern wollen, der Sinn, den sie ihren Handlungen beimessen, und der Sinn, den sie den Wirkungen der Handlungen beimessen.

Der Aspekt, nach dem die Geschichte die unendliche Vielfalt der Ereignisse ordnet, ist ihr Sinn. Das einzige Prinzip, das sie für die Systematisierung ihrer Objekte – Menschen, Ideen, Institutionen, soziale Gebilde und Artefakte – anwendet, ist der Sinnzusammenhang. Je nach dem Sinnzusammenhang ordnet sie die Elemente in Idealtypen.

Idealtypen sind die spezifischen geistigen Mittel[195], die in der Geschichtsforschung und in der Darstellung ihrer Ergebnisse verwendet werden. Sie sind Konzepte des Verstehens. Damit unterscheiden sie sich grundlegend von praxeologischen Kategorien und Konzepten und von den Konzepten der Naturwissenschaften. Ein Idealtyp ist kein Klassenkonzept, da seine Beschreibung nicht auf die Merkmale hinweist, deren Anwesenheit eindeutig die Klassenzugehörigkeit bestimmt. Ein Idealtyp kann nicht definiert werden; er muss durch eine Aufzählung derjenigen Merkmale gekennzeichnet sein, deren Vorhandensein im Großen und Ganzen darüber entscheidet, ob wir in einem konkreten Fall mit einem Exemplar des betreffenden Idealtyps konfrontiert sind oder nicht. Es ist dem Idealtypus eigen, dass nicht alle seine Eigenschaften in einem einzigen Beispiel vorhanden sein müssen. Ob das Fehlen einiger Merkmale die Aufnahme eines konkreten Objekts[196] in den betreffenden Idealtyp verhindert, hängt von einem Relevanzurteil durch Verstehen ab. Der Idealtypus selbst ist das Ergebnis eines Verstehens der Motive, Ideen und Ziele der handelnden Personen und der Mittel, die sie einsetzen.

Ein Idealtyp hat nichts mit statistischen Mittel- und Durchschnittswerten zu tun. Die meisten der betroffenen Merkmale sind für eine numerische Bestimmung nicht zugänglich und konnten daher allein aus diesem Grund nicht in eine Durchschnittsberechnung einfließen. Aber der Hauptgrund ist ein anderer. Statistische Durchschnitte beschreiben das Verhalten der Mitglieder einer Klasse oder eines Typs, die bereits durch eine Definition oder Charakterisierung festgelegt ist, die sich auf andere Merkmale bezieht, auf die in der Definition oder Charakterisierung nicht Bezug genommen wird. Die Zugehörigkeit zu einer Klasse oder einem Typ muss bekannt sein, bevor der Statistiker mit der Untersuchung von Besonderheiten beginnen und das Ergebnis dieser Untersuchung für die Ermittlung eines Mittelwertes nutzen kann. Wir können das Durchschnittsalter der Senatoren der Vereinigten Staaten ermitteln oder wir können Durchschnittswerte für das Verhalten einer Altersgruppe der Bevölkerung in Bezug auf ein spezielles Problem errechnen. Aber es ist logisch unmöglich, die Zugehörigkeit zu einer Klasse oder einem Typ von einem Durchschnitt abhängig zu machen.

Kein historisches Problem kann ohne die Hilfe von Idealtypen behandelt werden. Selbst wenn der Historiker sich mit einer einzelnen Person oder einem einzelnen Ereignis beschäftigt, kommt er nicht umhin, sich auf Idealtypen zu beziehen. Wenn er von Napoleon spricht, muss er sich auf solche Idealtypen wie Kommandant, Diktator, Revolutionsführer beziehen, und wenn er sich mit der Französischen Revolution befasst, muss er sich auf Idealtypen wie Revolution, Zerfall eines bestehenden Regimes, Anarchie beziehen. Es kann sein, dass die Bezugnahme auf einen Idealtyp lediglich darin besteht, seine Anwendbarkeit für den betreffenden Fall zu verneinen. Aber alle geschichtlichen Ereignisse werden mit Hilfe von Idealtypen beschrieben und interpretiert. Auch der Laie muss sich im Umgang mit Ereignissen der Vergangenheit oder der Zukunft immer und unwissentlich Idealtypen zunutze machen.

Ob der Einsatz eines bestimmten Idealtyps sinnvoll und förderlich für ein adäquates Verständnis von Phänomenen ist, kann nur durch Verstehen entschieden werden. Es ist nicht der Idealtyp, der den Modus des Verstehens bestimmt, sondern der Modus des Verstehens, der die Konstruktion und Verwendung entsprechender Idealtypen erfordert.

Die Idealtypen werden mit Hilfe von Ideen und Konzepten konstruiert, die von allen nichthistorischen Wissenszweigen entwickelt wurden. Jede Erkenntnis der Geschichte ist natürlich von den Erkenntnissen der anderen Wissenschaften abhängig und darf ihnen niemals widersprechen. Aber historisches Wissen hat einen anderen Gegenstand und eine andere Methode als diese anderen Wissenschaften, und sie haben ihrerseits keinen Nutzen für das Verstehen. So dürfen die Idealtypen nicht mit Begriffen der nichthistorischen Wissenschaften verwechselt werden. Dies gilt auch im Hinblick auf die praxeologischen Kategorien und Konzepte. Sie bieten zwar die unentbehrlichen geistigen Werkzeuge für das Studium der Geschichte. Sie beziehen sich jedoch nicht auf das Verständnis der einzigartigen und individuellen Ereignisse, die Gegenstand der Geschichte sind. Ein Idealtypus kann daher niemals eine einfache Übernahme eines praxeologischen Konzepts sein.

Es kommt oft vor, dass ein Ausdruck, dessen sich die Praxeologie zur Bezeichnung eines praxeologischen Begriffs bedient, zugleich dem Historiker dazu dient, einen Idealtypus zu bezeichnen. Dann benutzt der Historiker ein Wort, um zwei verschiedene Dinge auszudrücken. Er wendet den Begriff manchmal an, um seine praxeologische Bedeutung zu bezeichnen, häufiger jedoch, um einen Idealtypus zu bezeichnen. Im letzteren Fall ordnet der Historiker dem Wort eine andere Bedeutung zu als seine praxeologische Bedeutung; er wandelt es um, indem er es auf ein anderes Untersuchungsgebiet überträgt. Die beiden Begriffe bezeichnen unterschiedliche Dinge, sie sind Homonyme. Der ökonomische Begriff «Unternehmer» gehört zu einer anderen Schicht als der Idealtypus «Unternehmer», wie er von der Wirtschaftsgeschichte und der deskriptiven Ökonomie verwendet wird. (Auf einer dritten Schicht liegt der juristische Begriff «Unternehmer».) Der ökonomische Begriff «Unternehmer» ist ein genau definierter Begriff, der im Rahmen einer marktwirtschaftlichen Theorie eine klar integrierte Funktion bezeichnet. Der historische Idealtypus «Unternehmer» umfasst nicht dieselben Mitglieder. Niemand denkt dabei an Schuhputzer, Taxifahrer, die ihre Autos besitzen, Kleinunternehmer und Kleinbauern.

Was die Ökonomie hinsichtlich der Unternehmer festlegt, gilt für alle Mitglieder der Klasse ohne Rücksicht auf zeitliche und geographische Gegebenheiten und die verschiedenen Wirtschaftszweige. Was die Wirtschaftsgeschichte für ihre Idealtypen festlegt, kann sich je nach den besonderen Gegebenheiten verschiedener Zeitalter, Länder, Branchen und vieler anderer Bedingungen unterscheiden. Die Geschichte hat wenig Nutzen für einen generellen Idealtypus des Unternehmers. Sie beschäftigt sich mehr mit solchen Typen wie: dem amerikanischen Unternehmer aus der Zeit Jeffersons, der deutschen Schwerindustrie im Zeitalter von Wilhelm II., der Textilproduktion in Neuengland in den letzten Jahrzehnten vor dem Ersten Weltkrieg, der protestantischen *haute finance* von Paris, den *Selfmade*-Unternehmern und so weiter.

Ob die Verwendung eines bestimmten Idealtypus zu empfehlen ist oder nicht, hängt ganz von der Art des Verstehens ab. Es ist heutzutage durchaus üblich, zwei Idealtypen zu verwenden: Linke Parteien (Progressive) und rechte Parteien (Faschisten). Ersterer umfasst die westlichen Demokratien, einige lateinamerikanische Diktaturen und den russischen Bolschewismus, letzterer den italienischen Faschismus und den deutschen Nazismus. Diese Typisierung ist das Ergebnis einer bestimmten Art des Verstehens. Ein anderer Modus würde Demokratie und Diktatur gegenüberstellen. Dann gehören der russische Bolschewismus, der italienische Faschismus und der deutsche Nationalsozialismus zur idealen Form der diktatorischen Regierung und die westlichen Systeme zur idealen Form der demokratischen Regierung.

Es war ein fundamentaler Fehler der Historischen Schule der *Wirtschaftlichen Staatswissenschaften* in Deutschland und des Institutionalismus in Amerika, die Ökonomie als Charakterisierung des Verhaltens eines Idealtyps, des *Homo oeconomicus*, zu interpretieren. Nach dieser Lehre beschäftige sich die traditionelle oder orthodoxe Ökonomie nicht mit dem Verhalten des Menschen, wie er wirklich ist und handelt, sondern mit einem fiktiven oder hypothetischen Bild. Sie stelle ein ausschließlich von «ökonomischen» Motiven getriebenes Wesen dar, d.h. einzig und allein von der Absicht, den größtmöglichen materiellen oder monetären Gewinn zu erzielen. Solch ein Wesen gibt es in der Realität nicht und hat es auch nie gegeben; es ist ein Phantom einer falschen Lehnstuhlphilosophie. Kein Mensch ist ausschließlich von dem Wunsch motiviert, so reich wie möglich zu werden; viele sind von diesem niedrigen Verlangen überhaupt nicht berührt. Es ist sinnlos, auf einen solchen illusorischen Homunkulus in der Behandlung des Lebens und der Geschichte zu verweisen.

Selbst wenn dies wirklich der Inhalt der klassischen Ökonomie wäre, wäre der Homo oeconomicus gewiss kein Idealtypus. Der Idealtypus ist keine Verkörperung einer Seite oder eines Aspekts der verschiedenen Ziele und Wünsche des Menschen. Er ist immer die Repräsentation komplexer Phänomene der Realität, sei es von Menschen, Institutionen oder Ideologien.

Die klassischen Ökonomen versuchten, die Preisbildung zu erklären. Sie waren sich der Tatsache bewusst, dass die Preise nicht das Produkt der Handlungen einer bestimmten Personengruppe sind, sondern das Ergebnis eines Zusammenspiels aller Mitglieder der Marktgesellschaft. Das war der Sinn ihrer Aussage, dass Angebot und Nachfrage die Preisbildung bestimmen. Die klassischen Ökonomen scheiterten jedoch in ihrem Bemühen, eine befriedigende Werttheorie zu liefern. Es gelang ihnen nicht, eine Lösung für das vermeintliche Wertparadoxon zu finden. Sie waren erstaunt über das vermeintliche Paradoxon, dass «Gold» höher bewertet wird als «Eisen», obwohl letzteres «nützlicher» sei als das erste. So konnten sie keine allgemeine Werttheorie konstruieren und die Phänomene des Marktaustauschs und der Produktion nicht auf ihre letzten Quellen, das Verhalten der Konsumenten, zurückführen. Dieser Mangel zwang sie dazu, ihren ehrgeizigen Plan aufzugeben, eine allgemeine Theorie des menschlichen Handelns zu entwickeln. Sie mussten sich mit einer Theorie begnügen, die nur die Aktivitäten des Geschäftsmannes erklärt, ohne auf die Entscheidungen jedes Einzelnen als letzte Determinanten zurückzugreifen. Sie befassten sich nur mit den Handlungen von Geschäftsleuten, die darauf aus waren, am billigsten zu kaufen und am teuersten zu verkaufen. Der Konsument verblieb außerhalb des Bereichs ihrer Theorien. Später erklärten und begründeten die Epigonen der klassischen Volkswirtschaftslehre diese Unzulänglichkeit als bewusstes und methodisch notwendiges Vorgehen. Es sei die bewusste Absicht der Ökonomen, ihre Untersuchungen auf einen Aspekt des menschlichen Handelns zu beschränken, nämlich auf den «ökonomischen» Aspekt. Es war ihre Absicht, das fiktive Bild eines Menschen zu verwenden, der ausschließlich von «ökonomischen» Motiven getrieben wird, und alle anderen zu vernachlässigen, obwohl sie sich der Tatsache bewusst waren, dass reale Menschen von vielen anderen, «nicht-ökonomischen» Motiven getrieben werden. Diese anderen Motive zu behandeln, so behauptete eine Gruppe, die diese Auffassung vertritt, sei nicht die Aufgabe der Ökonomie, sondern anderer Wissenszweige. Eine andere Gruppe räumte ein, dass die Behandlung dieser «nicht-ökonomischen» Motive und ihr Einfluss auf die Preisbildung auch eine Aufgabe der Ökonomie sei, aber sie glaubten, dass sie den nachfolgenden Generationen überlassen werden müsse. Zu einem späteren Zeitpunkt unserer Untersuchungen wird sich zeigen, dass diese Unterscheidung zwischen «ökonomischen» und «nicht-ökonomischen» Motiven menschlichen Handelns unhaltbar ist. An dieser Stelle ist es nur wichtig zu erkennen, dass diese Doktrin der «ökonomischen» Seite des menschlichen Handelns die Lehren der klassischen Ökonomen völlig falsch darstellt. Sie hatten nie die Absicht, das zu tun, was diese Lehre ihnen zuschreibt. Sie wollten die reale Preisbildung begreifen – keine fiktiven Preise, wie sie bestimmt würden, wenn Menschen unter dem Einfluss hypothetischer Bedingungen handeln würden, die sich von denen unterscheiden, die sie wirklich beeinflussen. Die Preise, die sie versuchten zu erklären und auch erklärten – ohne sie jedoch auf die Entscheidungen der Verbraucher zurückzuführen –, sind reale Marktpreise. Die Nachfrage und das Angebot, von denen sie sprachen, sind reale Faktoren, die von allen Motiven bestimmt werden, die

Männer zum Kaufen oder Verkaufen bewegen. Was mit ihrer Theorie nicht stimmte, war, dass sie die Nachfrage nicht auf die Entscheidungen der Verbraucher zurückführen konnten; es fehlte ihnen eine befriedigende Theorie der Nachfrage. Aber es war nicht ihre Idee, dass die Nachfrage – wie sie diesen Begriff in ihren Abhandlungen benutzten – ausschließlich von «ökonomischen» Motiven bestimmt würde, die sich von «nichtökonomischen» Motiven unterschieden. Da sie ihre Theorien auf die Handlungen von Geschäftsleuten beschränkten, beschäftigten sie sich nicht mit den Motiven der Endverbraucher. Dennoch war ihre Preistheorie als Erklärung für reale Preise gedacht, unabhängig von den Motiven und Ideen, die die Verbraucher bewegen.

Die moderne subjektivistische Ökonomie beginnt mit der Lösung des scheinbaren Wertparadoxons. Sie beschränkt sich weder auf die Handlungen von Geschäftsleuten allein, noch behandelt sie einen fiktiven *homo oeconomicus*. Sie behandelt die unausweichlichen Kategorien des Handelns aller Beteiligten. Ihre Theoreme über Warenpreise, Löhne und Zinssätze beziehen sich auf all diese Phänomene, ohne Rücksicht auf die Motive, die Menschen dazu veranlassen, zu kaufen oder zu verkaufen oder auf den Kauf oder Verkauf zu verzichten. Es ist an der Zeit, jegliche Bezugnahme auf den gescheiterten Versuch, die Unzulänglichkeiten älterer Ökonomen durch den Appell an das Phantom des homo oeconomicus zu rechtfertigen, gänzlich sein zu lassen.

10. Das Verfahren der Ökonomie

Der Bereich der Praxeologie ist die Erklärung der Kategorie des menschlichen Handelns. Alles, was für die Ableitung aller praxeologischen Theoreme benötigt wird, ist die Kenntnis des Wesens des menschlichen Handelns. Es ist ein Wissen, das wir haben, weil wir Menschen sind; keinem menschlichen Wesen, das nicht Krankheit auf ein rein vegetatives Dasein reduziert hat, fehlt es. Es bedarf keiner besonderen Erfahrung, um diese Theoreme zu verstehen, und keine Erfahrung, so reich sie auch sein mag, könnte sie einem Wesen offenbaren, das a priori nicht wüsste, was menschliches Handeln ist. Der einzige Weg zu einer Erkenntnis dieser Theoreme ist die logische Analyse unseres inhärenten Wissens über die Kategorie der Handlung. Wir müssen über uns selbst und über die Struktur des menschlichen Handelns nachdenken. Wie Logik und Mathematik ist auch praxeologisches Wissen in uns, es kommt nicht von außen.

Alle Konzepte und Theoreme der Praxeologie sind in der Kategorie des menschlichen Handelns enthalten. Die erste Aufgabe besteht darin, sie zu extrahieren und abzuleiten, ihre Implikationen zu erläutern und die universellen Bedingungen des Handelns als solche zu definieren. Nachdem man gezeigt hat, welche Bedingungen für jede Handlung erforderlich sind, muss man noch weiter gehen und – natürlich in einem kategorialen und formalen Sinn – die weniger allgemeinen Bedingungen, die für besondere Handlungsweisen erforderlich sind, definieren. Es wäre möglich, diese zweite Aufgabe zu bewältigen, indem man alle denkbaren Bedingungen beschreibt und daraus alle logisch zulässigen Rückschlüsse ableitet. Ein solches allumfassendes System würde eine Theorie liefern, die sich nicht nur auf menschliches Handeln bezieht, wie es unter den Bedingungen und Umständen der realen Welt, in der der Mensch lebt und handelt, gegeben ist. Sie würde sich genauso mit hypothetischem Handeln befassen, wie es unter den unrealisierbaren Bedingungen imaginärer Welten stattfinden würde.

Aber das Ziel der Wissenschaft ist, die Realität zu kennen. Sie ist keine Geistesgymnastik und kein logischer Zeitvertreib. Deshalb beschränkt die Praxeologie ihre Untersuchungen auf das Studium des Handelns unter den Bedingungen und Voraussetzungen, die in der Realität gegeben sind. Sie untersucht das Handeln unter unrealisierten und unrealisierbaren Bedingungen nur aus zwei Blickwinkeln. Es geht um Sachverhalte, die in der Gegenwart und in der Vergangenheit zwar nicht real sind, aber vielleicht irgendwann einmal real werden könnten. Und sie untersucht unrealistische und unrealisierbare Bedingungen, wenn eine solche Untersuchung für ein zufriedenstellendes Verständnis dessen, was unter den in der Realität herrschenden Bedingungen vor sich geht, notwendig ist. Dieser Erfahrungsbezug beeinträchtigt jedoch nicht den apriorischen Charakter der Praxeologie und der Ökonomie. Erfahrung lenkt unsere Neugier auf bestimmte Probleme und lenkt sie von anderen Problemen ab. Sie sagt uns, was wir erforschen sollten, aber sie sagt uns nicht, wie wir bei unserer Suche nach Wissen vorgehen könnten. Außerdem ist es nicht die Erfahrung, sondern das Denken allein, das uns lehrt, dass und in welchen Fällen es notwendig ist, unrealisierbare hypothetische Bedingungen zu untersuchen, um zu begreifen, was in der realen Welt vor sich geht.

Das Arbeitsleid ist nicht kategorisch und apriorisch. Wir können widerspruchslos an eine Welt denken, in der Arbeit kein Leid hervorruft, und wir können den Stand der Dinge in einer solchen Welt darstellen. Aber die reale Welt ist durch Arbeitsleid gekennzeichnet. Nur Theoreme, die auf der Annahme basieren, dass Arbeit eine Quelle des Unbehagens ist, sind für das Verständnis dessen, was in dieser Welt vor sich geht, anwendbar.

Die Erfahrung lehrt uns, dass es Arbeitsleid gibt. Aber sie lehrt es nicht direkt. Es gibt kein Phänomen, das sich selbst als eine Art von Arbeitsleid vorstellt. Es gibt nur Erfahrungsdaten, die auf der Grundlage aprioristischen Wissens dahingehend interpretiert werden, dass Menschen Freizeit – d.h. das Fehlen von Arbeit – als eine wünschenswertere Bedingung als den Arbeitsaufwand betrachten. Wir sehen, dass Menschen auf Vorteile verzichten, die sie durch mehr Arbeit bekommen könnten – das heißt, dass sie bereit sind, Opfer für die Erreichung der Freizeit zu bringen. Daraus schließen wir, dass Freizeit als Gut geschätzt wird und Arbeit als Belastung betrachtet wird. Ohne vorherige praxeologische Einsicht wären wir nie in der Lage, zu dieser Schlussfolgerung zu gelangen.

Eine Theorie des indirekten Tausches und alle weiteren darauf aufbauenden Theorien – wie die Theorie des Umlaufkredits – gelten nur für die Interpretation von Ereignissen innerhalb einer Welt, in der indirekter Tausch praktiziert wird. In einer Welt mit ausschließlich direktem Tauschhandel wäre sie nur eine intellektuelle Spielerei. Es ist unwahrscheinlich, dass die Ökonomen einer solchen Welt, wenn die Ökonomie überhaupt in ihr aufgetaucht wäre, sich Gedanken über die Probleme des indirekten Tauschs, des Geldes und alles andere gemacht hätten. In unserer heutigen Welt ist dies jedoch ein wesentlicher Bestandteil der Wirtschaftstheorie.

Die Tatsache, dass sich die Praxeologie, indem sie ihr Augenmerk auf das Verständnis der Realität richtet, auf die Erforschung jener Probleme konzentriert, die für diesen Zweck nützlich sind, ändert nichts an dem aprioristischen Charakter ihrer Argumentation. Aber sie kennzeichnet die Art und Weise, in der die Ökonomie, der bisher einzige ausgearbeitete Teil der Praxeologie, die Ergebnisse ihrer Bemühungen präsentiert.

Die Ökonomie folgt nicht dem Verfahren der Logik und Mathematik. Sie stellt kein integriertes System reiner aprioristischer Schlussfolgerung dar, das von jeglichem Realitätsbezug abgetrennt ist. Wenn sie Annahmen in ihre Argumentation einführt, überzeugt sie sich davon, dass die Behandlung der betreffenden Annahmen nützliche Dienste für das Verständnis der Realität leisten kann. Sie trennt in ihren Abhandlungen und Monographien die reine Wissenschaft nicht strikt von der Anwendung ihrer Theoreme zur Lösung konkreter historischer und politischer Probleme. Sie wählt für die organisierte Präsentation ihrer Ergebnisse eine Form, in der aprioristische Theorie und die Interpretation historischer Phänomene ineinander greifen.

Es liegt auf der Hand, dass diese Verfahrensweise der Ökonomie aufgrund der Natur und des Wesens ihres Gegenstands auferlegt wird. Sie hat ihre Zweckmäßigkeit unter Beweis gestellt. Man darf jedoch nicht übersehen, dass die Durchführung dieses singulären und logisch etwas seltsamen Verfahrens Vorsicht und Subtilität erfordert, und dass unkritische und oberflächliche Gemüter immer wieder durch leichtfertige Verwechslung der beiden epistemologisch unterschiedlichen Methoden in die Irre geführt wurden.

Es gibt keine historische Methode der Ökonomie und keine Disziplin der Institutionenökonomik. Es gibt Ökonomie, und es gibt Wirtschaftsgeschichte. Die beiden dürfen niemals verwechselt werden. Alle Theoreme der Ökonomie sind notwendigerweise in jedem Fall gültig, in dem alle vorausgesetzten Annahmen gegeben sind. Natürlich haben sie in Situationen, in denen diese Bedingungen nicht gegeben sind, keine praktische Bedeutung. Die Theoreme, die sich auf den indirekten Tausch beziehen, sind nicht anwendbar unter Bedingungen, unter denen kein indirekter Austausch stattfindet. Ihre Gültigkeit wird dadurch jedoch nicht beeinträchtigt.[18]

Diese Frage wurde durch die Bemühungen von Regierungen und mächtigen Interessengruppen, die Ökonomie zu verunglimpfen und die Ökonomen zu diffamieren, verschleiert. Fürsten und demokratische Mehrheiten sind machttrunken. Sie müssen widerwillig zugeben, dass sie den Naturgesetzen unterworfen sind. Aber sie lehnen den Begriff des ökonomischen Gesetzes ab. Sind sie nicht die obersten Gesetzgeber? Haben sie nicht die Macht, jeden Gegner zu vernichten? Kein Kriegsherr neigt dazu, andere Grenzen anzuerkennen, als die, die ihm von einer überlegenen Streitmacht auferlegt werden. Servile Schreiberlinge sind immer bereit, diese Selbstgefälligkeit zu fördern, indem sie die entsprechenden Lehren formulieren. Sie nennen ihre jämmerlichen Mutmaßungen «historische Ökonomie». Tatsächlich ist die Wirtschaftsgeschichte eine lange Liste von Regierungspolitiken, die gescheitert sind, weil sie mit einer kühnen Missachtung der Gesetze der Ökonomie konzipiert wurden.

Es ist unmöglich, die Geschichte des ökonomischen Denkens zu verstehen, wenn man nicht darauf achtet, dass die Ökonomie als solche eine Herausforderung für die Eitelkeit der Machthaber ist. Ein Ökonom kann niemals Liebkind von Autokraten und Demagogen sein. Bei ihnen ist er immer der Unheilstifter, und je mehr sie innerlich davon überzeugt sind, dass seine Einwände begründet sind, desto mehr hassen sie ihn.

Angesichts all dieser zornigen Agitation ist festzuhalten, dass der Ausgangspunkt aller praxeologischen und ökonomischen Argumentation, die Kategorie des menschlichen Handelns, immun gegen jegliche Kritik und Einwände ist. Kein Appell an welche historischen oder empirischen Überlegungen auch immer kann einen Fehler in der Aussage nachweisen, dass Menschen zielgerichtet bestimmte gewählte Ziele verfolgen.

[18] Vgl. Frank. H. Knight, *The Ethics of Competition and Other Essays* (New York, 1935), S. 139.

Kein Gerede über Irrationalität, die unergründlichen Tiefen der menschlichen Seele, die Spontaneität der Lebensphänomene, Automatismen, Reflexe und Pflanzenbewegungen, kann die Behauptung entkräften, dass der Mensch seine Vernunft für die Verwirklichung von Wünschen und Sehnsüchten nutzt. Ausgehend von der unerschütterlichen Grundlage der Kategorie des menschlichen Handelns gehen Praxeologie und Ökonomie mittels diskursiver Argumentation Schritt für Schritt vor. Die Annahmen und Bedingungen präzise definierend, konstruieren sie ein Begriffssystem und ziehen alle implizierten Schlüsse in logisch unangreifbarer Argumentation. Im Hinblick auf die so erhaltenen Ergebnisse sind nur zwei Einstellungen möglich: Entweder kann man logische Fehler in der Kette der Schlüsse, die diese Ergebnisse hervorgebracht haben, entlarven oder man muss ihre Richtigkeit und Gültigkeit anerkennen.

Der Einwand, dass Leben und Realität nicht logisch seien, tut nichts zu Sache. Leben und Realität sind weder logisch noch unlogisch, sie sind einfach gegeben. Aber die Logik ist das einzige Werkzeug, das dem Menschen zur Verfügung steht, um beides zu verstehen. Es ist sinnlos zu behaupten, dass das Leben und die Geschichte unergründlich und unaussprechlich seien und dass die menschliche Vernunft niemals bis zu ihrem inneren Kern vordringen könne. Die Kritiker widersprechen sich selbst, indem sie Worte über die unaussprechlichen und ausschweifenden Theorien – natürlich falsche Theorien – über das Unergründliche verlieren. Es gibt viele Dinge, die für den menschlichen Verstand unerreichbar sind. Aber soweit der Mensch in der Lage ist, irgendein Wissen zu erlangen, so begrenzt es auch sein mag, kann er nur einen einzigen Weg der Annäherung wählen – jenen, der durch die Vernunft eröffnet wird.

Nicht weniger illusorisch sind die Bestrebungen, das Verstehen gegen die Theoreme der Ökonomie auszuspielen. Der Bereich historischen Verstehens ist ausschließlich die Aufklärung jener Probleme, die von den nichthistorischen Wissenschaften nicht vollständig aufgeklärt werden können. Das Verstehen darf niemals im Widerspruch zu den Theorien stehen, die von den nichthistorischen Wissenschaften entwickelt wurden. Das Verstehen kann nie etwas anderes tun, als einerseits festzustellen, dass die Menschen durch bestimmte Ideen motiviert wurden, die auf bestimmte Ziele abzielen, und bestimmte Mittel zur Erreichung dieser Ziele anzuwenden, und andererseits den verschiedenen historischen Faktoren ihre Relevanz zuzuordnen, soweit dies nicht durch die nichthistorischen Wissenschaften erreicht werden kann. Verstehen berechtigt den modernen Historiker nicht zu der Behauptung, dass der Exorzismus jemals ein geeignetes Mittel gewesen wäre, um kranke Kühe zu heilen. Es erlaubt ihm auch nicht, zu behaupten, dass ein ökonomisches Gesetz im antiken Rom oder im Inkareich nicht gegolten hätte.

Der Mensch ist nicht unfehlbar. Er sucht nach der Wahrheit – das heißt, nach dem adäquatesten Verständnis der Wirklichkeit, soweit die Struktur seines Verstandes und seiner Vernunft sie ihm zugänglich macht. Der Mensch kann niemals allwissend werden. Er kann nie absolut sicher sein, dass seine Untersuchungen nicht irregeführt wurden und dass das, was er als sichere Wahrheit ansieht, kein Irrtum ist. Alles, was der Mensch tun kann, ist, alle seine Theorien immer wieder der kritischsten Überprüfung zu unterziehen. Das bedeutet für den Ökonomen, dass er alle Theoreme auf ihre unbestreitbare und gewisse letzte Grundlage, die Kategorie des menschlichen Handelns, zurückverfolgen und alle Annahmen und Schlussfolgerungen, die von dieser Basis zum untersuchten Theorem führen, mit größter Sorgfalt prüfen muss. Es kann nicht behauptet werden, dass dieses Verfahren eine Garantie gegen Fehler ist. Aber es ist zweifellos die effektivste Methode, um Fehler zu vermeiden.

Die Praxeologie – und damit auch die Ökonomie – ist ein deduktives System. Sie bezieht ihre Stärke aus dem Ausgangspunkt ihrer Schlussfolgerungen, aus der Kategorie des Handelns. Kein ökonomisches Theorem kann als solide angesehen werden, das nicht durch eine unwiderlegbare Argumentationskette fest auf diesem Fundament verankert ist. Eine Aussage, die ohne eine solche Verbindung proklamiert wird, ist willkürlich und schwebt in der Luft. Es ist unmöglich, sich mit einem speziellen Gebiet der Ökonomie zu befassen, wenn man es nicht in ein vollständiges System des Handelns einfügt.

Die empirischen Wissenschaften gehen von singulären Ereignissen aus und gehen vom Einzigartigen und Individuellen zum Universalen über. Ihre Behandlung unterliegt der Spezialisierung. Sie können mit Segmenten umgehen, ohne auf das gesamte Feld zu achten. Der Ökonom darf niemals ein Spezialist sein. Bei der Lösung von Problemen muss er immer den Blick auf das gesamte System richten.

Historiker sündigen in dieser Hinsicht oft. Sie sind bereit, Theoreme ad hoc zu erfinden. Manchmal übersehen sie, dass es unmöglich ist, aus der Erforschung komplexer Phänomene kausale Zusammenhänge zu abstrahieren. Ihr Anspruch, die Realität ohne Bezug auf das, was sie als vorgefasste Ideen herabsetzen, zu erforschen, ist vergeblich. Tatsächlich wenden sie unwissentlich populäre Doktrinen an, die längst als trügerisch und widersprüchlich entlarvt wurden.

11. Die Grenzen praxeologischer Konzepte

Die praxeologischen Kategorien und Konzepte sind für das Verständnis menschlichen Handelns konzipiert. Sie werden widersprüchlich und unsinnig, wenn man versucht, sie im Umgang mit Bedingungen anzuwenden, die sich von denen des menschlichen Lebens unterscheiden. Der naive Anthropomorphismus primitiver Religionen ist für den philosophischen Geist ungenießbar. Nicht weniger fragwürdig sind jedoch die Bestrebungen der Philosophen, die Attribute eines absoluten Wesens, frei von allen Begrenzungen und Schwächen des menschlichen Daseins, mit praxeologischen Konzepten sauber zu definieren.

Scholastische Philosophen und Theologen und ebenso die Theisten und Deisten des Zeitalters der Vernunft konzipierten ein absolutes und vollkommenes Wesen, unveränderlich, allmächtig und allwissend, und doch planend und handelnd, Ziele verfolgend und Mittel zur Erreichung dieser Ziele einsetzend. Aber Handlung kann nur einem unbefriedigten Wesen zugeschrieben werden, und wiederholte Handlung nur einem Wesen, dem die Macht fehlt, sein Unbefriedigtsein ein für alle Mal zu beseitigen. Ein handelndes Wesen ist unbefriedigt und daher nicht allmächtig. Wenn es befriedigt wäre, würde es nicht handeln, und wenn es allmächtig wäre, hätte er sein Unbefriedigtsein längst radikal beseitigt. Für ein allmächtiges Wesen gibt es keinen Druck, zwischen verschiedenen Zuständen des Unbefriedigtseins zu wählen; es steht nicht unter der Notwendigkeit, dem geringeren Übel nachzugeben. Allmacht würde die Kraft bedeuten, alles zu erreichen und die volle Befriedigung zu genießen, ohne irgendwelche Einschränkungen. Aber das ist unvereinbar mit dem eigentlichen Konzept des Handelns. Für ein allmächtiges Wesen existieren die Kategorien von Zweck und Mittel nicht. Es steht über allem menschlichen Vorstellungsvermögen, Konzepten und

Verstehen. Für das allmächtige Wesen erbringt jedes «Mittel» unbegrenzte Leistungen, er kann jedes «Mittel» zur Erreichung beliebiger Ziele einsetzen, er kann jedes Ziel ohne Einsatz irgendwelcher Mittel erreichen. Es liegt jenseits der Fähigkeiten des menschlichen Verstandes, den Begriff der Allmacht konsequent bis zu seinen letzten logischen Konsequenzen zu denken. Die Paradoxien sind unlösbar. Hat der Allmächtige die Macht, etwas zu erreichen, das gegen seinen späteren Eingriff immun ist? Wenn er diese Macht hat, dann gibt es Grenzen seiner Macht, und er ist nicht mehr allmächtig; wenn ihm diese Macht fehlt, ist er schon aufgrund dieser Tatsache nicht allmächtig.

Sind Allmacht und Allwissenheit vereinbar? Allwissenheit setzt voraus, dass alle zukünftigen Geschehnisse bereits unveränderlich bestimmt sind. Wenn es Allwissenheit gibt, ist Allmacht unvorstellbar. Die Unfähigkeit, irgendetwas im vorausbestimmten Verlauf der Ereignisse zu ändern, würde die Macht eines jeden Akteurs einschränken.

Handeln ist ein Ausdruck begrenzter Macht und Kontrolle. Es ist eine Manifestation des Menschen, der von den begrenzten Kräften seines Geistes, der physiologischen Natur seines Körpers, den Wechselfällen seiner Umwelt und der Knappheit der äußeren Faktoren, von denen sein Wohlergehen abhängt, eingeschränkt wird. Es ist sinnlos, auf die Unvollkommenheiten und Schwächen des menschlichen Lebens hinzuweisen, wenn man etwas absolut Vollkommenes darstellen will. Der Gedanke der absoluten Vollkommenheit ist in jeder Hinsicht widersprüchlich. Der Zustand der absoluten Vollkommenheit muss als vollständig, endgültig und unveränderlich begriffen werden. Die bloße Möglichkeit, dass eine Veränderung eintreten kann, ist mit dem Konzept der absoluten Vollkommenheit unvereinbar. Aber das Fehlen von Veränderung – d.h. vollkommene Unveränderlichkeit, Starrheit und Unbeweglichkeit – ist gleichbedeutend mit dem Fehlen von Leben. Leben und Vollkommenheit sind unvereinbar, aber auch Tod und Vollkommenheit sind unvereinbar.

Das Leben ist nicht vollkommen, weil es sich verändern kann; die Toten sind nicht vollkommen, weil sie nicht leben.

Die Sprache des lebenden und handelnden Menschen kann graduelle Vergleiche und Superlative bilden. Aber Absolutheit ist kein Grad, sondern ein einschränkender Begriff. Das Absolute ist unbestimmbar, undenkbar und unaussprechlich. Es ist ein irreales Konzept. Es gibt keine Dinge wie vollkommenes Glück, vollkommene Menschen, ewige Glückseligkeit. Jeder Versuch, die Zustände eines Schlaraffenlandes oder das Leben der Engel zu beschreiben, führt zu Paradoxien. Wo es Bedingungen gibt, gibt es Grenzen und keine Perfektion, es gibt Bestrebungen, Hindernisse zu überwinden, es gibt Frustration und Unzufriedenheit.

Nachdem die Philosophen die Suche nach dem Absoluten aufgegeben hatten, nahmen die Utopisten sie auf. Sie weben Träume über den perfekten Zustand. Sie wissen nicht, dass der Staat, der soziale Zwangsapparat, eine Institution zur Bewältigung menschlicher Unvollkommenheit ist und dass seine wesentliche Funktion darin besteht, Minderheiten zu bestrafen, um Mehrheiten vor den schädlichen Folgen bestimmter Handlungen zu schützen. Bei «vollkommenen» Menschen gäbe es kein Bedürfnis nach Zwang. Aber Utopisten achten nicht auf die menschliche Natur und die unveränderlichen Bedingungen des menschlichen Lebens. Godwin dachte, dass der Mensch nach der Abschaffung des Privateigentums unsterblich werden könnte.[19] Charles Fou-

[19] Vgl. William Godwin, *An Enquiry Concerning Political Justice and Its Influence on General Virtue*

rier schwafelte über einen Ozean, der Limonade statt Salzwasser enthielt.[20] Marx' Wirtschaftssystem ignorierte fröhlich die Tatsache der Knappheit materieller Produktionsfaktoren. Trotzki offenbarte, dass im proletarischen Paradies «[d]er menschliche Durchschnitt wird sich bis zum Niveau eines Aristoteles, Goethe, Marx erheben. Über diesen Berggrat werden sich neue Gipfel erheben.» [21]

Heutzutage sind Stabilisierung und Sicherheit die beliebtesten Chimären. Wir werden diese Schlagworte später beleuchten.

---

and Happiness (Dublin, 1793), II, 393-403.

[20]Vgl. Charles Fourier, *Théorie des quatre mouvements*, Oeuvres completes, 3. Aufl. (Paris, 1846), I, S. 43.

[21]Vgl. Leo Trotzki, *Literatur und Revolution*, (Wien, 1924), S. 179.

Kapitel 3

ÖKONOMIE UND DIE REVOLTE GEGEN DIE VERNUNFT

1. Der Aufstand gegen die Vernunft

Es ist wahr, dass einige Philosophen bereit waren, die Macht der menschlichen Vernunft zu überschätzen. Sie glaubten, dass der Mensch durch Vernunftgebrauch die letzten Ursachen kosmischer Ereignisse entdecken kann, die inhärenten Ziele, die der unbewegte Beweger durch die Erschaffung des Universums und die Bestimmung seines Entwicklungsverlaufs anstrebt. Sie haben über das «Absolute» gehandelt, als wäre es ihre Taschenuhr. Sie scheuten nicht davor zurück, ewige absolute Werte zu verkünden und moralische Codes festzulegen, die bedingungslos für alle Menschen verbindlich sein sollten.

Dann war da noch die lange Reihe utopischer Autoren. Sie entwarfen Entwürfe für ein irdisches Paradies, in dem die reine Vernunft allein regieren sollte. Sie konnten nicht erkennen, dass das, was sie absolute Vernunft und unumstößliche Wahrheit nannten, die Fantasie ihres eigenen Verstandes war. Sie haben frech für sich Unfehlbarkeit in Anspruch genommen und oft Intoleranz, die gewaltsame Unterdrückung aller Andersdenkenden und Häretiker, befürwortet. Sie zielten auf eine Diktatur ab, entweder durch sich selbst oder durch Männer, die ihre Pläne präzise in die Tat umsetzen würden. Es gab ihrer Meinung nach keine andere Rettung für die leidende Menschheit.

Da war Hegel. Er war ein profunder Denker und seine Schriften sind eine Schatzkammer anregender Ideen. Aber er arbeitete unter dem Wahn, dass der *Geist*, das Absolute, sich durch seine Worte offenbarte. Es gab nichts im Universum, was Hegel verborgen war. Es war schade, dass seine Sprache so zweideutig war, dass sie auf verschiedene Weise interpretiert werden konnte. Die Rechtshegelianer interpretierten sie als Bekenntnis zum preußischen System der autokratischen Regierung und zu den Dogmen der preußischen Kirche. Die Linkshegelianer lasen daraus Atheismus, unnachgiebigen revolutionären Radikalismus und anarchistische Doktrinen.

Da war Auguste Comte. Er wusste genau, was die Zukunft für die Menschheit bereithält. Und natürlich betrachtete er sich selbst als den obersten Gesetzgeber. Beispielsweise hielt er astronomische Studien für nutzlos und wollte sie verbieten. Er plante, eine neue Religion an die Stelle des Christentums zu setzen, und wählte eine Dame, die in dieser neuen Kirche dazu bestimmt war, die Jungfrau zu ersetzen. Comte kann entschuldigt werden, da er im vollen Sinne verrückt war, die die Pathologie mit diesem Begriff verbindet. Aber was ist mit seinen Anhängern?

Viele weitere Fakten dieser Art könnten erwähnt werden. Aber sie sind kein Argument gegen Vernunft, Rationalismus und Rationalität. Diese Träume haben überhaupt nichts mit der Frage zu tun, ob die Vernunft das richtige und einzige Instrument ist, das dem Menschen zur Verfügung steht, um so viel Wissen zu erlangen, wie ihm zugänglich ist. Die ehrlichen und gewissenhaften Wahrheitssucher haben nie behauptet, dass Vernunft und wissenschaftliche Forschung alle Fragen beantworten können. Sie waren sich der Beschränkungen, die dem menschlichen Verstand auferlegt sind, voll bewusst. Man kann ihnen nicht die Verantwortung für die Grausamkeiten der Haeckel'schen Philosophie und die grobe Vereinfachung der verschiedenen materialistischen Schulen anlasten.

Die rationalistischen Philosophen selbst waren stets bestrebt, die Grenzen sowohl der aprioristischen Theorie als auch der empirischen Forschung aufzuzeigen.[1] Der erste Vertreter der britischen politischen Ökonomie, David Hume, die Utilitaristen und die amerikanischen Pragmatiker sind sicherlich nicht schuldig, die Erkenntnisfähigkeit des Menschen übertrieben dargestellt zu haben. Es wäre gerechtfertigter, die Philosophie der letzten zweihundert Jahre für zu viel Agnostizismus und Skepsis verantwortlich zu machen, als für übermäßiges Vertrauen in das, was der menschliche Verstand erreichen könnte.

Der Aufstand gegen die Vernunft, die charakteristische Geisteshaltung unserer Zeit, wurde nicht durch einen Mangel an Bescheidenheit, Vorsicht und Selbstprüfung seitens der Philosophen verursacht. Er war auch nicht auf Misserfolge in der Evolution der modernen Naturwissenschaften zurückzuführen. Die erstaunlichen Errungenschaften von Technologie und Medizin sprechen eine Sprache, die niemand ignorieren kann. Es ist hoffnungslos, die moderne Wissenschaft anzugreifen, sei es aus dem Blickwinkel des Intuitionismus und der Mystik oder aus einem anderen Blickwinkel. Der Aufstand gegen die Vernunft richtete sich gegen ein anderes Ziel. Er zielte nicht auf die Naturwissenschaften, sondern auf die Ökonomie. Der Angriff auf die Naturwissenschaften war nur das logisch notwendige Ergebnis des Angriffs auf die Ökonomie. Es war unzulässig, die Vernunft nur auf einem Gebiet zu entthronen und sie nicht auch in anderen Wissensgebieten in Frage zu stellen.

Der große Umbruch entstand aus der historischen Situation in der Mitte des 19. Jahrhunderts. Die Ökonomen hatten die fantastischen Wahnvorstellungen der sozialistischen Utopisten völlig widerlegt. Die Unzulänglichkeiten des klassischen Systems hinderten sie daran, zu verstehen, warum jeder sozialistische Plan unrealisierbar sein muss; sie wussten genug, um die Sinnlosigkeit aller bis zu ihrer Zeit hervorgebrachten sozialistischen Systeme zu demonstrieren. Die kommunistischen Ideen waren erledigt. Die Sozialisten waren absolut nicht in der Lage, Einwände gegen die verheerende Kritik an ihren Plänen zu erheben und Argumente zu ihren Gunsten vorzubringen. Es schien, als wäre der Sozialismus für immer tot.

[1]Vgl. z.B. Louis Rougier, *Les Paralogismes du rationalisme* (Paris, 1910).

Nur ein einziger Weg konnte die Sozialisten aus dieser Sackgasse herausführen. Sie konnten Logik und Vernunft angreifen und Argumente durch mystische Intuition ersetzen. Es war die historische Rolle von Karl Marx, diese Lösung vorzuschlagen. Basierend auf Hegels dialektischer Mystik hat er sich frech die Fähigkeit angemaßt, die Zukunft vorauszusagen. Hegel tat so, als wüsste er, dass der Geist mit der Erschaffung des Universums die preußische Monarchie Friedrich Wilhelms III. hervorbringen wollte. Aber Marx war besser über die Pläne des Geistes informiert. Er wusste, dass das letzte Ziel der historischen Evolution die Errichtung des sozialistischen Millenniums war. Der Sozialismus komme zwangsläufig «mit der Notwendigkeit eines Naturprozesses». Und da laut Hegel jede spätere Phase der Geschichte eine höhere und bessere sei, kann es keinen Zweifel darüber geben, dass der Sozialismus, die letzte Stufe der Evolution der Menschheit, von jedem Standpunkt aus vollkommen sein werde. Folglich sei es sinnlos, über die Einzelheiten der Funktionsweise eines sozialistischen Gemeinwesens zu diskutieren. Die Geschichte werde zu gegebener Zeit alles für das Beste arrangieren. Sie bedarf nicht des Ratschlags sterblicher Menschen.

Das Haupthindernis, das es noch zu überwinden galt, war die verheerende Kritik der Ökonomen. Marx hatte eine Lösung parat. Die menschliche Vernunft, so behauptete er, sei grundsätzlich unfähig, die Wahrheit zu finden. Die logische Struktur des Geistes sei bei verschiedenen sozialen Schichten unterschiedlich. Es gebe keine allgemeingültige Logik. Was der Verstand produziert, könne niemals etwas anderes sein als «Ideologie», das heißt in der marxistischen Terminologie, eine Reihe von Ideen, die die egoistischen Interessen der eigenen sozialen Schicht des Denkers maskieren. Daher sei der «bürgerliche» Geist der Ökonomen absolut unfähig, mehr als eine Apologetik des Kapitalismus zu produzieren. Die Lehren der «bürgerlichen» Ökonomie, ein Ableger der «bürgerlichen» Logik, nütze den Proletariern, der aufsteigenden Klasse, nichts, die dazu bestimmt sei, alle Klassen abzuschaffen und die Erde in einen Garten Eden zu verwandeln.

Doch natürlich sei die Logik der Proletarier nicht nur eine Klassenlogik; «so sind auch die Gedanken der proletarischen Logik nicht Parteigedanken, sondern Konsequenzen der Logik schlechthin»[2]. Darüber hinaus sei die Logik bestimmter auserwählter Bourgeois aufgrund eines besonderen Privilegs nicht mit der Erbsünde der Bourgeoisie behaftet. Karl Marx, Sohn eines wohlhabenden Anwalts, verheiratet mit der Tochter eines preußischen Junkers, und sein Mitarbeiter Friedrich Engels, ein wohlhabender Textilfabrikant, zweifelten nie daran, dass sie selbst über dem Gesetz standen und trotz ihres bürgerlichen Hintergrunds die Macht besaßen, die absolute Wahrheit zu entdecken.

Es ist die Aufgabe der Geschichte, die historischen Bedingungen zu beschreiben, die eine solche grobe Lehre populär gemacht haben. Die Ökonomie hat eine andere Aufgabe. Sie muss sowohl den marxistischen Polylogismus als auch die anderen Spielarten des Polylogismus, die nach seinem Muster gebildet wurden, analysieren und ihre Irrtümer und Widersprüche aufdecken.

[2] Eugen Dietzgen, *Briefe über Logik, speziell demokratisch-proletarische Logik* (Stuttgart, 1895), S. 105.

2. Der logische Aspekt des Polylogismus

Der marxistische Polylogismus behauptet, dass die logische Struktur des Geistes bei den Mitgliedern verschiedener sozialer Klassen unterschiedlich sei. Der rassische Polylogismus unterscheidet sich vom marxistischen Polylogismus nur insofern, als er jeder Rasse eine eigentümliche logische Struktur des Geistes zuschreibt und behauptet, dass alle Mitglieder einer bestimmten Rasse, unabhängig von ihrer Klassenzugehörigkeit, mit dieser eigentümlichen logischen Struktur ausgestattet seien.

Es besteht keine Notwendigkeit, hier in eine Kritik der Begriffe *soziale Klasse* und *Rasse*, wie sie von diesen Lehren angewandt werden, zu beginnen. Es ist nicht nötig, die Marxisten zu fragen, wann und wie ein Proletarier, dem es gelingt, in die Reihen der Bourgeoisie einzutreten, seinen proletarischen Geist in einen bürgerlichen Geist verwandelt. Es ist überflüssig, von den Rassisten zu verlangen, dass sie erklären, welche Art von Logik den Menschen eigen ist, die nicht reiner Rasse sind. Es gibt weitaus schwerwiegendere Einwände.

Weder die Marxisten noch die Rassisten noch die Anhänger irgendeiner anderen Spielart des Polylogismus sind jemals weiter gegangen, als zu erklären, dass die logische Struktur des Geistes bei verschiedenen Klassen, Rassen oder Nationen unterschiedlich sei. Sie haben es nie gewagt, genau zu demonstrieren, worin sich die Logik der Proletarier von der Logik der Bourgeoisie unterscheide, oder worin sich die Logik der Arier von der Logik der Nicht-Arier unterscheide, oder die Logik der Deutschen von der Logik der Franzosen oder Briten. In den Augen der Marxisten ist die Ricardo'sche Theorie der komparativen Kosten falsch, weil Ricardo ein Bourgeois war. Die deutschen Rassisten verurteilen dieselbe Theorie, weil Ricardo Jude war, und die deutschen Nationalisten, weil er Engländer war. Einige deutsche Professoren haben alle diese drei Argumente gemeinsam gegen die Gültigkeit von Ricardos Lehren vorgebracht. Es reicht jedoch nicht aus, eine Theorie pauschal abzulehnen, indem man den Hintergrund des Autors entlarvt. Es geht darum, zunächst ein anderes System der Logik als dasjenige des kritisierten Autors zu erklären. Dann wäre es notwendig, die umstrittene Theorie Punkt für Punkt zu untersuchen und zu zeigen, wo in ihrer Argumentation Schlüsse gezogen wurden, die – obwohl aus der Sicht der Logik ihres Autors korrekt – aus der Sicht der proletarischen, arischen oder deutschen Logik ungültig sind. Und schließlich sollte erklärt werden, zu welchen Schlussfolgerungen der Austausch der üblen Schlussfolgerungen des Autors durch die richtigen Schlussfolgerungen der eigenen Logik des Kritikers führen muss. Wie jeder weiß, wurde das noch nie von irgendjemandem versucht und kann auch von niemandem versucht werden.

Dann ist da noch die Tatsache, dass es Meinungsverschiedenheiten über wesentliche Probleme unter Menschen gibt, die derselben Klasse, Rasse oder Nation angehören. Leider gibt es, sagen die Nazis, Deutsche, die nicht richtig deutsch denken. Aber wenn ein Deutscher nicht immer so denkt, wie er sollte, sondern wie ein Mensch mit nichtdeutscher Logik denkt, wer entscheidet dann, welche deutschen Ideen wirklich deutsch und welche undeutsch sind? Der verstorbene Professor Franz Oppenheimer sagt: «Der einzelne irrt häufig in der Wahrung seiner Interessen: *eine Klasse irrt niemals auf die Dauer!*»[3] Dies deutet auf die Unfehlbarkeit einer Mehrheitsentscheidung hin. Die Nationalsozialisten lehnten jedoch eine Entscheidung mit Stimmenmehrheit als offen-

[3]Franz Oppenheimer, *Der Staat* (Leipzig, 1907), 14. & 15. Band, S. 144.

sichtlich undeutsch ab. Die Marxisten geben Lippenbekenntnisse zum demokratischen Prinzip der Mehrheitsentscheidung ab.[4] Aber wann immer es darauf ankommt, bevorzugen sie die Minderheitsregel, vorausgesetzt, es ist die Regel ihrer eigenen Partei. Erinnern wir uns daran, wie Lenin gewaltsam die verfassungsgebende Versammlung, die unter der Schirmherrschaft seiner eigenen Regierung durch ein universelles Wahlrecht für Männer und Frauen gewählt wurde, aufgelöst hat, weil nur etwa ein Fünftel ihrer Mitglieder Bolschewiken waren.

Ein konsequenter Befürworter des Polylogismus müsste behaupten, dass Ideen richtig sind, weil ihr Autor ein Mitglied der richtigen Klasse, Nation oder Rasse ist. Aber Konsistenz ist keine ihrer Tugenden. So sind die Marxisten bereit, das Etikett «proletarischer Denker» jedem zuzugestehen, dessen Lehre sie gutheißen. Alle anderen verunglimpfen sie entweder als Feinde ihrer Klasse oder als soziale Verräter. Hitler war sogar offen genug, um zuzugeben, dass die einzige Methode, die ihm zur Verfügung stand, um die wahren Deutschen von den Mischlingen und den Fremden zu trennen, darin bestand, ein wirklich deutsches Programm zu formulieren und zu sehen, wer bereit war, es zu unterstützen.[5] Ein dunkelhaariger Mann, dessen körperliche Züge keineswegs dem Prototyp der blonden arischen Herrenrasse entsprachen, maßte sich selbst die Gabe an, die einzige dem deutschen Verstand angemessene Lehre zu entdecken und all jene aus den Reihen der Deutschen zu vertreiben, die diese Lehre ungeachtet ihrer körperlichen Eigenschaften nicht akzeptierten. Es bedarf keiner weiteren Beweise für die Unaufrichtigkeit der gesamten Lehre.

3. Der praxeologische Aspekt des Polylogismus

Eine Ideologie im marxistischen Sinne dieses Begriffs ist eine Lehre, die zwar aus der Sicht der richtigen Logik der Proletarier fehlerhaft ist, aber den egoistischen Interessen der Klasse, die sie entwickelt hat, zuträglich ist. Eine Ideologie ist objektiv bösartig, fördert aber gerade wegen ihrer Bösartigkeit die Interessen der Klasse des Denkers. Viele Marxisten glauben, dass sie diesen Grundsatz bewiesen haben, indem sie den Punkt betonen, dass die Menschen nicht nur um seiner selbst willen nach Wissen dürsten. Ziel des Wissenschaftlers sei es, den Weg für erfolgreiches Handeln zu ebnen. Theorien werden immer mit Blick auf die praktische Anwendung entwickelt. Es gebe keine reine Wissenschaft und die uneigennützige Suche nach der Wahrheit.

Um der Argumentation willen können wir zugestehen, dass jede Bemühung, die Wahrheit zu erlangen, durch Überlegungen zu ihrer praktischen Nutzung zur Erreichung eines bestimmten Ziels motiviert sei. Das beantwortet aber nicht die Frage, warum eine «ideologische», d. h. eine falsche Theorie hierzu einen besseren Dienst erweisen sollte als eine korrekte. Die Tatsache, dass die praktische Anwendung einer Theorie zu dem auf der Grundlage dieser Theorie vorhergesagten Ergebnis führt, gilt allgemein als Bestätigung ihrer Richtigkeit. Es ist paradox zu behaupten, dass eine bösartige Theorie von jedem Standpunkt aus nützlicher sei als eine richtige.

Menschen benutzen Schusswaffen. Um diese Waffen zu verbessern, entwickelten

[4] Es muss betont werden, dass die Argumente für die Demokratie nicht auf der Annahme beruhen, dass Mehrheiten immer richtig liegen, noch weniger auf der Annahme, dass sie unfehlbar sind.

[5] Vgl. seine Rede zum Parteitag in Nürnberg, 2. September 1933. (*Frankfurter Zeitung*, 4. September 1933, S. 2).

sie die Wissenschaft der Ballistik. Aber natürlich gerade deshalb, weil sie Wild jagen und einander töten wollten, eine korrekte Ballistik. Eine rein «ideologische» Ballistik wäre nicht von Nutzen gewesen.

Für die Marxisten ist die Ansicht, dass Wissenschaftler allein für das Wissen arbeiten, nichts anderes als ein «arroganter Vorwand» der Wissenschaftler. So erklären sie, dass Maxwell zu seiner Theorie der elektromagnetischen Wellen durch das Verlangen nach Geschäftserfolg mit drahtlosen Telegraphen geführt wurde.[6] Für das Problem der Ideologie spielt es keine Rolle, ob das wahr ist oder nicht. Die Frage ist, ob die angebliche Tatsache, dass der Industrialismus des 19. Jahrhunderts drahtlose Telegraphie als «Stein der Weisen und Elixier der Jugend»[7] betrachtete, Maxwell dazu veranlasste, eine korrekte Theorie oder einen ideologischen Überbau der egoistischen Klasseninteressen der Bourgeoisie zu formulieren. Es besteht kein Zweifel, dass die bakteriologische Forschung nicht nur durch den Wunsch, ansteckende Krankheiten zu bekämpfen, sondern auch durch den Wunsch der Wein- und Käsehersteller, ihre Produktionsmethoden zu verbessern, angeregt wurde. Aber das erzielte Ergebnis war sicher nicht «ideologisch» im marxistischen Sinne.

Was Marx veranlasste, seine Ideologiedoktrin zu erfinden, war der Wunsch, das Ansehen der Ökonomie zu schwächen. Er war sich seiner Ohnmacht voll bewusst, die von den Ökonomen erhobenen Einwände gegen die Praktikabilität der sozialistischen Systeme zu widerlegen. In der Tat war er so fasziniert von dem theoretischen System der britischen klassischen Ökonomie, dass er fest an dessen Unwiderlegbarkeit glaubte. Entweder hat er nie von den Zweifeln erfahren, die die klassische Werttheorie in den Köpfen vernünftiger Gelehrter geweckt hat, oder, wenn er jemals von ihnen gehört hat, hat er ihre Bedeutung nicht verstanden. Seine eigenen ökonomischen Ideen sind kaum mehr als eine verstümmelte Version des Ricardianismus. Als Jevons und Menger eine neue Ära des ökonomischen Denkens einleiteten, war seine Karriere als Autor ökonomischer Schriften bereits beendet; der erste Band von *Das Kapital* war bereits einige Jahre zuvor erschienen. Marx' einzige Reaktion auf die Grenznutzenlehre war, dass er die Veröffentlichung der späteren Bände seines Hauptwerks verschoben hat. Sie wurden erst nach seinem Tod der Öffentlichkeit zugänglich gemacht.

In der Entwicklung der Ideologiekritik zielt Marx ausschließlich auf die Ökonomie und die Sozialphilosophie des Utilitarismus ab. Seine einzige Absicht war es, den Ruf der ökonomischen Lehren zu zerstören, den er durch Logik und Argumentation nicht widerlegen konnte. Er gab seiner Ideologiekritik die Form eines universellen Gesetzes, das für das gesamte geschichtliche Zeitalter der sozialen Schichten gilt, weil eine Aussage, die nur auf ein einzelnes historisches Ereignis anwendbar ist, nicht als Gesetz betrachtet werden konnte. Aus den gleichen Gründen beschränkte er ihre Gültigkeit nicht nur auf das ökonomische Denken, sondern bezog alle Wissenszweige mit ein.

Der Dienst, den die bürgerliche Ökonomie der Bourgeoisie erwies, war in Marx' Augen zweifach. Sie unterstützte sie zunächst in ihrem Kampf gegen Feudalismus und königliche Willkür und später wieder in ihrem Kampf gegen die aufstrebende proletarische Klasse. Sie lieferte eine rationale und moralische Rechtfertigung für die kapitalistische Ausbeutung. Es war, wenn wir einen Begriff verwenden wollen, der nach Marx' Tod entwickelt wurde, eine Rationalisierung der Ansprüche der Kapitalisten.[8]

[6] Vgl. Lancelot Hogben, *Science for the Citizen* (New York, 1938), S. 726- 728.

[7] Ebd., S. 726 [eigene Übersetzung].

[8] Obwohl der Begriff Rationalisierung neu ist, war die Sache selbst längst bekannt. Vgl. z.B. die

Die Kapitalisten, in ihrem Unterbewusstsein beschämt über die niederträchtige Gier, die ihr eigenes Verhalten motiviert und bestrebt, soziale Missbilligung zu vermeiden, ermutigten ihre Sykophanten, die Ökonomen, Lehren zu verkünden, die sie in der öffentlichen Meinung rehabilitieren könnten.

Der Rückgriff auf den Begriff der Rationalisierung liefert nun eine psychologische Beschreibung der Anreize, die einen Menschen oder eine Gruppe von Menschen dazu veranlasst haben, einen Satz oder eine ganze Theorie zu formulieren. Aber es sagt nichts über die Gültigkeit oder Ungültigkeit der vertretenen Theorie aus. Wenn bewiesen wird, dass die betreffende Theorie unhaltbar ist, ist der Begriff der Rationalisierung eine psychologische Interpretation der Ursachen, die ihre Autoren für Fehler anfällig gemacht hat. Aber wenn wir nicht in der Lage sind, irgendeinen Fehler in der vertretenen Theorie zu finden, kann kein Appell an das Konzept der Rationalisierung ihre Gültigkeit widerlegen. Wenn es wahr wäre, dass die Ökonomen in ihrem Unterbewusstsein keinen anderen Plan hatten als den, die unfairen Forderungen der Kapitalisten zu rechtfertigen, könnten ihre Theorien dennoch ganz richtig sein. Es gibt keine Mittel, um eine fehlerhafte Theorie anders zu entlarven, als sie durch diskursive Argumentation zu widerlegen und sie durch eine bessere Theorie zu ersetzen. Im Umgang mit dem Satz von Pythagoras oder mit der Theorie der komparativen Kosten, sind wir nicht an den psychologischen Faktoren interessiert, die Pythagoras und Ricardo dazu veranlasst haben, diese Theoreme zu konstruieren, obwohl diese Dinge für den Historiker und den Biographen wichtig sein können. Für die Wissenschaft ist die einzig relevante Frage, ob diese Theoreme rationaler Prüfung standhalten oder nicht. Der soziale oder rassische Hintergrund ihrer Autoren ist nebensächlich.

Es ist eine Tatsache, dass Menschen bei der Verfolgung ihrer egoistischen Interessen versuchen, Lehren zu verwenden, die von der öffentlichen Meinung mehr oder weniger allgemein akzeptiert werden. Darüber hinaus sind sie bestrebt, Lehren zu erfinden und zu verbreiten, die sie möglicherweise dazu benutzen könnten, ihre eigenen Interessen zu fördern. Aber das erklärt nicht, warum solche Lehren, die die Interessen einer Minderheit begünstigen und den Interessen des übrigen Volkes zuwiderlaufen, von der öffentlichen Meinung gebilligt werden. Ganz gleich, ob solche «ideologischen» Lehren das Produkt eines «falschen Bewusstseins» sind, das einen Menschen zwingt, unwissentlich in einer Weise zu denken, die den Interessen seiner Klasse dient, oder ob sie das Produkt einer gezielten Verzerrung der Wahrheit sind, sie müssen den Ideologien anderer Klassen begegnen und versuchen, sie zu verdrängen. Dann entsteht eine Rivalität zwischen antagonistischen Ideologien. Die Marxisten erklären Sieg und Niederlage in solchen Konflikten als Erfüllung geschichtlicher Vorsehung. Geist, der mythische Antriebsmotor, arbeite nach einem festen Plan. Er führe die Menschheit durch verschiedene Vorstufen zur letzten Glückseligkeit des Sozialismus. Jede Stufe sei das Produkt eines bestimmten Standes der Technik, alle anderen Merkmale seien der notwendige ideologische Überbau dieses technologischen Zustandes. Geist veranlasse den Menschen, die technologischen Ideen, die der Bühne, in der er lebt, angemessen sind, rechtzeitig hervorzubringen und zu verwirklichen. Alles andere sei ein Ergebnis des Standes der Technik. Die Handmühle hätte die feudale Gesellschaft,

Worte von Benjamin Franklin: «So bequem ist es, ein vernünftiges Wesen zu sein, da es einem ermöglicht, für alles, was man tun will, einen Grund zu finden.» Autobiography, (New York, 1944), S. 41 [eigene Übersetzung].

die Dampfmühle den Kapitalismus hervorgebracht.[9] Der menschliche Wille und die menschliche Vernunft spielen bei diesen Veränderungen nur eine untergeordnete Rolle. Das unerbittliche Gesetz der historischen Entwicklung zwinge die Menschen – unabhängig von ihrem Willen – nach den Mustern, die der materiellen Grundlage ihres Alters entsprechen zu denken und sich zu verhalten. Die Menschen täuschen sich selbst, indem sie glauben, dass sie frei wären zwischen verschiedenen Ideen und zwischen dem, was sie Wahrheit und Irrtum nennen, zu wählen. Sie selbst denken nicht, es sei die geschichtliche Vorsehung, die sich in ihren Gedanken manifestiert. Dies ist eine rein mystische Lehre. Der einzige Beweis dafür ist der Rückgriff auf die Hegelsche Dialektik. Kapitalistisches Privateigentum sei die erste Negation des individuellen Privateigentums. Es erzeuge mit der Unerbittlichkeit eines Naturgesetzes seine eigene Negation, nämlich das Gemeineigentum an den Produktionsmitteln.[10] Eine auf Intuition basierende mystische Doktrin verliert jedoch nicht ihre Mystik, indem sie auf eine andere, nicht weniger mystische Doktrin verweist. Dieser Notbehelf beantwortet keineswegs die Frage, warum ein Denker unbedingt eine Ideologie entwickeln muss, die den Interessen seiner Klasse entspricht. Um der Argumentation willen mögen wir zugeben, dass die Gedanken des Menschen zu Lehren führen müssen, die seinen Interessen förderlich sind. Aber sind die Interessen eines Menschen notwendigerweise identisch mit denen seiner ganzen Klasse? Marx selbst musste zugeben, dass die Organisation der Proletarier in eine Klasse und damit in eine politische Partei immer wieder durch die Konkurrenz zwischen den Arbeitern selbst gestört wird.[11] Es ist eine unbestreitbare Tatsache, dass es einen unüberbrückbaren Interessenkonflikt zwischen denjenigen Arbeitnehmern gibt, die zu gewerkschaftlichen Lohnsätzen beschäftigt sind, und denjenigen, die arbeitslos bleiben, weil die Durchsetzung der Gewerkschaftssätze verhindert, dass die Nachfrage nach und das Angebot an Arbeitskräften den angemessenen Preis für das Zusammentreffen finden. Nicht minder wahr ist, dass die Interessen der Arbeitnehmer der vergleichsweise überbevölkerten Länder und der vergleichsweise unterbevölkerten Länder im Hinblick auf Migrationsbarrieren antagonistisch sind. Die Behauptung, dass die Interessen aller Proletarier einheitlich die Ersetzung des Kapitalismus durch den Sozialismus erfordern, ist ein willkürliches Postulat von Marx und den anderen Sozialisten. Es kann nicht durch die bloße Behauptung bewiesen werden, dass die sozialistische Idee das Produkt proletarischen Denkens und daher sicherlich den Interessen des Proletariats als solches förderlich sei.

Eine populäre Interpretation der Wechselfälle der britischen Außenhandelspolitik, die auf den Ideen von Sismondi, Friedrich List, Marx und der Deutschen Historischen Schule basiert, sieht folgendermaßen aus: Im zweiten Teil des achtzehnten Jahrhunderts und im größten Teil des neunzehnten Jahrhunderts hätten die Klasseninteressen der britischen Bourgeoisie eine Freihandelspolitik erfordert. Daher hätte die britische Ökonomie eine Freihandelslehre entwickelt, und die britischen Produzenten eine Volksbewegung organisiert, der es schließlich gelang, die Schutzzölle abzuschaffen. Später änderten sich die Bedingungen. Die britische Bourgeoisie konnte der Konkurrenz ausländischer Hersteller und dringend benötigter Schutzzölle nicht mehr standhalten. Folglich hätten die Ökonomen die antiquierte Freihandelsideologie durch eine Protek-

[9] «Le moulin à bras vous donnera la société avec le souzerain; le moulin à vapeur, la société avec le capitaliste industriel.» Vgl. Karl Marx, *Misère de la philosophie* (Paris & Brüssel, 1847), S. 100.

[10] Vgl. Karl Marx, Das Kapital, 7. Ausgabe, (Hamburg, 1914), S. 728-729.

[11] Vgl. Karl Marx & Friedrich Engels, *Das Kommunistische Manifest*, I. (London, 1848).

tionstheorie ersetzt, und Großbritannien kehrte zum Protektionismus zurück.

Der erste Fehler in dieser Interpretation besteht darin, dass sie die «Bourgeoisie» als eine homogene Klasse betrachtet, die sich aus Mitgliedern zusammensetzt, deren Interessen identisch sind. Ein Unternehmer steht immer unter der Notwendigkeit, die Führung seiner Geschäfte an die institutionellen Gegebenheiten seines Landes anzupassen. Langfristig ist er in seiner Eigenschaft als Unternehmer und Kapitalist weder begünstigt noch geschädigt durch Zölle oder das Fehlen von Zöllen. Er wird sich der Produktion jener Waren zuwenden, die er unter den gegebenen Umständen am gewinnbringendsten herstellen kann. Was seine kurzfristigen Interessen verletzen oder fördern könnte, sind nur *Veränderungen* im institutionellen Umfeld. Solche Veränderungen betreffen jedoch nicht die verschiedenen Wirtschaftszweige und die verschiedenen Unternehmen in gleicher Weise und in gleichem Maße. Eine Maßnahme, die einer Branche oder einem Unternehmen zugutekommt, kann sich nachteilig auf andere Branchen oder Unternehmen auswirken. Was für einen Geschäftsmann zählt, ist nur der Zoll auf eine begrenzte Anzahl von Waren. Und in Bezug auf diese Waren sind die Interessen der verschiedenen Branchen und Firmen meist gegensätzlich.

Es stimmt nicht, dass in den Jahren der Vorherrschaft der Freihandelsideen die Interessen aller Zweige der britischen Industrie homogen waren und durch die Aufgabe des Protektionismus einheitlich begünstigt werden konnten. Auch die Tatsache, dass die britischen Fabriken damals den Fabriken des Restes der Welt technologisch weiter überlegen waren, machte die ausländische Konkurrenz für sie nicht unbedenklich. Heute genießen die amerikanischen Betriebe eine ähnliche Überlegenheit. Dennoch glaubt ein großer Teil der amerikanischen Industrie, dass sie dringend Schutz vor den rückständigen Industrien anderer Länder benötigt.

Die Interessen jeder Branche oder jedes Unternehmen können durch alle Arten von Privilegien, die ihnen von der Regierung gewährt werden, begünstigt werden. Aber wenn Privilegien in gleichem Maße den anderen Branchen und Firmen eingeräumt werden, verliert jeder Unternehmer – nicht nur in seiner Eigenschaft als Konsument, sondern auch in seiner Eigenschaft als Käufer von Rohstoffen, Halbfabrikaten, Maschinen und anderen Ausrüstungen – auf der einen Seite so viel, wie er auf der anderen Seite profitiert. Egoistische Gruppeninteressen können einen Menschen dazu zwingen, um Schutz für seine eigene Branche oder Unternehmen zu bitten. Sie können ihn niemals motivieren, einen universellen Schutz für alle Branchen oder Unternehmen zu fordern, wenn er nicht sicher ist, dass er in größerem Umfang geschützt ist als die anderen Branchen oder Unternehmen.

Auch die britischen Hersteller waren aus Sicht ihrer Klasse nicht mehr an der Abschaffung der Getreidezölle interessiert als andere britische Staatsbürger. Die Grundbesitzer lehnten die Aufhebung dieser Gesetze ab, da eine Senkung der Preise für landwirtschaftliche Produkte die Pacht der Grundstücke verringerte. Ein besonderes Klasseninteresse der Produzenten kann nur auf der Grundlage des längst verworfenen ehernen Lohngesetzes und des nicht minder unhaltbaren Lehrsatzes, dass Gewinne ein Ergebnis der Ausbeutung der Arbeiter seien, abgeleitet werden.

In einer arbeitsteilig organisierten Welt muss jede Veränderung auf die eine oder andere Weise die kurzfristigen Interessen vieler Gruppen beeinflussen. Es ist daher immer leicht, jede Lehre, die eine Veränderung bestehender Verhältnisse befürwortet, als «ideologische» Verkleidung der egoistischen Interessen einer speziellen Gruppe von Menschen zu entlarven. Die Hauptbeschäftigung vieler heutiger Autoren ist eine solche

Entlarvung. Marx hat dieses Verfahren nicht erfunden. Es war schon lange vor ihm bekannt. Ihre merkwürdigste Manifestation waren die Versuche einiger Schriftsteller des 18. Jahrhunderts, religiöse Glaubensbekenntnisse als betrügerische Täuschung seitens der Priester zu erklären, die darauf aus wären, Macht und Reichtum sowohl für sich selbst als auch für ihre Verbündeten, die Ausbeuter, zu erlangen. Die Marxisten unterstützten diese Aussage, indem sie Religion als «Opium der Massen»[12] bezeichneten. Es ist den Befürwortern solcher Lehren nie in den Sinn gekommen, dass es dort, wo es egoistische Interessen für etwas gibt, zwangsläufig auch egoistische Interessen dagegen geben muss. Es ist keineswegs eine zufriedenstellende Erklärung für irgendein Ereignis, dass es eine bestimmte Klasse begünstigt habe. Die zu beantwortende Frage ist, warum es dem Rest der Bevölkerung, dessen Interessen dadurch verletzt wurden, nicht gelungen ist, die Bemühungen der dadurch Begünstigten zu vereiteln.

Jedes Unternehmen und jede Branche ist kurzfristig an einer Steigerung des Absatzes seiner Produkte interessiert. Langfristig besteht jedoch eine Tendenz zum Ertragsausgleich in den verschiedenen Produktionszweigen. Wenn die Nachfrage nach den Produkten einer Branche steigt und die Gewinne steigen, fließt mehr Kapital in sie hinein und der Wettbewerb der neuen Unternehmen schmälert die Gewinne. Die Gewinne sind beim Verkauf von sozial schädlichen Artikeln keineswegs höher als beim Verkauf von sozial nützlichen Artikeln. Wenn ein bestimmter Wirtschaftszweig verboten ist und die daran Beteiligten Strafverfolgung und Freiheitsstrafen riskieren, müssen die Bruttogewinne hoch genug sein, um die damit verbundenen Risiken auszugleichen. Dies beeinträchtigt jedoch nicht die Höhe der Nettorenditen.

Die Reichen, die Eigentümer der bereits in Betrieb befindlichen Anlagen, haben kein besonderes Klasseninteresse an der Aufrechterhaltung des freien Wettbewerbs. Sie wenden sich gegen die Beschlagnahme und Enteignung ihres Vermögens, doch ihre Interessen sind eher für Maßnahmen, die Neuankömmlinge daran hindern, ihre Position anzufechten. Diejenigen, die für freie Preise und freien Wettbewerb kämpfen, verteidigen nicht die Interessen der Reichen von heute. Sie wollen eine freie Hand für unbekannte Menschen, die die Unternehmer von morgen sein werden und deren Einfallsreichtum das Leben kommender Generationen angenehmer machen wird. Sie wollen, dass der Weg für weitere wirtschaftliche Verbesserungen offen bleibt. Sie sind die Sprecher des Fortschritts.

Der Erfolg der Freihandelsideen im 19. Jahrhundert wurde durch die Theorien der klassischen Ökonomie beeinflusst. Das Prestige dieser Ideen war so groß, dass diejenigen, deren egoistische Klasseninteressen sie verletzen, ihre Unterstützung durch die öffentliche Meinung und ihre Verwirklichung durch gesetzgeberische Maßnahmen nicht behindern konnten. Es sind Ideen, die Geschichte machen, und nicht die Geschichte, die Ideen macht.

Es ist sinnlos, mit Mystikern und Sehern zu streiten. Sie gründen ihre Behauptungen auf Intuition und sind nicht bereit, sie einer rationalen Prüfung zu unterziehen. Die Marxisten geben vor, dass das, was ihre innere Stimme behauptet, die Selbstoffenbarung der Geschichte sei. Wenn andere Menschen diese Stimme nicht hören, sei das nur ein Beweis dafür, dass sie nicht ausgewählt wurden. Es sei eine Frechheit, dass

[12] Die Bedeutung, die der zeitgenössische Marxismus diesem Satz beimisst, nämlich, dass die religiöse Droge absichtlich dem Volk verabreicht wurde, mag auch die Bedeutung von Marx gewesen sein. Aber sie wurde nicht in der Passage angedeutet, in der Marx 1843 diesen Satz prägte. Vgl. Robert P. Casey, *Religion in Russia* (New York, 1946), S. 67-69

diejenigen, die in der Dunkelheit tasten, es wagen, den Erleuchteten zu widersprechen. Der Anstand sollte sie dazu bringen, sich in eine Ecke zu schleichen und zu schweigen.

Die Wissenschaft kann jedoch nicht auf das Denken verzichten, obwohl klar ist, dass es ihr nie gelingen wird, diejenigen zu überzeugen, die die Überlegenheit der Vernunft in Frage stellen. Die Wissenschaft muss betonen, dass der Appell an die Intuition nicht die Frage klären kann, welche von mehreren antagonistischen Lehren die richtige ist und welche nicht. Es ist eine unbestreitbare Tatsache, dass der Marxismus nicht die einzige Lehre ist, die in unserer Zeit entwickelt wurde. Neben dem Marxismus gibt es noch andere «Ideologien». Die Marxisten behaupten, dass die Anwendung dieser anderen Lehren den Interessen der vielen schaden würde. Aber die Befürworter dieser Lehren sagen genau dasselbe über den Marxismus.

Natürlich halten die Marxisten eine Lehre für bösartig, wenn ihr Urheber keinen proletarischen Hintergrund hat. Aber wer ist Proletarier? Doktor Marx, der Fabrikant und «Ausbeuter» Engels, und Lenin, der Spross des russischen Adels, hatten sicher keinen proletarischen Hintergrund. Aber Hitler und Mussolini waren echte Proletarier und verbrachten ihre Jugend in Armut. Der Konflikt der Bolschewiki und der Menschewiki oder der Konflikt zwischen Stalin und Trotzki kann nicht als Klassenkonflikt dargestellt werden. Es waren Konflikte zwischen verschiedenen Sekten von Fanatikern, die sich gegenseitig als Verräter bezeichneten.

Die Essenz der marxistischen Philosophie lautet: Wir haben Recht, weil wir die Sprecher der aufstrebenden proletarischen Klasse sind. Diskursive Argumentation kann unsere Lehren nicht entkräften, denn sie sind von der höchsten Macht inspiriert, die das Schicksal der Menschheit bestimmt. Unsere Gegner liegen falsch, weil ihnen die Intuition fehlt, die unseren Verstand leitet. Es ist natürlich nicht ihre Schuld, dass sie aufgrund ihrer Klassenzugehörigkeit nicht mit der echten proletarischen Logik ausgestattet sind und von Ideologien geblendet werden. Die unergründlichen Dekrete der Geschichte, die uns gewählt haben, haben sie dem Untergang geweiht. Die Zukunft gehört uns.

4. Rassenpolylogismus

Marxistischer Polylogismus ist ein gescheiterter Notbehelf, um die unhaltbaren Lehren des Sozialismus zu retten. Sein Versuch, Intuition an die Stelle von Argumentation zu setzen, spricht populären Aberglauben an. Aber gerade diese Haltung ist es, die den marxistischen Polylogismus und seinen Ableger, die sogenannte «Wissenssoziologie», in einen unvereinbaren Gegensatz zu Wissenschaft und Vernunft stellt.

Anders verhält es sich mit dem Polylogismus der Rassisten. Diese Art des Polylogismus steht im Einklang mit den modischen, wenn auch falschen Tendenzen des heutigen Empirismus. Es ist eine feststehende Tatsache, dass die Menschheit in verschiedene Rassen aufgeteilt ist. Die Rassen unterscheiden sich in ihren körperlichen Merkmalen. Materialistische Philosophen behaupten, dass Gedanken eine Ausscheidung des Gehirns seien, wie Galle eine Ausscheidung der Gallenblase ist. Es wäre inkonsequent, wenn sie im Vorhinein die Hypothese zurückweisen würden, dass die Gedankenausscheidung der verschiedenen Rassen sich in wesentlichen Eigenschaften unterscheiden könnte. Die Tatsache, dass es der Anatomie bisher nicht gelungen ist, anatomische Unterschiede in den Gehirnzellen verschiedener Rassen zu entdecken, kann die Doktrin, dass die logische Struktur des Geistes bei verschiedenen Rassen unterschiedlich ist, nicht entkräften. Sie schließt nicht aus, dass die spätere Forschung solche anatomischen Besonderheiten entdecken kann.

Einige Ethnologen sagen uns, dass es ein Fehler sei, von höheren und niedrigeren Kulturen und von einer angeblichen Rückständigkeit fremder Rassen zu sprechen. Die Kultur der verschiedenen Rassen unterscheide sich von der westlichen Kultur der Völker kaukasischer Herkunft, aber sie sei nicht minderwertig. Jede Rasse hat ihre eigene Mentalität. Es sei fehlerhaft, auf die Kultur irgendeinen dieser Maßstäbe anzuwenden, die von den Errungenschaften anderer Rassen abstrahiert wurden. Die Westler bezeichnen die Kultur Chinas als eine stehengebliebene Kultur und die der Bewohner Neuguineas als primitive Barbarei. Aber die Chinesen und die Eingeborenen von Neuguinea verachten unsere Kultur nicht weniger als wir ihre. Solche Schätzungen sind Werturteile und damit willkürlich. Diese anderen Rassen haben eine andere Struktur des Geistes. Ihre Kulturen seien ihrem Verstand angemessen, wie unsere Kultur unserem Verstand angemessen sei. Wir seien nicht in der Lage zu begreifen, dass das, was wir Rückständigkeit nennen, ihnen nicht so erscheint. Es sei aus der Perspektive ihrer Logik eine bessere Methode, sich in befriedigender Weise mit den gegebenen natürlichen Lebensbedingungen zu arrangieren, als unser Progressismus.

Diese Ethnologen betonen zu Recht, dass es nicht Aufgabe eines Historikers ist – und auch der Ethnologe ist ein Historiker -, Werturteile auszusprechen. Aber sie irren sich völlig, wenn sie behaupten, dass diese anderen Rassen bei ihren Aktivitäten von anderen Motiven geleitet würden, als denen, die die weiße Rasse angetrieben haben. Die Asiaten und die Afrikaner, nicht weniger als die Völker europäischer Abstammung, waren bestrebt, erfolgreich um ihr Überleben zu kämpfen und die Vernunft als die vorderste Waffe bei diesen Bemühungen einzusetzen. Sie haben versucht, die Raubtiere und Krankheiten loszuwerden, Hungersnöte zu verhindern und die Arbeitsproduktivität zu erhöhen. Es besteht kein Zweifel daran, dass sie bei der Verfolgung dieser Ziele weniger erfolgreich waren als die Weißen. Der Beweis dafür ist, dass sie eifrig daran interessiert sind, von allen Errungenschaften des Westens zu profitieren. Diese Ethnologen hätten Recht, wenn Mongolen oder Afrikaner, die von einer schmerzhaften Krankheit gequält werden, auf die Hilfe eines europäischen Arztes verzichten würden, weil ihre Mentalität oder ihre Weltanschauung sie zu der Annahme veranlasst hätten, dass es besser sei, zu leiden, als von Schmerzen befreit zu werden. Mahatma Gandhi verleugnete seine ganze Philosophie, als er in einem modernen Krankenhaus seine Blinddarmentzündung behandeln ließ.

Den nordamerikanischen Indianern fehlte der Einfallsreichtum, das Rad zu erfinden. Die Alpenbewohner waren nicht mutig genug, Ski zu bauen, die ihr hartes Leben viel angenehmer gemacht hätten. Diese Unzulänglichkeiten waren nicht auf eine andere Mentalität zurückzuführen als die der Rassen, die längst mit Rädern und Ski unterwegs waren; sie waren Misserfolge, auch aus der Sicht der Indianer und Alpinisten.

Diese Überlegungen beziehen sich jedoch nur auf die Motive, die konkrete Handlungen bestimmen, nicht auf das einzig relevante Problem, ob es zwischen verschiedenen Rassen Unterschiede in der logischen Struktur des Geistes gibt oder nicht. Genau das ist es, was die Rassisten behaupten.[13]

Wir können uns auf das beziehen, was in den vorangegangenen Kapiteln über

[13] Vgl. Lothar G. Tirala, *Rasse, Geist und Seele* (München, 1935), S. 190ff.

die grundlegenden Fragen der logischen Struktur des Geistes und die kategorischen Prinzipien des Denkens und Handelns gesagt wurde. Einige zusätzliche Beobachtungen werden ausreichen, um dem rassischen Polylogismus und jeder anderen Spielart des Polylogismus den letzten Stoß zu versetzen.

Die Kategorien des menschlichen Denkens und Handelns sind weder willkürliche Produkte des menschlichen Geistes noch Konventionen. Sie befinden sich nicht außerhalb des Universums und des Verlaufs kosmischer Ereignisse. Sie sind biologische Fakten und haben eine bestimmte Funktion im Leben und in der Realität. Sie sind Instrumente im Existenzkampf des Menschen und in seinem Bestreben, sich so weit wie möglich an den realen Zustand des Universums anzupassen und Unbefriedigtsein so weit, wie es in seiner Macht steht, zu beseitigen. Sie sind daher der Struktur der Außenwelt angemessen und spiegeln Eigenschaften der Welt und der Realität wider. Sie funktionieren und sind in diesem Sinne wahr und gültig.

Es ist daher falsch zu behaupten, dass apriorische Einsicht und reine Vernunft keine Informationen über die Realität und die Struktur des Universums vermitteln. Die grundlegenden logischen Beziehungen und die Kategorien des Denkens und Handelns sind die ultimative Quelle allen menschlichen Wissens. Sie sind der Struktur der Realität angemessen, sie offenbaren diese Struktur dem menschlichen Verstand, und in diesem Sinne sind sie für den Menschen grundlegende ontologische Tatsachen.[14] Wir wissen nicht, was ein übermenschlicher Intellekt denken und begreifen kann. Für den Menschen ist jede Erkenntnis durch die logische Struktur seines Verstandes bedingt und in dieser Struktur bereits enthalten. Gerade die befriedigenden Ergebnisse der empirischen Wissenschaften und ihre praktische Anwendung sind es, die diese Wahrheit belegen. Im Bereich, in dem menschliches Handeln die angestrebten Ziele erreichen kann, ist kein Platz mehr für Agnostizismus.

Wenn es Rassen gegeben hätte, die eine andere logische Struktur des Verstandes entwickelt hätten, wären sie bei der Verwendung der Vernunft als Hilfsmittel im Kampf um das Dasein gescheitert. Das einzige Mittel zum Überleben, das sie vor der Ausrottung hätte schützen können, wären ihre instinktiven Reaktionen gewesen. Die natürliche Auslese hätte jene Exemplare solcher Rassen eliminiert, die versuchten, ihre Argumentation zu Anleitung ihres Verhaltens einzusetzen. Allein diese Individuen hätten überlebt, die sich nur auf Instinkte verlassen hätten. Das bedeutet, dass nur diejenigen eine Überlebenschance gehabt hätten, die nicht über die mentale Ebene der Tiere hinausgewachsen wären.

Die Gelehrten des Westens haben eine enorme Menge an Material über die Hochkulturen Chinas und Indiens und die primitiven Kulturen der asiatischen, amerikanischen, australischen und afrikanischen Aborigines angehäuft. Man kann mit Sicherheit sagen, dass alles Wissenswerte über diese Rassen bekannt ist. Aber noch nie hat ein Befürworter des Polylogismus versucht, diese Daten für eine Beschreibung der angeblich unterschiedlichen Logik dieser Völker und Kulturen zu verwenden.

[14] Vgl. Morris R. Cohen, *Reason and Nature* (New York, 1931), S. 202-205; vgl. A Preface to Logic (New York, 1944), S. 42-44, 54-56, 92, 180-187.

5. Polylogismus und Verständnis

Einige Befürworter der Lehren des Marxismus und des Rassismus interpretieren die erkenntnistheoretischen Lehren ihrer Parteien auf eigentümliche Weise. Sie sind bereit zuzugeben, dass die logische Struktur des Verstandes für alle Rassen, Nationen und Klassen einheitlich ist. Marxismus oder Rassismus, so behaupten sie, würden diese unbestreitbare Tatsache niemals leugnen. Was sie wirklich sagen wollten, wäre, dass historisches Verständnis, ästhetisches Einfühlungsvermögen und Werturteile durch den Hintergrund eines Menschen bedingt sind. Es liegt auf der Hand, dass diese Interpretation nicht auf der Grundlage der Schriften der Verfechter des Polylogismus unterstützt werden kann. Sie muss jedoch als eigene Lehre analysiert werden.

Es ist nicht nötig, noch einmal zu betonen, dass die Werturteile und die Wahl der Ziele eines Menschen seine angeborenen körperlichen Merkmale und alle Wechselfälle seines Lebens widerspiegeln. Aber das Anerkennen dieser Tatsache ist weit davon entfernt, zu glauben, dass das rassische Erbe oder die Klassenzugehörigkeit letztendlich die Werturteile und die Wahl der Ziele bestimmen. Die grundsätzlichen Unterschiede in der Weltanschauung und den Verhaltensmustern entsprechen nicht den Unterschieden in Rasse, Nationalität oder Klassenzugehörigkeit.

Es gibt kaum eine größere Divergenz in den Werturteilen als die zwischen Asketen und denen, die das Leben unbeschwert genießen wollen. Ein unüberbrückbarer Graben trennt fromme Mönche und Nonnen vom Rest der Menschheit. Aber es gab Menschen aller Rassen, Nationen, Klassen und Kasten, die sich den mönchischen Idealen hingaben. Einige von ihnen waren Söhne und Töchter von Königen und wohlhabenden Adligen, andere waren Bettler. Franziskus, Santa Clara und ihre glühenden Anhänger waren Einheimische Italiens, dessen andere Bewohner nicht als zeitlichen Dingen abhold bezeichnet werden können. Puritanismus war angelsächsisch, aber auch die Lüsternheit der Briten unter den Tudors, den Stuarts und den Hannoveranern. Der herausragende Verfechter der Askese im 19. Jahrhundert war Graf Leo Tolstoi, ein wohlhabendes Mitglied der verschwenderischen russischen Aristokratie. Tolstoi sah in Beethovens Kreutzer-Sonate, einem Meisterwerk des Sohnes extrem armer Eltern, den Kern der von ihm angegriffenen Philosophie.

Dasselbe gilt für ästhetische Werte. Alle Rassen und Nationen hatten sowohl klassische als auch romantische Kunst. Mit all ihrer glühenden Propaganda ist es den Marxisten nicht gelungen, eine spezifisch proletarische Kunst oder Literatur hervorzubringen. Die «proletarischen» Schriftsteller, Maler und Musiker haben keine neuen Stile und keine neuen ästhetischen Werte geschaffen. Was sie auszeichnet, ist einzig und allein ihre Neigung, alles, was sie verabscheuen, als «bürgerlich» zu bezeichnen, und alles, was sie mögen, als «proletarisch».

Das historische Verständnis sowohl des Historikers als auch des handelnden Menschen spiegelt immer die Persönlichkeit des Autors wider. Aber wenn der Historiker und der Politiker von dem Wunsch nach Wahrheit durchdrungen sind, werden sie sich niemals von Parteivorurteilen täuschen lassen, vorausgesetzt, sie sind tüchtig und nicht untüchtig. Es ist unerheblich, ob ein Historiker oder Politiker das Auftreten eines bestimmten Faktors als vorteilhaft oder schädlich betrachtet. Er kann keinen Vorteil daraus ziehen, dass er die Relevanz eines der wirkenden Faktoren unterschätzt oder überschätzt. Nur ungeschickte Möchtegern-Historiker glauben, dass sie ihrer Sache durch Verzerrung dienen können. Die Biographien von Napoleon I. und III., von

Bismarck, Marx, Gladstone und Disraeli, den umstrittensten Persönlichkeiten des vergangenen Jahrhunderts, sind in Bezug auf Werturteile weitgehend uneinig, aber sie widersprechen sich kaum in ihrem Verständnis der Rolle dieser Männer.

Dies gilt nicht minder für das Verständnis des wahren Staatsmannes. Welchen Nutzen könnte ein Verfechter des Protestantismus aus einer Fehleinschätzung der ungeheuren Macht und des Prestiges des Katholizismus oder ein Liberaler aus einer Fehleinschätzung der Bedeutung sozialistischer Ideen ziehen? Um Erfolg zu haben, muss ein Politiker die Dinge so sehen, wie sie sind; wer sich dem Wunschdenken hingeben will, wird sicher scheitern. Relevante Urteile unterscheiden sich von Werturteilen dadurch, dass sie auf die Beurteilung eines Sachverhalts abzielen, der nicht von der Willkür des Autors abhängig ist. Sie werden durch die Persönlichkeit des Autors gefärbt und können daher nie einstimmig von allen Menschen akzeptiert werden. Aber auch hier stellt sich die Frage: Welchen Vorteil könnte eine Rasse oder Klasse aus einer «ideologischen» Verzerrung einer Einschätzung ziehen?

Wie bereits erwähnt wurde, sind die gravierenden Diskrepanzen in den Geschichtswissenschaften das Ergebnis von Unterschieden im Bereich der nicht-historischen Wissenschaften und nicht in den verschiedenen Arten des Verstehens.

Heute sind viele Historiker und Schriftsteller vom marxistischen Dogma durchdrungen, dass die Verwirklichung der sozialistischen Pläne sowohl unvermeidlich als auch das höchste Gut sei und dass die Arbeiterbewegung mit der historischen Mission betraut sei, diese Aufgabe durch einen gewaltsamen Umsturz des kapitalistischen Systems zu erfüllen. Ausgehend von diesem Grundsatz ist es für sie eine Selbstverständlichkeit, dass die Parteien der «Linken», die Auserwählten, bei der Verfolgung ihrer Politik auf Gewalttaten und Mord zurückgreifen. Eine Revolution kann nicht mit friedlichen Mitteln vollzogen werden. Es lohnt sich nicht, sich mit solchen Kleinigkeiten wie dem Abschlachten der vier Töchter des letzten Zaren, Leo Trotzkis, Zehntausender russischer Bourgeois und so weiter zu beschäftigen. «Man kann kein Omelett machen, ohne Eier zu zerbrechen»; warum sollte man die zerbrochenen Eier explizit erwähnen? Aber natürlich ist es anders, wenn einer dieser Angreifer sich verteidigt oder gar zurückschlägt. Nur wenige erwähnen die Sabotage-, Zerstörungs- und Gewalttaten von Streikenden. Aber alle Autoren gehen auf die Versuche der Eisenbahngesellschaften ein, ihr Eigentum und das Leben ihrer leitenden Angestellten und Kunden vor solchen Angriffen zu schützen.

Solche Diskrepanzen entstehen weder durch Werturteile noch durch unterschiedliche Auffassungen. Sie sind das Ergebnis antagonistischer Theorien der ökonomischen und historischen Evolution. Wenn das Kommen des Sozialismus unvermeidlich ist und nur mit revolutionären Methoden erreicht werden kann, sind die Morde der «Progressiven» unbedeutende Kleinigkeiten. Aber die Selbstverteidigung und die Gegenangriffe der «Reaktionäre», die den endgültigen Sieg des Sozialismus möglicherweise verzögern können, sind von größter Bedeutung. Es handelt sich um bemerkenswerte Ereignisse, während die revolutionären Akte einfach Routine sind.

6. Das Argument für die Vernunft

Vernünftige Rationalisten tun nicht so, als ob die menschliche Vernunft den Menschen jemals allwissend machen könnte. Sie sind sich der Tatsache bewusst, dass, wie auch immer das Wissen zunimmt, es immer Dinge geben wird, die letzte Gegebenheiten sind und keiner weiteren Aufklärung unterliegen. Aber, so sagen sie, so weit der Mensch in der Lage ist, Erkenntnis zu erlangen, muss er sich auf die Vernunft verlassen. Die letzte Gegebenheit ist das Irrationale. Das dem Wissen zugängliche ist, so weit es bereits bekannt ist, notwendigerweise rational. Es gibt weder einen irrationalen Modus der Erkenntnis noch eine Wissenschaft der Irrationalität.

Im Hinblick auf ungelöste Probleme sind verschiedene Hypothesen zulässig, sofern sie nicht der Logik und den unbestrittenen Erfahrungswerten widersprechen. Aber das sind nur Hypothesen.

Wir wissen nicht, was die Ursachen für die angeborenen Unterschiede in den menschlichen Fähigkeiten sind. Die Wissenschaft kann nicht erklären, warum Newton und Mozart voller kreativer Genialität waren und warum die meisten Menschen es nicht sind. Aber es ist auf jeden Fall eine unbefriedigende Antwort, wenn man sagt, dass ein Genie seine Größe seiner Abstammung oder seiner Rasse verdankt. Die Frage ist, warum sich ein solcher Mensch von seinen Brüdern und von den anderen Mitgliedern seiner Rasse unterscheidet.

Etwas weniger fehlerhaft ist es, die großen Errungenschaften der weißen Rasse der rassischen Überlegenheit zuzuschreiben. Dies ist jedoch nur eine vage Hypothese, die im Widerspruch zu der Tatsache steht, dass die Grundlagen der modernen Kultur von Völkern anderer Rassen gelegt wurden. Wir können nicht wissen, ob zu einem späteren Zeitpunkt andere Rassen die westliche Kultur verdrängen werden.

Eine solche Hypothese muss jedoch nach ihren eigenen Vorzügen beurteilt werden. Sie darf nicht im Voraus verurteilt werden, weil die Rassisten darauf ihr Postulat gründen, dass es einen unversöhnlichen Konflikt zwischen verschiedenen Rassengruppen gibt und dass die übergeordneten Rassen die untergeordneten versklaven müssen. Ricardos Vergesellschaftungsgesetz hat diese Fehlinterpretation der Ungleichheit der Menschen längst verworfen. Es ist unsinnig, die Rassenhypothese durch Verneinung offensichtlicher Tatsachen zu begründen. Es ist vergeblich zu leugnen, dass bestimmte Rassen bisher nichts oder sehr wenig zur Entwicklung der Kultur beigetragen haben und in diesem Sinne als minderwertig bezeichnet werden können.

Wenn jemand bereit wäre, um jeden Preis ein Körnchen Wahrheit aus den marxistischen Lehren zu destillieren, könnte er sagen, dass Emotionen die Argumentation eines Menschen sehr stark beeinflussen. Niemand wagte es jemals, diese offensichtliche Tatsache zu leugnen, und der Marxismus kann ihre Entdeckung nicht für sich in Anspruch nehmen. Aber es ist ohne Bedeutung für die Erkenntnistheorie. Es gibt viele Quellen sowohl für Erfolg als auch für Fehler. Es ist Aufgabe der Psychologie, sie aufzuzählen und zu klassifizieren.

Neid ist eine weit verbreitete Schwäche. Es ist sicher, dass viele Intellektuelle das höhere Einkommen wohlhabender Unternehmer beneiden und dass diese Gefühle sie zum Sozialismus treiben. Sie glauben, dass die Behörden eines sozialistischen Gemeinwesens ihnen höhere Gehälter zahlen würden als diejenigen, die sie im Kapitalismus verdienen. Aber den Beweis für die Existenz dieses Neides zu erbringen, entbindet die Wissenschaft nicht von der Pflicht, die sozialistischen Lehren sorgfältig zu prüfen. Wissenschaftler sind verpflichtet, mit jeder Lehre so umzugehen, als ob ihre Anhänger von nichts anderem als Wissensdurst inspiriert wären. Die verschiedenen Spielarten des Polylogismus setzen an die Stelle einer rein theoretischen Auseinandersetzung mit gegensätzlichen Lehren die Entlarvung des Hintergrunds und der Motive ihrer Urheber.

Ein solches Verfahren ist unvereinbar mit den grundlegenden Prinzipien des Argumentierens.

Es ist ein armseliger Notbehelf, eine Theorie zu verwerfen, indem man sich auf ihren historischen Hintergrund, auf den «Geist» ihrer Zeit, auf die materiellen Bedingungen des Herkunftslandes und auf die persönlichen Qualitäten ihrer Urheber bezieht. Eine Theorie unterliegt nur dem Tribunal der Vernunft. Der anzuwendende Maßstab ist immer der Maßstab der Vernunft. Eine Theorie ist entweder richtig oder falsch. Es kann vorkommen, dass der gegenwärtige Stand unseres Wissens eine Entscheidung über die Richtigkeit oder Unrichtigkeit nicht zulässt. Aber eine Theorie kann niemals für einen Bourgeois oder Amerikaner gelten, wenn sie für einen Proletarier oder Chinesen ungültig ist.

Wenn die Marxisten und die Rassisten Recht hätten, wäre es unmöglich zu erklären, warum die Machthaber bestrebt sind, abweichende Theorien zu unterdrücken und ihre Anhänger zu verfolgen. Allein schon die Tatsache, dass es intolerante Regierungen und politische Parteien gibt, die darauf bedacht sind, Andersdenkende zu ächten und zu vernichten, ist ein Beweis für die Bedeutung der Vernunft. Es ist kein Beweis für die Richtigkeit einer Lehre, dass ihre Gegner die Polizei, den Henker und gewalttätige Banden benutzen, um sie zu bekämpfen. Aber es ist ein Beweis dafür, dass diejenigen, die auf gewaltsame Unterdrückung zurückgreifen, in ihrem Unterbewusstsein von der Unhaltbarkeit ihrer eigenen Lehren überzeugt sind.

Es ist unmöglich, die Gültigkeit der apriorischen Grundlagen von Logik und Praxeologie zu demonstrieren, ohne auf diese Grundlagen selbst Bezug zu nehmen. Die Vernunft ist eine letzte Gegebenheit und kann nicht von selbst analysiert oder in Frage gestellt werden. Die bloße Existenz der menschlichen Vernunft ist eine nicht-rationale Tatsache. Die einzige Behauptung, die sich in Bezug auf die Vernunft begründen lässt, ist, dass es das Merkmal ist, das den Menschen von den Tieren unterscheidet und alles, was spezifisch menschlich ist, hervorgebracht hat.

Denjenigen, die so tun, als ob der Mensch glücklicher wäre, wenn er auf den Gebrauch der Vernunft verzichten und versuchen würde, sich nur von Intuition und Instinkten leiten zu lassen, kann keine andere Antwort gegeben werden als eine Analyse der Struktur der menschlichen Gesellschaft. Bei der Beschreibung der Entstehung und Funktionsweise der sozialen Zusammenarbeit liefert die Ökonomie alle Informationen, die für eine endgültige Entscheidung zwischen Vernunft und Unvernunft notwendig sind. Wenn der Mensch überlegt, sich von der Vorherrschaft der Vernunft zu befreien, muss er wissen, was er aufzugeben hat.

Kapitel 4

EINE ERSTE ANALYSE DER KATEGORIE[197] DES HANDELNS

1. Ziele und Mittel[198]

Den Erfolg, den das Handeln herbeiführen will, nennen wir Ziel, Zweck oder Ende. Man bedient sich dieser Ausdrücke im Sprachgebrauch des Alltags auch zur Bezeichnung von Zwischenzielen, Zwischenzwecken und Zwischenenden; das sind Punkte, die das Handeln nur darum erreichen will, weil es über sie zum Endziel, zum Endzweck und zum letzten Ende gelangen zu können glaubt. Streng genommen ist in letzter Linie Ziel, Zweck oder Ende immer die Behebung eines empfundenen Unbefriedigtsein.

Mittel ist das, was zur Erreichung des Ziels, Zwecks oder Endes führt. Mittel sind nicht schlechthin in der Welt, in der der Mensch lebt; in dieser Welt sind nur Dinge. Ein Ding wird zum Mittel, indem menschliches Denken es zur Erreichung eines Zweckes einzusetzen plant und menschliches Handeln es wirklich zur Erreichung eines Zweckes einsetzt. Der denkende Mensch sieht in den Dingen Mittelhaftigkeit, d.h., ihre Fähigkeit, seinen Zielen zu dienen. und der handelnde Mensch macht sie zu Mitteln. Es ist von größter Wichtigkeit, zu erkennen, dass Teile der Außenwelt nur durch das Wirken des menschlichen Verstandes und seines Sprosses, des menschlichen Handelns, zu Mitteln werden. Äußere Objekte sind als solche nur Phänomene des physikalischen Universums und der Naturwissenschaften. Es ist die menschliche Bedeutung und Handlung, die sie in Mittel verwandelt. Die Praxeologie befasst sich nicht mit der Außenwelt, sondern mit dem Verhalten des Menschen in Bezug auf sie. Praxeologische Realität ist nicht das physikalische Universum, sondern die bewusste Reaktion des Menschen auf den gegebenen Zustand dieses Universums. In der Ökonomie geht es nicht um Dinge und materielle Gegenstände, sondern um Menschen, ihre Deutungen und Handlungen. Güter, Waren, Wohlstand und alle anderen Konzepte des Verhaltens sind keine Naturelemente, sondern Elemente menschlicher Bedeutung und menschlichen Handelns. Wer sie untersuchen will, darf nicht auf die

Außenwelt blicken, sondern muss sie in der Bedeutungszuschreibung der handelnden Menschen suchen.

Praxeologie und Ökonomie befassen sich nicht mit menschlichem Sinn und Handeln, wie es sein sollte oder wäre, wenn alle Menschen von einer absolut gültigen Philosophie inspiriert und mit einem perfekten Wissen über Technik ausgestattet wären. Für Begriffe wie absolute Gültigkeit und Allwissenheit gibt es keinen Raum im Rahmen einer Wissenschaft, deren Gegenstand der Irrtum des Menschen ist. Ein Ziel ist alles, was die Menschen anstreben. Ein Mittel ist alles, was die handelnden Menschen als solches betrachten.

Es ist die Aufgabe der wissenschaftlichen Technologie und Medizin, Fehler in ihren jeweiligen Bereichen zu widerlegen. Es ist Aufgabe der Ökonomie, falsche Lehren im Bereich des sozialen Handelns aufzudecken. Wenn aber die Menschen nicht dem Rat der Wissenschaft folgen, sondern an ihren trügerischen Vorurteilen festhalten, dann sind diese Irrtümer Realität und müssen als solche behandelt werden. Ökonomen halten die Devisenkontrolle für unangemessen, um die Ziele zu erreichen, die von denjenigen angestrebt werden, die darauf zurückgreifen. Wenn die öffentliche Meinung jedoch nicht von ihren Wahnvorstellungen abrückt und die Regierungen folglich auf Devisenkontrollen zurückgreifen, wird der Lauf der Dinge von dieser Haltung bestimmt. Die heutige Medizin hält die Lehre von der therapeutischen Wirkung der Alraune für eine Fabel. Aber solange die Menschen diese Fabel als Wahrheit verstanden, war die Alraune ein wirtschaftliches Gut, und für ihren Erwerb wurden Preise gezahlt. Im Umgang mit Preisen fragt die Ökonomie nicht danach, was die Dinge in den Augen anderer Menschen sind, sondern nur danach, was sie im Sinne derjenigen sind, die darauf bedacht sind, sie zu bekommen. Denn es handelt sich um reale Preise, die in realen Transaktionen bezahlt und empfangen werden, nicht um Preise, wie sie wären, wenn die Menschen anders wären als sie wirklich sind.

Mittel sind zwangsläufig immer begrenzt, d.h. knapp im Hinblick auf die Zwecke, zu deren Erreichung sie eingesetzt werden sollen. Denn wäre dem anders, dann müsste in Bezug auf sie nicht gehandelt werden. Wo der Mensch nicht durch die ungenügende Menge an verfügbaren Dingen eingeschränkt wird, besteht kein Handlungsbedarf.[199]

Man kann das Ziel auch das höchste oder letzte Gut nennen und die Mittel als Güter bezeichnen. Man hat beim Gebrauch dieser Ausdruckweise in der Nationalökonomie meist den Ausgangspunkt von naturwissenschaftlich-technologischen und nicht von praxeologischen Gedankengängen genommen. Man hat freie Güter und wirtschaftliche Güter unterschieden. Dabei hat man als freie Güter Dinge bezeichnet, die so reichlich zur Verfügung stehen, dass mit ihnen nicht gewirtschaftet, d. h. in Bezug auf sie nicht gehandelt wird. Sie sind allgemeine Bedingungen des menschlichen Wohlergehens; sie sind Teil der natürlichen Umwelt, in der der Mensch lebt und handelt. Nur die Wirtschaftsgüter sind das Substrat des Handelns. Sie allein werden in der Ökonomie behandelt.[200]

Wirtschaftliche Güter, die schon für sich allein eine Befriedigung gewähren und nicht erst mit anderen wirtschaftlichen Gütern verbunden werden müssen, nennen wir Genussgüter, auch Güter erster[201] Güterordnung. Sie gewähren unmittelbar Befriedigung, d.h. ohne dass es weiterer Mittel dazu bedarf. Mittel, die nur indirekt durch Zusammenwirken zu befriedigen vermögen, nennen wir Produktivgüter, Produktionsmittel oder Güter höherer Güterordnungen. Die Wirkung, die von einem

Produktionsmittel ausgeht, befriedigt nur dann, wenn die entsprechende Mitwirkung anderer Produktionsmittel sie ergänzt; erst die sich wechselseitig ergänzende Wirkung aller komplementären Produktionsmittel führt das Produkt herbei, das entweder ein Produktionsmittel für weitere Produktion oder ein Genussgut ist. Man kann sich die Produktionsmittel in Ordnungen gereiht nach ihrer Nähe zum Konsumgut vorstellen, für dessen Produktion sie verwendet werden können. Diejenigen Produktionsmittel, die der Produktion eines Genussgutes am nächsten stehen, werden der zweiten Ordnung zugerechnet, und dementsprechend diejenigen, die für die Produktion von Gütern der zweiten Ordnung verwendet werden, der dritten Ordnung usw.

Der Zweck einer solchen Anordnung von Gütern in Ordnungen ist es, eine Grundlage für die Wert- und Preistheorie der Produktionsfaktoren zu schaffen. Es wird später gezeigt, wie die Bewertung und die Preise der Güter höherer Ordnung von der Bewertung und den Preisen der Güter niedrigerer Ordnung, die durch ihren Aufwand erzeugt werden, abhängen. Die erste und letzte Bewertung der äußeren Dinge bezieht sich nur auf die Genussgüter. Alle anderen Dinge werden nach der Rolle bewertet, die sie bei der Herstellung von Genussgütern spielen.

Es ist daher eigentlich[202] überflüssig, die Güter höherer Ordnung in die einzelnen Güterordnungen (zweite bis $n$te) einzugliedern[203]. Es wäre ebenso überflüssig, sich mit der Frage zu befassen, ob ein konkretes Gut als Gut erster Ordnung anzusprechen ist, oder ob man es noch einer höheren Ordnung zuzählen soll. Ob roher Kaffee, ob gerösteter Kaffee, ob gemahlener Kaffee, ob gekochter Kaffee oder ob erst der mit Sahne und Zucker versetzte gekochte Kaffee als genussreif anzusehen sei, ist kein Gegenstand, der wert wäre, erörtert zu werden. [204] Denn alles, was wir in Hinblick auf das Problem der Bewertung vom Genussgut aussagen, kann von jedem Gut einer höheren Ordnung (mit Ausnahme derjenigen der höchsten Ordnung), wenn wir es als Produkt betrachten, ausgesagt werden.

Ein wirtschaftliches Gut muss nicht zwangsläufig in einer greifbaren Sache verkörpert sein. Nicht materielle wirtschaftliche Güter werden als Dienstleistungen bezeichnet.[205]

2. Die Rangordnung der Werte[206]

Das Handeln trifft eine Entscheidung zwischen Möglichkeiten, die sich dem Handelnden zur Auswahl bieten; die eine der sich bietenden Möglichkeiten wird den übrigen vorgezogen.

Es ist üblich zu sagen, dass der handelnde Mensch eine Skala von Wünschen oder Werten im Kopf hat, wenn er seine Handlungen arrangiert. Auf der Grundlage einer solchen Skala befriedigt er das, was höherwertig ist, d. h. seine dringenderen Wünsche, und lässt das, was geringwertig ist, d. h. was weniger dringlich ist, unbefriedigt.

Gegen eine solche Darstellung des Sachverhalts gibt es keine Einwände. Man darf jedoch nicht vergessen, dass sich die Skala der Werte oder Wünsche nur in der Realität des Handelns ausdrückt. Diese Skalen haben kein unabhängiges Dasein, abgesehen vom tatsächlichen Verhalten der Individuen. Die einzige Quelle, aus der unser Wissen über diese Skalen stammt, ist die Beobachtung der Handlungen eines Menschen. Jede Handlung ist immer in perfekter Übereinstimmung mit der Skala der Werte oder

Wünsche, denn diese Skalen sind nichts anderes als ein Instrument zur Interpretation des Handelns eines Menschen.

Ethische Lehrgebäude zielen darauf ab, Werteskalen aufzustellen, nach denen der Mensch handeln sollte, aber nicht unbedingt immer handelt. Sie beanspruchen für sich die Berufung, Recht von Unrecht zu unterscheiden und den Menschen darüber zu beraten, was er als höchstes Gut anstreben soll. Sie sind normative Disziplinen, die auf die Erkenntnis dessen abzielen, was sein sollte. Sie sind nicht neutral hinsichtlich der Fakten, sondern beurteilen sie unter dem Gesichtspunkt frei gewählter Maßstäbe.

Das ist nicht die Haltung der Praxeologie und Ökonomie. Sie ist sich voll und ganz der Tatsache bewusst, dass die letzten Ziele des menschlichen Handelns nicht von irgendeinem absoluten Maßstab aus überprüft werden können. Höchste Ziele sind letzte Gegebenheiten, sie sind rein subjektiv, sie unterscheiden sich bei verschiedenen Menschen und bei denselben Menschen in verschiedenen Momenten ihres Lebens. Praxeologie und Ökonomie beschäftigen sich mit den Mitteln zur Erreichung der von den handelnden Individuen gewählten Ziele. Sie äußern keine Meinung zu solchen Problemen, wie z. B. ob Genusssucht besser ist als Askese. Sie wenden für die Mittel nur einen Maßstab an, nämlich ob sie geeignet sind, die Ziele zu erreichen, die die handelnden Personen anstreben.[207]

Der Begriff der Abnormalität[208] und der Perversität haben keinen Platz in der Ökonomie[209]. Es wäre sinnlos zu sagen, jener Mensch ist pervers, weil er das Unangenehme, das Schädliche, das Schmerzende dem Angenehmen, dem Nützlichen, dem Lustbringenden vorzieht. Wir können höchstens sagen: jener Mensch ist anders als andere Menschen; ihm ist angenehm, was anderen unangenehm ist; er hält Dinge für nützlich, die andere als schädlich meiden; er findet Lust in dem Ertragen von Schmerz, den andere meiden, weil er ihnen Unlust bringt. Das Begriffspaar *normal–pervers* kann anthropologisch verwendet werden zur Unterscheidung derer, die so handeln, wie die Mehrzahl handelt, von den Einzelgängern und Ausnahmen; es kann biologisch verwendet werden zur Unterscheidung derer, deren Handeln lebensfördernd wirkt, von denen, deren Handeln lebenszerstörend wirkt; es kann ethisch verwendet werden zur Unterscheidung derer, die richtig handeln, von denen, die anders handeln, als sie handeln sollten. In der aprioristischen Wissenschaft[210] vom Handeln hat es keinen Platz. Jede Prüfung der höchsten Ziele erweist sich als rein subjektiv und damit willkürlich.

Wert ist die Wichtigkeit, die der handelnde Mensch den letzten Zielen beimisst. Nur letzten Zielen wird primärer und ursprünglicher Wert zugewiesen. Mittel werden abgeleitet nach ihrer Tauglichkeit bewertet, zur Erreichung der Ziele beizutragen. Ihre Bewertung leitet sich aus der Bewertung der jeweiligen Ziele ab. Sie sind für den Menschen nur insofern wichtig, als sie es ihm ermöglichen, Ziele zu erreichen.

Wert ist nicht intrinsisch, er ist nicht in den Dingen. Es ist in uns, es ist die Art und Weise, wie der Mensch auf die Bedingungen seiner Umwelt reagiert.

Ebenso wenig ist Wert in Worten und Lehren. Er spiegelt sich im menschlichen Verhalten wider. Es zählt nicht, was ein Mensch oder eine Gruppe von Menschen über den Wert sagt, sondern wie sie sich verhalten. Das bombastische Oratorium der Moralisten und die aufgeblähte Schwülstigkeit der Parteiprogramme sind als solche bedeutsam. Aber sie beeinflussen den Ablauf menschlicher Ereignisse nur insoweit, als sie tatsächlich das Handeln der Menschen bestimmen.

3. Die Rangordnung der Bedürfnisse

Ungeachtet aller gegenteiligen Behauptungen zielt die immense Mehrheit der Menschen in erster Linie auf eine Verbesserung der materiellen Lebensbedingungen ab. Sie wollen mehr und besseres Essen, bessere Häuser und Kleidung und tausend andere Annehmlichkeiten. Sie streben nach Fülle und Gesundheit. Ausgehend von diesen Zielen versucht die angewandte Physiologie herauszufinden, welche Mittel am besten geeignet sind, um eine möglichst hohe Befriedigung zu erreichen. Unter diesem Gesichtspunkt unterscheidet sie zwischen den «realen» Bedürfnissen des Menschen und dem imaginären und unechten Appetit. Sie lehrt die Menschen, wie sie sich verhalten sollen und worauf sie als Mittel abzielen sollen.

Die Bedeutung solcher Lehren liegt auf der Hand. Aus seiner Sicht hat der Physiologe Recht, wenn er zwischen sinnvoller Handlung und zweckwidriger Handlung unterscheidet. Er hat Recht, wenn er vernünftige Ernährungsmethoden von unklugen Methoden unterscheidet. Er kann bestimmte Verhaltensweisen als absurd und gegen «echte» Bedürfnisse gerichtet verurteilen. Solche Urteile sind jedoch für eine Wissenschaft, die sich mit der Realität menschlichen Handelns auseinandersetzt, nebensächlich. Nicht das, was ein Mann tun sollte, sondern das, was er tut, zählt für Praxeologie und Ökonomie. Die Hygiene kann richtig oder falsch dabei liegen, Alkohol und Nikotin Gifte zu nennen. Aber die Ökonomie muss die Preise für Tabak und Spirituosen so erklären, wie sie sind, und nicht so, wie sie unter anderen Bedingungen wären.

Es gibt keinen Platz mehr im Bereich der Ökonomie für eine Rangordnung von Bedürfnissen, die sich von der Rangordnung der Werte unterscheidet, wie sie im tatsächlichen Handeln des Menschen widergespiegelt werden. Die Ökonomie beschäftigt sich mit dem wirklichen Menschen, schwach und dem Irrtum unterworfen, wie er ist, nicht mit idealen Wesen, allwissend und vollkommen, wie es nur Götter sein können.[211]

4. Das Handeln als Tausch[212]

Jedes Handeln ist eine durch den Menschen hervorgerufene Veränderung. Wir pflegen eine solche provozierte[213] Veränderung Tausch[214] zu nennen. Ein weniger befriedigender Zustand wird mit einem mehr befriedigenden Zustand vertauscht. Das Wenigerbefriedigende wird hingegeben, um ein Mehrbefriedigendes zu empfangen. Das, was hingegeben wird, ist der Preis, der für die Erreichung des Zweckes gezahlt wird. Die Bedeutung oder Wertung[215] des gezahlten Preises nennen wir[216] Kosten. Die Kosten entsprechen dem Wert, der der Befriedigung beigemessen wird, auf die man verzichten muss, um den angestrebten Zweck zu erreichen.

Der Unterschied, der zwischen der Schätzung des hingegebenen Preises (der aufgelaufenen Kosten) und der Schätzung des erreichten Zweckes besteht, macht den Gewinn oder Vorteil[217] aus. Gewinn und Vorteil sind in diesem primären Sinn rein subjektiv, sie sind eine Steigerung des Glücks des handelnden Menschen und psychische Zustände, die nicht gemessen und nicht gewogen werden können. Es gibt ein Mehr oder ein Weniger an Befriedigung und Behebung von Unbefriedigtsein, doch wie weit eine Befriedigung eine andere übertrifft, kann nur empfunden, nicht festgestellt und objektiv angegeben werden. Das Werturteil misst nicht, es skaliert; es drückt Rangordnung und Reihung, aber nicht Maß und Gewicht aus. Nur die

Ordnungszahlen, nicht auch die Kardinalzahlen stehen uns für den Ausdruck der Werturteile zur Verfügung.

Es wäre daher irreführend, wollte man von Wertrechnung sprechen. Rechnen kann man nur mit Grundzahlen[218].[219] Der Abstand in der Wertung zweier Zustände, die verschieden gewertet werden, ist ganz seelisch[220] und persönlich. Er kann sich nach außen in keiner Weise bemerkbar machen; er ist nur für den Handelnden[221] in der Stärke der Gefühlsbetonung erkennbar. Er kann keinem Mitmenschen mitgeteilt oder vermittelt werden. Er ist eine intensive Größe.

Psychologie und Physiologie haben verschiedene Methoden entwickelt, mit denen sie vorgeben, einen Ersatz für die nicht durchführbare Messung von intensiven Größen erreicht zu haben.[222] Für die Wissenschaft vom Handeln, die es mit dem Handeln und nicht mit den seelischen Vorgängen, die zum Handeln führen, zu tun hat, sind solche Bemühungen und ihre Ergebnisse ohne Belang.[223] Ihre Anhänger selbst erkennen, dass sie sich nicht auf Werturteile anwenden lassen.

Handeln soll nach der Absicht des Handelnden zur Erreichung des Zweckes führen. Doch der angestrebte Erfolg wird nicht immer erreicht. Es kann sein, dass das Ergebnis des Handelns, obwohl dem angestrebten Ziel unterlegen, noch immer einen Gewinn darstellt, wenn nämlich der eingetretene Erfolg eine, wenn auch kleinere, Mehrbefriedigung gegenüber den aufgewendeten Kosten bedeutet. Es kann aber auch sein, dass der Misserfolg Verlust bedeutet, weil der neue Zustand geringere Befriedigung gewährt als der hingegebene Zustand.

Kapitel 5

ZEIT

1. Die Zeitlichkeit der Praxeologie

Wer von Veränderung spricht, spricht auch von Aufeinanderfolge und von Zeit. Eine starre, ewig unveränderliche Welt wäre zeitlos, aber auch tot. Veränderung und Zeitablauf sind nicht getrennt zu denken. Handeln bewirkt Veränderung und ist somit in der Zeit. Der menschliche Verstand mag sich noch so sehr anstrengen, er kann zeitloses Sein und zeitloses Handeln nicht fassen[224].

Wer handelt, muss notwendig die Zeit vor der Befriedigung von der späteren Zeit und der Zeit, die von der Handlung absorbiert wird, unterscheiden und ist damit dem Zeitablauf gegenüber nicht mehr unbeteiligt.

Logik und Mathematik haben ein ideales Sein vor Augen.[225] Die funktionalen Beziehungen, die sie aufzeigen, sind gleichzeitig und wechselseitig. Wir können auch sagen, dass sie synchron oder zeitlos sind. Ein vollkommener Geist könnte sie mit einem Denkakt auf einmal erfassen. Dass wir das nicht vermögen, ist nur dem Umstand zuzuschreiben, dass unser Denken selbst ein Handeln ist, das nur in der Zeit von dem unbefriedigenden Zustand geringerer Einsicht zu dem befriedigenderen Zustand besserer Einsicht fortzuschreiten vermag. Aber die zeitliche Ordnung, in der Wissen erworben wird, darf nicht mit der logischen Gleichzeitigkeit aller Teile dieses apriorischen deduktiven Systems verwechselt werden. Innerhalb dieses Systems sind die Begriffe Vorhergehen und Folge nur metaphorisch. Sie beziehen sich nicht auf das System, sondern auf unser Handeln, um es zu erfassen. Das System selbst impliziert weder die Kategorie der Zeit noch die der Kausalität. Es gibt funktionale Entsprechungen zwischen den Elementen, aber es gibt weder Ursache noch Wirkung.

Was das praxeologische System von dem logischen System erkenntnistheoretisch unterscheidet, ist, dass es eben die Kategorien Zeit und Kausalität impliziert. Auch das praxeologische System ist aprioristisch und deduktiv. Als System steht es außerhalb der Zeit. Aber der Wandel ist eines seiner Elemente. Die Begriffe von Früher und Später und von Ursache und Wirkung gehören zu seinen Bestandteilen. Vorhergehen und Folge sind wesentliche Begriffe des praxeologischen Denkens. Genauso wie die Unumkehrbarkeit der Ereignisse. Im Rahmen des praxeologischen Systems ist jede Bezugnahme auf die funktionale Korrespondenz nicht weniger metaphorisch und irreführend als der Bezug auf Vorher und Nachher und Folge im Rahmen des logischen

Systems[1].[226]

2. Vergangenheit, Gegenwart, Zukunft

Das Handeln gibt dem Menschen den Begriff der Zeit und das Bewusstsein des Zeitablaufes. Der Begriff der Zeit ist ein praxeologischer Begriff.

Das Handeln ist immer auf die Zukunft ausgerichtet; es ist im Wesentlichen und notwendigerweise immer ein Planen und Handeln für eine bessere Zukunft. Sein Ziel ist es immer, die zukünftigen Bedingungen befriedigender zu gestalten, als sie es ohne Eingriffe der Handlung wären. Das Unbefriedigtsein, das einen Menschen zum Handeln zwingt, wird durch eine Unzufriedenheit mit den zu erwartenden zukünftigen Zuständen verursacht, wie sie sich wahrscheinlich entwickeln würden, wenn nichts unternommen würde, um sie zu verändern. Auf jeden Fall kann die Handlung nur die Zukunft beeinflussen, niemals die Gegenwart, die mit jedem winzigen Bruchteil einer Sekunde in die Vergangenheit sinkt. Der Mensch wird sich der Zeit bewusst, wenn er plant, einen weniger befriedigenden gegenwärtigen Zustand in einen befriedigerenden zukünftigen Zustand umzuwandeln.

Für die kontemplative Betrachtung ist die Zeit nur eine Dauer,[227] «la durée pure, dont l'écoulement est continu, et où l'on passe, par gradations insensibles, d'un état à l'autre: Continuité réellement vécue»[2]. Das «Jetzt» der Gegenwart wird immer wieder in die Vergangenheit verschoben und bleibt nur im Gedächtnis erhalten. Wenn man über die Vergangenheit nachdenkt, sagen die Philosophen, wird der Mensch sich der Zeit bewusst. Es ist jedoch nicht die Erinnerung, die dem Menschen die Kategorien des Wandels und der Zeit vermittelt, sondern der Wille, die Bedingungen seines Lebens zu verbessern.

Die Entstehung der rationalen Zeitvorstellung müsse aus dem reflektierenden Erfassen der abgelaufenen Veränderungen und aus dem Gedächtnis, das die nur erlebte, aber nicht bewusstgewordene Vergangenheit reproduziert, erklärt werden.[3] Die Zeit werde zuerst als abgelaufene Zeit, als Vergangenheit erfasst.[228]

Die Zeit, die durch verschiedene mechanische Vorrichtungen gemessen wird, ist immer Vergangenheit, und die Zeit, von der die Philosophie spricht, ist immer Vergangenheit oder Zukunft.[229] Die Gegenwart erscheint, unter diesen Gesichtspunkten, nur als eine ideale Scheide zwischen Vergangenheit und Zukunft. Aber vom praxeologischen Gesichtspunkt aus gesehen gibt es[230] zwischen Vergangenheit und Zukunft eine reale Gegenwart. Das Handeln ist Gegenwart, weil es den Augenblick nutzt und weil es die Wirklichkeit des Augenblicks ist[4]. Die spätere rückschauende Betrachtung sieht von dem verflossenen Augenblick vor allem das Handeln und

[1] In einer wirtschaftswissenschaftlichen Abhandlung braucht man sich nicht mit den Bestrebungen auseinanderzusetzen, die Mechanik als axiomatisches System zu konstruieren, in dem der Begriff der Funktion durch den Begriff von Ursache und Wirkung ersetzt wird. Später wird noch gezeigt werden, dass axiomatische Mechanik nicht als Modell für die Untersuchung des Wirtschaftssystems dienen kann.

[2] Vgl. Henri Bergson, Matière et mémoire, 7ième édition. (Paris 1911) S. 205.

[3] Vgl. Edmund Husserl, «Vorlesungen zur Phänomenologie des inneren Zeitbewusstseins,» Jahrbuch für Philosophie und Phänomenologische Forschung, IX, (1928), 391 ff.; Alfred Schütz, a. a. O., S. 45 ff.

[4] «Ce que j'appelle mon présent, c'est mon attitude vis-à-vis de l'avenir immédiat, c'est mon action imminente.» Vgl. Henri Bergson, Matière et mémoire, a.a.O., S. 152.

die Bedingungen, die er dem Handeln geboten hat. Das, was nicht mehr getan oder genossen werden kann, weil die Bedingungen für sein Unternehmen verflossen sind, hebt die Vergangenheit, und das, was noch nicht getan oder genossen werden kann, weil die Bedingungen für sein Unternehmen oder sein Reifen noch nicht gekommen sind, hebt die Zukunft von der Gegenwart ab, die dem Handeln Möglichkeiten und Aufgaben stellt, für die es bisher zu früh war und fortan zu spät sein wird.[231]

Die Gegenwart als Dauer ist das Andauern der dem Handeln gegebenen Bedingungen. Jedes Handeln setzt besondere Bedingungen voraus, denen es im Hinblick auf die gestellten Ziele angepasst wird. Der Begriff der Gegenwart ist daher für jede einzelne der möglichen Arten von Handeln verschieden. Er ist ganz unabhängig von den Zeitmassen der die Zeit durch Bewegungsablauf messenden Verfahren. Die Gegenwart schließt soviel vom Vergangenen ein, als davon noch aktuell ist, d.h. für das Handeln[232] Bedeutung hat.[233] Die Gegenwart hebt sich je nach dem Handeln, das man im Auge hat, vom Mittelalter ab, vom 19. Jahrhundert, vom vergangenen Jahr, Monat oder Tag, aber auch von der eben verstrichenen Stunde, Minute oder Sekunde.[234] Wenn man sagt: gegenwärtig wird Zeus nicht mehr als Gott verehrt, meint man eine andere Gegenwart als die, die der Kraftwagenlenker im Sinne hat, wenn er denkt: jetzt ist es noch zu früh zum Wenden.

Da der Mensch über die Zukunft nichts sicher weiß, bleibt es immer unbestimmt, wieviel von der noch nicht verstrichenen Zeit wir zum jetzt und zur Gegenwart zählen. Wenn jemand 1913 denken mochte: in der Gegenwart (jetzt) wird in Europa das Recht der freien Meinungsäußerung allgemein anerkannt, wird er wohl kaum geahnt haben, dass diese Gegenwart schon in wenigen Jahren sich in Vergangenheit verwandelt haben wird.[235]

3. Die Bewirtschaftung der Zeit

Der Mensch selbst ist dem Zeitablauf unterworfen. Er wird, reift heran, altert und vergeht. Seine Zeit ist knapp bemessen. Er muss mit ihr wirtschaften, wie er mit den übrigen Mitteln des Handelns wirtschaftet.

Dieses Bewirtschaften der Zeit erhält einen besonderen Charakter durch die Einmaligkeit und Nichtumkehrbarkeit des Zeitablaufs. Die Tragweite dieser Tatsache wird durch jedes Stück der Lehre vom Handeln beleuchtet.

Nur auf einen Punkt muss schon hier hingewiesen werden. Die Bewirtschaftung der Zeit ist unabhängig von der Bewirtschaftung der wirtschaftlichen Güter. Auch in einem Schlaraffenland, in dem, von dem etwaigen Wunsch nach ewigem Leben in voller Kraft und Gesundheit abgesehen, alle nur irgendwie denkbaren Wünsche des Menschen sogleich und ohne jede Müheaufwendung befriedigt werden, müsste der Mensch mit der Zeit wirtschaften. Er müsste sich die Zeit einzuteilen suchen, weil es Zustände gibt, die nicht gleichzeitig verwirklicht werden können. Die Zeit müsste auch dem Schlaraffen knapp und im verschiedenen Wertaspekt des *Früher* und *Später* erscheinen.

4. Die zeitliche Beziehung zwischen Handlungen[236]

[237]Zwei Handlungen eines Einzelnen sind nie gleichzeitig; ihre zeitliche Beziehung ist die von früher und später. Von Handlungen verschiedener Einzelner kann Gleichzeitigkeit in Bezug auf die physikalische Zeitmessung behauptet werden. Gleichzeitigkeit ist mithin ein praxeologischer Begriff nur im Hinblick auf das Zusammenwirken des Handelns verschiedener Menschen.[5]

Die einzelnen Handlungen eines Menschen folgen aufeinander; sie können nie zur gleichen Zeit getan werden, sie können nur schneller oder weniger schnell aufeinander folgen. Es gibt Handlungen, die verschiedene Zwecke mit einem Schlage[238] verwirklichen. Es wäre unzweckmäßig und irreführend, sie als mehrere gleichzeitig vor sich gehende Handlungen zu bezeichnen.

Man hat die Ausdrücke Wertung und Wertskala missverstanden und hat sich über die Bedenken, die der Annahme der Gleichzeitigkeit von Handlungen desselben Menschen entgegenstehen, hinweggesetzt. Man hat die einzelnen Wahlhandlungen eines Einzelnen als Ausfluss einer unabhängig von ihnen und vor ihnen bestehenden Wertskala und eines vorentworfenen Planes, dessen Ausführung sie dienen sollen, aufgefasst. Wertskala und Wirtschaftsplan, denen man Dauer und damit Unveränderlichkeit während eines Zeitraumes beilegte, wurden zur Ursache und zum Beweggrund des Handelns hypostasiert. Die Gleichzeitigkeit, die von verschiedenen Handlungen nicht ausgesagt werden kann, konnte dann in der Skala und im Wirtschaftsplan unschwer entdeckt werden. Man beachtete nicht, dass die Skala der Werte nur eine gedankliche Hilfskonstruktion der Wissenschaft ist, und dass es unzulässig ist, sie, die nur im Handeln aufscheint und nur aus ihm erkannt werden kann, in einen Gegensatz zum Handeln zu setzen und zum Richter über die Angemessenheit des Handelns zu machen.

Es ist daher auch unzulässig, durch Vergleich des Handelns mit Plänen und Entwürfen eine Scheidung von rationalem und nichtrationalem Handeln vorzunehmen. Es mag sehr bemerkenswert sein, dass gestern anderes für das Handeln von heute geplant worden war, als heute ausgeführt wurde. Doch die Pläne von gestern geben uns ebensowenig ein objektiveres und weniger willkürliches Richtmass zur Kritik des Handelns von heute wie irgendwelche andere[239] Ideen oder Normen.

Man hat versucht, zum Begriffe eines irrationalen[240] Handelns durch folgenden Gedankengang zu gelangen: Wenn a dem b vorgezogen wird und b dem c, so müsste auch a dem c vorgezogen werden. Wenn aber tatsächlich c dem a vorgezogen wird, dann liege hier Handeln vor, dem man Folgerichtigkeit (Konsequenz, engl. consistency) und[241] Rationalität nicht zubilligen kann[6]. Der Fehler dieser Beweisführung liegt in der Nichtbeachtung der Tatsache, dass zwei Handlungen nie gleichzeitig sein können. Wenn einmal a dem b vorgezogen wurde und ein anderes mal b dem c, so ist es nicht zulässig, daraus eine einheitliche Wertskala zu konstruieren, in der b auf a und c auf b folgt, mögen die beiden Handlungen auch zeitlich noch so nahe aneinandergerückt sein. Ebensowenig ist es zulässig, eine spätere

[5]Um ein mögliches Missverständnis zu vermeiden, mag es zweckmäßig sein, darauf hinzuweisen, dass dieses Theorem mit Einsteins Theorem über das zeitliche Verhältnis räumlich entfernter Ereignisse überhaupt nichts zu tun hat.

[6]Vgl. Felix Kaufmann, On the Subject-Matter and Method of Economic Science, a. a. O., S. 390.

dritte Handlung als gleichzeitig mit den beiden ersten zu setzen. Alles, was man aus dem Beispiel zu folgern vermag, ist das, dass die Werturteile nicht unveränderlich sind und dass daher eine Wertskala, die aus mehreren – notwendigerweise ungleichzeitigen – Handlungen eines Menschen herausgelesen wird,

Widersprüche enthalten kann[7].

Man darf den logischen Begriff Konsequenz[242] (gleich Folgerichtigkeit[243]) dem praxeologischen Begriff Konsequenz[244] (gleich Beständigkeit oder Festhalten an denselben Prinzipien) nicht gleichsetzen. Folgerichtigkeit gibt es nur im Denken, Beständigkeit nur im Handeln.

Konsequenz im praxeologischen Sinne und Rationalität sind durchaus verschiedene Begriffe. Wenn die Wertungen sich geändert haben, wäre Festhalten an der einmal eingeschlagenen Handlungsweise[245] nur um der Konsequenz willen nicht zweckmäßig sondern starrsinnig. Nur in einem kann Handeln konsequent (im praxeologischen Sinn) sein: im Vorziehen des Wichtigeren[246] vor dem weniger Wichtigen[247]. Wenn die Wertungen sich ändern, muss sich auch das Handeln ändern. Konsequenz[248] (Beständigkeit) unter veränderten Bedingungen wäre sinnlos. Ein logisches System[249] muss folgerichtig und einheitlich geschlossen sein, weil das Gedankensystem Koexistenz seiner Teile und Theoreme impliziert. Im Handeln, das sich in der Zeit abspielt, ist für Folgerichtigkeit in diesem Sinne kein Raum. Handeln muss zweckmäßig sein, und die Zweckmäßigkeit verlangt unter geänderten Bedingungen wechselnde Einstellung.

Als eine Tugend handelnder Menschen wird die Geistesgegenwart gepriesen. Über Geistesgegenwart verfügt, wer so schnell zu denken und sein Handeln umzustellen vermag, dass die Zeitspanne zwischen dem Eintritt einer neuen Bedingung des Handelns und der Anpassung des Handelns an die vollzogene Änderung möglichst klein wird. Wenn man in der Konsequenz das Festhalten an einem einmal gefassten Plan ohne Rücksicht darauf, ob sich die Bedingungen geändert haben, erblicken will, dann sind Geistesgegenwart und schnelle Reaktion das Gegenteil von Konsequenz.

Wenn der Spekulant zur Börse geht, mag er einen Plan für seine Operationen entwerfen. Ob er an diesem Plan festhält oder nicht, sein Handeln bleibt darum rational auch in dem Sinne, den die, die rationales Handeln vom nichtrationalen[250] Handeln scheiden wollen, dem Ausdrucke beilegen. Es kann geschehen, dass unser Spekulant im Verlaufe der Börsenzeit Geschäfte abschließt die ein Beobachter, der nicht auf die in der Marktlage vorgegangenen Änderungen achtet, nicht als Ausfluss konsequenten Vorgehens bezeichnen wird. Doch der Spekulant ist nichtsdestoweniger konsequent. Das, woran er konsequent festhält, ist die Absicht, zu verdienen und nicht zu verlieren. Dieser Absicht entsprechend, muss er, den wechselnden Gestaltungen der Marktlage und dem Wechsel seiner Auffassungen über die weitere Preisgestaltung entsprechend, sein Verhalten öfters ändern[8].

[7]Vgl. Wicksteed, The Common Sense of Political Economy ed. by Robbins, I. Bd., (London 1933), S. 32 ff.; Vgl. Lionel Robbins, An Essay on the Nature and Significance of Economic Science, 2nd. Ed., (London, 1935), S. 91 ff.

[8]Auch Pläne können übrigens Widersprüche enthalten. Mitunter ist das aus Irrtum zu erklären. Mitunter aber mag der Widerspruch nur in den Augen dessen erscheinen, der die Absicht, die mit der Aufnahme unverträglicher Maßnahmen in den Plan verbunden war, nicht zu erkennen vermag. Wenn z. B. Regierungs- oder Parteiprogramme in einem Atem den Erzeugern hohe Preise und den Verbrauchern niedrige Preise versprechen, so mag dem demagogische Absicht zugrundeliegen,

Man mag die Dinge drehen und wenden, wie man will, es kann doch nie gelingen, einen nicht von Werturteilen abhängigen Begriff eines «irrationalen» Handelns zu konstruieren. Nehmen wir an, es habe sich jemand vorgenommen, inkonsequent vorzugehen zu keinem anderen Zweck als dem, dem Praxeologen die Haltlosigkeit seines Standpunktes zu erweisen. Was hat sich da ereignet? Ein eigentümliches[251] Ziel – die Widerlegung eines praxeologischen Satzes – ist aufgestellt worden, und diesem neuen Zweck zu Liebe wird anders gehandelt, als sonst gehandelt worden wäre[252]. Man hat zur Widerlegung der Praxeologie ein unzweckmäßiges Mittel gewählt, das ist alles.

die ihren Dienst recht gut erfüllen kann. Dann ist wohl das Programm (der veröffentlichte Plan) nicht widerspruchsfrei, doch der seiner Aufstellung und Veröffentlichung zugrundeliegende Plan seiner Urheber, die mit der Aufnahme unverträglicher Dinge in das Programm einen bestimmten Zweck erreichen wollen, ist durchaus widerspruchsfrei.

Kapitel 6

UNGEWISSHEIT

1. Ungewissheit und Handeln

Die Ungewissheit der Zukunft ist bereits im Begriff des Handelns impliziert. Dass der Mensch handelt und die Zukunft ungewiss ist, sind keineswegs zwei unabhängige Dinge. Sie sind nur zwei verschiedene Weisen, um eine Sache auszudrücken.

Wir mögen davon ausgehen, dass das Ergebnis aller Ereignisse und Veränderungen eindeutig von ewigen, unveränderlichen Gesetzen bestimmt wird, die die Entstehung und Entwicklung im gesamten Universum regeln. Wir mögen die notwendige Verbindung und wechselseitige Abhängigkeit aller Phänomene, d. h. ihre kausale Verkettung, als die fundamentale und letzte Tatsache betrachten. Wir mögen den Begriff des unbestimmten Zufalls gänzlich verwerfen. Aber wie auch immer das sein oder dem Verstand einer vollkommenen Intelligenz erscheinen mag, es bleibt die Tatsache, dass dem handelnden Menschen die Zukunft verborgen ist. Wenn der Mensch die Zukunft kennen würde, müsste er sich nicht entscheiden und würde nicht handeln. Er wäre wie ein Automat, der auf Reize ohne eigenen Willen reagiert.

Einige Philosophen sind bereit, den Begriff des menschlichen Willens als Illusion und Selbsttäuschung zu verwerfen, weil der Mensch sich unwissentlich nach den unvermeidlichen Gesetzen der Kausalität verhalten müsse. Sie mögen richtig oder falsch liegen aus der Sicht des unbewegten Bewegers oder der Kausalität selbst. Aber aus menschlicher Sicht ist das Handeln das Entscheidende. Wir behaupten nicht, dass der Mensch «frei» in der Wahl und im Handeln ist. Wir stellen lediglich fest, dass er wählt und handelt und dass wir nicht in der Lage sind, die Methoden der Naturwissenschaften zu nutzen, um die Frage zu beantworten, warum er sich so und nicht anders verhält.

Die Naturwissenschaft macht die Zukunft nicht vorhersehbar. Sie ermöglicht es, die Ergebnisse vorherzusagen, die durch konkrete Handlungen erzielt werden sollen. Aber sie hinterlässt zwei unvorhersehbare Sphären: die der ungenügend bekannten Naturphänomene und die der menschlichen Wahlhandlungen. Unsere Unwissenheit in Bezug auf diese beiden Sphären befleckt alle menschlichen Handlungen mit Ungewissheit. Apodiktische Gewissheit gibt es nur innerhalb des deduktiven Systems der apriorischen Theorie. Das Höchste, was in Bezug auf die Realität erreicht werden kann, ist die Wahrscheinlichkeit.

Es ist nicht Aufgabe der Praxeologie, zu untersuchen, ob es zulässig ist, einige der Theoreme der empirischen Naturwissenschaften als gewiss zu betrachten. Dieses Problem ist für praxeologische Überlegungen ohne praktische Bedeutung. Jedenfalls haben die Theoreme der Physik und Chemie eine so hohe Wahrscheinlichkeit, dass wir berechtigt sind, sie für alle praktischen Zwecke als gewiss zu bezeichnen. Wir können das Funktionieren einer nach den Regeln der wissenschaftlichen Technik konstruierten Maschine praktisch vorhersagen. Aber der Bau einer Maschine ist nur ein Teil eines breiteren Programms, das darauf abzielt, die Verbraucher mit den Produkten der Maschine zu versorgen. Ob dies der geeignetste Plan war oder nicht, hängt von der Entwicklung zukünftiger Bedingungen ab, die zum Zeitpunkt der Durchführung des Plans nicht mit Gewissheit vorhergesagt werden können. Der Grad der Gewissheit über das technologische Ergebnis der Konstruktion der Maschine, wie auch immer sie aussehen mag, beseitigt also nicht die Ungewissheit, die der gesamten Handlung innewohnt. Zukünftige Bedürfnisse und Bewertungen, die Reaktion der Menschen auf veränderte Bedingungen, zukünftige wissenschaftliche und technologische Erkenntnisse, zukünftige Ideologien und Politik können nie mit mehr als einer größeren oder kleineren Wahrscheinlichkeit vorhergesagt werden. Jede Handlung bezieht sich auf eine unbekannte Zukunft. Sie ist in diesem Sinne immer eine risikobehaftete Spekulation.

Die Probleme der Wahrheit und Gewissheit betreffen die allgemeine Theorie des menschlichen Wissens. Das Problem der Wahrscheinlichkeit hingegen ist ein Hauptanliegen der Praxeologie.

2. Die Bedeutung der Wahrscheinlichkeit

Die Behandlung der Wahrscheinlichkeit durch Mathematiker brachte mehr Verwirrung als Klarheit. Von Anfang an gab es eine Zweideutigkeit im Umgang mit der Wahrscheinlichkeitsrechnung. Als der Chevalier de Méré zu den Problemen der Würfelspiele Pascal befragte, hätte der große Mathematiker seinem Freund offen die Wahrheit sagen müssen, nämlich, dass die Mathematik dem Spieler in einem Spiel reinen Zufalls keinen Nutzen bringen kann. Stattdessen wickelte er seine Antwort in die symbolische Sprache der Mathematik ein. Was sich leicht in wenigen Sätzen weltlicher Rede erklären ließ, wurde in einer Terminologie ausgedrückt, die der überwiegenden Mehrheit unbekannt ist und deshalb mit Ehrfurcht betrachtet wird. Die Leute vermuteten, dass die rätselhaften Formeln einige wichtige Enthüllungen enthalten, die den Uneingeweihten verborgen bleiben; sie bekamen den Eindruck, dass es eine wissenschaftliche Methode des Glücksspiels gibt und dass die esoterischen Lehren der Mathematik einen Schlüssel zum Gewinnen liefern. Der himmlische Mystiker Pascal wurde ungewollt zum Schutzpatron des Glücksspiels. Die Lehrbücher der Wahrscheinlichkeitsrechnung machen unentgeltlich Werbung für die Spielkasinos, gerade weil sie für den Laien Bücher mit sieben Siegeln sind. Nicht minder verheerend wirkten sich die Zweideutigkeiten der Wahrscheinlichkeitsrechnung auf dem Gebiet der wissenschaftlichen Forschung aus. Die Geschichte jedes Wissenszweigs belegt Fälle der Fehlanwendung der Wahrscheinlichkeitsrechnung, die, wie John Stuart Mill bemerkte, sie «zum wahren Schandfleck der Mathematik»[1] macht. Einige der schlimmsten Fehler sind in unserer Zeit bei der

[1] John St. Mill, A System of Logic Ratiocinative and Inductive, Nachdruck, (London, 1936), S. 353 [eigene Übersetzung].

Interpretation der Methoden der Physik aufgetreten.

Das Problem der probabilistischen Inferenz ist viel größer als die Probleme, die das Feld der Wahrscheinlichkeitsrechnung ausmachen. Nur Voreingenommenheit zugunsten der mathematischen Behandlung konnte zu dem Vorurteil führen, dass Wahrscheinlichkeit immer Häufigkeit bedeutet.

Ein weiterer Irrtum verwechselt das Wahrscheinlichkeitsproblem mit dem Problem des induktiven Denkens, wie es in den Naturwissenschaften angewandt wird. Der Versuch, die Kategorie der Kausalität durch eine universelle Wahrscheinlichkeitstheorie zu ersetzen, ist das Kennzeichen einer verfehlten Philosophie[253], die noch vor wenigen Jahren sehr modisch war.

Eine Aussage ist wahrscheinlich, wenn unser Wissen über den Inhalt mangelhaft ist. Wir wissen nicht alles, was für eine definitive Entscheidung zwischen wahr und unwahr erforderlich wäre. Andererseits wissen wir aber auch etwas darüber; wir sind in der Lage, mehr zu sagen als nur *non liquet* oder *ignoramus*.

Es gibt zwei völlig unterschiedliche Fälle von Wahrscheinlichkeit; wir können sie Klassenwahrscheinlichkeit (oder Häufigkeitswahrscheinlichkeit) und Fallwahrscheinlichkeit (oder das spezifische Verständnis der Wissenschaften vom menschlichen Handeln) nennen. Das Feld für die Anwendung der ersteren ist das Feld der Naturwissenschaften, das vollständig von der Kausalität beherrscht wird; das Feld für die Anwendung des letzteren ist das Feld der Wissenschaften vom menschlichen Handeln, das vollständig von der Teleologie beherrscht wird.

3. Klassenwahrscheinlichkeit

Klassenwahrscheinlichkeit bedeutet: Im Hinblick auf das betreffende Problem wissen wir alles oder vermuten wir alles zu wissen über das Verhalten einer ganzen Klasse von Ereignissen oder Phänomenen; aber über die tatsächlichen singulären Ereignisse oder Phänomene wissen wir nichts anderes als, dass sie Elemente dieser Klasse sind. Wir wissen zum Beispiel, dass es in einer Lotterie neunzig Lose gibt und dass fünf davon gezogen werden. So wissen wir alles über das Verhalten der ganzen Klasse von Losen. Aber was die einzelnen Lose angeht, so wissen wir nichts anderes, als dass sie Bestandteile dieser Klasse von Losen sind.

Wir haben eine komplette Sterbetafel für einen bestimmten Zeitraum der Vergangenheit in einem bestimmten Gebiet. Wenn wir davon ausgehen, dass sich in Bezug auf die Sterblichkeit keine Veränderungen ergeben, können wir sagen, dass wir alles über die Sterblichkeit der gesamten betroffenen Bevölkerung wissen. Aber was die Lebenserwartung der Individuen angeht, so wissen wir nichts anderes, als dass sie zu dieser Gruppe von Menschen gehören.

Für dieses mangelhafte Wissen liefert die Wahrscheinlichkeitsrechnung eine Darstellung in mathematischen Symbolen. Sie erweitert, vertieft und ergänzt unser Wissen nicht. Sie übersetzt es in eine mathematische Sprache. Ihre Berechnungen wiederholen in algebraischen Formeln, was wir vorher wussten. Sie führen nicht zu Ergebnissen, die uns etwas über die tatsächlichen singulären Ereignisse sagen würden. Und natürlich fügen sie unserem Wissen über das Verhalten der ganzen Klasse nichts hinzu, da dieses Wissen bereits zu Beginn unserer Überlegungen vollkommen war – oder als vollkommen galt.

Es ist ein schwerwiegender Fehler zu glauben, dass die Wahrscheinlichkeitsrechnung dem Spieler alle Informationen liefert, die das Risiko des Glücksspiels beseitigen oder vermindern könnten. Sie ist, im Gegensatz zu weit verbreiteten Irrtümern, für den Spieler völlig nutzlos, ebenso wie jede andere Form der logischen oder mathematischen Argumentation. Es ist das charakteristische Merkmal des Glücksspiels, dass es sich um das Unbekannte, um den reinen Zufall handelt. Die Hoffnungen des Spielers auf Erfolg beruhen nicht auf substanziellen Überlegungen. Der abergläubische Spieler denkt: «Es gibt eine kleine Chance (oder anders ausgedrückt: es ist nicht unmöglich), dass ich gewinnen kann; ich bin bereit, den erforderlichen Einsatz zu leisten. Ich weiß sehr wohl, dass ich mich dabei wie ein Narr benehme. Aber die größten Narren haben das meiste Glück. Also drauf los![254]»

Kühle Vernunft muss dem Spieler zeigen, dass er seine Chancen nicht dadurch verbessert, dass er anstelle eines zwei Lose einer Lotterie kauft, bei der der Gesamtbetrag der Gewinne kleiner ist als der Erlös aus dem Verkauf aller Lose. Wenn er alle Lose kaufen würde, würde er mit Gewissheit einen Teil seiner Ausgaben verlieren. Doch jeder Lotteriekunde ist fest davon überzeugt, dass es besser ist, mehr Lose zu kaufen als weniger. Die Habitués der Casinos und Spielautomaten hören nie auf. Sie denken nicht darüber nach, dass, weil die herrschenden Quoten die Bank gegenüber dem Spieler begünstigen, das Ergebnis umso wahrscheinlicher zu einem Verlust für sie führen wird, je länger sie weiterspielen. Der Reiz des Glücksspiels besteht gerade in seiner Unberechenbarkeit und seinen abenteuerlichen Wechselfällen.

Nehmen wir an, dass zehn Lose, die jeweils den Namen eines anderen Mannes tragen, in eine Schachtel gesteckt werden. Ein Los wird er gezogen, und der Mann, dessen Namen es trägt, muss 100 Dollar zahlen. Dann kann ein Versicherer dem Verlierer die volle Entschädigung versprechen, wenn er in der Lage ist, jeden der zehn gegen eine Prämie von zehn Dollar zu versichern. Er sammelt 100 Dollar und muss den gleichen Betrag an einen der Zehn zahlen. Aber wenn er nur einen von ihnen zu einer durch Berechnung fixierten Prämie versichern sollte, würde er sich nicht auf ein Versicherungsgeschäft einlassen, sondern auf ein Glücksspiel. Er würde sich an die Stelle des Versicherten setzen. Er würde zehn Dollar sammeln und würde die Chance bekommen, sie entweder zu behalten oder diese zehn Dollar und noch neunzig Dollar mehr zu verlieren.

Wenn ein Mensch verspricht, beim Tod eines anderen Menschen eine bestimmte Summe zu zahlen und für dieses Versprechen den Betrag zu berechnen, der der Lebenserwartung entspricht, die durch die Wahrscheinlichkeitsrechnung bestimmt wird, ist er kein Versicherer, sondern ein Spieler. Die Versicherung, ob nach kaufmännischen Grundsätzen oder nach dem Prinzip der Gegenseitigkeit, erfordert die Versicherung einer ganzen Klasse oder eines Teils davon, oder was vernünftigerweise als solcher betrachtet werden kann. Ihre Grundidee ist die Bündelung und Verteilung von Risiken, nicht die Wahrscheinlichkeitsrechnung. Die mathematischen Operationen, die sie erfordert, sind die vier elementaren Operationen der Arithmetik. Die Wahrscheinlichkeitsrechnung ist nur eine Nebensache.

Dies zeigt sich deutlich daran, dass die Eliminierung gefährlicher Risiken durch Pooling auch ohne Anwendung versicherungsmathematischer Methoden erfolgen kann. Jeder übt dies in seinem täglichen Leben. Jeder Unternehmer nimmt in seine normale Kostenrechnung den Ausgleich von Verlusten auf, die bei der Führung von Geschäften regelmäßig auftreten. «Regelmäßig» bedeutet in diesem Zusammenhang: Die Höhe dieser Verluste ist für die gesamte Klasse der einzelnen Positionen bekannt. Der Obsthändler weiß zum Beispiel, dass einer von fünfzig Äpfeln in seinem Bestand verrotten wird, aber er weiß nicht, bei welchem einzelnen Apfel das passieren wird. Er behandelt solche Verluste wie jeden anderen Posten der Kostenrechnung.

Die obige Definition des Wesens der Klassenwahrscheinlichkeit ist die einzig logisch befriedigende. Sie vermeidet die grobe Zirkularität, die in allen Definitionen impliziert ist, die sich auf die gleiche Wahrscheinlichkeit möglicher Ereignisse beziehen. Indem wir behaupten, dass wir nichts über tatsächliche singuläre Ereignisse wissen, außer dass sie Elemente einer Klasse sind, deren Verhalten vollständig bekannt ist, wird dieser Teufelskreis beseitigt. Darüber hinaus ist es überflüssig, eine weitere Bedingung hinzuzufügen, die man das Fehlen jeglicher Regelmäßigkeit in der Abfolge der einzelnen Ereignisse nennt.

Das charakteristische Merkmal der Versicherung ist, dass sie sich mit der ganzen Klasse von Ereignissen befasst. Da wir so tun, als wüssten wir alles über das Verhalten der gesamten Klasse, scheint es kein spezifisches Risiko zu geben, das mit dem Verhalten des Unternehmens verbunden ist.

Ebenso wenig besteht ein spezifisches Risiko im Betrieb des Halters einer Spielbank oder im Betrieb einer Lotterie. Aus Sicht des Lotterieunternehmens ist das Ergebnis vorhersehbar, sofern alle Lose verkauft sind. Wenn einige Lose unverkauft bleiben, ist der Unternehmer in Bezug auf sie in der gleichen Position wie jeder Käufer eines Loses in Bezug auf die von ihm gekauften Lose.

4. Fallwahrscheinlichkeit

Fallwahrscheinlichkeit bedeutet: Wir kennen einige der Faktoren, die das Ergebnis eines bestimmten Ereignisses bestimmen, aber es gibt auch andere bestimmende Faktoren, von denen wir nichts wissen.

Die Fallwahrscheinlichkeit hat nichts mit der Klassenwahrscheinlichkeit gemein, außer der Unvollständigkeit unseres Wissens. In jeder anderen Hinsicht sind die beiden völlig unterschiedlich.

Es gibt natürlich viele Fälle, in denen Menschen versuchen, ein bestimmtes zukünftiges Ereignis auf der Grundlage ihres Wissens über das Verhalten der Klasse vorherzusagen. Ein Arzt kann die Chancen für die vollständige Genesung seines Patienten bestimmen, wenn er weiß, dass sich 70 Prozent der Betroffenen der gleichen Krankheit erholen. Wenn er sein Urteil richtig ausspricht, wird er nicht mehr sagen, als dass die Heilungswahrscheinlichkeit bei 0,7 liegt, das heißt, dass von zehn Patienten durchschnittlich nicht mehr als drei sterben. Alle solchen Vorhersagen über äußere Ereignisse, d. h. Ereignisse im Bereich der Naturwissenschaften, sind dieser Art. Es handelt sich in der Tat nicht um Prognosen über den jeweiligen Fall, sondern um Aussagen über die Häufigkeit der verschiedenen möglichen Ergebnisse. Sie basieren entweder auf statistischen Informationen oder einfach auf der groben Schätzung der Häufigkeit, die sich aus nichtstatistischen Erfahrungen ableitet. Soweit es sich um solche Arten von wahrscheinlichen Aussagen handelt, sind wir nicht mit Fallwahrscheinlichkeiten konfrontiert. Tatsächlich wissen wir nichts über den fraglichen Fall, außer, dass es sich um eine Instanz einer Klasse handelt, deren Verhalten wir kennen oder glauben zu kennen.

Ein Chirurg erzählt einem Patienten, der sich einer Operation unterziehen möchte, dass dreißig von hundert Patienten, die sich einer solchen Operation unterziehen, sterben. Wenn der Patient fragt, ob diese Zahl an Todesfällen bereits erreicht ist, hat er den Sinn der Aussage des Arztes missverstanden. Er ist dem Irrtum des «Trugschlusses des Glücksspielers» zum Opfer gefallen. Wie der Roulette-Spieler, der aus einer Abfolge von zehnmal rot schlussfolgert, dass die Wahrscheinlichkeit, dass die nächste Kugel schwarz trifft, jetzt größer ist als vor der Abfolge, verwechselt er die Fallwahrscheinlichkeit mit der Klassenwahrscheinlichkeit.

Alle medizinischen Prognosen, die nur auf physiologischen Erkenntnissen beruhen, beziehen sich auf die Klassenwahrscheinlichkeit. Ein Arzt, der hört, dass ein Mann, den er nicht kennt, von einer bestimmten Krankheit ergriffen wurde, wird aufgrund seiner allgemeinen medizinischen Erfahrung sagen: Seine Heilungschancen liegen bei 7 zu 3. Wenn der Arzt selbst den Patienten behandelt, kann er eine andere Einschätzung haben. Der Patient sei ein junger, kräftiger Mann; er sei bei guter Gesundheit gewesen bevor er mit der Krankheit angesteckt wurde. In solchen Fällen denkt der Arzt vielleicht, dass die Sterblichkeitszahlen niedriger sind; die Chancen für diesen Patienten mögen nicht 7:3, sondern 9:1 sein. Der logische Ansatz bleibt derselbe, auch wenn er sich nicht auf eine Sammlung statistischer Daten stützt, sondern lediglich auf eine mehr oder weniger genaue Zusammenfassung der eigenen Erfahrungen des Arztes mit früheren Fällen. Was der Arzt weiß, ist immer nur das Verhalten der Klassen. In unserem Fall ist die Klasse die Klasse der jungen, kräftigen Männer, die von der entsprechenden Krankheit befallen wurden.

Die Fallwahrscheinlichkeit ist ein besonderes Merkmal unseres Umgangs mit Problemen menschlichen Handelns. Hier ist ein Verweis auf die Häufigkeit unangebracht, da es sich bei unseren Aussagen immer um einmalige Ereignisse handelt, die als solche – also im Hinblick auf das jeweilige Problem – keiner Klasse angehören. Wir können eine Klasse bilden: «Amerikanische Präsidentschaftswahlen». Dieses Klassenkonzept kann sich für verschiedene Argumentationsformen als nützlich oder sogar notwendig erweisen, wie z. B. für eine verfassungsrechtliche Behandlung der Materie. Aber wenn wir es mit der Wahl von 1944 zu tun haben – entweder vor der Wahl, mit ihrem zukünftigen Ausgang oder nach der Wahl, mit einer Analyse der Faktoren, die das Ergebnis bestimmt haben –, dann haben wir es mit einem individuellen, einzigartigen und unwiederholbaren Fall zu tun. Der Fall zeichnet sich durch seine einzigartigen Eigenheiten aus, er ist eine Klasse für sich. Alle Merkmale, die es zulassen, ihn unter einer beliebigen Klasse zusammenzufassen, sind für das betreffende Problem irrelevant.

Zwei Fußballmannschaften, die Blues und die Yellows, mögen morgen spielen. In der Vergangenheit haben die Blues die Yellows immer besiegt. Dieses Wissen ist kein Wissen über eine Klasse von Ereignissen. Würden wir es als solches betrachten, müssten wir feststellen, dass die Blues immer siegreich sind und dass die Yellows immer besiegt werden. Wir wären nicht im Ungewissen, was den Ausgang des Spiels angeht. Wir würden mit Gewissheit wissen, dass die Blues wieder gewinnen werden. Allein die Tatsache, dass wir unsere Prognose für das morgige Spiel als nur wahrscheinlich ansehen, zeigt, dass wir nicht so argumentieren.

Andererseits sind wir der Meinung, dass die Tatsache, dass die Blues in der Vergangenheit siegreich waren, für das Ergebnis des morgigen Spiels nicht unerheblich ist. Wir halten es für eine günstige Prognose für den wiederholten Erfolg der Blues. Wenn wir im Sinne der Klassenwahrscheinlichkeit korrekt argumentieren würden, würden wir dieser Tatsache keine Bedeutung beimessen. Wenn wir dem «Trugschlusses des Spielers» nicht widerstehen würden, würden wir im Gegenteil argumentieren, dass das morgige Spiel zum Erfolg der Yellows führen wird.

Wenn wir etwas Geld riskieren auf die Siegchance eines Teams, würden Anwälte unsere Handlung als Wette qualifizieren. Sie würden es Glücksspiel nennen, wenn es um Klassenwahrscheinlichkeiten geht.

Alles, was außerhalb des Feldes der Klassenwahrscheinlichkeit gemeinhin mit dem Begriff Wahrscheinlichkeit impliziert wird, bezieht sich auf die eigentümliche Art der Argumentation im Umgang mit historischer Einzigartigkeit oder Individualität, das spezifische Verständnis der Geschichtswissenschaften.

Verstehen basiert immer auf unvollständigem Wissen. Wir kennen vielleicht die Motive der handelnden Menschen, die Ziele, auf die sie abzielen, und die Mittel, die sie einzusetzen planen, um diese Ziele zu erreichen. Über die zu erwartenden Auswirkungen aus dem Einsatz dieser Faktoren haben wir eine klare Meinung. Aber dieses Wissen ist mangelhaft. Wir können nicht im Voraus ausschließen, dass wir bei der Beurteilung ihres Einflusses Fehler gemacht oder einige Faktoren nicht berücksichtigt haben, deren Beeinflussung wir gar nicht oder nicht richtig vorausgesehen haben.

Glücksspiel, Ingenieurskunst und Spekulation sind drei verschiedene Arten des Umgangs mit der Zukunft.

Der Spieler weiß nichts über das Ereignis, von dem der Ausgang seines Spiels abhängt. Alles, was er weiß, ist die Häufigkeit eines günstigen Ergebnisses einer Reihe solcher Ereignisse, Wissen, das für sein Unternehmen nutzlos ist. Er vertraut auf Glück, das ist sein einziger Plan.

Das Leben selbst ist vielen Risiken ausgesetzt. Es ist jederzeit durch katastrophale Unfälle gefährdet, die nicht oder nur unzureichend beherrschbar sind. Jeder Mensch setzt auf Glück. Er rechnet damit, dass er nicht vom Blitz getroffen und nicht von einer Schlange gebissen wird. Es gibt ein Element des Glücksspiels im menschlichen Leben. Der Mensch kann einige der chrematistischen Folgen solcher Katastrophen und Unfälle durch den Abschluss von Versicherungen beseitigen. Dabei setzt er auf die gegenteiligen Chancen. Auf Seiten des Versicherten ist die Versicherung Glücksspiel. Seine Prämien hat er umsonst ausgegeben, wenn die Katastrophe nicht eintritt.[2] Im Hinblick auf nicht kontrollierbare Naturereignisse ist der Mensch immer in der Position eines Spielers.

Der Ingenieur hingegen weiß alles, was für eine technologisch befriedigende Lösung seines Problems, den Bau einer Maschine, notwendig ist. Soweit einige Randbereiche der Ungewissheit in seiner Macht der Kontrolle verbleiben, versucht er, sie durch Sicherheitsabstände zu beseitigen. Der Ingenieur kennt nur lösbare Probleme und Probleme, die nach heutigem Kenntnisstand nicht lösbar sind. Er kann manchmal aus ungünstigen Erfahrungen heraus feststellen, dass sein Wissen weniger vollständig war, als er angenommen hatte, und dass er die Unbestimmtheit einiger Dinge, die er zu kontrollieren glaubte, nicht erkannt hat. Dann wird er versuchen, sein Wissen zu vervollständigen. Natürlich kann er das Element des Glücksspiels, das im menschlichen Leben vorhanden ist, nie ganz ausschließen. Aber es ist sein Prinzip, nur in einer Sphäre der Gewissheit zu operieren. Er strebt die volle Kontrolle über die Elemente seines

[2] Bei der Lebensversicherung besteht der umsonst ausgegebene Anteil des Versicherten nur in der Differenz zwischen dem erhaltenen Betrag und dem Betrag, den er durch Sparen hätte ansammeln können.

Handelns an.

Heutzutage ist es üblich, von «Social Engineering» zu sprechen. Wie die Planung ist auch dieser Begriff ein Synonym für Diktatur und totalitäre Tyrannei. Die Idee ist, den Menschen so zu behandeln, wie der Ingenieur mit dem Material umgeht, aus dem er seine Brücken, Straßen und Maschinen baut. Der Wille des Sozialingenieurs soll an die Stelle des Willens der verschiedenen Menschen treten, die er für die Konstruktion seiner Utopie einsetzen will. Die Menschheit soll in zwei Klassen eingeteilt werden: den allmächtigen Diktator auf der einen Seite und die Untergebenen, die in seinen Plänen auf den Status von Schachbrettfiguren und in seiner Maschinerie auf den Status von Zahnrädern reduziert werden sollen. Wenn das machbar wäre, müsste sich der Sozialingenieur natürlich nicht darum kümmern, die Handlungen anderer Menschen zu verstehen. Er wäre frei, sich mit ihnen zu befassen, wie die Technik mit Holz und Eisen.

In der realen Welt ist der handelnde Mensch mit der Tatsache konfrontiert, dass es Mitmenschen gibt, die so handeln, wie er selbst handelt. Die Notwendigkeit, seine Handlungen an die Handlungen anderer Menschen anzupassen, macht ihn zu einem Spekulanten, für den Erfolg und Misserfolg von seiner mehr oder weniger ausgeprägten Fähigkeit abhängen, die Zukunft zu verstehen. Jede Investition ist eine Form der Spekulation. Es gibt im Laufe menschlicher Ereignisse keine Stabilität und somit auch keine Gewissheit.

5. Numerische Auswertung der Fallwahrscheinlichkeit

Die Fallwahrscheinlichkeit ist keiner numerischen Auswertung zugänglich. Was gemeinhin als solche betrachtet wird, ist, wenn man genauer hinschaut, eine andere Angelegenheit.

Am Vorabend der Präsidentschaftswahlen 1944 hätte ein Mann sagen können:

(a) Ich bin bereit, drei Dollar gegen einen zu wetten, dass Roosevelt gewählt wird.

(b) Ich schätze, dass von der Gesamtzahl der Wähler 45 Millionen ihr Wahlrecht ausüben werden, von denen 25 Millionen für Roosevelt stimmen werden.

(c) Ich schätze Roosevelts Chancen auf 9 zu 1.

(d) Ich bin sicher, dass Roosevelt gewählt wird.

Aussage (d) ist offensichtlich ungenau. Wenn er unter Eid auf dem Zeugenstand gefragt wird, ob er sich über Roosevelts zukünftigen Sieg ebenso sicher sei wie über die Tatsache, dass ein Eisblock schmelzen wird, wenn er einer Temperatur von 65 Grad[255] ausgesetzt wird, hätte unser Mann mit Nein geantwortet. Er hätte seine Aussage korrigiert und erklärt: Ich persönlich bin fest davon überzeugt, dass Roosevelt gewinnen wird. Das ist meine Meinung. Aber das ist natürlich keine Gewissheit, sondern nur die Art und Weise, wie ich die damit verbundenen Bedingungen verstehe.

Der Fall der Aussage (a) ist ähnlich. Dieser Mann glaubte, dass er bei einer solchen Wette nur sehr wenig riskierte. Das Verhältnis 3:1 sagt nichts über die Chancen der Kandidaten aus. Es ist das Ergebnis des Zusammenspiels zweier Faktoren: der Meinung, dass Roosevelt gewählt wird, und der Neigung des Mannes zum Wetten.

Aussage (b) ist eine Bewertung des Ergebnisses des bevorstehenden Ereignisses. Die Zahlen beziehen sich nicht auf eine größere oder kleinere Wahrscheinlichkeit, sondern auf das erwartete Abstimmungsergebnis. Eine solche Aussage kann auf einer systematischen Untersuchung wie einer Gallup-Umfrage oder einfach auf Schätzungen beruhen.

Anders verhält es sich mit der Aussage (c). Diese ist ein Vorschlag über das erwartete Ergebnis, das in arithmetischer Hinsicht ausgedrückt wird. Sie bedeutet gewiss nicht, dass in zehn Fällen der gleichen Art neun günstig für Roosevelt sind und einer ungünstig. Sie kann keinen Bezug zur Klassenwahrscheinlichkeit haben. Aber was kann sie sonst noch bedeuten?

Sie ist ein metaphorischer Ausdruck. Die meisten der Metaphern, die im Alltag verwendet werden, identifizieren ein abstraktes Objekt phantasievoll mit einem anderen Objekt, das direkt von den Sinnen erfasst werden kann. Dies ist jedoch kein notwendiges Merkmal der metaphorischen Sprache, sondern nur eine Folge der Tatsache, dass uns das Konkrete in der Regel vertrauter ist als das Abstrakte. Da Metaphern darauf abzielen, etwas zu erklären, was weniger bekannt ist, indem sie es mit etwas besser Bekanntem vergleichen, bestehen sie zumeist darin, etwas Abstraktes mit etwas bekannteren Konkreten zu identifizieren. Die Besonderheit unseres Falles ist, dass es sich um einen Versuch handelt, einen komplizierten Sachverhalt zu klären, indem man auf eine Analogie zurückgreift, die aus einem Zweig der höheren Mathematik, der Wahrscheinlichkeitsrechnung, entlehnt wurde. Diese mathematische Disziplin ist populärer als die Analyse der erkenntnistheoretischen Natur des Verstehens.

Es hat keinen Sinn, den Maßstab der Logik auf eine Kritik der metaphorischen Sprache anzuwenden. Analogien und Metaphern sind immer fehlerhaft und logisch unbefriedigend. Es ist üblich, nach dem zugrundeliegenden *tertium comparationis* zu suchen. Aber auch das ist im Hinblick auf die Metapher, mit der wir es hier zu tun haben, nicht zulässig. Denn der Vergleich basiert auf einer Konzeption, die an sich schon im Rahmen der Wahrscheinlichkeitsrechnung fehlerhaft ist, nämlich dem Trugschluss des Spielers. Mit der Behauptung, Roosevelts Chancen seien 9:1, ist die Idee verbunden, dass Roosevelt im Hinblick auf die bevorstehende Wahl in der Position eines Mannes sei, der 90 Prozent aller Lose einer Lotterie mit Aussicht auf den Hauptgewinn besitze. Es wird angedeutet, dass dieses Verhältnis 9:1 uns etwas Wesentliches über das Ergebnis des einzigartigen Falles sagt, an dem wir interessiert sind. Es ist nicht nötig zu wiederholen, dass es sich hierbei um einen Irrtum handelt.

Nicht weniger unzulässig ist der Rückgriff auf die Wahrscheinlichkeitsrechnung im Umgang mit naturwissenschaftlichen Hypothesen. Hypothesen sind vorläufige Erklärungen, die bewusst auf logisch unzureichenden Argumenten beruhen. Was sie anbelangt, so kann man nur behaupten: Die Hypothese widerspricht entweder logischen Prinzipien oder nicht, sie widerspricht entweder den Tatsachen, die experimentell ermittelt und für wahr gehalten werden, oder nicht. Im ersten Fall ist sie unhaltbar, im zweiten Fall ist sie – nach dem derzeitigen Stand unseres experimentellen Wissens – nicht unhaltbar. (Die Intensität der persönlichen Überzeugung ist rein subjektiv.) Weder die Häufigkeitswahrscheinlichkeit noch das historische Verständnis berühren die Sachlage.

Der Begriff Hypothese, der auf bestimmte Arten des Verstehens historischer Ereignisse angewandt wird, ist eine Fehlbezeichnung. Wenn ein Historiker behauptet, dass im Fall der Romanow-Dynastie die Tatsache, dass dieses Haus deutscher Herkunft war, eine relevante Rolle gespielt hat, so vertritt er keine Hypothese. Die Fakten, auf denen sein Verständnis beruht, stehen außer Frage. Es gab eine weit verbreitete Feindseligkeit gegen Deutsche in Russland und die herrschende Linie der Romanows, die seit 200 Jahren ausschließlich mit Nachkommen deutscher Abstammung verheiratet waren, wurde von vielen Russen als germanisierte Familie angesehen, selbst von denen, die annahmen, dass Zar Paul nicht der Sohn von Peter III. war. Aber es bleibt die Frage, was die Relevanz dieser Tatsachen in der Kette von Ereignissen war, die zur Entthronung dieser Dynastie geführt haben. Solche Probleme sind keiner andere Erklärung zugänglich als der, die durch das Verstehen gegeben ist.

6. Wetten, Glückspiele, Gesellschaftsspiele

Eine Wette ist die Verpflichtung, Geld oder andere Dinge auf das Ergebnis eines Ereignisses gegen einen anderen Menschen zu setzen, über dessen Ausgang wir nur so viel wissen, wie man auf der Grundlage des Verstehens wissen kann. So kann man auf das Ergebnis einer bevorstehenden Wahl oder eines Tennismatches wetten. Oder man kann darauf wetten, wessen Meinung über den Inhalt einer sachlichen Behauptung richtig und wessen Meinung falsch ist.

Glücksspiel ist die Verpflichtung, Geld oder andere Dinge auf das Ergebnis eines Ereignisses gegen einen anderen Menschen zu setzen, über das wir nicht mehr wissen, als aufgrund des Wissens über das Verhalten der ganzen Klasse bekannt ist.

Manchmal werden Wetten und Glücksspiel kombiniert. Das Ergebnis des Pferderennens hängt sowohl von menschlichem Handeln – auf der Seite des Pferdebesitzers, des Trainers und des Jockeys – als auch von nichtmenschlichen Faktoren – von den Qualitäten des Pferdes ab. Die meisten derjenigen, die Geld auf Pferderennen setzen, sind einfach Spieler. Aber die Experten glauben, dass sie etwas wissen, weil sie die beteiligten Personen verstehen; soweit dieser Faktor ihre Entscheidung beeinflusst, sind sie besser. Außerdem geben sie vor, die Pferde zu kennen; sie machen eine Prognose auf der Grundlage ihres Wissens über das Verhalten der Klassen von Pferden, denen sie die verschiedenen konkurrierenden Pferde zuordnen. In dieser Hinsicht sind sie Glücksspieler. Spätere Kapitel dieses Buches befassen sich mit den Methoden, die das Unternehmertum im Umgang mit dem Problem der Ungewissheit der Zukunft anwendet. Zu diesem Punkt unserer Argumentation muss nur noch eine weitere Bemerkung gemacht werden.

Das Einlassen auf Spiele kann entweder ein Ziel oder ein Mittel sein. Es ist ein Ziel für Menschen, die sich nach der Anregung und Aufregung sehnen, mit der die Wechselfälle eines Spiels sie versorgen, oder deren Eitelkeit durch die Darstellung ihrer Geschicklichkeit und Überlegenheit beim Spielen eines Spiels geschmeichelt wird, das List und Sachkenntnis erfordert. Es ist ein Mittel für Profis, die Geld verdienen wollen, indem sie gewinnen.

Das Spielen eines Spiels kann daher als Handlung bezeichnet werden. Es ist jedoch nicht zulässig, diese Aussage umzukehren und jede Handlung als Spiel zu bezeichnen oder alle Handlungen so zu behandeln, als ob es sich um Spiele handeln würde. Das unmittelbare Ziel beim Spielen eines Spiels ist es, den Partner nach den Spielregeln zu besiegen. Dies ist ein eigenartiger und besonderer Fall des Handelns. Die meisten Handlungen zielen nicht auf die Niederlage oder den Verlust von irgendjemandem ab. Sie zielen auf eine Verbesserung der Bedingungen ab. Es kann vorkommen, dass diese Verbesserung auf Kosten anderer Menschen erreicht wird. Aber das ist gewiss nicht immer der Fall. Es ist, gelinde gesagt, gewiss nicht der Fall im Rahmen des regulären Funktionierens eines Gesellschaftssystems, das auf Arbeitsteilung beruht.

Es gibt nicht die geringste Analogie zwischen dem Spielen von Spielen und dem Unternehmertum in einer Marktgesellschaft. Der Kartenspieler gewinnt Geld, indem er seinen Gegner überlistet. Der Unternehmer verdient Geld, indem er Kunden mit Waren beliefert, die sie erwerben wollen. Es mag eine Analogie zwischen der Strategie eines Kartenspielers und der eines Bluffers bestehen. Es ist nicht notwendig, dies näher zu analysieren. Wer das Unternehmertum als Bluff interpretiert, ist auf dem falschen Weg.

Das charakteristische Merkmal von Spielen ist der Antagonismus von zwei oder mehr Spielern oder Gruppen von Spielern.[3] Das charakteristische Merkmal der Wirtschaft innerhalb einer Gesellschaft, d. h. innerhalb einer arbeitsteiligen Ordnung, ist die Übereinstimmung in den Bemühungen ihrer Mitglieder. Sobald sie beginnen, sich gegenseitig zu bekämpfen, zeichnet sich eine Tendenz zum Zerfall der Gesellschaft ab.

Im Rahmen einer Marktwirtschaft ist Wettbewerb kein Antagonismus in dem Sinne, in dem dieser Begriff auf den feindlichen Zusammenprall unvereinbarer Interessen angewendet wird. Es stimmt, dass der Wettbewerb manchmal oder sogar sehr oft bei den Konkurrenten jene Leidenschaften des Hasses und der Bosheit hervorrufen kann, die gewöhnlich mit der Absicht einhergehen, anderen Menschen Böses zuzufügen. Psychologen neigen daher dazu, Kampf und Wettbewerb zu verwechseln. Aber die Praxeologie muss sich vor solchen künstlichen und irreführenden Zweideutigkeiten hüten. Aus ihrer Sicht besteht ein grundsätzlicher Unterschied zwischen katallaktischem Wettbewerb und Kampf. Die Konkurrenten streben nach Exzellenz und Überlegenheit bei den Leistungen innerhalb eines Systems der gegenseitigen Zusammenarbeit. Die Funktion des Wettbewerbs besteht darin, jedem Mitglied eines Gesellschaftssystem jene Position zuzuweisen, in der er der gesamten Gesellschaft und allen ihren Mitgliedern am besten dienen kann. Es ist eine Methode zur Auswahl des fähigsten Menschen für jede Leistung. Wo es eine soziale Zusammenarbeit gibt, muss eine gewisse Vielfalt an Auswahlmöglichkeiten angewandt werden. Nur dort, wo die Zuordnung verschiedener Personen zu verschiedenen Aufgaben allein durch die Entscheidungen eines Diktators erfolgt und die betroffenen Personen dem Diktator nicht helfen, indem sie die eigenen Tugenden und Fähigkeiten im günstigsten Licht darstellen, gibt es keinen Wettbewerb.

Wir werden uns in einem späteren Stadium unserer Untersuchung mit der Funktion des Wettbewerbs befassen müssen.[4] An dieser Stelle müssen wir nur betonen, dass es irreführend ist, die Terminologie der gegenseitigen Ausmerzung auf die Probleme der gegenseitigen Zusammenarbeit anzuwenden, wie sie in einer Gesellschaft wirkt. Militärische Begriffe sind für die Beschreibung des Unternehmertums ungeeignet. Es ist z. B. eine schlechte Metapher, von der Eroberung eines Marktes zu sprechen. Es findet keine Eroberung statt durch die Tatsache, dass ein Unternehmen bessere oder billigere Produkte anbietet als seine Konkurrenten. Strategie gibt es in Unternehmen nur im metaphorischen Sinne.

[3] «Patience» oder «Solitaire» ist kein Ein-Personen-Spiel, sondern ein Zeitvertreib, ein Mittel, um der Langeweile zu entkommen. Es ist sicherlich kein Muster für das, was in einer kommunistischen Gesellschaft vor sich geht, wie John von Neumann & Oscar Morgenstern, Theory of Games and Economic Behavior (Princeton, 1941), S. 86, behaupten.

[4] Siehe weiter unten.

7. Praxeologische Vorhersage

Praxeologisches Wissen macht es möglich, mit apodiktischer Gewissheit das Ergebnis verschiedener Handlungsweisen vorherzusagen. Aber natürlich kann eine solche Vorhersage niemals etwas mit quantitativen Fragen zu tun haben. Quantitative Probleme sind im Bereich des menschlichen Handelns keiner anderen Aufklärung zugänglich als der des Verstehens.

Wir können, wie sich später zeigen wird, vorhersagen, dass ein Rückgang der Nachfrage nach *a* – ceteris paribus – zu einem Rückgang des Preises von *a* führen wird. Aber wir können das Ausmaß dieses Rückgangs nicht vorhersagen. Diese Frage kann nur durch Verstehen beantwortet werden.

Der grundlegende Mangel jeder quantitativen Herangehensweise an wirtschaftliche Probleme besteht darin, dass die Tatsache vernachlässigt wird, dass es keine konstanten Beziehungen zwischen den so genannten wirtschaftlichen Dimensionen gibt. Es gibt weder Konstanz noch Kontinuität in den Bewertungen und in der Bildung von Austauschverhältnissen zwischen verschiedenen Waren. Jedes neue Datum führt zu einer Neuordnung der gesamten Preisstruktur. Das Verstehen, indem man versucht zu erfassen, was in den Köpfen der betroffenen Menschen vor sich geht, kann sich dem Problem der Vorhersage zukünftiger Bedingungen stellen. Wir mögen seine Methode als unbefriedigend bezeichnen, und die Positivisten mögen sie arrogant verachten. Aber solche willkürlichen Urteile dürfen und können nicht darüber hinwegtäuschen, dass das Verstehen die einzig geeignete Methode ist, um mit der Ungewissheit künftiger Zustände umzugehen.

Kapitel 7

DAS HANDELN IN DER WELT

1. [256]Das Grenznutzengesetz

[257]Das Handeln reiht und ordnet, es kennt ursprünglich nur die Ordnungszahl, nicht auch die Kardinalzahl. Doch die äußere Welt, in der das Handeln zu wirken hat, ist eine Welt der Masse und Mengen[258]. Diese Mengenbeziehungen zwischen Ursache und Wirkung[259] sind für das Handeln ein Datum. Wäre es anders, könnten bestimmte Mittel unbegrenzte Dienste leisten,[260] könnten die Mittel nicht knapp, könnten sie mithin nicht Mittel sein.[261]

Der handelnde Mensch schätzt die Dinge als Mittel zur Beseitigung seines Unbefriedigtseins.[262] Für die naturwissenschaftliche Betrachtung der Dinge[263] stellen sich die Vorgänge, die das Unbefriedigtsein herabmindern, als recht verschiedenartig dar; das Handeln sieht in ihnen stets nur ein Mehr oder Weniger von gleicher Art. Indem der Handelnde die verschiedenartigsten Zustände wertet, stellt er sie in eine Reihe und erkennt in ihnen nur die Beziehung, die sie zu seinem Wohlbefinden haben. Die Befriedigung, die durch den Genuss von Speise und Trank erzeugt wird, und die, die das Betrachten eines Kunstwerks vermittelt, sind für das Handeln[264] mehr oder weniger dringend und werden durch Bewertung und Handlung[265] in *eine* Reihe vom Erwünschteren zum weniger Erwünschten eingeordnet. Für[266] das Handeln gibt es originär nur verschiedene Grade von Wichtigkeit und Dringlichkeit im Hinblick auf das eigene Wohlergehen.

Quantität und Qualität sind Kategorien der Außenwelt[267]. Sie erlangen nur mittelbar für das Handeln Bedeutung. Weil jedes Ding nur ein begrenztes Maß von Wirkung zu leisten vermag, können Dinge zu Mitteln und knapp werden. Weil die Wirkung, die von den Dingen ausgeht, verschiedener Art ist, werden die Mittel nach Klassen unterschieden. Weil Mittel gleicher Art und Menge stets ein bestimmtes Quantum von Wirkung gleicher Art abgeben, macht das Handeln keinen Unterschied zwischen den konkreten Teilmengen gleichartiger Mittel. Doch das bedeutet keineswegs, dass es die einzelnen Teilmengen gleichartiger Mittel gleich wertet. Jede Teilmenge[268] wird gesondert[269] gewertet[270]. Jeder Teilmenge ist eine Ordnungszahl zugeordnet, doch diese Rangnummern dürfen zwischen den einzelnen Teilmengen beliebig vertauscht werden.

Hat das Handeln zwischen zwei oder mehreren verschiedenartigen Mitteln, die verschiedenartige Wirkungen abgeben, zu entscheiden, dann ordnet es die einzelnen Teilmengen dieser Mittel. Jeder Teilmenge wird eine Ordnungszahl zugewiesen, wobei es durchaus nicht notwendig ist, dass die einzelnen Teilmengen desselben Mittels mit unmittelbar aufeinanderfolgenden Rangnummern bedacht werden.

Die Zuteilung von Rangnummern erfolgt immer nur durch das Handeln und im Handeln, und es hängt von der individuellen und einzigartigen Lage, in der zu handeln ist, ab, wie groß die Teilmengen genommen werden, denen eine einzige Rangnummer zugewiesen wird. Das Handeln hat es nicht mit irgendwelchen metaphysischen oder physikalischen Einheiten zu tun, über die es abstrakt akademische Werturteile fällt, sondern stets mit zwei Alternativen, zwischen denen es zu entscheiden hat. Die Wahl ist immer zwischen zwei konkreten Mengen von Mitteln zu treffen. Man kann die kleinste Teilmenge, über die eine Entscheidung gefällt werden kann, als Einheit bezeichnen. Doch man darf nicht dem Irrtum verfallen, anzunehmen, dass das Urteil über eine Summe von solchen Einheiten aus dem Urteil über die einzelne Einheit hervorgeht oder gar die Summe der Werte der einzelnen Einheiten ergibt.

Ein Wirt[271] verfüge über 5 Einheiten des Gutes a und über 3 Einheiten des Gutes b. Den Einheiten von a seien in seiner Wertung die Rangnummern 1, 2, 4, 7 und 8 zugeordnet, den Einheiten von b die Rangnummern 3, 5 und 6. Das bedeutet: vor die Wahl gestellt, zwischen zwei Einheiten von a und zwei Einheiten von b zu entscheiden, wird er lieber auf 2 a als auf *2* b verzichten. Vor die Wahl gestellt, zwischen 3 a und *2* b zu entscheiden, wird er leichter auf 2 b denn auf 3 a verzichten. In der Wertung eines Vorrates wird eben stets der von diesem Vorrat als Ganzem abhängige Nutzen – die von der Verfügung über diesen Vorrat erreichbare Wohlfahrtssteigerung oder, was dasselbe ist, die von seinem Verlust abhängige Verringerung der Wohlfahrt – unmittelbar beurteilt. Es wird nicht addiert oder multipliziert, es wird der von dem Vorrat[272], über den zu entscheiden ist, abhängige Nutzen erwogen.

Nutzen sagt dabei nichts anderes als: Bedeutung für die Beseitigung[273] von empfundenem Unbefriedigtsein; der Handelnde hält die Dienste, die ein Ding erbringen kann für ein brauchbares Mittel, Unbefriedigtsein zu beheben oder zu mindern, und bezeichnet das als den Nutzen, den das Ding bringt. Der Gebrauch, den die Praxeologie von dem Ausdruck *Nutzen* macht, gibt ihm keinen von dem Ausdruck *Bedeutung für die Abstellung von Unbefriedigtsein* verschiedenen Sinn. Der praxeologische Begriff Nutzen (der *subjektive Gebrauchswert* der Ausdrucksweise der älteren Österreicher) ist streng zu unterscheiden von dem technologischen Begriff Nutzen (vom *objektiven Gebrauchswert* der Ausdrucksweise der älteren Österreicher).

Der *Gebrauchswert* im objektiven Sinne ist das Verhältnis zwischen einer Sache und der Wirkung, die sie hervorzubringen vermag. Es ist ein objektiver *Gebrauchswert*, den die Menschen mit Begriffen wie «Heizwert» oder «Heizvermögen» von Kohle bezeichnen. Subjektiver *Gebrauchswert* basiert nicht immer auf einem objektiven *Gebrauchswert*. Es gibt Dinge, an die subjektiver *Gebrauchswert* geknüpft ist, weil Menschen irrtümlich glauben, dass sie die Macht haben, einen gewünschten Effekt zu erzielen. Andererseits gibt es Dinge, die in der Lage sind, einen gewünschten Effekt zu erzielen, dem kein *Gebrauchswert* beigemessen wird, weil die Menschen diese Tatsache nicht kennen.

Betrachten wir den Stand des ökonomischen Denkens, der vor der Ausarbeitung der modernen Werttheorie durch Carl Menger, William Stanley Jevons und Léon Walras vorherrschte.[274] Wer zum Aufbau einer elementaren Wert- und Preistheorie gelangen will, dem drängt sich der Gedanke, vom Nutzen der Güter auszugehen, mit unabweislicher Notwendigkeit auf. Nichts scheint selbstverständlicher zu sein, als dass die Güter ihres Nutzens wegen geschätzt werden. Doch da türmt sich eine Schwierigkeit auf, die die früheren Ökonomen[275] zunächst nicht zu beseitigen vermochten. Man sieht eine Antinomie: Güter, die geringeren Nutzen geben, werden oft höher geschätzt als Güter, die höheren Nutzen bringen. *Eisen* wird niedriger geschätzt als *Gold*. Diesen Tatbestand vermag man mit einer Wert- und Preistheorie, die sich auf die Begriffe Nutzen und Gebrauchswert stützt,[276] nicht zu vereinbaren. Die Ökonomen glaubten, sie[277] preisgeben zu müssen, und versuchten, auf anderen Wegen die Phänomene des Werts und des Markttausches zu erklären[278].

Verhältnismäßig spät erst erkennt man, dass die Antinomie, die man nicht zu erklären vermochte, auf einer falschen Fragestellung beruhte. Die Wertungen und Wahlakte, die zur Bildung der Preise führen, entscheiden nicht zwischen *dem Gold* und *dem Eisen*. Der handelnde Mensch ist nicht in einer Lage, in der er Entscheidungen zwischen allem Gold und allem Eisen zu treffen hat. Er hat hier und heute zwischen einer begrenzten bestimmten Menge Gold und einer begrenzten bestimmten Menge Eisen zu wählen. Die Entscheidung, die er trifft, wenn er zwischen hundert Gramm[279] Gold und hundert Meterzentner[280] Eisen zu wählen hat, ist nicht abhängig von der Entscheidung, die er treffen würde, wenn er in die – wohl wenig wahrscheinliche – Lage käme, zwischen allem Gold und allem Eisen wählen zu müssen. Für die Entscheidung des Handelnden ist allein maßgebend, ob er den unmittelbaren oder mittelbaren Nutzen, der für ihn von der Verfügung über 100 Gramm Gold in seiner gegenwärtigen Lage abhängig ist, höher oder niedriger wertet als den unmittelbaren oder mittelbaren Nutzen, der für ihn von der Verfügung über 100 Meterzentner Eisen in seiner gegenwärtigen Lage abhängig ist. Er gibt kein akademisches oder philosophisches Urteil über den Wert von Gold oder Eisen ab, er erklärt nicht, ob Gold oder Eisen für die Menschheit wichtiger ist, er benimmt sich nicht wie der Geschichtsphilosoph oder wie der Moralkritiker, die theoretische Abhandlungen verfassen. Er wählt einfach zwischen zwei Befriedigungen, von denen ihm nur eine zugänglich ist.

Vorziehen und Zurückstellen und das aus ihnen hervorgehende Wählen und Entscheiden sind kein Messen. Das Handeln misst nicht den Nutzen oder Wert, es wählt zwischen verschiedenen Alternativen[281]. Es gibt kein abstraktes Gesamtnutzen- oder Gesamtwertproblem.[1] Es gibt keine Gedankenoperation, die von der im Wählen gesetzten Wertung einer konkreten[282] Menge oder Anzahl zur Ermittlung der Wertung einer größeren oder kleineren Menge oder Anzahl hinleiten könnte. Es gibt keine Feststellung des Wertes eines Gesamtvorrates, wenn man nur den Wert einzelner Teile kennt, über die in einem konkreten Wahlakt entschieden wurde;

[1] Es ist wichtig darauf hinzuweisen, dass es in diesem Kapitel nicht um Preise oder Marktwerte geht, sondern um den subjektiven Gebrauchswert. Die Preise sind ein Derivat des subjektiven Gebrauchswertes.

und es gibt keine Feststellung des Wertes eines Teilvorrates, wenn man nur den Wert des Gesamtvorrates kennt[283]. Es gibt im Werten keine Rechnungsoperationen und kein Rechnen mit Werten. Das Werturteil über die Gesamtvorräte zweier Güterklassen kann anders ausfallen als das über Teile oder Einheiten dieser Klassen und umgekehrt. Es mag ein isolierter Wirt, der sieben Kühe und sieben Pferde besitzt, ein Pferd höher schätzen als eine Kuh und sich von einer Kuh leichter trennen als von einem Pferd; dennoch kann er, wenn er die Wahl hat, auf alle Kühe oder auf alle Pferde zu verzichten, den Verzicht auf die Pferde dem Verzicht auf die Kühe vorziehen. Dem Begriff des Gesamtwertes (Gesamtnutzens) oder Wertes (Nutzens) eines Gesamtvorrates kommt Sinn überhaupt nur im Hinblick auf eine Wahlhandlung zu, in der über den Gesamtvorrat zu verfügen ist. Damit die Frage, ob *Gold* an sich oder *Eisen* an sich wertvoller oder nützlicher ist, einen Sinn erhalte, müsste sie im Hinblick auf eine Lage gestellt werden, in der zwischen dem gesamten der Menschheit oder einem isolierten Teil der Menschheit zur Verfügung stehenden Vorrat von Gold und dem gesamten zur Verfügung stehenden Vorrat von Eisen zu wählen ist.

Ist nicht über den gesamten zur Verfügung stehenden Vorrat zu entscheiden, dann bezieht sich das Werturteil nur auf den Teilvorrat, über den gerade zu entscheiden ist. Da ein Vorrat *ex definitione* homogen ist, da jeder Teil geeignet ist, die gleiche Nutzwirkung abzugeben und daher an die Stelle jedes anderen Teils zu treten vermag, ist es ohne Bedeutung für die Wahlakte, ob im gegebenen Fall über diesen oder über jenen Teil zu entscheiden ist. Alle Teile – Einheiten – eines gegebenen Vorrats werden als gleich nützlich angesehen und gleich gewertet, wenn es darauf ankommt, über einen von ihnen zu verfügen[284]. Wird der Vorrat um einen Teil – eine Einheit – verringert, dann wird neu zu entscheiden sein, in welcher Weise die zur Verfügung übrig gebliebenen Teile zu verwenden sind. Es liegt auf der Hand, dass der kleinere Vorrat nicht alle Leistungen erbringen kann, die der größere Vorrat erbringen kann. Die Verwendung, die in der neuen Ordnung nicht mehr statthat, erschien dem Wahlakt als die mindest wichtige unter den früheren Verwendungen, und die Befriedigung, die von dieser Verwendung ausging, als die wenigst dringende Befriedigung, die die Einheiten des größeren Vorrats geboten hatten. Die Schätzung einer Einheit aus einem gegebenen homogenen Vorrat erfolgt nach dem Nutzen, der von der Verwendung abhängt, die unter den Verwendungen, zu denen der Vorrat herangezogen wird, die mindest wichtige ist, d.i.[285] nach dem Grenznutzen.

Wenn ein Mensch mit der Alternative konfrontiert wird, entweder eine Einheit seines Vorrats an *a* oder eine Einheit seines Vorrats an *b* aufzugeben, vergleicht er nicht den Gesamtnutzen seines Gesamtbestands an *a* mit dem Gesamtnutzen seines Vorrats an *b*. Er vergleicht den Grenznutzen sowohl von *a* als auch von *b*. Obwohl er den Gesamtvorrat an *a* höher bewerten kann als den Gesamtvorrat an *b*, kann der Grenznutzen von *b* höher sein als der Grenznutzen von *a*.

Die gleiche Argumentation gilt für die Frage der Erhöhung des verfügbaren Vorrats an Waren durch den Erwerb einer zusätzlichen, bestimmten Anzahl von Einheiten.

Man bedarf zum Ausdrucke dieses Tatbestandes nicht der Sprache der Psychologie und zu seinem Beweise nicht der psychologischen Argumentation. Wenn wir sagen, dass für die Wahlakte nicht die Rangordnung[286] der Bedürfnisgattungen, sondern der konkreten Bedürfnisse unabhängig von der Gattung, der sie zuzurechnen sind[287], maßgebend sei, haben wir unserem Wissen nichts hinzugefügt und haben nichts von dem Erkannten auf Bekannteres oder Allgemeineres zurückgeführt. Diese Ausdrucksweise von Bedürfnisgattungen wird uns überhaupt nur dann sinnvoll erscheinen, wenn wir uns daran erinnern, welche Rolle die vermeintliche Antinomie des Wertes in der Entwicklung des nationalökonomischen Denkens gespielt hat, und verstehen, dass es für Menger und Böhm-Bawerk darauf ankommen musste, den Begriff der «Bedürfnisgattung» zu verwenden, um die Bedenken zu zerstreuen, die gegen ihre Auffassung vom Standpunkte einer Lehre vorgebracht werden konnten, die *Brot* ohne Einschränkung[288] als nützlicher ansah als etwa *Seide,* weil das Nahrungsbedürfnis vor dem nach schöner Kleidung stehe.[2] Der Begriff Bedürfnisgattung ist heute durchaus überflüssig; es kommt ihm für das Handeln und damit für die Ableitung der Sätze der Wert[289]lehre keine Bedeutung zu;[290] er führt außerdem irre.[291] Begriffsbildungen und Klassifikationen sind geistige Werkzeuge; sie empfangen ihre Bedeutung und ihren Sinn erst durch die Theorien, in denen von ihnen Gebrauch gemacht wird[3]. Welchen Sinn hat es, die Bedürfnisse in Gattungen zusammenzufassen, um dann festzustellen, dass die so gebildeten Klassen für die Wertung keine Rolle spielen?

Das Grenznutzenprinzip und das Gesetz vom sinkenden Grenznutzen sind auch unabhängig vom Gossen'schen Gesetz der Bedürfnissättigung (l. Gossen'sches Gesetz). Wir sprechen, wenn wir den Grenznutzen in unsere Lehre einführen, weder von sinnlichem Genuss noch von Sättigung. Wir bleiben im Rahmen unserer Lehre vom Handeln, wenn wir sagen[292]: Ist ein Gut dergestalt teilbar, dass von jedem Teil die gleiche Nutzwirkung auszugehen vermag, dann nennen wir die Verwendung, die das Handeln setzt, wenn es über n Einheiten verfügt, die es aber nicht mehr setzen würde, wenn es *caeteris paribus* nur über n*-1* Einheiten verfügen würde, die mindest wichtige Verwendung oder die Grenzverwendung und den Nutzen, der von ihr ausgeht, den Grenznutzen. Um zu dieser Einsicht zu gelangen, bedürfen wir keiner physiologischen oder psychologischen Erfahrungen, Kenntnisse oder Erwägungen. Sie folgt notwendig aus unseren Annahmen: dass überhaupt gehandelt (gewählt) wird und dass in dem einen Fall über n Einheiten, im zweiten Fall über n*-1* Einheiten eines homogenen Vorrats zu verfügen ist. Lassen wir diese Voraussetzungen gelten, dann ist ein anderes Ergebnis undenkbar. Unser Satz ist formal und aprioristisch und von keiner Erfahrung abhängig.

Es gibt nur zwei Alternativen. Zwischen dem empfundenen Unbefriedigtsein, das den Menschen zum Handeln zwingt, und dem Zustand, in dem es kein Handeln mehr geben kann (sei es, weil der Zustand der vollkommenen Befriedigung erreicht ist oder weil der Mensch zu keiner weiteren Verbesserung seiner Verhältnisse fähig ist), gibt es entweder Zwischenschritte oder es gibt keine Zwischenschritte. Im zweiten Fall kann es nur eine Handlung geben; sobald diese Handlung vollzogen ist, wird ein Zustand erreicht, in dem keine weitere Handlung mehr möglich ist. Dies ist offensichtlich unvereinbar mit unserer Annahme, dass es Handeln gibt; dieser Fall impliziert nicht

[2] Vgl. Carl Menger, Grundsätze der Volkswirtschaftslehre, (Wien, 1871), S. 88 ff.; Vgl. Eugen Böhm-Bawerk, Kapital und Kapitalzins, 3. Aufl., 2. Abteilung, (Innsbruck, 1909), S. 237 ff.

[3] Klassen gibt es nicht in der Welt; Klassen unterscheidet nur das Denken, das in der Betrachtung der Welt Gleichartigkeit und Verschiedenheit wahrnimmt. Es ist unser Verstand, der die Phänomene klassifiziert, um unser Wissen zu organisieren. Ob eine Klassifikation für das, was das Denken anstrebt, zweckmäßig ist, ist eine andere Frage als die Frage nach der Richtigkeit und logischen Zulässigkeit der Klassifikation.

mehr die allgemeinen Bedingungen, die in der Kategorie des Handeln vorausgesetzt werden. Nur der erste Fall bleibt bestehen. Aber dann gibt es verschiedene Grade in der asymptotischen Annäherung an den Zustand, in dem es kein Handeln mehr geben kann. Damit ist das Gesetz des Grenznutzens bereits in der Kategorie der Handlung impliziert. Es ist nichts anderes als die Umkehrung der Aussage, dass das, was mehr befriedigt, dem, was weniger befriedigt, vorgezogen wird. Steigt der verfügbare Vorrat von *n - 1* Einheiten auf *n* Einheiten an, kann der Zuwachs nur für die Beseitigung eines Mangels verwendet werden, der weniger dringend oder weniger schmerzhaft ist als der am wenigsten dringende oder am wenigsten schmerzhafte unter all denjenigen, die mit Hilfe des Vorrats $n - 1$ entfernt werden konnten.

Das Grenznutzenprinzip bezieht sich nicht auf den objektiven Gebrauchswert, sondern auf den subjektiven Gebrauchswert. Es geht nicht um die physikalische oder chemische Fähigkeit der Dinge, eine bestimmte Wirkung im Allgemeinen zu bewirken, sondern um ihre Relevanz für das Wohlergehen eines Menschen, wie er es selbst unter dem herrschenden momentanen Zustand seiner Angelegenheiten sieht. Es geht nicht in erster Linie um den Wert der Dinge, sondern um den Wert der Dienste, die ein Mensch von ihnen erwartet.

Wenn wir glaubten, dass es beim Grenznutzen um Dinge und deren objektiven Gebrauchswert geht, wären wir gezwungen anzunehmen, dass der Grenznutzen sowohl steigen als auch sinken kann, wenn die Menge der verfügbaren Einheiten zunimmt.[293] Es kann sich ergeben, dass der Nutzen, der von der Verfügung über eine Mindestmenge – *n* Einheiten – eines Gutes *a* abhängig ist, den Nutzen, der von der Verfügung über eine Einheit des Gutes *b* abhängig ist, übersteigt; steht aber nur eine geringere Menge als *n* Einheiten von *a* zur Verfügung, dann kann von *a* nur ein anderer Gebrauch gemacht werden, wobei der von der verfügbaren Menge an *a* abhängige Nutzen niedriger bewertet wird als der von einer Einheit von *b* abhängige Nutzen. Die Vermehrung des Vorrates an *a* von *n-1* auf *n* bedeutet dann Steigerung des Grenznutzens[294] einer Einheit von *a*. Wer über hundert Bretter verfügt, kann eine Hütte errichten, die ihn vor den Unbilden der Witterung besser schützt als ein Regenmantel. Stehen ihm weniger als 30[295] Bretter zur Verfügung, so mag er etwa diese als Liegestätte benützen können, um sich gegen die Feuchtigkeit des nackten Bodens zu schützen. Als Besitzer von 95[296] Brettern wäre er bereit, für die Erwerbung von 5[297] weiteren Brettern den Regenmantel zu opfern; als Besitzer von[298] 10[299] Brettern würde er den Regenmantel auch für 10[300] Bretter nicht hergeben. Es mag jemand, dessen Ersparnisse 100[301] Dollar betragen, nicht bereit sein, eine Mehrarbeit für ein Entgelt von 200 Dollar zu übernehmen; würde er 2000 Dollar besitzen und den dringenden Wunsch haben, ein unteilbares Gut, das mindestens 2100 Dollar kostet, zu erwerben, dann würde er selbst für 100 Dollar den in Betracht kommenden Dienst zu leisten bereit sein. An dem allen ist nichts, was im Widerspruch mit dem richtig formulierten Grenznutzenprinzip[302] stünde, nach dem[303] die Wertung nach dem abhängigen Nutzen der erwarteten Dienste erfolgt. Von einem Gesetz des zunehmenden Nutzens kann keine Rede sein.

Das Grenznutzenprinzip hat weder mit Bernouilli's Lehre de mensura sortis noch mit dem Weber-Fechner'schen psychophysischen Grundgesetz[304] irgend etwas zu tun. Bernouilli hat seinen Ausführungen die jedermann geläufigen Tatbestände zugrundegelegt, dass ein Reicher seine Bedürfnisse reichlicher befriedigen kann als ein Ärmerer und dass die wichtigeren Bedürfnisse vor den als weniger wichtig erachteten befriedigt werden. Aber die Schlussfolgerungen, die Bernoulli aus diesen Binsenweisheiten gezogen hat, sind alle falsch.[305] Er entwickelte vielmehr eine mathematische Lehre von der Abnahme des Lustzuwachses bei steigendem Gesamtvermögen[306]. Die Behauptung, dass es, falls nichts Ungewöhnliches dazwischen tritt, in hohem Grade wahrscheinlich sei, dass für jemand, der ein Einkommen von 5000 Dukaten hat, *ein* Dukaten gerade nur so viel bedeutet, wie für jemand, der nur ein Einkommen von 2500 Dukaten hat, ein halber Dukaten, ist willkürlich[307]. Es sei ganz davon abgesehen, dass es nicht angeht, die Wertschätzungen verschiedener Wirte zu vergleichen, außer auf völlig willkürliche Weise. Auch wenn Bernouilli analog die Wertschätzungen desselben Subjekts bei verschiedener Höhe des Einkommens zu bestimmen sucht, verfährt er nicht minder willkürlich. Bernouilli sieht nicht, dass alles, was man in dem von ihm behandelten Fall behaupten darf, das ist, dass mit steigendem Vermögen oder Einkommen jeder neue Zuwachs nur zur Abstellung eines als weniger drückend empfundenen Unbefriedigtseins verwendet werden kann und verwendet wird. Er sieht nicht, dass im Werten, Wählen und Handeln nicht gemessen und keine Äquivalenz festgestellt wird, sondern skaliert und vorgezogen und zurückgestellt wird[4]. So konnten denn auch weder Bernouilli selbst noch die Mathematiker und Nationalökonomen, die seine Auffassung übernommen haben, dazu gelangen, die Schwierigkeiten, die die[308] Antinomie des Wertes bot, zu überwinden.

Gegen die Irrtümer, die durch die Vermengung der Gedankengänge des Weber-Fechner'schen Gesetzes und der subjektivistischen Wertlehre begangen werden, hat sich schon Max Weber mit großer Entschiedenheit gekehrt. Max Weber stand selbst der Nationalökonomie zu fern und war zu sehr in den Vorurteilen des Historismus befangen, als dass es ihm hätte gelingen können, das Wesen des nationalökonomischen Denkens richtig zu erfassen. Sein Genie hat ihn aber gerade in der Abhandlung, die er unserem Probleme gewidmet hat, den die volle Wahrheit enthaltenden Satz aussprechen lassen, «die Grenznutzenlehre, und überhaupt jede subjektive Wertlehre» wären «nicht psychologisch, sondern – wenn man dafür einen methodologischen Terminus will – pragmatisch fundamentiert, d.h. unter Verwendung der Kategorien: Zweck und Mittel».[5]

Wer zur Behebung einer pathologischen Störung des körperlichen Wohlbefindens eine konkrete Menge[309] eines Heilmittels einnehmen soll, wird durch das Einnehmen eines Mehrfachen nicht bessere Wirkung erzielen; die größere Gabe wird entweder nicht mehr wirken als die angemessene, als das Optimum, oder gar schädlich wirken. Das gilt aber von allen Arten der Befriedigung[310], mag auch mitunter das Optimum erst durch eine ziemlich große Gabe erreicht werden und mag auch der Punkt, über den hinaus der Zusatz weiterer Gaben[311] als schädlich erachtete Wirkungen hervorruft, weit hinausgeschoben sein.[312] Das ist eben der Tatbestand, dass die Welt, in der der Mensch Unbefriedigtsein beheben und somit handeln will, eine Welt der Kausalitäten und quantitativen Beziehungen von

[4]Vgl. Daniel Bernouilli, Versuch einer neuen Theorie der Wertbestimmung von Glücksfällen, übers. von Pringsheim, (Leipzig, 1896), S. 27 ff.

[5]Vgl. Max Weber, Gesammelte Aufsätze zur Wissenschaftslehre, (Tübingen, 1922), S. 372; vgl. auch ebd. S. 149.

Der von Weber verwendete Begriff «pragmatisch» kann natürlich Verwirrung stiften. Es ist unzweckmäßig, ihn für etwas anderes als die Philosophie des Pragmatismus einzusetzen. Wenn Weber den Begriff «Praxeologie» gekannt hätte, hätte er ihn wahrscheinlich bevorzugt.

Ursachen und Wirkungen ist. Wer das Unbefriedigtsein, das ihm der Aufenthalt in einem Raum bereitet, in dem das Thermometer nur 2 Grad über null[313] zeigt, beheben will, wird die Erwärmung des Raumes auf 15 oder 20 Grad[314] anstreben. Es hat nichts mit dem Weber-Fechner'schen Gesetz zu tun, dass er den Raum nicht auf 100 oder 1000 Grad[315] erhitzt haben will; mit Psychologie hat es nur insofern zu tun, als uns die Psychologie, wenn sie es kann, erklären mag, aus welchen Beweggründen[316] ein Mensch *in der Regel* die Erhaltung der Gesundheit und des Lebens der Krankheit und dem Tode vorzieht. Für die Praxeologie ist allein wichtig, dass der handelnde Mensch zwischen mehreren Alternativen[317] wählt. Dass er an Scheidewegen steht, entscheiden muss und entscheidet, ist neben anderen Bedingungen auch dadurch bedingt, dass er in dieser Welt der Quantitäten lebt und nicht in einer – unserem Denken nicht vorstellbaren – quantenlosen Welt.

Man hat das Weber-Fechner'sche Gesetz mit dem Grundprinzip der subjektivistischen Wertlehre irreführenderweise in Verbindung gebracht, weil man nicht auf die Befriedigung, sondern auf die Mittel, die zur Befriedigung führen, das Augenmerk richtete. Hätte man an die Befriedigung gedacht, dann hätte man nicht auf den absurden Gedanken verfallen können, die Gestaltung des Verlangens nach Wärme auf die Abnahme der Empfindung für Reize zurückzuführen. Dass ein normaler Mensch die Zimmerwärme nicht auf 40 Grad[318] steigern will, hat nichts mit einer Abnahme der Empfindung für Wärmereize zu tun. Dass jemand darauf verzichtet, sein Zimmer auf den Wärmegrad zu bringen, den andere anstreben und den er wahrscheinlich auch anstreben würde, wenn ihm nicht eben die Beschaffung eines Anzuges oder das Anhören einer Beethoven'schen Symphonie wichtiger erscheinen würde, kann man nicht[319] naturwissenschaftlich erklären. Objektiv und in einer den Methoden der Naturwissenschaften zugänglichen Weise sind die einzelnen Nutzwirkungen[320] zu erfassen, doch nicht die Wertung, die sie durch die Menschen erfahren.[321]

2. Das Ertragsgesetz

[322]Begrenztheit der Wirkung, die durch ein wirtschaftliches Gut hervorgerufen wird, bedeutet dabei für Güter erster Ordnung: einer Menge a an Ursache entspricht in einem gegebenen Zeitabschnitt oder überhaupt eine Menge an Wirkung. Für Güter höherer Ordnung (Produktionsmittel), bedeutet es: einer Menge b an Ursache entspricht eine Menge an Wirkung, wenn die komplementäre Ursache c die Menge an Wirkung abgibt; erst die vereinte Wirkung und bringt das Gut erster Ordnung D in der Menge p hervor. Wir haben hier drei Quantitäten vor uns: b und c der beiden komplementären Güter B und C und p des[323] Produkts D.

Bleibt die Menge b unverändert, dann nennen wir jenen Wert für c, bei dem p/c den höchsten Wert ergibt, das Optimum. Ergeben mehrere Werte für c diesen höchsten Wert, dann ist derjenige unter ihnen das Optimum, bei dem auch p den höchsten Wert ergibt. Werden die beiden komplementären Güter im Verhältnis des Optimums verwendet, dann geben ihre Elemente die höchste Nutzwirkung ab; ihre Produktivwirkung und ihr objektiver Gebrauchswert[324] werden voll ausgenützt, weil nichts von ihrer Wirkungsfähigkeit unbenutzt bleibt. Entfernen wir uns vom optimalen Mischungsverhältnis durch Vergrößerung der Menge des einen komplementären Produktionsfaktors, des *C*, lassen aber die Menge des andern, des *B*, unverändert, denn vermögen wir wohl in der Regel den Ertrag *p* zu steigern, doch bleibt die Ertragssteigerung in jedem Fall hinter der Steigerung des Aufwandes an *C* zurück. Ist es überhaupt möglich, den Ertrag durch Vermehrung *eines* Faktors allein zu steigern, dann gilt jedenfalls: wird[325] statt c aber cx aufgewendet, wobei x größer ist als 1, dann wird ein Ertrag von $p1$ erzielt, wobei $p1 > p$ und $p1c < pcx$. Denn würde jede beliebige Verkleinerung von b durch eine entsprechende Vergrößerung von c[326] so wettgemacht werden, dass *p* unverändert bleibt, dann wäre die von dem komplementären Gute *B* ausgehende Wirkung[327] unbegrenzt und *B* könnte nicht als knapp angesehen und als wirtschaftliches Gut behandelt werden. Denn es wäre für den handelnden Menschen ohne Bedeutung, ob er über eine größere oder kleinere Menge von *B* verfügt; auch die kleinste Menge von *B* würde hinreichen, um jede beliebige Menge von *D* zu erzeugen, wenn entsprechende Mengen von *C* verfügbar sind. Anderseits könnte eine Vermehrung der verfügbaren Menge von *B* bei unverändertem Stande der verfügbaren Menge von *C* den Ertrag von *D* nicht steigern. Der ganze Erfolg der Produktion würde allein dem Gute *C* zugerechnet werden; B könnte nicht als wirtschaftliches Gut behandelt werden. Ein solches Ding, das unbegrenzte Wirkung abgibt, mögen wir etwa die Kenntnis des Kausalzusammenhanges nennen. Das Rezept, das uns zeigt, wie man Kaffee[328] bereiten kann, gibt, wenn man es nur kennt, unbegrenzte Nutzwirkung ab; es verliert nichts von seiner Nutzwirkung, wenn man es noch so viel gebraucht, es ist unerschöpflich in seiner Wirkung und wird daher nicht bewirtschaftet[329]. Der handelnde Mensch ist nie in einer Lage, in der er zwischen der von dem ihm bekannten Rezept ausgehenden Nutzwirkung[330] und irgend einem andern Nutzen zu wählen hat.

Wir haben damit das Ertragsgesetz gewonnen, das besagt: für die Verbindung von[331] wirtschaftlichen Gütern der höheren Ordnungen (Produktionsmittel) zur Produktion besteht ein optimales Mengenverhältnis[332]. Entfernt man sich durch Vergrößerung der Menge nur eines der komplementären Güter von dem optimalen Mengenverhältnis, dann steigt der Ertrag entweder überhaupt nicht oder nicht in dem Masse, in dem der Aufwand wächst. Indem wir die Quantenhaftigkeit der Nutzwirkung als Voraussetzung dafür, dass ein Gut als wirtschaftliches Gut behandelt werde, erkannt haben, haben wir implizit schon ausgesagt, dass für die Kombination von komplementären Gütern ein Optimum gegeben sein müsse. Das ist aber auch alles, was uns das Ertragsgesetz, das man gewöhnlich als das Gesetz vom abnehmenden Ertrag bezeichnet, lehrt. Es gibt noch viele andere Fragen, die es nicht beantwortet und die nur durch Erfahrung a posteriori aufgelöst werden können.[333]

Ist der Nutzeffekt, der von einem der Komplementärgüter ausgeht, nicht teilbar, dann ist das Optimum überhaupt das einzige Mischungsverhältnis, das zu dem angestrebten Erfolg führt, also das einzige, das Ertrag gibt. Um ein Stück Wolle[334] auf eine bestimmte Farbe zu färben, bedarf es einer bestimmten Menge Farbstoff; ein Mehr oder Weniger an Farbe würde den Erfolg vereiteln. Wer mehr Farbe zur Verfügung hat, wird den Überschuss unverwendet lassen müssen; wer weniger Farbe zur Verfügung hat, wird nur einen Teil des Gewebes färben können. Das Sinken des Ertrages[335] tritt hier durch die vollständige Nutzlosigkeit der

Zusätze an Farbe ein, die gar nicht verwendet werden dürfen, weil sie den Erfolg vereiteln würden.

In anderen Fällen wieder bedarf es eines bestimmten Mindestmasses an Nutzwirkung, um den kleinsten Erfolg zu erzielen. Zwischen diesem kleinsten Erfolg und dem Optimum liegt ein Spielraum, in dem Steigerung der Dosen entweder verhältnismäßige oder überverhältnismäßige Steigerung des Erfolges bewirkt. Damit eine Maschine überhaupt laufe, bedarf es eines Mindestaufwandes an Schmieröl. Ob Steigerung der Ölmenge bis zur Erreichung des Optimums die Leistungsfähigkeit der Maschine im Verhältnis des Zusatzes oder stärker erhöht, kann nur durch die Technologie[336],[337] festgestellt werden.

Das Ertragsgesetz beantwortet die folgenden Fragen nicht: (1)[338] Ob dieses optimale Verhältnis nicht überhaupt das einzige ist, das zum Erfolg führt.[339] (2) Ob es eine starre Grenze des Ertrags gibt, so dass weitere Zusätze überhaupt keine Ertragssteigerung mehr zu bewirken vermögen.[340] (3) Ob der Rückgang der Produktion durch die progressive Abweichung vom Optimum und der Anstieg der Produktion durch die progressive Annäherung an das Optimum zu proportionalen oder nichtproportionalen Änderungen der Produktion pro Einheit des variablen Faktors führt. All dies muss durch die Erfahrung gezeigt werden. Das Ertragsgesetz selbst, d. h. die Tatsache, dass es eine solche optimale Kombination geben muss, ist, wie aus dem Vorstehenden ersichtlich ist, *a priori* einzusehen.[341]

Das Malthussche Bevölkerungsgesetz und die seiner Fortbildung dienenden Begriffe der absoluten Übervölkerung und Untervölkerung und des[342] Bevölkerungsoptimums stellen die Anwendung des Ertragsgesetzes auf ein besonderes Problem dar. Sie befassen sich mit Veränderungen im Angebot an menschlicher Arbeit, während andere Faktoren unverändert bleiben. Weil man aus politischen[343] Gründen das Bevölkerungsgesetz ablehnen wollte, hat man das Ertragsgesetz, das man zunächst nur in der Gestalt des Gesetzes vom abnehmenden Kapital- und Bodenertrag kannte, leidenschaftlich, doch mit unzulänglichen Argumenten bekämpft. Diesen heute längst erledigten Auseinandersetzungen gegenüber ist nur festzustellen, dass es verfehlt ist, im Ertragsgesetz eine Besonderheit bei der Nutzung komplementärer Produktionsmittel auf Boden zu erblicken. Verfehlt auch alle Versuche, das Ertragsgesetz, das Bodengesetz oder das Bevölkerungsgesetz historisch und empirisch zu beweisen oder zu widerlegen. Wäre das Gesetz nicht gültig, würde ein Landwirt niemals in Erwägung ziehen, die Größe seines Betriebs zu vergrößern. Er wäre in der Lage, den Ertrag eines jeden Stückchens Boden ohne Beschränkung zu vervielfachen, indem er seinen Einsatz von Kapital und Arbeit vervielfacht.[344]

Man hat mitunter den Gedanken vertreten, dass das Gesetz des sinkenden Ertrags zwar in der landwirtschaftlichen Produktion gelte, diesem aber in der verarbeitenden Industrie[345] ein Gesetz vom zunehmenden Ertrag[346] gegenüberstehe; es hat lange gebraucht, bis sich die Erkenntnis durchgesetzt hat, dass das Ertragsgesetz allgemein gilt und dass es sinnlos ist, hier zwischen Urproduktion[347] und Verarbeitung grundsätzlich zu unterscheiden. Das, was man in höchst unzweckmäßiger, ja irreführender Ausdrucksweise als das Gesetz vom zunehmenden Ertrag bezeichnet, ist nichts als die Umkehrung des Gesetzes vom sinkenden Ertrag[348], eine unzureichende[349] Darstellung des Etragsgesetzes[350]. Wenn man sich, bei unveränderter Menge des einen Produktionsfaktors, dem Optimum durch Steigerung der Menge des anderen Produktionsfaktors annähert, steigen die Erträge entweder im

Verhältnis der Steigerung des Aufwandes oder noch stärker. Eine Maschine mag etwa, wenn sie von 2 Arbeitern bedient wird, den Ertrag von p zu liefern, wenn von 3 Arbeitern bedient, den Ertrag von 3 p, wenn von 4 Arbeitern bedient, den Ertrag von 6 p, der das Optimum sei; 5 Arbeiter könnten etwa nur 7 p erreichen, 6 Arbeiter aber auch nicht mehr als 7 p[351]. Dann liefert die Beschäftigung von 4 Arbeitern die optimale Rendite pro Arbeiter, nämlich 6/4 p, während unter den anderen Kombinationen die Rendite pro Kopf jeweils ½ p, p, 7/5 p und 7/6 p ist. Werden statt 2 Arbeitern 3 oder 4 eingestellt, dann steigen die Erträge stärker als im Verhältnis zur Zunahme der Zahl der Arbeiter; sie nehmen nicht im Verhältnis 2:3:4 zu, sondern[352] im Verhältnis 1:3:6; wir haben hier überverhältnismäßig zunehmende Erträge pro Kopf. Doch das ist eben nichts anderes als die Kehrseite dessen, was das Gesetz vom sinkenden Ertrag aussagt.

Abweichungen von der optimalen Kombination der Produktionsfaktoren bewirken, dass ein Betrieb oder ein Unternehmen weniger leistungsfähig ist als Betriebe und Unternehmungen, die dem Optimum näherliegen. Wenn nicht vollkommen teilbare Produktionsfaktoren zu verwenden sind, was sowohl in der Landwirtschaft als auch in der verarbeitenden Industrie sehr häufig der Fall ist, dann kann das Optimum in der Regel durch Vergrößerung des Betriebes leichter erreicht werden als durch Verkleinerung; wenn ein oder mehrere Produktionsfaktoren in ihrer kleinsten Einheit über die Masse eines kleinen oder mittleren Betriebes weit hinausgehen, dann kann es für diese überhaupt nur durch Vergrößerung des Betriebes erreicht werden. Die technische Überlegenheit der Erzeugung in großem Maßstab beruht vor allem auf diesem Tatbestand, dessen volle Tragweite die Behandlung der Kostenrechnung beleuchtet.

3. Die menschliche Arbeit als Mittel

Den Einsatz menschlicher Lebensbetätigung als Mittel nennen wir Arbeit. Menschliche Lebensäußerung und Lebensbetätigung, die vom Menschen, dessen Leben sie zugehören, nicht Zielen und Zwecken, die außerhalb und jenseits dieser Lebensäußerung und Lebensbetätigung selbst liegen, dienstbar gemacht werden, sind nicht Arbeit; sie sind Leben schlechthin. Der Mensch arbeitet, indem er seine Kräfte und Fähigkeiten als Mittel für die Behebung von Unbefriedigtsein verwendet, indem er über das schlichte Dahinleben und Indentagleben hinausgeht, um zu wirken und zu bewirken[353]. Arbeit ist[354] immer Mittel, nie Zweck.

Jeder einzelne Mensch verfügt nur über eine begrenzte Menge von Leistungskraft, und jede Einheit von[355] Arbeit vermag nur ein begrenztes Ausmaß an Erfolg zu bewirken. Wäre dem nicht so, dann wäre die menschliche Arbeit im Überfluss vorhanden, sie wäre nicht knapp und würde nicht als Mittel zur Steigerung des Wohlbefindens betrachtet und als solches bewirtschaftet werden.

In einer Welt, in der mit der Arbeit nur darum hausgehalten werden muss, weil sie im Hinblick auf die Zwecke, zu deren Erreichung sie als Mittel brauchbar ist, knapp ist, würde den Menschen jeweils ein Vorrat an Arbeit zur Verfügung stehen, der der gesamten Arbeitsmenge gleichkommt, die die Menschen überhaupt zu leisten vermögen. In einer so beschaffenen Welt würde jeder bis zur vollkommenen[356] Erschöpfung seiner momentanen Arbeitskraft arbeiten. Die Zeit, die nicht als Erholungszeit[357] verstreichen muss, ehe die aufgebrauchte Arbeitskraft sich wieder erneuert hat, würde ganz der Arbeit gewidmet werden. Jede Nichtausnützung der vollen Arbeitskraft würde als Verlust angesehen werden. Durch Leistung einer Arbeit hätte man das Wohlbefinden steigern können; dass ein Teil des Arbeitspotentials ungenützt blieb, würde als Entgang an Wohlfahrtsgewinn erscheinen, der durch keinen anderen Wohlfahrtsgewinn aufgewogen wird. Der Begriff der Faulheit wäre unbekannt. Niemand würde sagen oder denken: ich könnte dies oder jenes machen; es steht jedoch nicht dafür; der Erfolg lohnt nicht den Aufwand; ich ziehe das Nichtstun vor. Jeder Arbeitsfähige würde vielmehr sein ganzes Arbeitspotential als einen Vorrat von Produktionsmitteln betrachten, dessen Nichtausnützung einer Vergeudung gleichkäme. Jeder Erfolg würde groß genug erscheinen, um den Aufwand noch verfügbarer Arbeit, für die im Augenblick sich keine wichtigere Verwendung bietet, zu rechtfertigen.[358]

In der Welt, in der wir leben und handeln ist es anders. Arbeit wird als Unlust empfunden, und das Freisein von Arbeit erscheint als ein Zustand, der besser befriedigt als das Arbeiten. Die Mußezeit wird caeteris paribus der Arbeitszeit vorgezogen. Gearbeitet wird nur dann, wenn man den Ertrag der Arbeit höher bewertet als den Wohlfahrtsverlust durch Entfall von Muße.[359] Die Arbeit ist mit Arbeitsleid verknüpft.

Psychologie und Physiologie mögen sich bemühen, diesen Tatbestand zu erklären. Wieweit ihnen das gelingen kann, kümmert die Praxeologie nicht. Die Praxeologie hat es einfach als ein Datum hinzunehmen, dass die Menschen Muße anstreben, und dass sie daher ihre eigene Leistungsfähigkeit mit anderen Augen betrachten und anders behandeln als die Leistungsfähigkeit sachlicher Produktionsmittel.[360] Der handelnde Mensch[361] bewirtschaftet seine Arbeit nicht nur in der Weise, dass er darauf bedacht ist, die Menge der in Frage kommenden Arbeit[362] für die Befriedigung des Bedarfes zu verwenden, den er als den wichtigsten ansieht, sondern auch in der Weise, dass er darnach strebt, einen möglichst großen Teil des Arbeitspotentials ungenutzt zu lassen. Ehe Arbeit aufgewendet wird, wird nicht nur erwogen, ob es für sie keine dringlichere Verwendung gibt, sondern auch, ob es nicht besser wäre, auf die Aufwendung von Arbeit, die noch geleistet werden kann, überhaupt zu verzichten.[363] Wir können diesen Tatbestand auch in der Weise ausdrücken, dass wir die Muße als ein Ziel menschlichen Handelns ansehen oder als ein wirtschaftliches Gut erster Ordnung[364]. Wenn man sich dieser gekünstelten Ausdrucksweise bedient, muss man die Muße wie jedes andere wirtschaftliche Gut unter dem Gesichtswinkel des Grenznutzengesetzes sehen. Man muss dann sagen: Die erste Zeiteinheit an Muße befriedigt ein dringenderes Bedürfnis als die zweite, die zweite ein dringenderes als die dritte und so fort. Durch Umkehrung erhalten wir dann den Satz, dass das vom Arbeiter empfundene Arbeitsleid in größerem Maße als die[365] Menge geleisteter Arbeit steigt.

Die Frage, ob das Arbeitsleid mit dem Fortschreiten der Verausgabung von Arbeit steigt oder ob es proportional der Menge der verrichteten Arbeit ist, hat jedoch für die Praxeologie keine Bedeutung. (Ob sie psychologisches und physiologisches Interesse bietet und ob Psychologie und Physiologie sie zu beantworten vermögen, soll dahingestellt bleiben.) In jedem Fall bricht der Arbeiter die Arbeit an dem Punkte ab, an dem die Lust, die der Arbeitsertrag bringt, die Unlust, die die Arbeit erweckt, nicht mehr übersteigt. Es wird dabei zwar, wenn wir von dem Rückgang des Ertrages infolge wachsender Ermüdung absehen wollen, jede Arbeitszeiteinheit der gleichen Ertragsmenge gegenüber gehalten wie die vorausgegangenen. Doch die Bedeutung dieser Menge an Erträgnissen wird mit dem Fortschreiten der Arbeit vollbracht und im Gesamtbetrag der Erträgnisse sinken. Die Erträgnisse der vorausgegangenen Arbeitszeiteinheiten haben Bedürfnisse befriedigt, die dringender erscheinen als die, für die durch die Erträgnisse der nachfolgenden Arbeitszeiteinheiten vorzusorgen ist. Diese weniger wichtigen Bedürfnisse mögen zu leicht befunden werden, auch wenn man sie demselben Ausmaße von auf die Arbeitszeiteinheit entfallendem Arbeitsleid gegenüberhält wie die dringenderen.

Ob wir annehmen wollen, dass das Arbeitsleid der Menge der geleisteten Arbeit proportional ist oder mit dem Wachsen dieser Menge steigt, ist für die praxeologischen Sätze, die wir zu entwickeln haben, ohne Bedeutung. Auf jeden Fall sinkt *caeteris paribus* mit dem Fortschreiten der Bedürfnisdeckung[366] die Bereitschaft zur Ausnützung des noch übrigen Restes des verfügbaren Gesamtarbeitspotentials. Ob die Bereitschaft, mehr zu arbeiten,[367] schneller oder weniger schnell sinkt, bleibt immer eine Frage der wirtschaftlichen Daten, nicht eine Frage der praxeologischen Grundsätze.

Das Arbeitsleid[368] erklärt[369] die geschichtliche Tatsache, dass mit dem Fortschreiten der kapitalistischen Wirtschaft und der durch sie erreichten Verbesserung der Bedarfsdeckung die[370] tägliche Arbeitszeit verkürzt wird[371]. Zu den Annehmlichkeiten, die der zivilisierte Mensch reichlicher genießen kann als seine weniger zivilisierten Vorfahren, gehört auch der Genuss von mehr Freizeit. Damit wird auch die Frage, die Philosophen und Menschenfreunde[372] oft gestellt haben, ob nämlich der wirtschaftliche Fortschritt die Menschen glücklicher gemacht habe, soweit beantwortet, als man sie überhaupt beantworten kann. Wäre die Arbeit weniger ergiebig, als sie unter den gegebenen Umständen der kapitalistischen Welt ist, dann würden die Menschen entweder mehr Arbeitsleid auf sich nehmen oder auf manche Befriedigung verzichten müssen. Bei der Feststellung dieser Tatsache behaupten die Ökonomen nicht, dass die einzige Möglichkeit, Glück zu erlangen, darin besteht, mehr materiellen Komfort zu genießen, in Luxus zu leben oder mehr Freizeit zu haben. Sie erkennen einfach die Wahrheit an, dass die Menschen in der Lage sind, sich selbst besser mit dem zu versorgen, was sie für nötig halten.

Der praxeologische Grundsatz, dass das Handeln das Wichtigere dem als minderwichtig Erachteten vorzieht, und dass die Güter[373] nach dem von ihnen abhängigen Nutzen geschätzt werden, bedarf keiner Berichtigung oder Ergänzung durch eine Lehre vom Arbeitsleid. In dieser Aussage[374] ist schon die Aussage enthalten, dass eine Arbeit nur dann der Muße vorgezogen wird, wenn die Befriedigung, die das Produkt der Arbeit gewährt, der Befriedigung, die die Muße gewähren würde, vorgezogen wird.[375]

Die Sonderstellung, die dem Produktionsfaktor Arbeit in unserer Welt zukommt, liegt in seinem nicht spezifischen Charakter. Alle naturgegebenen sachlichen Produktionsmittel – d. h. all die natürlichen Dinge und Kräfte, die der Mensch zur Verbesserung seines Wohlbefindens einsetzen kann – haben spezifischen Charakter und spezifische Vorzüge; es gibt Zwecke, für deren Erreichung sie mehr oder weniger brauchbar sind, und solche, für die sie überhaupt nicht geeignet sind. Doch menschliche Arbeit ist für die Durchführung aller denkbaren Prozesse und Weisen der Produktionen erforderlich und geeignet.

Es ist allerdings unzulässig, von menschlicher Arbeit im Allgemeinen zu sprechen und nicht zu beachten, dass die Menschen verschieden sind, dass ihre Arbeit verschiedener Art ist, und dass die Arbeit mancher Menschen für manche Zwecke besser, für andere Zwecke weniger und für noch andere Zwecke gar nicht brauchbar ist. Es war einer der Irrtümer der klassischen Nationalökonomie, dass sie diesen Umstand nicht gewürdigt hat, und dass sie ihm im Aufbau ihrer Werttheorie, ihrer Lohntheorie und ihrer Preistheorie nicht Rechnung getragen hat. Die Menschen wirtschaften nicht mit Arbeit schlechthin, sondern mit den verschiedenen Arten von Arbeit, die ihnen zur Verfügung stehen. Löhne werden nicht für Arbeit schlechthin gezahlt, sondern für Leistungen (Arbeitsergebnisse), die sich in Qualität und Quantität stark unterscheiden[376]. Man darf sich über diesen Tatbestand nicht mit der Berufung darauf hinwegsetzen, dass die «ungelernte»[377] Arbeit, die jeder gesunde Mensch zu leisten fähig wäre, den größten Teil des Bedarfes und des Angebots an Arbeit decke und dass die «qualifizierte» Arbeit, die Arbeit von Menschen mit besonderen angeborenen Fähigkeiten und spezieller Ausbildung, gewissermaßen als Ausnahmeerscheinung zu betrachten wäre. Es mag unerörtert bleiben, ob dies für die Verhältnisse, unter denen unsere Vorfahren vor vielen Jahrtausenden zu wirtschaften hatten, zugetroffen hat und ob nicht schon in den Horden der Urmenschen der Ungleichheit der angeborenen und der erworbenen Arbeitsfähigkeit in der Bewirtschaftung der Arbeit die entscheidende Rolle zukam. Wenn man von der Bewirtschaftung der Arbeit in der Kulturmenschheit[378] sprechen will, darf man von der Qualitätsverschiedenheit der Arbeit nicht absehen. Die Arbeit, die die einzelnen Menschen zu leisten vermögen, ist verschieden, weil die Menschen von Geburt aus verschieden sind und weil sie durch ihre Talente[379]und durch ihre Erlebnisse im Laufe ihres Lebens in ihren Fähigkeiten noch weiter differenziert werden.

Wenn wir vom nichtspezifischen Charakter der menschlichen Arbeit sprechen, wollen wir nicht etwa behaupten, dass die menschliche Arbeit gleicher Art sei. Wir wollen damit nur den Tatbestand ausdrücken, dass die Verschiedenheit der Arbeitsleistungen, die für die Herstellung der verschiedenen Produkte erfordert werden, größer ist als die Verschiedenheit der angeborenen menschlichen Befähigung, Arbeit zu verrichten. (Wir müssen dabei von der schöpferischen Leistung des Genies, die in keiner Hinsicht in den Rahmen der Wirtschaft hineingepresst werden kann und der Menschheit gewissermaßen als ein Geschenk der Natur[380] in den Schoss fällt, absehen. Wir müssen auch von institutionellen Hemmnissen, die den Zutritt zu bestimmten Berufen und zu einzelnen Zweigen der Arbeitschulung erschweren, absehen.) Die zoologische Einheit der Spezies Mensch wird durch die Ungleichheit der einzelnen Individuen nicht so sehr durchbrochen, dass nicht für jede einzelne Art von Arbeit ein potentielles Angebot zur Verfügung stünde, das über den Umfang der Nachfrage hinausgeht. Jede Art von Arbeit könnte durch Heranziehung und Ausbildung von Menschen, die andere Arbeit leisten, vermehrt werden. Das Ausmaß der[381] Bedürfnisdeckung wird in keinem Zweige der Produktion dauernd dadurch begrenzt, dass ein Mangel an Menschen besteht, die zur Leistung einer bestimmten Art von Arbeit geeignet sind. Nur zeitweilig kann ein Mangel an Spezialisten auftreten, der langfristig durch die Schulung von Menschen, die über die erforderlichen angeborenen Eigenschaften verfügen, schließlich behoben werden kann.

Weil die Arbeit einerseits in diesem eingeschränkten Sinne nicht spezifischen Charakter hat und weil anderseits für jede Produktion Arbeit benötigt wird, ist sie das knappste unter allen ursprünglichen Produktionsmitteln. Die Knappheit der übrigen, der außermenschlichen, von der Natur bereitgestellten, ursprünglichen Produktionsmittel wird für den handelnden Menschen zu einer Knappheit der mit geringstem Arbeitsaufwand nutzbar zu machenden ursprünglichen sachlichen Produktionsmittel[6].[382] Das Maß der verfügbaren Arbeit entscheidet darüber, in welchem Maß der[383] Produktionsfaktor Natur in jeder einzelnen seiner Spielarten zur Bedarfsdeckung herangezogen wird.

Wird die Menge an Arbeit, die die Menschen leisten wollen und können, vermehrt, dann wird auch mehr produziert werden; Arbeit kann nicht brachliegen, weil kein wohlfahrtmehrender[384] Gebrauch von ihr zu machen wäre. Der isolierte autarke Wirt, der mehr arbeiten kann und will, findet immer noch die Möglichkeit, durch Mehrarbeit seine Bedürfnisse besser zu befriedigen, und auf dem Arbeitsmarkte einer Marktgesellschaft findet sich für jeden, der Arbeit leisten will, ein Käufer, der die Arbeit zu entlohnen bereit ist. Überfluss an Arbeit kann es nur auf Teilarbeitsmärkten geben; er führt zu Abdrängen von Arbeit auf andere Teilarbeitsmärkte und irgendwo im Wirtschaftsgefüge notwendigerweise zu[385] Erhöhung der Produktion. Dagegen könnte eine Vermehrung des verfügbaren Bodens durch Boden, der nicht ergiebiger ist als der Grenzboden, die Produktion *caeteris paribus* nicht erhöhen.[7] Das gleiche gilt aber auch von den produzierten[386] sachlichen Produktionsmitteln[387] für die zukünftige Produktion. Die Gebrauchstauglichkeit von Kapitalgütern hängt auch vom Arbeitskräfteangebot ab. Es wäre Verschwendung von[388] verfügbarer Produktionskapazität von Anlagen[389], wenn die erforderlichen Arbeitsmengen einer Verwendung zugeführt werden können, in der sie dringenderen Bedarf zu befriedigen vermögen.

Komplementäre Produktionsmöglichkeiten können eben nur soweit ausgenützt werden, als es die Menge desjenigen Faktors gestattet, der unter ihnen am knappsten ist. Nehmen wir an, dass zur Erzeugung einer Einheit von p erforderlich sind: 7 Einheiten von a und 3 Einheiten von b, und dass weder a noch b eine andere Verwendung zulassen als die zur Erzeugung von p. Stehen nun 49 a und 2000 b zur Verfügung, dann kann man höchstens 7 p erzeugen. Die verfügbare Menge von a entscheidet über das Ausmaß der Ausnützung von b. Nur a wird als wirtschaftliches Gut behandelt, nur für a werden Preise bewilligt, der volle Preis von p wird für 7 Einheiten von a gezahlt. Dagegen wird b als freies Gut angesehen[390] und man zahlt keine Preise dafür;[391] es gibt Mengen von b, für die man keine Verwendung hat.

Wir können versuchen, eine Welt zu denken, in der alle sachlichen Produktionsmittel so vollkommen ausgenützt werden, dass es keine Möglichkeit gibt, alle Menschen im Ausmaß ihrer Arbeitsbereitschaft zu beschäftigen[392]. In dieser Welt besteht Überfluss an Arbeit, da durch Einstellung eines neuen Arbeiters keine Steigerung der Produktion erzielt werden kann. Nehmen wir an, dass alle Arbeiter gleiche

[6]Gewiss sind einige natürliche Ressourcen so knapp, dass sie vollständig genutzt werden.

[7]Wenn Freizügigkeit der Arbeiter bestünde, wäre es törichte Verschwendung, unproduktiven Boden urbar zu machen, es sei denn, das neugewonnene Ackerland wäre so fruchtbar, dass es den zu seiner Urbarmachung erforderten Aufwand bezahlt macht.

Fähigkeit und gleichen Fleiß aufweisen, und sehen wir vom Arbeitsleid ab, dann wäre die Arbeit in dieser Welt freies Gut. Wenn diese Welt sozialistisch organisiert ist, würde man in der Vermehrung der Bevölkerung einen Zuwachs an unnützen Essern[393] sehen. Wenn sie marktwirtschaftlich organisiert ist, würde man keine Löhne zahlen, die ausreichen, um das Leben des Arbeiters auch nur notdürftig zu fristen. Die Arbeitsuchenden würden um jeden Lohn, mag er auch so niedrig sein, dass er zur Erhaltung des Lebens nicht ausreicht, bereit sein, zu arbeiten; sie müssten zufrieden sein, den Tod durch Verhungern ein wenig hinauszuschieben.

Wir brauchen uns bei den Paradoxien dieser Hypothese nicht länger aufzuhalten und können es uns ersparen, die[394] Probleme einer derartigen Welt zu erörtern. Die Welt, in der wir leben, ist anders beschaffen. In ihr ist die Arbeit knapper als die sachlichen Produktionsmittel. Wir wollen dabei an dieser Stelle nicht auf die Frage der optimalen Bevölkerungszahl[395] eingehen. Wir haben allein den Tatbestand zu betrachten, dass es sachliche Produktionsmittel gibt, die nicht ausgenützt werden, weil für die Arbeitskräfte, die zu ihrer Ausbeutung erforderlich wären, dringendere Verwendung gegeben ist. In der Welt, in der wir leben, gibt es keinen Überfluss, sondern Mangel an Arbeit und brachliegende sachliche Produktionsmöglichkeiten, d.h. Boden, Bodenschätzen und sogar Anlagen und Ausrüstungen.

Dieser Zustand könnte nur dadurch beseitigt werden, dass die Vermehrung der Menschen so weit fortschreitet, dass alle Produktionsmöglichkeiten oder zumindest die, die für die Erzeugung der zur Fristung des menschlichen Lebens im strengen Sinne des Wortes unentbehrlichen Nahrungsmittel erfordert werden, voll ausgenützt werden. Keineswegs aber kann er, ehe dieser Punkt erreicht wird, durch Verbesserung der Produktionsverfahren[396],[397] behoben werden. Wenn Verfahren, die mehr Arbeit beanspruchen, durch Verfahren, die den gleichen Erfolg durch Aufwendung geringerer Arbeitsmengen erzielen, ersetzt werden, entsteht kein Überfluss an Arbeit[398], solange noch sachliche Produktionsmöglichkeiten, deren Heranziehung zur Produktion die Wohlfahrt von Menschen erhöhen kann, unausgenützt bleiben. Im Gegenteil erhöht dies die Produktion und damit die Menge der Genussgüter.[399] Arbeitsparende Erzeugungsverfahren bringen verbesserte Bedürfnisbefriedigung und nicht etwa «technologische Arbeitslosigkeit».

Jedes Produkt ist das Ergebnis des Einsatzes sowohl von Arbeit als auch von sachlichen Faktoren. Der Mensch geht sowohl mit Arbeit als auch mit sachlichen Faktoren wirtschaftlich um.[400]

Mittelbarer und unmittelbarer Arbeitsgenuss

In der Regel befriedigt die Arbeit den Erbringer nur mittelbar, nämlich durch die Beseitigung des Unbefriedigtseins, die das Erreichen des Zieles mit sich bringt. Der Arbeiter gibt die Freizeit auf und unterwirft sich dem Arbeitsleid, um entweder das Produkt zu genießen, oder das, was andere Leute bereit sind, ihm dafür zu geben. Der Arbeitsaufwand ist für ihn ein Mittel zur Erreichung bestimmter Ziele, ein bezahlter Preis und ein entstandener Aufwand.

Aber es gibt Fälle, in denen die Arbeitsleistung den Arbeiter sofort zufrieden stellt. Er zieht sofortige Befriedigung aus dem Arbeitsaufwand. Der Ertrag ist ein doppelter. Er besteht zum einen in der Erzielung des Produktes und zum anderen in der

Befriedigung, die die Leistung selbst dem Arbeiter gibt.[401]

Man hat die Bedeutung, die diesem Tatbestand im menschlichen Leben zukommt, oft übertrieben und hat diese Verkennung des Sachverhalts zum Ausgangspunkt ausschweifender Reformphantasien gemacht. Eines der Hauptdogmen des Sozialismus ist, dass es nur innerhalb des kapitalistischen Produktionssystems Arbeitsleid gebe, während die Arbeit im Sozialismus reine Freude sein werde. Wir können die Ergüsse des armen Wahnsinnigen Charles Fourier außer Acht lassen. Aber der marxistische «wissenschaftliche» Sozialismus unterscheidet sich in diesem Punkt nicht von den Utopisten. Karl Kautsky, einer der wichtigsten Vertreter dieser Richtung, erklärt ausdrücklich, dass es eine Hauptaufgabe eines proletarischen Regimes sein wird, die Arbeit von einer Plage in ein Vergnügen zu verwandeln[8].[402]

Jene Betätigung, die unmittelbaren Genuss bringt, ist von der Arbeit, die um des mittelbaren Arbeitsgenusses willen geleistet wird, oft durchaus verschieden, und nur eine sehr oberflächliche Betrachtung vermag diese Verschiedenheit zu verkennen. Das Rudern, das dem Sonntagsruderer Vergnügen bereitet, ist physikalisch[403] dem Rudern der Schiffer, Ruderknechte und Galeerensklaven gleich; als Mittel zu Zwecken, d.h. im Hinblick auf seine Nutzwirkung betrachtet, ist es von diesem so verschieden wie die Opernarie, deren Melodie ein Spaziergänger hersummt, von dem Vortrag des Sängers im Opernhaus. Dem sorgenfreien Sonntagsruderer und dem singenden Spaziergänger bringt die Betätigung zwar unmittelbaren Genuss, doch keinen weiteren mittelbaren Genuss[404]. Sie ist daher nicht Arbeit – Einsatz menschlicher Lebensbetätigung[405] als Mittel zu Zielen und Zwecken, die außerhalb dieser Lebensäußerung selbst liegen, – sondern einfach Vergnügen; sie genügt sich selbst und wird um ihrer selbst willen unternommen, obwohl sie keinen weiteren Nutzen stiftet. Man darf daher hier auch nicht von unmittelbarem Arbeitsgenuss sprechen, da es sich nicht um Arbeit handelt.[9]

Manchmal[406] glaubt der oberflächliche Beschauer, dass eine von anderen Leuten verrichtete Arbeit unmittelbaren Arbeitsgenuss gewähren müsse, weil er sich an einem Spiel, das jene Arbeit äußerlich nachahmt, gerne vergnügen würde. Wie die Kinder bald Schule, bald Soldaten, bald Eisenbahn spielen, so möchten auch die Erwachsenen einmal dies und einmal das spielen und glauben, dass dem Lokomotivführer das Bedienen und Lenken der Lokomotive ebensoviel Spaß machen müsse wie ihnen, wenn sie einmal mit der Lokomotive spielen dürften. Wie gut hat es der Schutzmann, der für bloßes gemütliches Auf- und Abgehen besoldet wird, denkt der in das Kontor eilende Buchhalter; wie gut hat es der Buchhalter, der in der warmen Stube auf bequemem Stuhl einige Schreiberei zu leisten hat, die man doch nicht als Arbeit ansehen kann, denkt der Schutzmann. Doch den Äußerungen derer, die das Wesen fremder Arbeit verkennen und in ihr nur angenehmen Zeitvertreib erblicken wollen, hat man keine weitere Beachtung zu schenken.

Es gibt aber auch echten unmittelbaren Arbeitsgenuss. Manche Arten von Arbeit sind so beschaffen, dass eine geringe Menge davon unter Umständen dem Arbeiter auch unmittelbaren Arbeitsgenuss bereitet. Doch diese Mengen sind so klein, dass sie im Gesamtsystem der menschlichen Handlung und Produktion zur Befriedigung von Bedürfnissen[407] keine Rolle spielen. Die Welt des Handelns[408] steht im Zeichen des Arbeitsleids, das nur um des mittelbaren Arbeitsgenusses

[8] Vgl. Karl Kautsky, Die soziale Revolution 3. Aufl., (Berlin, 1911), II, 16ff.

[9] Wenn das Rudern reiner Sport ist, ist es wie das ernsthafte Singen eines Amateurs Innenarbeit.

willen überwunden wird.

Wo eine Betätigung unmittelbaren Arbeitsgenuss und nicht Arbeitsleid bringt, wird für sie kein Lohn gezahlt; im Gegenteil: der «Arbeiter» muss für den Genuss dem zahlen, dem er ihn verdankt. Das Jagen von Wild war und ist für viele Menschen auch heute leidbringende Arbeit. Doch es gibt Jagdliebhaber, denen es reiner Genuss ist[409]. Für den Abschuss von Wild zahlt daher in Europa der Amateur-Jäger dem Jagdberechtigten ein Schussgeld[410]. Der Kauf des Abschussrechtes ist getrennt vom Preis, der für das Wild zu zahlen ist. Wenn die beiden Käufe miteinander verbunden sind, übersteigt der Preis bei weitem die Preise, die auf dem Markt für Wild erzielt werden können. Ein erlegter Gamsbock, der zur Verwertung des Fleisches, der Haut und der übrigen Teile bereit liegt, ist daher nicht mehr, sondern weniger wert als ein noch im Revier schweifender, obwohl man beträchtliche Kletterleistung und einiges Material aufwenden muss, um den Bock zur Strecke zu bringen. Man kann sagen: eine der Nutzwirkungen, die ein (lebender) Gamsbock abzugeben vermag, ist die, dem Jäger das Vergnügen des Abschusses zu bereiten.

Das kreative Genie[411]

Aus den Millionen und Hunderten von Millionen, die kommen und gehen, ragen die Bahnbrecher hervor, die Männer, die durch ihr Denken und Gestalten den Menschen neue Wege erschließen. Für diese Bahnbrecher[10] ist das Schaffen innere Lebensnotwendigkeit. Leben heißt für sie, etwas zu erschaffen. [412]

Diese schöpferische Betätigung einzelner Ausnahmenaturen kann man durch die praxeologische Kategorie der Arbeit nicht voll erfassen. Sie ist nicht Arbeit, weil sie ihrem Urheber nicht Mittel, sondern Ziel und Zweck ist; im Schaffen, im Hervorbringen sucht er zu leben und zu wirken; nicht das Werk und nicht die Schöpfung sind ihm Ziel, sondern das Schaffen. Sein Werk bringt ihm weder mittelbaren Arbeitsgenuss, noch unmittelbaren. Nicht mittelbaren Arbeitsgenuss, weil die Mitmenschen ihm im günstigsten Fall gleichgültig gegenüberstehen, nicht selten aber es durch Hohn und Spott[413] und Verfolgungen schlimmster Art lohnen. Mancher geniale Mann hätte seine Gaben gebrauchen können, um sein Leben angenehm und genussreich zu gestalten; doch er zog diese Möglichkeit gar nicht in Betracht und wählte ohne Zögern den Dornenpfad. Der Bahnbrecher strebt das zu vollbringen, was er als seine Sendung ansieht, auch wenn er weiß, dass er dabei den Untergang finden wird.

Doch auch unmittelbarer Arbeitsgenuss ist dem schöpferischen Denker und Gestalter versagt. Sein Schaffen bringt ihm Qualen und Leiden, es ist ein unaufhörliches peinvolles Ringen mit inneren und äußeren Widerständen , es verzehrt und zermalmt ihn. Grillparzer hat das in seinem Gedicht «Abschied von Gastein»[11] in ergreifender Weise geschildert, und man wird wohl annehmen dürfen, dass er dabei nicht nur an sein eigenes Leid gedacht hat, sondern auch an das

[10] Führer sind keine Bahnbrecher. Sie führen Wege, die die Bahnbrecher gebahnt haben. Der Bahnbrecher spurt den Weg durch Land, das bisher unbekannt und unwegsam war, ohne darauf zu achten, ob jemand diesen Weg auch gehen will. Der Führer führt die Geführten dorthin, wohin sie geführt werden wollen.

[11] Es scheint, dass es keine englische Übersetzung dieses Gedichtes gibt. Das Buch von Douglas Yates (Franz Grillparzer, A Critical Biography, (Oxford, 1946)), I, S. 57, gibt eine kurze englische Zusammenfassung seines Inhalts.

größere Leid eines Größeren, an Beethoven, dessen Schicksal dem seinen glich und den er durch die Kraft verehrender Liebe und ahnungsvoller Einfühlung besser verstand als die übrigen Mitbürger und Zeitgenossen. Auch das Bild der Flamme, die unersättlich verzehrt und sich selbst auslöscht, das Nietzsche gebraucht hat[12], verdeutlicht den Tatbestand.[414] Solche Qualen sind Phänomene, die mit den Inhalten, die die Menschen den Begriffen Arbeit und Plage, Erzeugung und Erwerb, Genuss und Lebensunterhalt[415] geben, nichts gemein hat.

Das Ergebnis der Arbeit des schöpferischen Bahnbrechers, seine Gedankengänge, Dichtungen, Gebilde und Tongefüge[416], sind daher praxeologisch auch nicht als Produkte menschlicher Arbeit anzusehen. Sie sind nicht das Ergebnis der Verwendung von menschlicher Arbeit, die auch für die Erzeugung von anderen Gütern verwendet werden könnte, für die «Erzeugung» von Meisterwerken des Denkens und der Kunst[417]. Denker, Dichter und Künstler sind nicht selten für alle andere Art von Arbeit untauglich. Jedenfalls aber werden Zeit und Mühe, die sie der schöpferischen Betätigung widmen, nicht anderer Verwendung[418] entzogen. Die Verhältnisse mögen einen Mann, der Unerhörtes schaffen könnte, unfruchtbar machen, indem sie ihm nur die Wahl lassen, zu verhungern oder seine ganze Kraft der Gewinnung des bloßen Lebensunterhaltes zu widmen. Doch wenn er dazu gelangt, sein Werk zu vollbringen, dann hat er niemand andern als sich selbst die «Kosten» tragen lassen. Goethe ist vielleicht durch seine Ämter am Weimarer Hofe in mancher Hinsicht gehemmt worden; doch sicher hätte er als Minister,[419] Theaterdirektor und Verwalter von Bergwerken nicht mehr leisten können, wenn er sein Werk[420] nicht vollbracht hätte.

Die Leistung des Bahnbrechers kann auch nicht durch Leistungen anderer Menschen ersetzt werden. Wenn es Dante[421] und Beethoven nicht gegeben hätte, hätte man weder die Divina Commedia[422] noch die Neunte dadurch erzeugen können, dass man andere Menschen[423] für solche Produktion «freigemacht» hätte. Weder die Gesellschaft noch einzelne Menschen[424] haben die Möglichkeit, das Genie und sein Werk zu fördern. Die höchste Intensität der «Nachfrage» nach dem bahnbrechenden unerhörten Werk und der bestimmteste Auftrag, der Obrigkeit, es endlich hervorzubringen, bleiben wirkungslos. Das Genie liefert nicht auf Bestellung. Die natürlichen und gesellschaftlichen Bedingungen, die den Genius und sein Werk entstehen lassen, können durch Menschen nicht positiv beeinflusst werden. Man kann Genies nicht eugenisch züchten, man kann sie nicht heranbilden und man kann ihr Wirken nicht organisieren. Man kann dagegen die Gesellschaft so aufbauen, dass in ihr für den Bahnbrecher und sein Werk kein Raum ist.

Die schöpferische Leistung ist praxeologisch als eine naturgegebene Bedingung des menschlichen Daseins zu betrachten. Sie tritt in die menschliche Geschichte ein als eine freie Gabe des Schicksals,[425] nicht als Ergebnis einer Produktion in dem Sinne ansehen kann, in dem man in der Nationalökonomie diesen Ausdruck zu verwenden pflegt.

[12]Für eine Übersetzung von Nietzsches Gedicht vgl. Maximilian A. Mügge, Friedrich Nietzsche (New York, 1911), S. 275.

4. Die Produktion

Das Handeln führt, wenn es zweckmäßig angelegt ist, zum angestrebten Erfolg. Es führt den Erfolg herbei, es produziert das Produkt. Die Produktion ist kein Schaffen, ist kein Hervorbringen von bisher nicht Dagewesenem. Sie ist Umformung des im Kosmos Gegebenen durch Kombination von Mitteln. Der Produzent ist kein Schöpfer und kein Erschaffer. Schöpferisch ist der Mensch nur im Denken und im Reich des Geistes. In der Welt der Erscheinungen ist er nur Umgestalter. Alles, was er da vollbringen kann, ist, die verfügbaren Mittel so zu verbinden, dass naturgesetzlich aus der Kombination das wird, was er anstrebt.

Man hat zwischen der Produktion von Gütern und der Leistung persönlicher Dienste unterscheiden wollen. Man hat den Tischler, der Tische und Stühle baut, einen Produzenten genannt; doch man hat den Arzt, der durch seinen Rat dem kranken Tischler zur Wiedererlangung der Fähigkeit, Tische und Stühle zu bauen, verhilft, in eine andere Kategorie einreihen wollen. Man hat im Verkehr zwischen Arzt und Tischler etwas anderes erblicken wollen als in dem zwischen Tischler und Schneider. Der Arzt, meinte man, produziere nicht selbst; er könne nur von dem leben, was andere erzeugt haben, er werde von den Tischlern und Schneidern erhalten. Zu einem noch früheren Zeitpunkt behaupteten die französischen Physiokraten, dass jede Arbeit steril sei, es sei denn, sie habe etwas aus dem Boden herausgeholt. Nur der Anbau, die Fischerei und die Jagd sowie die Arbeit in Bergwerken und Steinbrüchen waren ihrer Meinung nach produktiv. Die verarbeitende Industrie trug zum Wert des eingesetzten Materials nicht mehr bei als den Wert der von den Arbeitern konsumierten Dinge. Die heutigen Ökonomen lachen über ihre Vorgänger, weil sie solche unhaltbaren Unterscheidungen getroffen haben. Sie sollten aber eher auf den Balken im eigenen Auge achten. Die Art und Weise, wie viele zeitgenössische Schriftsteller mit verschiedenen Problemen umgehen, wie z. B. Werbung und Marketing, ist offensichtlich ein Rückfall in die groben Fehler, die längst hätten verschwinden müssen.[426]

Man hat weithin gemeint, dass zwischen der Aufwendung der ursprünglichen außermenschlichen Produktionsmittel[427] und der Aufwendung menschlicher Arbeit ein Unterschied gemacht werden müsste. Die Natur stelle ihre Leistung den Menschen gewissermaßen unentgeltlich zur Verfügung; doch die Arbeit müsse durch Arbeitsleid erkauft werden. Indem der Mensch sich plagt und[428] Arbeitsleid überwindet[429], füge er dem Kosmos ein Neues hinzu, das vor der Aufwendung der Arbeit nicht vorhanden gewesen wäre. Die Arbeit sei mithin in diesem Sinne schöpferisch. Auch diese Auffassung irrt. Menschliche Arbeitskraft und Arbeitsfähigkeit sind im Kosmos geradeso gegeben und vorhanden wie die ursprünglichen und inhärenten Bodenkräfte und die tierischen Substanzen[430]. Dass man sie ungenützt lassen kann, unterscheidet sie nicht von den außermenschlichen Mitteln; auch diese können brachliegen. Dass der Einzelne Arbeitsleid überwindet, ist die Folge des Umstandes, dass er das Ergebnis höher wertet als den Aufwand an Arbeit und den Verzicht auf Muße.

Schöpferisch ist nur der menschliche Geist, der dem Handeln und der Produktion den Weg weist. Auch dieser Geist gehört der Welt und dem Kosmos[431] an; er ist ein Teil des Gegebenen und Vorhandenen. Wenn man ihn schöpferisch nennen will, darf es gewiss nicht in mystisch-metaphysischem Sinne geschehen. Er stellt sich unserer Betrachtung insofern als schöpferisch dar, als wir die durch das Handeln bewirkten Veränderungen nicht weiter zurück zu verfolgen vermögen als bis zu dem Punkte, auf dem wir auf den Einsatz[432] der das Handeln lenkenden Vernunft, stoßen. Die Produktion erscheint uns nicht als ein Materielles, natürlich und extern, sondern als ein Geistiges. Nicht dass Dinge der Außenwelt und menschliche Arbeit kombiniert werden, sondern dass sie durch die Vernunftentscheidung als Mittel zur Erreichung von Zwecken verwendet werden, macht ihr Wesen aus. Nicht dass einer sich plagt und Arbeitsleid auf sich nimmt,[433] produziert das Produkt; das Entscheidende ist, dass er im Plagen und Mühen den Geboten der Vernunft folgt. Der Geist allein stellt Unbefriedigtsein ab.

Die materialistische Metaphysik des Marxismus verkennt das in naivster Weise. Die «Produktionsverhältnisse» sind nichts Materielles. Die Produktion ist ein geistiger, intellektueller und ideologischer Prozess, durch den der vernünftige Mensch sein Unbefriedigtsein so gut zu beheben versucht wie möglich[434]. Nicht Materielles unterscheidet die Lage der Menschheit von heute von der ihrer Vorfahren, die vor [435]tausend oder vor zwanzigtausend Jahren gelebt haben, sondern ein Geistiges. Die materiellen Veränderungen sind das Ergebnis der geistigen Veränderungen.

Die Produktion ist ein Umgestalten des Gegebenen nach den Weisungen der Vernunft. Diese Weisungen – die Rezepte, die Formeln, die Ideologien – sind das aktive[436] Element in der Produktion; sie verwandeln[437] die ursprünglichen Produktionsfaktoren Natur[438] und menschliche Arbeit[439] zum Mittel. Der Mensch produziert kraft seiner Vernunft; er setzt den Zweck und setzt die Mittel ein, um den Zweck zu erreichen. Man konnte das nicht ärger missdeuten als durch die landläufige Behauptung, die Nationalökonomie hätte es mit der materiellen Seite des Menschen zu tun. Das menschliche Handeln ist ein Geistiges. In diesem Sinne ist die Praxeologie Geisteswissenschaft[440].

Was Geist ist, wissen wir freilich ebensowenig wie wir wissen, was Elektrizität, was Bewegung, was Leben ist. Geist ist der Ausdruck, mit dem wir jenes Unbekannte bezeichnen, das die Menschen befähigt hat, all das zu bewirken, was sie bewirkt haben: die Theorien und die Gedichte, die Kathedralen und die Symphonien,[441] die Kraftwagen und die Flugzeuge.

Teil II

Das Handeln in der Gesellschaft

Kapitel 8

DIE MENSCHLICHE GESELLSCHAFT

1. Menschliche Kooperation[442]

Gesellschaft ist Vereinigung des Handelns, ist Zusammenwirken und Zusammenhandeln von Menschen.

Gesellschaft ist somit das Ergebnis bewussten und zielgerichteten Verhaltens. Das bedeutet nicht etwa, dass die Einzelnen sich durch Verträge, die die Gründung der Gesellschaft zum Zwecke hatten, wechselseitig gebunden hätten. Das Handeln, dessen Wirken die Gesellschaft gebildet hat und täglich bildet, ist auf nichts anderes gerichtet als auf Zusammenhandeln und Zusammenwirken mit anderen zur Erreichung bestimmter einzelner Zwecke. Die Gesamtheit dieser Kooperation, die an die Stelle der – immerhin denkbaren – Vereinzelung der Einzelnen das gemeinsame Wirken treten lässt, nennen wir die Gesellschaft. Gesellschaft ist Arbeitsteilung und Arbeitsvereinigung. Als Handelnder[443] gehört der Mensch der Gesellschaft[444] an.

Der Einzelne wird schon in eine Welt hineingeboren, die gesellschaftlich geformt ist. In diesem Sinne mag man den im übrigen entweder nichtssagenden oder unsinnigen Ausdruck, dass die Gesellschaft (logisch oder historisch) vor dem Einzelnen war, hinnehmen. Der Einzelne lebt und handelt in der Gesellschaft. Doch anderseits ist die Gesellschaft nichts anderes als Vereinigung der Einzelnen zur Gemeinschaft des Handelns. Die Gesellschaft ist nirgends als in dem Handeln der Einzelnen. Es ist ein Wahn, sie außerhalb der Einzelnen zu suchen. Von einer gesonderten Existenz der Gesellschaft, von ihrem Leben, von ihrer Seele, von ihrem Handeln zu sprechen, ist metaphorische Redeweise, die Gefahren[445] birgt.

Damit erscheint auch die Fragestellung, ob der Einzelne oder die Gesellschaft Zweck sein soll, und ob die Interessen der Einzelnen denen der Gesellschaft untergeordnet werden sollen oder umgekehrt die Interessen der Gesellschaft denen der Einzelnen, als gegenstandslos. Handelnd treten immer nur Einzelne auf; das Gesellschaftliche ist eine bestimmte Einstellung der Handelnden in ihrem Handeln. Die Kategorie *Zweck* ist sinnvoll nur in Bezug auf ein Handeln. Theologen und Geschichtsmetaphysiker mögen von den Zwecken der Gesellschaft und von den Zwecken, die Gott mit der Gesellschaft und durch die Gesellschaft verfolgt, sprechen, geradeso wie sich ihnen auch die Frage nach dem Zweck jedes anderen Stückes der Schöpfung aufwirft. Für die Wissenschaft, die an das für die Lösung solcher Aufgaben ungeeignete Werkzeug des menschlichen logischen Denkens gebunden ist, wäre das Bemühen, sich mit solchen Problemen zu befassen, aussichtslos.

Im Rahmen der sozialen Zusammenarbeit können zwischen den Mitgliedern der Gesellschaft Gefühle von Sympathie und Freundschaft und ein Gefühl der Zusammengehörigkeit entstehen. Diese Gefühle sind die Quelle der wunderbarsten und erhabensten Erlebnisse des Menschen. Sie sind die kostbarste Zierde des Lebens, sie heben die Tierart Mensch auf die Höhe eines wirklich menschlichen Daseins. Sie sind jedoch nicht, wie einige behauptet haben, die Wirkkräfte, die soziale Beziehungen herbeigeführt haben. Sie sind Früchte der sozialen Zusammenarbeit, sie gedeihen nur in ihrem Rahmen; sie sind nicht der Herstellung sozialer Beziehungen vorausgegangen und sind nicht der Keim, aus dem sie entspringen.

Die grundlegenden Tatsachen, die Zusammenarbeit, Gesellschaft und Kultur hervorgebracht und das Tier in den Menschen verwandelt haben, sind die Tatsachen, dass die Arbeit unter Arbeitsteilung produktiver ist als isolierte Arbeit und dass die Vernunft des Menschen fähig ist, diese Wahrheit zu erkennen. Ohne diese Tatsachen wären die Menschen einander für immer Todfeinde geblieben, unversöhnliche Rivalen in ihrem Bestreben, einen Teil der knappen Versorgung mit den von der Natur zur Verfügung gestellten Nahrungsmitteln zu sichern. Jeder Mensch wäre gezwungen gewesen, alle anderen Menschen als seine Feinde anzusehen; sein Verlangen nach der Befriedigung seines eigenen Appetits hätte ihn in einen unerbittlichen Konflikt mit allen seinen Nachbarn gebracht. In einer solchen Situation kann sich keine Sympathie entwickeln.

Einige Soziologen haben behauptet, dass das ursprüngliche und elementare subjektive Faktum in der Gesellschaft ein «Artbewusstsein» sei. Andere wiederum meinen, dass es keine Gesellschaftssysteme gäbe, wenn es kein «Gemeinschaftsgefühl oder Zusammengehörigkeitsgefühl»[1] gäbe. Man kann dem zustimmen, vorausgesetzt, dass diese etwas vagen und zweideutigen Begriffe korrekt miteinander verknüpft sind. Wir können das Artbewusstsein, das Gemeinschaftsgefühl oder das Gefühl der Zusammengehörigkeit als Anerkennung der Tatsache bezeichnen, dass alle anderen Menschen potentielle Kooperationspartner im Kampf ums Überleben sind, weil sie in der Lage sind, den gegenseitigen Nutzen der Zusammenarbeit zu erkennen, während den Tieren diese Fähigkeit fehlt. Wir dürfen jedoch nicht vergessen, dass die beiden oben genannten Tatsachen, die zu einer solchen Bewusstwerdung oder einem solchen Sinn führen, die primären Tatsachen sind. In einer hypothetischen Welt, in der die Arbeitsteilung die Produktivität nicht erhöhen würde, gäbe es keine Gesellschaft. Es gäbe keine Gefühle der Güte und des guten Willens.

Das Prinzip der Arbeitsteilung ist eines der großen Grundprinzipien des kosmischen Werdens und evolutionären Wandels. Die Biologen hatten Recht damit, das Konzept der Arbeitsteilung aus der Sozialphilosophie zu entlehnen und an ihr Forschungsgebiet anzupassen. Es gibt Arbeitsteilung zwischen den verschiedenen Teilen eines jeden lebenden Organismus. Darüber hinaus gibt es organische Einheiten, die sich aus arbei-

[1] Robert. M. MacIver, Society (New York, 1937), S. 6f [eigene Übersetzung].

tenden tierischen Individuen zusammensetzen; es ist üblich, solche Vereinigungen von Ameisen und Bienen metaphorisch als «Tiergesellschaften» zu bezeichnen. Aber man darf nie vergessen, dass das charakteristische Merkmal der menschlichen Gesellschaft eine zielgerichtete Zusammenarbeit ist; die Gesellschaft ist ein Ergebnis menschlichen Handelns, d. h. eines bewussten Strebens nach dem Erreichen von Zielen. Kein solches Element ist, soweit wir feststellen können, in den Prozessen vorhanden, die sich bei der Entstehung der Struktur-Funktions-Systeme von Pflanzen- und Tierkörpern und beim Funktionieren der Gesellschaften von Ameisen, Bienen und Hornissen ergeben haben. Die menschliche Gesellschaft ist ein intellektuelles und spirituelles Phänomen. Sie ist das Ergebnis einer gezielten Anwendung eines universellen Gesetzes, das das kosmische Werden bestimmt, nämlich die höhere Produktivität der Arbeitsteilung. Wie bei jeder Handlung wird die Anerkennung der Naturgesetze in den Dienst der Bemühungen des Menschen gestellt, seine Bedingungen zu verbessern.

2. Kritik der universalistischen und kollektivistischen Gesellschaftsauffassung[446]

Nach der Lehre der Universalisten und Kollektivisten, sowie des Begriffsrealismus, Holismus und einiger Vertreter der Gestaltpsychologie, wäre die Gesellschaft ein Gebilde, das unabhängig und gesondert von den Einzelnen ein eigenes Leben lebt und für sich handelt, um seine Zwecke zu erreichen, die von denen der Einzelnen verschieden sind. Dann freilich könnte es sich ergeben, dass die Interessen der Gesellschaft und die der Einzelnen in Widerstreit geraten. Um der gesellschaftlichen Entwicklung Raum zu schaffen, wäre es nötig, die im Hinblick auf ihre eigenen Zwecke den gesellschaftlichen Zwecken entgegen arbeitenden Individuen zu zwingen, den Vorrang der Gesellschaft anzuerkennen und sich unter Hintansetzung der eigenen Zwecke der gesellschaftlichen Ordnung zu fügen. Das ist der Punkt, wo Universalismus und Kollektivismus[447] sich genötigt sehen, den irdischen Standpunkt menschlicher Wissenschaft und logischen Denkens mit dem theologischer oder transzendenter Metaphysik zu vertauschen. Sie müssen annehmen, dass die Vorsehung durch Sendboten – Gesetzgeber und Zwingherren –[448] die Menschen, die von Natur aus böse sind, d.h. andere Zwecke verfolgen, dazu zwingt, die Wege zu wandeln, die Gott[449] oder der Weltgeist sie führen will.

Der Kollektivismus[450] übernimmt sein Weltbild von uralten Auffassungen, die schon dem Götterglauben der Primitiven vertraut waren und in allen Götterlehren wiederkehren: der Mensch hat einem Gesetz, das von höheren Mächten erlassen wurde, und der Obrigkeit, die diese Mächte zur Vollziehung des Gesetzes eingesetzt haben, zu gehorchen. Die durch dieses Gesetz geschaffene Ordnung ist die menschliche Gesellschaft, die somit Gotteswerk und nicht Menschenwerk ist. Ohne das Eingreifen der Gottheit, das den irrenden Menschen das Gesetz brachte, gäbe es keine Gesellschaft. Wohl liegen auch nach Universalistisch-kollektivistischer Auffassung gesellschaftlicher Fortschritt und Ausgestaltung der gesellschaftlichen Bindungen im Interesse der Menschen, denn nur in der Gesellschaft und durch die Gesellschaft vermöge der Mensch sich aus der Rohheit und aus dem sittlichen und materiellen Elend des Naturzustandes emporzuarbeiten und aus dem nur den animalischen Trieben gehorchenden Wilden zur sittlichen Persönlichkeit in der göttlichen Weltordnung zu werden. Doch nie vermag er diesen Weg allein zu finden. Denn die Eingliederung in die Gesellschaft und die Unterwerfung unter die Gebote des Sittengesetzes stellen an ihn Anforderungen, die er vom Standpunkte seiner beschränkten Einsicht als Übel, als Verzicht auf winkenden Vorteil und als Entbehrungen betrachten muss, ohne dass die Unzulänglichkeit seiner Vernunft ihn die späteren Vorteile, die durch die gegenwärtigen und erkennbaren Nachteile herbeigeführt werden, ahnen ließe. Wenn Gott ihn nicht erleuchten würde, wüsste er in seiner Einfalt nicht, was Gott mit ihm zu seinem eigenen Besten oder zum Besten seiner Nachkommen vorhat.

Demgegenüber zeigt die wissenschaftliche Auffassung, wie sie von der Sozialphilosophie des Rationalismus des 18. Jahrhunderts und der modernen Ökonomie entwickelt wurde, die nicht auf eine wundersame Einmischung übermenschlicher Kräfte zurückgreift, dass jeder Schritt, den der Einzelne auf dem Wege zur Arbeitsteilung und Arbeitsvereinigung zurücklegt, ihm – sogleich und unmittelbar – erkennbaren Nutzen bringt. Die Vorteile, die das gesellschaftliche Zusammenhandeln und Zusammenwirken schaffen, sind allgemein und kommen jedem Geschlecht zugute, mithin auch schon dem gegenwärtigen, dem handelnden Geschlecht, nicht erst entfernten Enkeln und Urenkeln. Dass die Opfer, die der Einzelne zu bringen hat, um sich in die gesellschaftliche Kooperation einzugliedern[451], ihm durch größeren Nutzen vergolten werden, kann von der menschlichen Vernunft erkannt werden. Wenn die gesellschaftliche Bindung dadurch verdichtet wird, dass die Kooperation auf ein Gebiet ausgedehnt wird, das ihr bisher verschlossen war, oder wenn der Friedens- und Rechtsschutz verbessert wird, um das ungestörte Wirken der gesellschaftlichen Kooperation zu sichern, sind die treibenden Kräfte im Streben der Beteiligten nach Verbesserung ihrer Lage zu suchen. Indem jeder Einzelne seine Wege, die zu seinen – recht verstandenen – Zwecken führen, geht, geht er schon den Weg der Vergesellschaftung[452]. Die Gesellschaft ist ein Produkt menschlichen Handelns, d. h. des menschlichen Drangs, Unbefriedigtsein so weit wie möglich zu beseitigen. Um ihr Werden und ihre Entwicklung zu erklären, ist es nicht notwendig, sich auf die einen wahrhaft religiösen Geist beleidigende Lehre zu berufen, nach der die ursprüngliche Schöpfung so defekt gewesen wäre, dass eine wiederholte übermenschliche Intervention notwendig sei, um ihr Scheitern zu verhindern.[453]

Die historische Rolle der Theorie der Arbeitsteilung, wie sie von der britischen politischen Ökonomie von Hume bis Ricardo ausgearbeitet wurde, bestand in der vollständigen Widerlegung aller metaphysischen Doktrinen über den Ursprung und die Funktionsweise der sozialen Zusammenarbeit. Sie vollzog die geistige, moralische und intellektuelle Emanzipation der Menschheit, die durch die Philosophie des Epikureismus eingeleitet wurde. Sie setzte eine autonome rationale Moral an die Stelle der heteronomen und intuitiven Ethik älterer Tage. Recht und Gesetzlichkeit, Moralkodex und soziale Institutionen werden nicht mehr als unergründliche Dekrete des Himmels verehrt. Sie sind menschlichen Ursprungs, und der einzige Maßstab, an dem sie gemessen werden müssen, ist die Zweckmäßigkeit im Hinblick auf das Wohlergehen der Menschen. Der utilitaristische Ökonom sagt nicht: *Fiat justitia, pereat mundus.* Er sagt: *Fiat justitia, ne pereat mundus.* Er verlangt von einem Menschen nicht, auf sein Wohl zugunsten der Gesellschaft zu verzichten. Er rät ihm zu erkennen, was seine recht verstandenen Interessen sind. In seinen Augen manifestiert sich die Herrlichkeit Gottes nicht in der eifrigen Einmischung in diverse Angelegenheiten seitens der Fürsten und

Politiker, sondern darin, seine Geschöpfe mit Vernunft und dem Streben nach Glück auszustatten.[2]

[454]Das Kernproblem der universalistisch-kollektivistischen Lehre ist die Frage: Woran erkenne ich das echte Gesetz, den echten Verkünder des Gotteswortes und die gottgewollte Obrigkeit? Denn viele behaupten von sich, dass die Vorsehung sie gesandt habe, und jeder von ihnen verkündet andere Lehren. Für den Gläubigen gibt es da keine Zweifel; er weiß sich im Besitze des richtigen Glaubens. Doch das macht die Sache erst recht bedenklich, wenn abweichende Lehren vorgetragen werden. Jede Gruppe will ihrem Glauben zum Siege verhelfen; da man mit logischer Beweisführung nicht dazu gelangen kann, die anderen zu überzeugen, bleibt nur *ein* Ausweg offen: die Widerstrebenden mit Gewalt zur Unterwerfung unter das Gesetz zu zwingen. Universalismus und Kollektivismus führen unausweichlich zum Kampf, der bis zur Vernichtung oder bis zur Unterwerfung des Gegners fortgesetzt wird.

Die Unduldsamkeit und die Propaganda durch das Schwert des Kriegers oder durch das des Scharfrichters liegen im Wesen der heteronomen Ethik. Das Gesetz Gottes fordert allgemeine Anerkennung und Befolgung, und der von ihm bestellten Obrigkeit sind alle Menschen von Rechts wegen untertan. Solange die Kraft der Götterlehren und ihrer philosophischen Entsprechung, des Begriffsrealismus, nicht gebrochen war, gab es weder Duldsamkeit noch Frieden; man ließ höchstens zu Zeiten die Waffen ruhen, um Kräfte für neue Kämpfe zu sammeln. Der Gedanke der Duldsamkeit gegen den vermeintlichen Irrtum der anderen konnte erst entstehen, als mit der Ausbreitung der Idee autonomer zweckgerichteter Ethik und mit der Zurückdrängung des Universalismus[455] die liberale Gesellschaftslehre sich durchzusetzen begann. Für diese Auffassung[456] ist die Gesellschaft[457] keine Einrichtung zur Aufrechterhaltung einer Gottheit aus Gründen, die menschlicher Vernunft nicht erkennbar sind, wohlgefälligen Ordnung, die den irdischen Interessen vieler oder gar aller Menschen zuwiderläuft, sondern das große Mittel zur Verwirklichung der von den Menschen angestrebten Zwecke, das durch menschliches Handeln geschaffen und erhalten wird. Ihre Aufrechterhaltung und die am besten geeignete Organisation sind eine Aufgabe, die sich nicht wesentlich von allen anderen Belangen menschlichen Handelns unterscheidet. Die heteronome Ethik und die kollektivistische Lehre kann man nicht mit Vernunftgründen beweisen; man hat sie gläubig hinzunehmen oder man muss zum Schweigen gebracht und zum Glauben gezwungen werden.[458]

Freilich, es wird immer Einzelne und ganze Gruppen geben, denen diese Beweisführung nicht einleuchtet, und wieder andere, die sie wohl begreifen, doch

[2]Viele Ökonomen, darunter Adam Smith und Bastiat, glaubten an Gott. Daher bewunderten sie in den Tatsachen, die sie entdeckt hatten, die Fürsorge des «großen Lenkers der Natur». Atheistische Kritiker machen ihnen diese Haltung zum Vorwurf. Diese Kritiker übersehen jedoch, dass das Verhöhnen der Bezugnahme auf die «unsichtbare Hand» die wesentlichen Lehren der rationalistischen und utilitaristischen Sozialphilosophie nicht entkräftet. Man muss begreifen, dass die Alternative die folgende ist: Entweder ist die Vergesellschaftung ein menschlicher Prozess, weil sie den Zielen der Betroffenen am besten dient und die Individuen selbst die Möglichkeit haben, die Vorteile zu erkennen, die sie aus ihrer Anpassung an das Leben in der sozialen Zusammenarbeit ziehen. Oder ein höheres Wesen gebietet widerstrebenden Menschen, sich dem Gesetz und den gesellschaftlichen Autoritäten unterzuordnen. Es ist von untergeordneter Bedeutung, ob man dieses höchste Wesen Gott, Weltgeist, Schicksal, Geschichte, Wotan oder die Produktivkräfte nennt und welchen Titel man seinen Aposteln, den Diktatoren, zuweist.

nicht die Kraft aufbringen, ihr Handeln so einzurichten, dass es die gesellschaftliche Ordnung nicht stört. Denn die Eingliederung in die Gesellschaft fordert vom Einzelnen Opfer; es sind das zwar nur vorläufige Opfer, die durch die Vorteile, die ihm die Gesellschaft vermittelt, aufgewogen werden; doch zunächst, im Augenblicke des Verzichts auf einen winkenden Vorteil, ist das Opfer schmerzlich, und es ist nicht jedermanns Sache, im Hinblick auf höheren mittelbaren Gewinn geringeren unmittelbaren Gewinn fahren zu lassen.[459] Es gibt eine Schule – den Anarchismus –, die meint, man könnte durch Belehrung alle Menschen von der Notwendigkeit überzeugen, immer sozial zu handeln, das heißt so zu handeln, dass man im Handeln auf die Erhaltung der gesellschaftlichen Ordnung Rücksicht nimmt; richtig belehrt, würden dann alle Menschen schon freiwillig sozial handeln. Dem Anarchismus erscheinen daher Einrichtungen, die den Einzelnen zur Befolgung der Regeln, die die Aufrechthaltung der Gesellschaft fordert, zwingen sollen, als überflüssig. Seiner Auffassung nach könnte eine Gesellschaftsordnung, die nicht einzelnen Menschengruppen Vorrechte auf Kosten und zu Lasten der übrigen einräumt, auch ohne die Einrichtung eines Zwangsapparates zur Unterdrückung gesellschaftsschädlichen Handelns auskommen. Die ideale Gesellschaft brauche daher keinen Staat und keine Regierung, keine Richter, keine Büttel und keine Schergen[460].

Der Grundfehler der anarchistischen Lehre liegt in der Nichtbeachtung der Erfahrungstatsache, dass es Menschen gibt, denen die Einsicht oder die Kraft mangelt, ihr Handeln den Anforderungen der Gesellschaft gemäß einzurichten. Wollte man selbst zugeben, dass alle gesunden Erwachsenen über beides verfügen, so kann man doch nicht bestreiten, dass es beim heranwachsenden Menschen, beim kranken Menschen und bei dem vom Kräfteverfall des Alters ergriffenen Menschen gar häufig anders ist.[461] Man mag der Ansicht sein, dass jeder, der antisozial handelt, als krank zu betrachten und daher vor allem zu heilen sei; doch solange nicht alle geheilt sind, muss ein Zwangsapparat darüber wachen, dass durch das Verhalten solcher Kranker kein Schaden entstehe. Eine anarchistische Gesellschaft wäre der Gnade jedes Einzelnen ausgesetzt. Gesellschaftliches Zusammenleben und Zusammenwirken von Menschen ist daher nur im staatlichen Verbande denkbar, d.h. nur in einem Verbande, der über einen Zwangsapparat zur Unterdrückung gesellschaftsstörenden Handelns von Einzelnen oder von Gruppen verfügt.

Der Staat oder die Regierung ist der soziale Zwangsapparat. Er hat das Monopol für gewalttätige Handlungen. Niemandem steht es frei, Gewalt oder Androhung von Gewalt anzuwenden, wenn die Regierung ihm dieses Recht nicht gewährt hat. Der Staat ist im Wesentlichen eine Institution zur Erhaltung friedlicher zwischenmenschlicher Beziehungen. Für die Erhaltung des Friedens muss er jedoch bereit sein, die Angriffe der Friedensbrecher zu vereiteln.

Die auf den Ergebnissen der Wissenschaft vom menschlichen Handeln aufgebaute Staatslehre des Liberalismus[462] sieht das Problem des Verhältnisses der von der Regierung zu beachtenden Normen zu den Auffassungen der Staatsbürger in anderem Lichte als die universalistisch-kollektivistische Staatslehre der heteronomen Ethik[463]. Der Liberalismus geht davon aus, dass auf die Dauer die Regierungsgewalt, die immer von einer Minderheit ausgeübt wird, nur mit Zustimmung und daher nur im Sinne der öffentlichen Meinung geführt werden kann.[464] Was auch immer das Regierungssystem sein mag, das Fundament, auf dem es aufgebaut ist und beruht, ist immer die Meinung derjenigen, die entschieden haben, dass Gehorsam und Treue gegenüber dieser Regierung ihren eigenen Interessen besser dient als Aufstand und die Errichtung eines anderen Regimes. Die Mehrheit hat die Macht, eine unpopuläre Regierung abzusetzen und nutzt diese Macht, wenn sie überzeugt ist, dass ihr eigenes Wohlergehen es erfordert. Auf lange Sicht gibt es keine unpopuläre Regierung. Bürgerkrieg und Revolution sind die Mittel, mit denen die unzufriedenen Mehrheiten Herrscher und Regierungsformen stürzen, die ihnen nicht zusagen. Um des inneren Friedens willen strebt der Liberalismus eine demokratische Regierung an. Demokratie ist also keine revolutionäre Institution. Im Gegenteil, sie ist das Mittel schlechthin, um Revolutionen und Bürgerkriege zu verhindern. Sie bietet eine Methode zur friedlichen Anpassung der Regierung an den Willen der Mehrheit. Wenn die Männer im Amt und ihre Politik der Mehrheit der Nation nicht mehr gefallen, werden sie – in der nächsten Wahl – eliminiert und durch andere Männer ersetzt, die sich für eine andere Politik einsetzen.

Das Mehrheitsprinzip des Liberalismus bedeutet nicht etwa, dass die Minderwertigen, die die Masse bilden, die Höherwertigen, die immer in der Minderzahl sind, vergewaltigen sollen. Auch der Liberalismus sieht in der Regierung durch die Besten und Tüchtigsten das Ideal. Doch er meint, dass die Eignung eines Mannes oder einer Anzahl von Männern zur Erfüllung der Obliegenheiten der Regierung sich besser dadurch erweist, dass es ihnen gelingt, ihre Mitbürger von ihrer Befähigung zur Ausübung dieser Ämter zu überzeugen, so dass sie ihnen freiwillig die Besorgung der Regierungsgeschäfte übertragen, als dadurch, dass sie die übrigen durch Gewalt zur Anerkennung ihrer Ansprüche zwingen. Es gibt natürlich keine Garantie dafür, dass die Wähler das Amt dem kompetentesten Kandidaten anvertrauen. Aber kein anderes System kann eine solche Garantie bieten. Wenn die Mehrheit der Nation sich zu ungesunden Prinzipien bekennt und unwürdige Kandidaten bevorzugt, gibt es kein anderes Mittel, als zu versuchen, ihre Meinung zu ändern, indem man vernünftigere Prinzipien darlegt und bessere Kandidaten empfiehlt. Eine Minderheit wird niemals mit anderen Mitteln dauerhaften Erfolg haben.

Universalismus und Kollektivismus können diese demokratische Lösung des Regierungsproblems nicht akzeptieren. Ihrer Meinung nach fördere der Einzelne bei der Einhaltung des Moralkodexes nicht unmittelbar seine irdischen Anliegen, sondern verzichte im Gegenteil auf das Erreichen seiner eigenen Ziele zugunsten der Pläne der Gottheit oder des kollektiven Ganzen. Darüber hinaus sei die Vernunft allein nicht in der Lage, die Überlegenheit der absoluten Werte und die bedingungslose Gültigkeit des heiligen Gesetzes zu begreifen sowie die Artikel des kanonischen Rechts und die Gebote richtig zu interpretieren. Daher ist es in ihren Augen eine hoffnungslose Aufgabe, die Mehrheit durch Überzeugungsarbeit umzustimmen und sie durch freundschaftliche Ermahnung zur Gerechtigkeit zu führen. Diejenigen, die durch himmlische Inspiration gesegnet seien und denen ihr *Charisma* Erleuchtung vermittelt habe, hätten die Pflicht, das Evangelium an die Gehorsamen weiterzugeben und Gewalt gegen die Widerspenstigen anzuwenden. Der charismatische Führer sei der Stellvertreter der Gottheit, der Bevollmächtigte des kollektiven Ganzen, das Werkzeug der Geschichte. Er sei unfehlbar und habe immer Recht. Seine Befehle seien die oberste Norm.

[3]Universalismus und Kollektivismus sind notwendigerweise Systeme theokra-

[3]Für die heteronome Ethik der universalistisch-kollektivistischen Gesellschaftslehre liegt die

Sache anders. Da nach ihrer Auffassung der Einzelne durch die Befolgung der Normen nicht mittelbar seinen eigenen irdischen Zwecken dient, vielmehr auf die Erreichung seiner eigenen Zwecke zu Gunsten der Zwecke der Gottheit oder des Kollektivgebildes verzichtet, und die bloße Vernunft weder die Geltung der Norm noch ihren Inhalt zu erkennen vermag, muss es ihr aussichtslos erscheinen, die Mehrheit durch Überredung auf den rechten Weg zu leiten. Die, denen die Gnade zuteil wurde, die echte Norm zu erkennen, haben die Pflicht, die übrige Welt aufzuklären und zur Befolgung der Norm zu veranlassen. Geht es nicht friedlich, dann müsse man eben Gewalt brauchen.

Dieser Gegensatz der praktischen Ergebnisse folgt unmittelbar aus dem Gegensatz der Grundauffassungen. Der Wissenschaft vom Handeln ist Gesellschaft das Zusammenhandeln der Menschen, die durch das Zusammenhandeln ihre eigenen Zwecke besser zu erreichen gedenken als in gesondertem Handeln; die gesellschaftliche Kooperation ist für jeden Einzelnen Mittel im Dienste seiner eigenen Zwecke. Für den Begriffsrealismus aber steht über den Einzelnen ein Wesen mit eigenem Denken, Fühlen, Wollen und Handeln, und dieses Wesen, mag man es nun Gott, Natur, Gesellschaft, Staat, das Absolute oder wie immer nennen, verfolgt seine eigene Zwecke. Universalismus und Kollektivismus finden, dass das wahre Sein nicht das der Einzelnen und ihrer Zwecke sei, sondern dass es ein höheres und echteres Sein gebe, dessen Zwecke von denen der Einzelnen verschieden seien und denen die Einzelnen ihre eigenen Zwecke unbedingt unterzuordnen hätten.

Es ist verkehrt, den Gegensatz dieser beiden Auffassungen derart zu fassen, dass man zwischen einer vermeintlichen individualistischen Auffassung, dem Individualprinzip, dem der Einzelne als Zweck erscheint, und der kollektivistisch-universalistischen Auffassung, dem Sozialprinzip, dem die Gesellschaft als Zweck erscheint, unterscheidet. Dass angenommen wird, es könne zwischen den Zwecken der Gesellschaft und denen der Einzelnen ein Gegensatz entstehen, dass überhaupt in hypostasierender Weise von der Gesellschaft als von einem beseelten Wesen gesprochen wird, das eigene Zwecke verfolgt, ist schon Bekenntnis zur Lehre des Kollektivismus und Universalismus. Wenn man das Sein eines Wesens, das schon ex definitione höher, vollkommener und edler als die Einzelnen erscheint und dem gegenüber die Einzelnen ein minderes oder gar nur ein schattenhaftes Dasein führen, einmal angenommen hat, dann kann man den weiteren Schlussfolgerungen des Kollektivismus nicht mehr ausweichen. Dann haben die Zwecke des höheren Seins, der Gesellschaft, Vorrang vor denen des niedrigeren Seins, des Einzelnen, dann ist der Einzelne nur ein Seiender vermöge des Seins der Ganzheit, dann ist die Gesellschaft alles, der Einzelne nichts, dann ist jedes Mittel gut, um den aus Tollheit sich auflehnenden Einzelnen in die Schranken zu weisen. Dass manche Freunde paradoxer Sentenzen – z. B. Stirner – ein Vergnügen daran gefunden haben, den Sachverhalt umzukehren und justament den Vorrang des Einzelnen zu behaupten, ist belanglos. Wenn es eine Gesellschaft als zweckbewusstes Wesen mit all den Attributen gibt, die ihr die Lehre zuschreibt, dann ist es einfach töricht, die Zwecke des armseligen Einzelnen ihren erhabenen Zwecken entgegen zu setzen.

Nicht minder verfehlt ist es, den Gegensatz in der Weise zu fassen, dass man eine vermeintliche individualistische Auffassung, nach der die Gesellschaft nur die Summe der Einzelnen sei, der universalistisch-kollektivistischen Auffassung gegenüberstellt, nach der die Gesellschaft ein Eigenleben mit eigenem Denken, Fühlen und Handeln führt. Für die wissenschaftliche Auffassung ist das Wort Gesellschaft Ausdruck für das Gebilde, das in und aus der Vereinigung des Handelns der Einzelnen besteht. Der Begriff «Summe der Einzelnen» wäre, auf die Gesellschaft angewendet, in ihren Augen sinnlos; die Summe von Einzelnen ist immer eine Anzahl von Einzelnen.

Erdgebundene menschliche Wissenschaft und metaphysischer Glaube gehören durchaus verschiedenen Sphären an. Wissenschaft will nicht weiter gehen, als menschliche Vernunft zu gehen vermag. Glauben will Fragen beantworten, die die Vernunft nie beantworten kann. Zu einem Zusammenstoss der beiden kann es mithin nur kommen, wenn Glaube oder Wissenschaft das Gebiet, auf dem sie sich betätigen, überschreiten, wenn entweder der Glaube Auffassungen vorträgt, die den Ergebnissen der Denkarbeit widersprechen, oder wenn die Wissenschaft anfängt, von Dingen zu reden, über die mit den Mitteln der Wissenschaft nichts behauptet werden kann.

Ein solcher Konflikt liegt hier vor. Metaphysische Lehren werden gegen die Ergebnisse des wissenschaftlichen Denkens ausgespielt. Der wissenschaftlichen Gesellschaftslehre werden andere Gesellschaftslehren gegenüber gestellt, die man zwar auch mitunter als Wissenschaft auszugeben versucht, um ihnen das Ansehen zu verschaffen, das die Wissenschaft sich im Zeitalter des Rationalismus und Liberalismus erworben hat, die aber letzten Endes unrationalistisch, unwissenschaftlich und mit der bloßen Vernunft nicht zu erfassen sind. Denn alle diese Lehren gelangen an einen Punkt, wo sie zum Beweise ihrer Geltung auf Logik und auf vernünftiges Denken ver-

tischer Regierung. Das gemeinsame Merkmal all ihrer Spielarten ist, dass sie die Existenz eines übermenschlichen Wesens postulieren, dem die Individuen gehorchen müssen. Was sie voneinander unterscheidet, ist nur die Bezeichnung, die sie dieser Einheit geben, und der Inhalt der Gesetze, die sie in deren Namen verkünden. Die diktatorische Herrschaft einer Minderheit kann keine andere Legitimation finden als die Berufung auf ein angebliches Mandat, das sie von einer übermenschlichen absoluten Autorität erhalten haben. Dabei spielt es keine Rolle, ob der absolute Herrscher seine Ansprüche auf die göttlichen Rechte gesalbter Könige oder auf die historische Mission der Avantgarde des Proletariats stützt oder ob das höchste Wesen mit Namen *Geist* (Hegel) oder *Humanité* (Auguste Comte) genannt wird. Die Begriffe Gesellschaft und Staat, wie sie von den zeitgenössischen Verfechtern des Sozialismus, der Planung und der sozialen Kontrolle aller individuellen Handlungen verwendet werden, stehen für Gottheiten. Die Priester dieses neuen Glaubensbekenntnisses schreiben ihrem Götzenbild alle Attribute zu, die

zichten und sich auf den Glauben berufen, auf die innere Stimme, die das Gesetz offenbart habe, auf Führer, denen übernatürliche Kräfte und Einsichten zugeschrieben werden, auf die Auserwähltheit einer Gruppe, einer Klasse, eines Volkes, einer Rasse, kurz auf die besondere Gnade des Schicksals, die einem Einzigen oder einer Minderheit, die Gabe verliehen habe, über die der Vernunft gezogene Schranke hinaus intuitiv die Wahrheit zu schauen. [FN: Sehr deutlich sagt das Sombart (Deutscher Sozialismus, Charlottenburg 1934, S. 213): «Das Führerprinzip, zu dem wir uns bekennen, gipfelt in der Annahme eines obersten Führerwillens, der seine Weisungen nicht mehr wie der Unterführer vom Oberführer sondern nur von Gott erhalten kann, als dem *Führer* der Welt. Wer das Führerprinzip ganz erfasst und ernstlich bejaht, muss an eine fortgesetzte Offenbarung glauben. Ohne diesen Offenbarungsglauben schwebt das Führerprinzip in der Luft. Der Lenker des Staates hat also einen Auftrag von Gott, das bedeutet letzten Endes der Satz: *Alle Obrigkeit ist von Gott*». – Es wäre zu fragen, ob Sombart auch Ebert und Lenin als Beauftragte Gottes ansieht. Auch sie waren doch «Obrigkeit». Oder muss man zwischen wahren und falschen Führern unterscheiden? Dann aber hat man zu fragen: woran erkennt man den *echten* Führer?]

Wer glaubt, kann durch Vernunftgründe nicht zur Aufgabe seines Glaubens bewogen werden. Denn das ist gerade das Kennzeichen des Glaubens, dass er Vernunftgründen nicht zugänglich ist. Es schiene demnach aussichtslos, den Dichtungen der verschiedenen metaphysischen Systeme vom gesellschaftlichen Leben die Lehre der Wissenschaft entgegen zu halten. Wer an die Mythen wirklich glaubt, wird fortfahren, an sie zu glauben. Doch die Zahl derer, die der Vernunft den Glauben vorziehen, ist viel kleiner, als man gemeiniglich anzunehmen pflegt. Die überwiegende Mehrzahl der Anhänger dieser Lehren wollen nur in Bezug auf jene Probleme Glauben gelten lassen, die die Vernunft nicht zu behandeln vermag. Sie suchen im Glauben eine Lehre von den letzten Dingen, doch sie wollen keineswegs dem Glauben einen Vorrang gegenüber der Vernunft einräumen. Sie wenden sich bei unheilbaren Krankheiten an das wundertuende Gnadenbild, doch bei heilbaren Krankheiten ziehen sie die Wissenschaft des Arztes vor. Sie lassen die metaphysischen Gesellschaftslehren gelten, weil sie der Meinung sind, dass man das Werden und Wesen der gesellschaftlichen Verbundenheit nicht anders zu erklären vermöge. Doch sie erörtern das, was für und wider die verschiedenen denkbaren und ausführbaren Typen gesellschaftlicher Ordnung spricht, und die einzelnen gesellschaftlichen Einrichtungen mit den Mitteln der bloßen Vernunft. Sie prüfen Zweckmäßigkeit und Erfolgsaussichten durch diskursives Denken und vermeiden es dabei, die logische Geschlossenheit der Gedankenführung durch die Berufung auf der Vernunft nicht erkennbare Faktoren zu stören.

Die Wissenschaft ist daher auf dem richtigen Wege, wenn sie ihren Standpunkt nicht nur negativ durch Aufzeigung der Unzulänglichkeit und der Widersprüche der metaphysischen Lehren zu rechtfertigen sucht, sondern vor allem positiv dadurch, dass sie zeigt, wie eine vollständige geschlossene Lehre von der Gesellschaft aufgestellt werden kann, die auf die Annahme eines besonderen Eingreifens des Weltgeistes zur Stiftung und Erhaltung der Gesellschaft verzichten kann. Indem die Wissenschaft ihr System aufbaut, entwickelt und begründet, weist sie auch die Ansprüche der metaphysischen Lehren zurück.

die Theologen Gott zuschreiben – Omnipotenz, Allwissenheit, unendliche Güte und so weiter.

Wenn man davon ausgeht, dass es über die Handlungen des Einzelnen hinaus ein unvergängliches Wesen gibt, das seine eigenen Ziele anstrebt, die sich von denen der sterblichen Menschen unterscheiden, dann hat man bereits das Konzept eines übermenschlichen Wesens konstruiert. Dann kann man sich der Frage nicht entziehen, wessen Ziele dann Vorrang haben, wenn es zu einem Gegensatz kommt: die des Staates, die der Gesellschaft oder die des Individuums. Die Antwort auf diese Frage findet sich bereits im Begriff des Staates oder der Gesellschaft selbst, wie er vom Kollektivismus und Universalismus verstanden wird. Wenn man die Existenz einer Entität postuliert, die ex definitione höher, nobler und besser ist als die Individuen, dann kann es keinen Zweifel daran geben, dass die Ziele dieses eminenten Wesens über denen der elenden Individuen stehen müssen. (Es ist wahr, dass einige Freunde des Paradoxons – zum Beispiel Max Stirner[4] – Freude daran hatten, die Sache auf den Kopf zu stellen und zum Trotz den Vorrang des Individuums behaupteten.) Wenn die Gesellschaft oder der Staat eine Entität ist, die mit Willen und Absicht und all den anderen Qualitäten ausgestattet ist, die ihr von der kollektivistischen Doktrin zugeschrieben werden, dann ist es einfach unsinnig, die trivialen Ziele des schäbigen Individuums gegen seine erhabenen Entwürfe zu stellen.

Der quasi-theologische Charakter aller kollektivistischen Lehren manifestiert sich in ihren gegenseitigen Konflikten. Eine kollektivistische Doktrin behauptet nicht die Überlegenheit eines kollektiven Ganzen in abstracto; sie verkündet immer die Eminenz eines bestimmten kollektivistischen Idols, und entweder leugnet sie die Existenz anderer solcher Götzen oder verweist sie auf eine untergeordnete Stellung gegenüber dem eigenen Idol. Die Anbeter des Staates verkünden die Vortrefflichkeit eines bestimmten Staates, d. h. ihres eigenen, die Nationalisten die Vortrefflichkeit ihrer eigenen Nation. Wenn Andersdenkende ihr konkretes Programm in Frage stellen, indem sie die Überlegenheit eines anderen kollektivistischen Idols ankündigen, greifen sie zu nichts anderem als immer wieder zu erklären: Wir haben Recht, weil eine innere Stimme uns sagt, dass wir Recht haben und ihr Unrecht habt. Die Konflikte zwischen antagonistischen kollektivistischen Glaubensbekenntnissen und Sekten können nicht durch Argumentation, sondern müssen durch Waffen entschieden werden. Die Alternativen zum liberalen und demokratischen Mehrheitsprinzip sind die militaristischen Prinzipien des bewaffneten Konflikts und der diktatorischen Unterdrückung.

Alle Spielarten kollektivistischer Glaubensbekenntnisse sind in ihrer unerbittlichen Feindseligkeit gegenüber den grundlegenden politischen Institutionen des liberalen Systems vereint: Mehrheitsregel, Toleranz gegenüber abweichenden Ansichten, Gedanken-, Rede- und Pressefreiheit, Gleichheit aller Menschen vor dem Gesetz. Diese Zusammenarbeit kollektivistischer Glaubensbekenntnisse bei ihren Versuchen, die Freiheit zu zerstören, hat zu der irrigen Annahme geführt, dass das Problem in den heutigen politischen Gegensätzen Individualismus versus Kollektivismus sei. Tatsächlich handelt es sich um einen Kampf zwischen Individualismus auf der einen Seite und einer Vielzahl kollektivistischer Sekten auf der anderen Seite, deren gegenseitiger Hass und Feindseligkeit nicht weniger heftig ist als ihre Abscheu vor dem liberalen System. Es ist keine einheitliche marxistische Sekte, die den Kapitalismus angreift, sondern eine

[4]Vgl. Max Stirner (Johann Kaspar Schmidt), Der Einzige und sein Eigentum, (Leipzig, 1845).

Vielzahl marxistischer Gruppen. Diese Gruppen – zum Beispiel Stalinisten, Trotzkisten, Menschewiki, Anhänger der Zweiten Internationale und so weiter – bekämpfen sich gegenseitig mit äußerster Brutalität und Unmenschlichkeit. Und dann gibt es wieder viele andere nicht-marxistische Sekten, die die gleichen grausamen Methoden in ihren gegenseitigen Kämpfen anwenden. Ein Ersetzen des Liberalismus durch den Kollektivismus würde zu endlosen blutigen Kämpfen führen.

Die übliche Terminologie stellt diese Dinge völlig falsch dar. Die Philosophie, die gemeinhin als Individualismus bezeichnet wird, ist eine Philosophie der sozialen Zusammenarbeit und der fortschreitenden Intensivierung des sozialen Nexus. Andererseits kann die Anwendung der Grundideen des Kollektivismus nur zu sozialem Zerfall und zur Aufrechterhaltung bewaffneter Konflikte führen. Es ist wahr, dass jede Spielart des Kollektivismus ewigen Frieden verspricht, beginnend mit dem Tag seines eigenen Endsieges und dem endgültigen Sturz und der Vernichtung aller anderen Ideologien und ihrer Anhänger. Voraussetzung für die Verwirklichung dieser Pläne ist jedoch eine radikale Umgestaltung der Menschheit. Die Menschen müssen sich in zwei Klassen aufteilen: auf der einen Seite der allmächtige göttliche Diktator und auf der anderen die Massen, die Willen und Vernunft aufgeben müssen, um in den Plänen des Diktators zu bloßen Schachfiguren zu werden. Die Massen müssen entmenschlicht werden, um einen Menschen zu ihrem göttlichen Meister zu machen. Denken und Handeln, die wichtigsten Eigenschaften des Menschen als Mensch, würden zum Privileg eines einzigen Menschen werden. Es ist nicht nötig, darauf hinzuweisen, dass solche Entwürfe nicht realisierbar sind. Die chiliastischen Reiche der Diktatoren sind zum Scheitern verurteilt; sie haben nie länger als ein paar Jahre überlebt. Wir haben gerade den Zusammenbruch mehrerer solcher «tausendjähriger» Ordnungen erlebt. Denen, die noch übrig sind, wird es kaum besser ergehen.

Die moderne Wiederbelebung der Idee des Kollektivismus, der Hauptursache aller Qualen und Katastrophen unserer Tage, ist so gründlich gelungen, dass sie die wesentlichen Ideen der liberalen Sozialphilosophie in Vergessenheit geraten ließ. Heute sind sogar viele Befürworter demokratischer Institutionen unwissend über diese Ideen. Die Argumente, die sie für die Rechtfertigung von Freiheit und Demokratie vorbringen, sind mit kollektivistischen Fehlern behaftet; ihre Doktrinen sind eher eine Verzerrung als eine Bestätigung des wahren Liberalismus. Mehrheiten liegen in ihren Augen immer richtig, einfach, weil sie die Macht haben, jede Opposition zu zerschlagen; die Mehrheitsregel sei die diktatorische Herrschaft der stimmenstärksten Partei, und die herrschende Mehrheit sei nicht verpflichtet, sich bei der Ausübung ihrer Macht und bei der Führung politischer Angelegenheiten zurückzuhalten. Sobald es einer Fraktion gelungen ist, die Unterstützung der Mehrheit der Bürgerinnen und Bürger zu gewinnen und damit die Kontrolle über den Regierungsapparat zu erlangen, stehe es ihr frei, der Minderheit all jene demokratischen Rechte zu verweigern, mit denen sie selbst zuvor ihren eigenen Kampf um die Vorherrschaft geführt hat.

Dieser Pseudo-Liberalismus ist natürlich genau das Gegenteil der liberalen Lehre. Die Liberalen behaupten nicht, dass Mehrheiten göttlich und unfehlbar seien; sie behaupten nicht, dass die bloße Tatsache, dass eine Politik von vielen befürwortet wird, ein Beweis für ihre Verdienste um das Gemeinwohl sei. Sie empfehlen nicht die Diktatur der Mehrheit und die gewaltsame Unterdrückung abweichender Minderheiten. Der Liberalismus strebt eine politische Verfassung an, die das reibungslose Funktionieren der sozialen Zusammenarbeit und die schrittweise Intensivierung der gegenseitigen sozialen Beziehungen sicherstellt. Ihr Hauptziel ist die Vermeidung von gewaltsamen Konflikten, von Kriegen und Revolutionen, die die soziale Zusammenarbeit der Menschen auflösen und die Menschen in die primitiven Bedingungen der Barbarei zurückwerfen müssen, in denen alle Stämme und politischen Gemeinschaften endlos gegeneinander kämpften. Weil die Arbeitsteilung einen ungestörten Frieden erfordert, zielt der Liberalismus ab auf die Etablierung eines Regierungssystems, das wahrscheinlich den Frieden bewahren wird, nämlich die Demokratie.

Praxeologie und Liberalismus

Liberalismus ist eine politische Lehre. Er ist keine Theorie, sondern eine Anwendung der von der Praxeologie und insbesondere der Ökonomie entwickelten Theorien auf konkrete Probleme menschlichen Handelns in der Gesellschaft.

Als politische Lehre ist der Liberalismus nicht neutral in Bezug auf Werte und die letztendlichen Ziele, die durch Taten angestrebt werden. Es wird davon ausgegangen, dass alle Menschen oder zumindest die Mehrheit der Menschen auf das Erreichen bestimmter Ziele bedacht sind. Er gibt ihnen Informationen über die Mittel, die für die Verwirklichung ihrer Pläne geeignet sind. Die Verfechter liberaler Lehren sind sich der Tatsache bewusst, dass ihre Lehren nur für Menschen gelten, die sich diesen Werthaltungen verpflichtet fühlen.

Während die Praxeologie, und damit auch die Ökonomie, die Begriffe Glück und Beseitigung des Unbefriedigtseins in rein formaler Hinsicht verwendet, misst der Liberalismus ihnen eine konkrete Bedeutung bei. Er setzt voraus, dass die Menschen das Leben dem Tod vorziehen, die Gesundheit der Krankheit, die Ernährung dem Verhungern, den Reichtum der Armut. Er lehrt den Menschen, wie er sich nach diesen Wertungen zu verhalten hat.

Es ist üblich, diese Anliegen als materialistisch zu bezeichnen und dem Liberalismus einen angeblich rohen Materialismus und die Vernachlässigung der «höheren» und «nobleren» Bestrebungen der Menschheit vorzuwerfen. Der Mensch lebt nicht vom Brot allein, sagen die Kritiker, und sie verunglimpfen die Gemeinheit und verabscheuungswürdige Niederträchtigkeit der utilitaristischen Philosophie. Jedoch sind diese leidenschaftlichen Schmähreden falsch, weil sie die Lehren des Liberalismus stark verzerren.

Erstens: Die Liberalen behaupten nicht, dass die Menschen nach den oben genannten Zielen streben sollten. Was sie behaupten, ist, dass die überwiegende Mehrheit ein Leben in Gesundheit und Fülle dem Elend, dem Verhungern und dem Tod vorzieht. Die Richtigkeit dieser Aussage kann nicht in Frage gestellt werden. Es wird durch die Tatsache bewiesen, dass alle antiliberalen Doktrinen – die theokratischen Lehren der verschiedenen religiösen, etatistischen, nationalistischen und sozialistischen Parteien – in Bezug auf diese Fragen dieselbe Haltung einnehmen. Sie alle versprechen ihren Anhängern ein Leben im Überfluss. Sie haben es nie gewagt, den Menschen zu sagen, dass die Verwirklichung ihres Programms ihr materielles Wohlergehen beeinträchtigen würde. Sie beharren darauf, dass die Verwirklichung der Pläne ihrer rivalisierenden Parteien zwar für die Mehrheit zu Armut führen wird, sie selbst aber ihren Anhängern eine Fülle bieten wollen. Die christlichen Parteien sind nicht weniger bestrebt, den Massen einen höheren Lebensstandard zu versprechen als die Nationalisten und Sozialisten. Die Kirchen der Gegenwart sprechen oft mehr über die Erhöhung der Löhne und der landwirtschaftlichen Einkommen als über die Dogmen der christlichen Lehre.

Zweitens: Die Liberalen verachten die intellektuellen und geistigen Bestrebungen des Menschen nicht. Ganz im Gegenteil. Sie werden von einer Leidenschaft für intellektuelle und moralische Vollkommenheit, für Weisheit und ästhetische Exzellenz angetrieben. Aber ihr Blick auf diese hohen und edlen Dinge ist weit entfernt von den groben Darstellungen ihrer Gegner. Sie teilen nicht die naive Meinung, dass es jedem System gesellschaftlicher Organisation direkt gelingen kann, philosophisches oder wissenschaftliches Denken zu fördern, Meisterwerke der Kunst und Literatur zu schaffen und die Massen aufzuklären. Sie erkennen, dass alles, was die Gesellschaft auf diesen Gebieten erreichen kann, darin besteht, ein Umfeld zu schaffen, das dem Genie keine unüberwindbaren Hindernisse in den Weg stellt und den einfachen Menschen frei genug von materiellen Belangen macht, um sich für andere Dinge als bloßes Broterwerb zu interessieren. Ihrer Meinung nach ist das wichtigste soziale Mittel, den Menschen menschlicher zu machen, die Bekämpfung der Armut.

Weisheit und Wissenschaft und Kunst gedeihen in einer Welt des Wohlstands besser als unter armen Völkern.

Es ist eine gezielte Verzerrung der Tatsachen, das Zeitalter des Liberalismus für einen angeblichen Materialismus verantwortlich zu machen. Das neunzehnte Jahrhundert war nicht nur ein Jahrhundert der beispiellosen Verbesserung der technischen Produktionsmethoden und des materiellen Wohlergehens der Massen. Sie hat die durchschnittliche Lebenserwartung der Menschen um ein Vielfaches verlängert. Seine wissenschaftlichen und künstlerischen Leistungen sind unvergänglich. Es war ein Zeitalter unsterblicher Musiker, Schriftsteller, Dichter, Maler und Bildhauer; es revolutionierte Philosophie, Ökonomie, Mathematik, Physik, Chemie und Biologie. Und zum ersten Mal in der Geschichte machte es dem einfachen Menschen die großen Werke und die großen Gedanken zugänglich.

Liberalismus und Religion

Der Liberalismus basiert auf einer rein rationalen und wissenschaftlichen Theorie der sozialen Zusammenarbeit. Die von ihm empfohlene Politik ist die Anwendung eines Wissenssystems, das sich in keiner Weise auf Gefühle bezieht, auf intuitive Glaubensbekenntnisse, für die kein logisch ausreichender Beweis erbracht werden kann, auf mystische Erfahrungen und das persönliche Bewusstsein übermenschlicher Phänomene. In diesem Sinne lassen sich die oft missverstandenen und falsch interpretierten Etiketten atheistisch und agnostisch auf ihn anwenden. Es wäre jedoch ein schwerwiegender Fehler, zu dem Schluss zu kommen, dass die Wissenschaften des menschlichen Handelns und die Politik, die sich aus ihrer Lehre, dem Liberalismus, ableiten, atheistisch und religionsfeindlich sind. Sie sind radikal allen Systemen der Theokratie entgegengesetzt. Sie sind jedoch völlig neutral gegenüber religiösen Überzeugungen, die nicht vorgeben, in die Führung sozialer, politischer und wirtschaftlicher Angelegenheiten einzugreifen. Theokratie ist ein Gesellschaftssystem, das für seine Legitimation einen übermenschlichen Titel beansprucht. Das Grundgesetz eines theokratischen Regimes ist eine Einsicht, die nicht der Vernunftprüfung und der Demonstration mit logischen Methoden zugänglich ist. Ihr letzter Maßstab ist die Intuition, die dem Verstand subjektive Gewissheit über Dinge gibt, die nicht durch Vernunft und Argument begriffen werden können. Wenn sich diese Intuition auf eines der traditionellen Lehrsysteme bezieht, die sich auf die Existenz eines göttlichen Schöpfers und Herrschers des Universums beziehen, dann nennen wir es einen religiösen Glauben. Wenn es sich auf ein anderes System bezieht, nennen wir es einen metaphysischen Glauben. So braucht ein System theokratischer Regierung nicht auf einer der großen geschichtlichen Religionen der Welt gegründet zu werden. Es kann das Ergebnis metaphysischer Lehren sein, die alle traditionellen Kirchen und Konfessionen ablehnen und die stolz darauf sind, ihren atheistischen und antimetaphysischen Charakter hervorzuheben. In unserer Zeit sind die mächtigsten theokratischen Parteien gegen das Christentum eingestellt und gegen alle anderen Religionen, die aus dem jüdischen Monotheismus hervorgegangen sind. Was sie als theokratisch charakterisiert, ist ihr Verlangen, die irdischen Angelegenheiten der Menschheit nach den Inhalten eines Ideenkomplexes zu organisieren, dessen Gültigkeit sich nicht durch Argumentation beweisen lässt. Sie geben vor, dass ihre Führer durch ein Wissen gesegnet sind, das dem Rest der Menschheit unzugänglich ist und im Gegensatz steht zu den Ideen derjenigen, denen das Charisma vorenthalten bleibt. Die charismatischen Führer seien von einer mystischen höheren Macht mit dem Amt betraut worden, die Angelegenheiten der irrenden Menschheit zu verwalten. Sie allein seien erleuchtet, alle anderen Menschen entweder blind und taub oder bösartig.

Es ist eine Tatsache, dass viele Varianten der großen geschichtlichen Religionen von theokratischen Tendenzen betroffen waren. Ihre Apostel waren inspiriert von der Sehnsucht nach Macht und der Unterdrückung und Vernichtung aller abweichenden Gruppen. Aber wir dürfen die beiden Dinge, Religion und Theokratie, nicht verwechseln.

William James nennt religiös «die Gefühle, Taten und Erfahrungen einzelner Menschen in ihrer Einsamkeit, soweit sie sich selbst in Beziehung zu dem zu stehen begreifen, was sie als das Göttliche betrachten»[5]. Er zählt die folgenden Überzeugungen als Merkmale des religiösen Lebens auf: Dass die sichtbare Welt Teil eines spirituelleren Universums ist, aus dem sie ihre wesentliche Bedeutung bezieht; dass die Vereinigung oder harmonische Beziehung mit diesem höheren Universum unser wahres Ziel ist; dass das Gebet oder die innere Gemeinschaft mit seinem Geist – sei dieser Geist «Gott» oder «Gesetz» – ein Prozess ist, bei dem wirklicher Aufwand geleistet wird und die geistige Energie in die phänomenale Welt einfließt und psychologische oder materielle Wirkungen hervorruft. Religion, so James weiter, enthält auch folgende psychologische Merkmale: Eine neue Lebensfreude, die sich wie ein Geschenk an das Leben *hinzufügt* und entweder lyrische Verzauberung oder Appell an Ernsthaftigkeit und Heldentum ist, und darüber hinaus die Überzeugung von Sicherheit und Frieden und, im Verhältnis zu anderen, ein Vorherrschen liebevoller Zuneigung.[6]

Diese Charakterisierung der religiösen Erfahrungen und Gefühle der Menschheit bezieht sich nicht auf die Ausgestaltung der sozialen Zusammenarbeit. Religion, wie James es sieht, ist eine rein persönliche und individuelle Beziehung zwischen dem Menschen und einer heiligen, geheimnisvollen und ehrfurchtgebietenden göttlichen Realität. Sie schreibt dem Menschen eine bestimmte Art des individuellen Verhaltens vor. Aber sie behauptet nichts im Hinblick auf die Probleme der sozialen Organisation. Franz von Assisi, das größte religiöse Genie des Westens, kümmerte sich nicht um

[5]William James, The Varieties of Religious Experience (New York, 1925), S. 31 [eigene Übersetzung].

[6]Vgl. Ebd., S. 485f.

Politik und Wirtschaft. Er wollte seinen Jüngern beibringen, wie man fromm lebt; er entwarf keinen Plan für die Organisation der Produktion und drängte seine Anhänger nicht dazu, Gewalt gegen Andersdenkende anzuwenden. Er ist nicht verantwortlich für die Interpretation seiner Lehren durch den von ihm gegründeten Orden.

Der Liberalismus stellt für einen Menschen, der sein persönliches Verhalten und seine privaten Angelegenheiten an die Art und Weise anpassen möchte, in der er die Lehren des Evangeliums individuell oder in seiner Kirche oder Konfession interpretiert, keine Hindernisse dar. Er ist jedoch radikal gegen alle Bestrebungen gerichtet, rationale Diskussion über Probleme der sozialen Wohlfahrt durch einen Appell an religiöse Intuition und Offenbarung zum Schweigen zu bringen. Er zwingt niemandem Scheidung oder die Praxis der Geburtenkontrolle auf. Aber er kämpft gegen diejenigen, die andere daran hindern wollen, frei über das Für und Wider dieser Angelegenheiten zu diskutieren.

In der liberalen Perspektive ist das Ziel des Moralgesetzes, den Einzelnen zu zwingen, sein Verhalten an die Erfordernisse des gesellschaftlichen Lebens anzupassen, sich aller Handlungen zu enthalten, die der Erhaltung der friedlichen sozialen Zusammenarbeit und der Verbesserung der zwischenmenschlichen Beziehungen abträglich sind. Sie begrüßen die Unterstützung, die die religiösen Lehren jenen moralischen Geboten geben können, denen sie selbst zustimmen, aber sie sind gegen all jene Normen, die zwangsläufig eine Auflösung der Gesellschaft herbeiführen, aus welcher Quelle auch immer sie kommen mögen.

Es ist eine Verzerrung der Tatsachen zu sagen, wie es viele Verfechter der religiösen Theokratie tun, dass der Liberalismus gegen die Religion kämpfe. Wo das Prinzip der kirchlichen Einmischung in säkulare Fragen gilt, kämpfen die verschiedenen Kirchen, Konfessionen und Sekten gegeneinander. Durch die Trennung von Kirche und Staat schafft der Liberalismus Frieden zwischen den verschiedenen religiösen Gruppen und gibt jeder von ihnen die Möglichkeit, ihr Evangelium unbehelligt zu predigen.

Liberalismus ist rationalistisch. Er behauptet, dass es möglich ist, die überwältigende Mehrheit davon zu überzeugen, dass die friedliche Zusammenarbeit im Rahmen der Gesellschaft ihren recht verstandenen Interessen besser dient als der gegenseitige Kampf und die Auflösung der Gesellschaft. Er hat volles Vertrauen in die Vernunft des Menschen. Möglicherweise ist dieser Optimismus unbegründet und die Liberalen haben sich geirrt. Aber dann gibt es keine Hoffnung mehr für die Zukunft der Menschheit.

3. Die Arbeitsteilung

[465]Gesellschaft ist das Zusammenhandeln, Zusammenwirken und Zusammengehen der Menschen, das in der Arbeitsteilung seinen Ausdruck findet.[466]

Die Erfahrung lehrt den[467] Menschen, dass die arbeitsteilig verrichtete Arbeit ergiebiger ist als die in Vereinzelung geleistete. Denn die Bedingungen, unter denen der Mensch sein Handeln betätigt, sind so beschaffen, dass Arbeitsteilung und Arbeitsvereinigung ergiebiger sind als Sonderhandeln der Einzelnen. Diese Bedingungen sind:

Erstens: die angeborene Ungleichheit der einzelnen Menschen, insbesondere auch in Hinblick auf ihre Eignung zur Verrichtung verschiedener Arbeiten[468]. Zweitens: die ungleiche Verteilung der natürlichen nichtmenschlichen Produktionsbedingungen auf der Erde. Man kann diese beiden Voraussetzungen auch als *eine* auffassen, indem man von der Mannigfaltigkeit der Natur spricht, die das Weltall zu einem Gefüge von unendlichem Reichtum der Spielarten gemacht hat. Wäre die Erdoberfläche so beschaffen, dass die Produktionsbedingungen an allen ihren Punkten gleich wären, und würde ein Mensch den übrigen Menschen so gleichen wie ein Kreis jedem andern Kreis mit demselben Durchmesser in der euklidischen Geometrie gleicht, dann würde Arbeitsteilung den Handelnden keine Vorteile bieten.

Abseits von diesen beiden Voraussetzungen steht eine dritte, die – wie die Erfahrung zeigt – gleichfalls gegeben ist: dass es nämlich Arbeiten gibt, die die Kraft der Einzelnen übersteigen und nur durch Zusammenfassung der Kräfte mehrerer geleistet werden können. Es ist dabei gleichgültig, ob die Unzulänglichkeit der Kräfte eines Einzelnen in dem Missverhältnis zwischen dem, was er an Kraft aufzubringen vermag, und dem erforderlichen Arbeitsaufwand liegt, oder darin, dass der Einzelne zwar imstande wäre, das geplante Werk allein zu vollbringen, dass er aber dazu so viel Zeit brauchen würde, dass er die Vollendung voraussichtlich überhaupt nicht erleben würde oder dass sie so spät eintreten würde, dass sie ihm nicht einen Nutzen zu bringen vermöchte, der den Aufwand lohnen könnte. In beiden Fällen kann das Ziel des Handelns nur mit vereinten Kräften erreicht werden. Die Verbindung der Einzelnen zum gemeinsamen Handeln schafft erst die Möglichkeit, das Ziel zu erreichen.

Wäre nur diese dritte Voraussetzung[469] gegeben, so würde es wohl auch zeitweilig Zusammenhandeln und Zusammenwirken geben. Es kann aber bezweifelt werden, ob aus solcher Kooperation engere und dauernde Beziehungen zwischen den Einzelnen hätten entstehen können. Die Arbeiten, die nur so vollbracht werden können, sind in den Anfängen der Kultur nicht allzu zahlreich, und nur ab und zu tritt eine Gestaltung der Dinge ein, bei der alle für die Mitwirkung in Betracht Kommenden gerade die Vornahme dieser Gemeinschaftsarbeit als wichtiger ansehen als die Verrichtung von Arbeiten, die sie als Einzelne ohne Mitwirken anderer vollbringen könnten.[470] Die ökumenische Gesellschaft, die alle Menschen in allen ihren Lebensbetätigungen umfasst, hätte aus den vorübergehenden Bündnissen zur Erreichung eines gemeinsamen Vorteils nie hervorgehen können. Die Gesellschaft ist mehr als ein Bündnis, das zu einem bestimmten Zweck geschlossen wird und nach Erreichung dieses Zwecks aufhört zu bestehen und zu wirken, mögen seine Teilnehmer auch die Absicht haben, es gegebenenfalls wieder zu erneuern.

Es bedarf nicht vieler Worte, um darzutun, in welcher Weise die Arbeitsteilung die Ergiebigkeit des Handelns erhöht, wenn die Ungleichheit der Produktionseignung derart gegeben ist, dass jeder Einzelne und jedes einzelne Stück Land zumindest in einer Hinsicht einem Teil der übrigen Einzelnen und der übrigen Länder überlegen ist. Wenn A in der Zeiteinheit 6 p oder 4 q zu erzeugen vermag und B nur 2 p, jedoch 8 q, dann werden die beiden ohne Arbeitsteilung in der Zeiteinheit $4\ p + 6\ q$ erzeugen, bei Arbeitsteilung, in der jeder nur die Ware erzeugt, für deren Erzeugung er besser geeignet ist, jedoch $6\ p + 8\ q$. Wie aber, wenn A dem B sowohl in der Erzeugung von p als auch in der von q überlegen ist? Das ist das Problem, das Ricardo aufgeworfen und gleich gelöst hat.

4. Das Ricardo'sche Vergesellschaftungsgesetz

Ricardo hat das Vergesellschaftungsgesetz entwickelt, um zu zeigen, welche Wirkungen die Arbeitsteilung zwischen einem in jeder Hinsicht begünstigten Einzelnen (oder Gruppe) und einem in jeder Hinsicht unterlegenen Einzelnen (oder Gruppe) hervorruft. Er untersuchte die Wirkungen des Verkehrs zwischen zwei Gebieten ungleicher natürlicher Ausstattung unter der Annahme, dass wohl die Waren, nicht aber auch die Menschen (die Arbeiter) und das Kapital von jedem der beiden Gebiete in das andere wandern können. Die Arbeitsteilung zwischen den beiden Gebieten ist, wie das Ergebnis von Ricardo's Überlegungen zeigt, in jedem Fall für die Bewohner beider Gebiete von Vorteil, selbst dann, wenn die natürlichen Produktionsbedingungen in dem einen Lande für die Erzeugung aller Güter ungünstiger liegen als in dem andern. Es ist nämlich für das bevorzugte Land vorteilhaft, sich der Erzeugung jener Güter zuzuwenden, für deren Erzeugung seine Überlegenheit größer ist, und die Erzeugung der übrigen Güter, in deren Erzeugung es zwar gleichfalls, jedoch in einem geringerem Maße überlegen ist, dem weniger von der Natur begünstigten Gebiet zu überlassen. Das zunächst paradox scheinende Ergebnis, dass es vorteilhafter sein soll, günstigere Produktionsbedingungen unausgenützt zu lassen und an Stätten zu arbeiten, die von der Natur für die Erzeugung weniger gut ausgestattet wurden, ist die Folge des Umstandes, dass die Arbeiter und das Kapital an die Produktionsstätten gebunden sind, so dass ihnen die günstigeren Produktionsstätten des anderen Landes unzugänglich sind.

Ricardo wusste schon, dass das Gesetz der komparativen Kosten, das er entwickelte, um eine besondere Aufgabe der Lehre vom Außenhandel zu lösen, die Anwendung eines allgemeineren Gesetzes ist, das die Wirkungen der interpersonellen Arbeitsteilung begreifen lehrt[471].

Wenn A dem B in der Weise überlegen ist, dass er zur Erzeugung einer Einheit der Ware p drei Stunden Arbeit benötigt gegen fünf, die B dazu braucht, und zur Erzeugung einer Einheit der Ware q zwei Stunden gegen vier, die B braucht, dann ist es für A vorteilhafter, seine Kraft ganz auf die Erzeugung von q zu wenden und die Erzeugung von p dem B zu überlassen. Wenn jeder von ihnen je 60 Stunden der Erzeugung von p und von q widmet, dann ist das Ergebnis der Arbeit für A $20\ p + 30\ q$, für B $12\ p + 15$ q, mithin für beide zusammen $32\ p + 45\ q$. Beschränkt sich jedoch A auf die Erzeugung von q, dann erzeugt er in 120 Stunden 60 Einheiten, während B, wenn er sich auf die Erzeugung von p beschränkt, in der gleichen Zeit 24 Einheiten erzeugt. Das Ergebnis ihrer Tätigkeit ist dann $24\ p + 60\ q$, was, da p für A einen Substitutionswert von $3/2\ q$ und für B einen solchen von $5/4\ q$ hat, einen höheren Ertrag bedeutet als $32\ p + 45\ q$. Für jeden Einzelnen bringt somit die Arbeitsteilung auch dann Vorteil, wenn er sich mit Personen verbindet, denen er in jeder Hinsicht für die Leistung jeglicher Art von Arbeit überlegen ist. Die höhere Ergiebigkeit der Arbeitsteilung lässt den Anschluss des Höherbegabten und Fleißigeren an den Minderbegabten und weniger Fleißigen für beide zum Vorteil ausschlagen. Der Nutzen der Arbeitsteilung ist stets wechselseitig.

Das Vergesellschaftungsgesetz lässt uns den Weg der Arbeitsteilung erfassen. Wir können nun begreifen, was die Einzelnen dazu getrieben hat, sich nicht als Konkurrenten im Kampfe um die Aneignung von Unterhaltsmitteln, die die Natur nur in beschränktem Masse zur Verfügung gestellt hat, zu betrachten; wir vermögen zu begreifen, was sie veranlasst hat und fortdauernd veranlasst, sich zu gemeinsamem Handeln zusammenzuschließen.

[472]Jeder Schritt, der auf dem Wege zu weiterer Arbeitsteilung gemacht wird, nützt allen Beteiligten sogleich. Um zu begreifen, dass die Menschen nicht gesondert auf die Nahrungssuche gehende Einzelgänger geworden und geblieben sind, müssen wir keineswegs ein besonderes Eingreifen der Gottheit durch Offenbarung und Bestellung von charismatischen Führern oder einen geheimnisvollen Trieb zur Vergesellschaftung zu Hilfe nehmen.[473] Wir brauchen auch nicht anzunehmen, dass die isolierten Einzelnen sich zur Stiftung der Gesellschaft durch förmlichen Vertrag verbunden hätten. Die Kraft,[474] die gesellschaftliche Bindung entstehen lässt und sie fortschreitend verdichtet, ist menschliches Handeln, das der Einsicht in die höhere Ergiebigkeit des Zusammenhandelns und Zusammenwirkens durch Arbeitsteilung entspringt.

Weder Urgeschichte noch Ethnologie noch irgendeine andere Wissenschaft kann uns den geschichtlichen Werdegang darstellen, der von den Rudeln und Horden vormenschlicher[475] Ahnen des Menschengeschlechts bis zu den einfachen und doch schon hoch entwickelten[476] Gesellschaftsformen führt, die uns Urkunden ältester Geschichte und Berichte von Reisenden, die primitiven Völkerschaften begegnet sind, schildern. Die Aufgabe, die der Wissenschaft hier gesetzt ist, kann nur darin bestehen, Kräfte aufzuweisen, die zur Vergesellschaftung führen können und müssen. Diese Aufgabe löst die Praxeologie. Sie zeigt: wenn und insoweit arbeitsteilig verrichtete Arbeit ergiebiger ist als Einzelarbeit und wenn und insoweit diese Tatsache von den Menschen erkannt wird, drängt das Handeln zur Vergesellschaftung und zwar zu fortschreitender Vergesellschaftung, nicht aus geheimnisvollem, unerklärbarem Trieb, sondern aus dem Wesen des Handelns selbst.[477] Die Erfahrung lehrt uns, dass die Bedingung – höhere Ergiebigkeit der arbeitsteilig verrichteten Arbeit – gegeben ist, weil ihre Voraussetzungen – ungleiche Begabung der Menschen und ungleiche Eignung der verschiedenen Punkte der bewohnbaren Teile der Erde für die Erzeugung der verschiedenen Güter – gegeben sind. So vermögen wir das Werden und das Fortschreiten gesellschaftlicher Bindung[478] zu begreifen.

Aktuelle Missverständnisse in Bezug auf das Vergesellschaftungsgesetz

Am Ricardo'schen Vergesellschaftungsgesetz, das man als das *Gesetz der komparativen Kosten* zu bezeichnen pflegt, wird heute viel herumgemäkelt. Der Grund liegt auf der Hand. Es steht eben allen Versuchen, Schutzzollpolitik[479] aus einem anderen Blickwinkel als den egoistischen Interessen einiger Produzenten oder den Fragen der Kriegsbereitschaft zu rechtfertigen, im Wege.[480]

Ricardos erstes Ziel bei der Formulierung des Gesetzes war, einen Einwand zu widerlegen, der den Befürwortern des Freihandels immer wieder entgegenhalten wird. Was soll denn, fragt der Schutzzöllner, mit einem Land geschehen, das von der Natur so stiefmütterlich bedacht wurde, dass in ihm die natürlichen Bedingungen für jede Art von Produktion ungünstiger liegen als in anderen Ländern? Was muss das Schicksal eines solchen Landes in einer freihändlerischen Welt werden? In einer Welt, in der nicht nur für Waren, sondern auch für Kapitalgüter und für

Menschen volle Freizügigkeit besteht, würde ein für die Produktion so wenig geeignetes Land aufhören, Standort menschlicher Arbeit zu sein. Wenn die Menschen ohne die Heranziehung der in diesem Land gegebenen Produktionsbedingungen besser fahren, werden sie diese Gebiete meiden und sie so menschenleer liegen lassen wie die Polargegenden, die Tundra und die Wüstenflächen. Ricardo aber hat eine durch die geschichtliche Landnahme und Besiedlung gebundene Welt vor Augen, in der Kapital und Menschen mit der Scholle der Heimat verknüpft sind. In dieser Welt kann Freihandel, d.h. Beweglichkeit der Produkte, nicht dazu führen, dass Kapital und Arbeit sich über die ganze Erdoberfläche nach dem Verhältnis der größeren oder geringeren Gunst der natürlichen Produktionsbedingungen verteilen. In dieser Welt gilt für diesen Fall das Gesetz der komparativen Kosten: jedes Land wendet sich jenen Produktionszweigen zu, für die es relativ, wenn auch nicht absolut, die günstigsten Bedingungen bietet. Es ist für die Bewohner eines Landes vorteilhafter, manche Produktionsmöglichkeiten, die – absolut und rein technologisch betrachtet – günstiger sind als die des Auslandes, unbenützt zu lassen und aus dem Auslande Waren einzuführen, die dort unter Bedingungen erzeugt wurden, die – absolut und rein technologisch betrachtet – ungünstiger erscheinen als die unbenützten inländischen Möglichkeiten. Der Fall ist analog dem Falle des Chirurgen, der es vorteilhaft findet, die Instandhaltung des Operationssaales und der Instrumente einem Gehilfen zu überlassen, der ihm auch in dieser Tätigkeit an Geschicklichkeit nachsteht, um sich ganz jener Arbeit zuzuwenden, in der seine Überlegenheit größer ist, der chirurgischen Operationstätigkeit.

Die Theorie der komparativen Kosten ist auch in ihrer Anwendung auf die Probleme des interregionalen Handels unabhängig von der Wertlehre der klassischen Nationalökonomie; sie sagt überhaupt nichts über Wertung und Wertgestaltung. Sie ist ein analytisches Urteil, das aus den beiden Annahmen, dass Mittel des Handelns – nämlich die technisch beweglichen Produktionsfaktoren[481] – verschieden sind in der Ergiebigkeit und beschränkt sind in der Beweglichkeit, mit Notwendigkeit folgt. Sie kann dabei von Wertungen absehen, weil sie ohne Schaden für die Richtigkeit und Brauchbarkeit ihrer Schlüsse die vereinfachenden Annahmen machen darf, dass die Produktion nur auf die Erzeugung von zwei Gütern gerichtet ist, dass diese Produkte frei beweglich sind und dass für deren Erzeugung nur zwei[482] Produktionsfaktoren in Betracht kommen: einer (entweder Arbeit oder Kapitalgüter), der für die Produktion beider Güter benötigt wird, und der[483] andere (eine besondere Eigenschaft des Bodens), der für jedes dieser Güter verschieden ist, wobei die größere Knappheit des gemeinsamen Produktionsfaktors das Ausmaß der Ausnützung der beiden anderen Produktionsfaktoren bestimmt. Unter diesen Annahmen, die zwischen den beiden Gütern eine Substitutionsbeziehung schaffen, sucht sie die Frage zu beantworten, die sie sich gestellt hat.

Das Gesetz der komparativen Kosten ist ebenso wenig an die klassische Wertlehre gebunden wie das Ertragsgesetz, dem es in der Gedankenführung verwandt ist. Man kann ohne Bedenken die Annahmen, die man für die Ableitung dieser Gesetze benötigt, so einfach fassen, dass beim Ertragsgesetz nur ein Vergleich von zwei Mengen desselben Gutes zu machen ist, und dass beim Gesetz der komparativen Kosten der Vergleich zwischen zwei Mengen verschiedener Güter dadurch möglich wird, dass wir angenommen haben, dass ihre Erzeugung neben einem spezifischen Produktionsmittel nur nichtspezifische Produktionsmittel gleicher Art erfordert.

Das, was an der Ausdrucksweise und Darstellung des Ricardo'schen Gesetzes heute unbefriedigend erscheint und den Eindruck erweckt, dass es mit den Auffassungen der modernen Wertlehre unverträglich sei, ist gerade diese Vereinfachung der Annahmen, die es ermöglichen soll, Aufwand verschiedener Art und Ertrag ohne Verwendung der Geldrechnung zu vergleichen. Man meint, es müsse dem Gesetz, wenn es aufrechterhalten und bewiesen werden soll, eine Formulierung gegeben werden, die es der vollen Wirklichkeit dadurch näher bringt, dass man an Stelle der einfachen Annahmen alle Bedingungen einsetzt, die im Leben gegeben sind; man will aber anderseits doch nicht die Geldrechnung verwenden, sondern sich jener Nutzen- und Kostenrechnung bedienen, die manchen modernen Nationalökonomen als das brauchbarste Werkzeug nationalökonomischer Gedankenführung erscheint. Es wird im Fortgange unserer Untersuchungen gezeigt werden, dass dieser Versuch zur Ausschaltung der Geldrechnung auf Selbsttäuschung beruht und dass diese Nutzen- und Kostenrechnung, die man bedenkenlos handhabt und als Errungenschaft der Wissenschaft ansieht, auf unhaltbaren Voraussetzungen beruht und das nationalökonomische Denken irreführt. Nutzen- und Kostenrechnung kann immer nur Geldrechnung sein.

[484]Die Bedeutung der einfachen Annahmen, die dem Gesetz der komparativen Kosten zugrunde liegen, ist für die modernen Ökonomen nicht genau die gleiche wie für die klassischen Ökonomen. Einige Anhänger der klassischen Schule betrachteten sie als Ausgangspunkt einer Werttheorie im internationalen Handel. Wir wissen jetzt, dass sie sich in diesem Glauben geirrt haben. Zudem stellen wir fest, dass es bei der Wert- und Preisfeststellung keinen Unterschied zwischen dem Inlandsmarkt und dem Außenhandel gibt. Was die Menschen zwischen dem Heimatmarkt und den Auslandsmärkten unterscheiden lässt, ist nur ein Unterschied in den Daten, d. h. unterschiedliche institutionelle Bedingungen, die die Mobilität der Produktionsfaktoren und der Produkte einschränken.

Wenn wir das Ricardo'sche Gesetz nicht in der vereinfachenden Fassung Ricardo's darstellen wollen, müssen wir uns der Geldrechnung offen bedienen und dürfen uns nicht der Illusion hingeben, als sei ein Vergleich von Kostenaufwendungen verschiedener Art und von Nutzerträgen verschiedener Art auch ohne Geldrechnung durchführbar. Wenn wir den Fall des Chirurgen und des Instrumentenreinigers betrachten, haben wir einfach zu sagen: Wenn der Chirurg seine begrenzte Arbeitszeit für Operationen verwenden kann, die mit 50 Dollar für die Stunde entlohnt werden, wird es für ihn vorteilhaft sein, einen Instrumentenreiniger zu beschäftigen, dessen Arbeit nur mit 2 Dollar für die Stunde entlohnt wird, auch wenn dieser drei Stunden für die Verrichtung benötigt, die der Chirurg in einer Stunde leisten könnte. Wenn wir die Lage zweier Länder vergleichen wollen, haben wir zu sagen: Wenn die Produktionsbedingungen in England so beschaffen sind, dass zur Erzeugung einer Einheit der Ware a und einer Einheit der Ware b je 1 Arbeitstag gleichartiger Arbeit aufgewendet werden muss, wogegen in Indien bei gleichem Kapitalaufwand für a 2 Arbeitstage und für b 3 Arbeitstage aufgewendet werden müssen, dann müsste, wenn die Industrien beider Länder in Wettbewerb stehen, der Lohn in Indien in der Erzeugung von a halb so hoch sein als in England und in der Erzeugung von b ein Drittel des englischen Lohnsatzes ausmachen. Wenn der englische Lohnsatz 6 Schilling beträgt, müsste er in Indien in der Erzeugung von *a* 3 Schilling und in der von *b* 2 Schilling ausmachen. Diese Verschiedenheit in der Entlohnung gleichartiger Arbeit kann auf die Dauer nicht aufrechtbleiben.[485] Arbeiter müssten mithin in Indien aus der Erzeugung von *b* in die von *a* strömen und dort den Lohnsatz herabdrücken; ihr Abströmen würde zugleich den Lohn in der Erzeugung von *b* hinauftreiben. Schließlich werden in Indien die Lohnsätze in der Erzeugung von *a* und in der von *b* gleich sein. Die Erzeugung von *a* könnte bei diesem Lohnsatze die englische Konkurrenz zurückdrängen. Anderseits müsste die Erzeugung von *b* in Indien unrentabel werden und eingestellt werden, wogegen für die Konkurrenz in England die Ausbreitung der Produktion rentabel würde. Die Überlegung würde zu keinem andern Ergebnis gelangen, wenn wir annehmen wollten, dass die Verschiedenheit der Produktionsbedingungen in England und in Indien auch oder nur in Verschiedenheit der Menge der zur Erzeugung erforderlichen Kapitalmengen hervortritt.

Man hat die Behauptung aufgestellt, dass die Ricardo'sche Lehre nur unter den Voraussetzungen, von denen Ricardo ausgeht, gelten könne und dass sie für die Gegenwart, die anders geartet sei als die Zeit Ricardos, ohne Bedeutung wäre. Ricardo hat den Unterschied von Binnenhandel und Außenhandel in der Verschiedenheit der Beweglichkeit von Kapital, Arbeit[486] gesehen. Nimmt man an, dass Kapital, Arbeit und Produkte vollkommen beweglich sind, dann besteht zwischen regionalem und interregionalem Handel nur soweit ein Unterschied, als die Versandkosten in Frage kommen. Dann ist es überflüssig, eine Lehre von den von den Wirkungen des Binnenhandels unterschiedenen Wirkungen des Außenhandels auszubauen; Kapital und Arbeit verteilen sich über die Oberfläche der Erde im Verhältnisse zur größeren und geringeren Gunst der natürlichen Produktionsbedingungen. Es gibt Gegenden, die dichter besiedelt und stärker mit Kapital ausgestattet sind, und Gegenden, die dünner besiedelt und schwächer mit Kapital ausgestattet sind. Überall werden für gleiche Arbeit gleiche Löhne gezahlt.[487]

Ricardo geht aber von der Annahme aus, dass wohl im Innern der Staaten, nicht aber auch im Verkehr zwischen den Staaten Beweglichkeit von Kapital und Arbeit besteht, und er setzt es sich zur Aufgabe, zu prüfen, was eintreten müsse, wenn unter diesen Voraussetzungen die Produkte frei beweglich sind. (Wenn auch die Beweglichkeit der Produkte nicht gegeben ist, dann sind die einzelnen Staatsgebiete isoliert, es besteht Autarkie und es gibt überhaupt keinen internationalen Handel.) Die Theorie der komparativen Kosten erteilt die Antwort auf diese Frage. Die Voraussetzungen, die Ricardo zugrundegelegt hat, waren im Grossen und Ganzen für seine Zeit gegeben. Im weiteren Verlaufe des 19. Jahrhunderts haben sich die Verhältnisse wesentlich geändert. Die Bindung von Kapital und Arbeit lockerte sich, internationale Wanderung von Kapital und Arbeit, wurde in immer größerem Maßstabe möglich. Dann trat ein Rückschlag ein. Heute sind Kapital und Arbeit im zwischenstaatlichen Verkehr in der Bewegungsfreiheit wieder gehemmt, und die Voraussetzungen Ricardo's stimmen wieder mit dem überein, was die Wirklichkeit zeigt.

Die Bedeutung der Ricardo'schen Lehre für die Erkenntnis der Wirklichkeit ist über allen Wandel der realen Zustände erhaben, da sie uns gestattet, die Wirkungen des interregionalen Handels unter allen denkbaren Voraussetzungen zu erkennen.[488]

5. Wirkungen der Arbeitsteilung

Die Arbeitsteilung ist das Ergebnis der bewussten Reaktion des Menschen auf die Vielfalt der natürlichen Gegebenheiten. Andererseits ist sie selbst ein Faktor, der Differenzierung bewirkt. Sie weist den verschiedenen geographischen Gebieten spezifische Funktionen im Komplex der Produktionsprozesse zu. Sie macht einige Gebiete städtisch, andere ländlich; sie lokalisiert die verschiedenen Zweige der Industrie, des Bergbaus und der Landwirtschaft an verschiedenen Orten. Noch wichtiger ist jedoch die Tatsache, dass sie die angeborene Ungleichheit der Menschen verstärkt. Übung und Praxis spezifischer Aufgaben passen den Einzelnen besser an die Anforderungen seiner Leistung an; Menschen entwickeln einige ihrer angeborenen Fähigkeiten und hemmen die Entwicklung anderer. Berufstypen entstehen, Menschen werden zu Spezialisten.

Die Arbeitsteilung teilt die verschiedenen Produktionsprozesse in winzige Aufgaben auf, von denen viele mit mechanischen Geräten erledigt werden können. Diese Tatsache ermöglichte den Einsatz von Maschinen und brachte die erstaunliche Verbesserung der technischen Produktionsmethoden mit sich. Die Mechanisierung ist die Frucht der Arbeitsteilung, ihre vorteilhafteste Errungenschaft, nicht ihre Triebfeder und Quelle. Energiebetriebene Spezialmaschinen konnten nur in einem arbeitsteiligen sozialen Umfeld eingesetzt werden. Jeder Schritt vorwärts auf dem Weg zum Einsatz von spezialisierteren, verfeinerten und produktiveren Maschinen erfordert eine weitere Spezialisierung der Aufgaben.[489]

6. Der Einzelne in der Gesellschaft

Nur um zu begreifen, was die gesellschaftliche Bindung bedeutet, denken wir uns den Einzelnen isoliert, auf sich selbst gestellt und selbständig handelnd. Wir nehmen nicht etwa an, dass es solche freie Individuen einmal wirklich gegeben hätte und dass dem Zeitalter menschlicher Gesellschaft ein Zeitalter individueller Nahrungssuche freischweifender Menschen vorangegangen wäre. Die Menschwerdung vormenschlicher Ahnen der Menschen hat sich zugleich mit der Ausbildung der einfachsten Gestaltung gesellschaftlicher Bindung vollzogen. Der Weg, der von der Tierheit entfernter Ahnen zur Menschheit des Urmenschentums führte, war auch zugleich schon der Weg zur Urgesellschaft; in die Menschheit tritt der Mensch schon vergesellschaftet. Der isolierte Einzelne ist das Gebilde einer Fiktion.

Aus der Sicht des Einzelnen ist die Gesellschaft das großartige Mittel, um alle seine Ziele zu erreichen. Die Bewahrung der Gesellschaft ist eine wesentliche Voraussetzung für alle Pläne, die ein Individuum durch irgendeine Handlung verwirklichen möchte. Auch der renitente Delinquent, der sein Verhalten nicht an die Erfordernisse des Lebens im gesellschaftlichen System der Zusammenarbeit anpasst, möchte keinen der Vorteile der Arbeitsteilung missen. Er zielt nicht bewusst auf die Zerstörung der Gesellschaft ab. Er will einen größeren Teil des gemeinsam geschaffenen Reichtums an sich reißen, als ihm die Gesellschaftsordnung zuweist. Er würde sich miserabel fühlen, wenn unsoziales Verhalten universell werden würde und sich dessen unvermeidliches Ergebnis, die Rückkehr zu primitiver Armut, daraus ergeben würde.

Es ist illusorisch zu behaupten, dass Personen, die auf die angeblichen Segnungen eines sagenhaften Naturzustandes verzichten und in die Gesellschaft eintreten, auf einige Vorteile verzichtet hätten und einen gerechten Anspruch auf Entschädigung hätten für das, was sie verloren haben. Der Gedanke ist absurd, dass es jemandem unter einem asozialen Zustand der Menschheit besser erginge und ihm durch die bloße Existenz der Gesellschaft geschadet werde. Dank der höheren Produktivität der sozialen Zusammenarbeit hat sich die menschliche Spezies weit über das Existenzminimum hinaus vervielfacht, das durch die Bedingungen der Zeitalter mit einem rudimentären Grad der Arbeitsteilung geboten wird. Jeder Mensch genießt einen Lebensstandard, der viel höher ist als der seiner wilden Vorfahren. Der Naturzustand des Menschen ist extreme Armut und Unsicherheit. Es ist romantischer Unsinn, das Vergehen der glücklichen Tage primitiver Barbarei zu beklagen. In einem Zustand der Wildheit hätten die Beschwerdeführer entweder nicht das Erwachsenenalter erreicht, oder wenn sie es getan hätten, hätten ihnen die Möglichkeiten und Annehmlichkeiten, die die Zivilisation bietet, gefehlt. Jean-Jacques Rousseau und Friedrich Engels hätten, wenn sie in dem primitiven Zustand gelebt hätten, den sie mit nostalgischer Sehnsucht beschreiben, nicht die Freizeit genossen, die sie für ihr Studium und das Schreiben ihrer Bücher benötigten.

Eines der Privilegien, die die Gesellschaft dem Einzelnen gewährt, ist das Privileg, trotz Krankheit oder körperlicher Behinderung zu leben. Kranke Tiere sind dem Untergang geweiht. Ihre Schwäche behindert sie in ihren Versuchen, Nahrung zu finden und Aggressionen anderer Tiere abzuwehren. Taube, kurzsichtige oder verkrüppelte Wilde müssen sterben. Aber solche Mängel berauben den Menschen nicht der Möglichkeit, sich auf das Leben in der Gesellschaft einzustellen. Die Mehrheit unserer Zeitgenossen leidet an einigen körperlichen Mängeln, die die Biologie als pathologisch ansieht. Unsere Zivilisation ist zu einem großen Teil die Leistung solcher Menschen. Die Ausscheidungskräfte der natürlichen Auslese werden unter sozialen Bedingungen stark reduziert. Daher sagen manche Leute, dass die Zivilisation dazu neigt, die erblichen Qualitäten der Mitglieder der Gesellschaft zu verschlechtern.

Solche Urteile sind vernünftig, wenn man die Menschheit mit den Augen eines Züchters betrachtet, der darauf bedacht ist, eine Rasse von Menschen mit bestimmten Eigenschaften aufzuziehen. Aber die Gesellschaft ist kein Gestüt, das für die Produktion eines bestimmten Menschentyps betrieben wird. Es gibt keinen «natürlichen» Standard, um festzustellen, was in der biologischen Evolution des Menschen wünschenswert und was unerwünscht ist. Jeder gewählte Standard ist willkürlich, rein subjektiv, kurzum ein Werturteil. Die Begriffe rassische Verbesserung und rassische Degeneration sind bedeutungslos, wenn sie nicht auf konkreten Plänen für die Zukunft der Menschheit beruhen.

Es ist wahr, dass der zivilisierte Mensch an das Leben in der Gesellschaft und nicht an das eines Jägers in Urwäldern angepasst ist.[490]

Die Fabel von der Gemeinschaft[491]

Der praxeologischen Gesellschaftslehre[492] hat man die Fabel von der Gemeinschaft gegenübergestellt.

Die gesellschaftlichen Beziehungen wären, meint man, nicht Gebilde rationalen Handelns, nicht Kooperation und Aufgabenteilung; ihren Ursprung und ihr Wesen hätte man «tiefer» zu suchen in einem Trieb, der der menschlichen Natur eingeschrieben wäre. Für die einen ist die Gemeinschaft geistiger und metaphysischer Natur: Erfüllt sein vom Geiste, der das wahre Sein ist, und Verbundenheit durch *unio mystica* mit der göttlichen Kraft und Liebe. Für die anderen wieder ist sie animalischer Natur[493]: die Stimme des Blutes[494], das Band, das die Abkömmlinge gemeinsamer Stammeltern mit diesen und untereinander verbindet, und die mystische Verbundenheit zwischen dem Pflüger und dem Boden, den er bestellt.

Dass jene metaphysischen Beziehungen[495] empfunden werden, ist ein Tatbestand, der nicht zu bestreiten ist. Es gibt Menschen, die die *unio mystica* zu erleben glauben und dieses Erlebnis über alles Irdische und Materielle stellen, und es gibt Menschen, die glauben, dass sie die Stimme des Blutes vernehmen und den besonderen Geruch der heimatlichen Scholle nicht nur mit den Sinnen wahrnehmen, sondern auch seelisch erfassen. Das mystische Erlebnis und die Ekstase sind Tatsachen, die man psychologisch zu deuten und zu erklären hat, sie sind aber ebenso harte Tatsachen, wie nur irgendeine psychische Disposition oder Funktion.[496]

Der Grundirrtum der mystischen Gemeinschaftslehren liegt nicht darin, dass sie die Tatsächlichkeit solcher Erlebnisse annehmen, sondern darin, dass sie sie als Urphänomene ansehen, die von rationalen Erwägungen und rationalen Theorien unabhängig sind.

Die Stimme des Blutes, die den Vater seinem Kinde nahe bringt, haben die Angehörigen jener primitiven Völkerschaften nicht vernommen, denen der Kausalzusammenhang zwischen dem Begattungs- und Zeugungsakt und der Geburt unbekannt war. Heute, da jedermann diesen Zusammenhang kennt, kann sie der Mann, der der Treue seines Weibes sicher zu sein glaubt, vernehmen. Doch wenn Zweifel an der Treue des Weibes auftauchen, dann versagt die Stimme des Blutes. Nie hat noch jemand ernstlich behaupten wollen, dass Zweifel über die Vaterschaft durch die Antwort, die die Stimme des Blutes erteilt, behoben werden könnten. Die Mutter, die ihr Kind von der Geburt an nicht aus dem Auge verloren hat, kann die Stimme des Blutes hören. Doch nimmt man ihr frühzeitig das Kind, dann mag sie es später einmal an besonders markanten Kennzeichen, etwa an jenen Muttermalen und Narben, die einst in der Romanliteratur eine Rolle spielten, erkennen; doch die Stimme des Blutes schweigt, wenn solche sinnliche Wahrnehmung und die daraus abgeleiteten Schlussfolgerungen sie nicht erwecken. Die Stimme des Blutes, meint man,[497] verbindet mystisch alle Angehörigen des deutschen Volkes. Doch die naturwissenschaftliche Rassenforschung stellt nüchtern fest, dass das deutsche Volk aus Angehörigen verschiedener Rassen, Unterrassen und Arten zusammengesetzt und keineswegs etwa durch gemeinsame Abkunft blutsverwandschaftlich verbunden ist. Der frisch germanisierte Slawe, der seinen ererbten Familiennamen vor kurzer Zeit gegen einen deutschklingenden vertauscht hat, glaubt, dass ihn das Blut, dessen Stimme er zu hören vermeint, mit allen Deutschen verbindet, doch er vernimmt keine Stimme, die ihn zu seinen tschechisch oder südslawisch gebliebenen Brüdern und Vettern ruft.

Die Stimme des Blutes ist nicht ein ursprüngliches Faktum, das die Volksgemeinschaft geheimnisvoll begründet; sie wird durch rationale Überlegungen ausgelöst. Weil der Einzelne sich mit anderen Einzelnen durch gemeinsame Abstammung blutsverwandt weiß oder zu wissen glaubt, entstehen in ihm die Gefühle und Empfindungen, die man als Ausdruck der Stimme des Blutes zu bezeichnen pflegt.

Für die Mystik der religiösen Ekstase und des Bodens ist das nicht minder wahr. Der *unio mystica* mit Gott muss die Lehre von Gott, seinem Wesen und Wirken vorangehen; nur weil der Mystiker die religiösen Begriffe, Vorstellungen und Theorien sich zu eigen gemacht hat, ist es ihm möglich, die inbrünstige Vereinigung mit Gott zu vollziehen. Die Mystik des Bodens ist an die Ausbildung bestimmter geopolitischer Vorstellungen gebunden. Dass der Bewohner der Tiefebene und der Küstengebiete in den Umkreis des Bodens, dem er sich verbunden fühlt, Hochgebirgsgebiete, die ihm fremd sind und an deren Lebensbedingungen er sich nicht zu gewöhnen vermöchte, einschließt, weil sie politisch und rational zu dem Staate und Volke gehören, dem auch er angehört oder anzugehören wünscht, dass er dagegen benachbarte Gebiete gleicher geographischer Beschaffenheit, weil sie in das politische oder nationale Gebiet eines anderen Staates und Volkes fallen, in diesen Umkreis nicht einbezieht, zeigt schon, dass die Mystik des Bodens auf politischer Ideologie aufgebaut ist.

Die einzelnen Mitglieder eines Staates, oder Volkes und die verschiedenen Gruppen, die sie bilden, stehen einander nicht in Liebe und inniger Verbundenheit gegenüber. Sie hassen und bekämpfen einander nicht selten als Todfeinde. Man denke an die Engländer und die Schotten, die Yankees und die Südstaatler, die Preußen und die Bayern. Es waren Ideologien, die solche Feindseligkeiten überwunden und alle Mitglieder einer Nation oder Sprachgruppe mit jenen Gemeinschafts- und Zusammengehörigkeitsgefühlen inspiriert haben, die heutige Nationalisten als natürliches und ursprüngliches Phänomen betrachten.[498]

Die wechselseitige sexuelle Anziehung der Geschlechter ist ein der animalischen Natur des Menschen eigentümlicher Vorgang, der von allem Denken und Theoretisieren unabhängig ist. Von ihm mag man sagen, dass er ursprünglich, vegetativ, triebhaft und geheimnisvoll ist, und, bildlich gesprochen, dass er aus zwei Wesen eines macht. Man mag ihn Gemeinschaft und mystische Vereinigung nennen. Doch weder der Begattungsakt noch das, was ihm vorausgeht und ihm nachfolgt, schaffen an sich gesellschaftliche Beziehungen und Verbundenheiten. Auch die Tiere finden sich im Begattungsakt, doch sie haben kein gesellschaftliches Leben aufgebaut. Die menschliche Familie ist nicht etwa Produkt des Geschlechtsverkehres; es ist durchaus nicht natürlich oder notwendig, dass Eltern und Kinder so zusammenhalten, wie in der Familie gelebt wird. Aus den geschlechtlichen Beziehungen kann das Familienleben hervorgehen, doch es muss nicht so sein. Auch die menschliche Familie ist ein Produkt des Geistes, des Denkens und des Handelns. Dass sie das ist, unterscheidet sie von den tierischen Gruppen, die man nach Analogie der menschlichen Familie zu benennen pflegt.

Das mystische Erlebnis der Gemeinschaft ist nicht die Wurzel, sondern ein Produkt der gesellschaftlichen Beziehungen.

Das Gegenstück zur Fabel von der Gemeinschaft ist die Fabel von der natürlichen Abneigung der Rassen und Völker. Ein Instinkt lehre jeden Menschen, die Stammesverwandten von den Stammesfremden zu unterscheiden, und erfülle ihn mit Abneigung gegenüber den Fremden. Die Angehörigen der edlen Rassen empfänden Abscheu und Ekel vor der Berührung mit Angehörigen niederer Rassen. Es genügt dem gegenüber auf die Tatsache der Rassenmischung hinzuweisen. Wenn es heute in Europa keine reinen Rassen gibt, muss man wohl annehmen, dass zwischen den Angehörigen verschiedener Rassen sexuelle Anziehung und nicht Abstoßung besteht. Die vielen Millionen Mischlinge, die aus Verbindung von Weißen und Negern hervorgegangen sind, darf man wohl als lebenden Gegenbeweis gegen die Lehre von der natürlichen Abstoßung der Rassen ansehen.[499]

Der Rassenhass ist ebenso wie die mystischen Gemeinschaftsgefühle keine ursprüngliche, natürliche und den Menschen angeborene Erscheinung; er ist das Erzeugnis einer Ideologie. Doch selbst dann, wenn es einen Tatbestand gäbe, den man als ursprünglichen oder natürlichen Rassenhass zu bezeichnen hätte, würde das die gesellschaftliche Kooperation der Menschen nicht berühren und die Ricardo'sche Vergesellschaftungstheorie nicht entkräften. Die gesellschaftliche Verbundenheit hat weder mit individueller Liebe noch mit einem allgemeinen Liebesgebot etwas zu schaffen. Nicht weil die Menschen einander lieben oder einander lieben sollten, kooperieren sie, sondern weil es im Interesse jedes Einzelnen liegt, sich die Vorteile der Arbeitsteilung zunutze zu machen.[500] Nicht aus Liebe zu den Mitmenschen, sondern aus Liebe zu sich selbst zieht der in Gesellschaft lebende Mensch den Frieden und die einträchtige Zusammenarbeit dem unsozialen Gegeneinander vor.

7. Die Großgesellschaft[501]

Nicht jede Beziehung zwischen Menschen ist gesellschaftlicher Natur. Wenn Menschengruppen in einem Vernichtungskampf zusammenstoßen, in dem nichts als der Wille zur Vernichtung des Gegners gilt, wenn Mensch den Menschen so unbarmherzig bekriegt, wie der Mensch schädliche Tiere und Pflanzen zu verderben trachtet, gibt es wohl Wechselwirkung und Beziehung, doch nicht Gesellschaft. Gesellschaft ist Zusammenwirken und Zusammenhandeln, das im Erfolg des Partners ein Mittel zum eigenen Erfolg sieht.

Die Kämpfe der Urhorden um Tränke, Futterplatz, Weide und Jagdbeute mögen den Charakter des schonungslosen Ausrottungskrieges, (des «totalen Krieges», wie man heute zu sagen pflegt), getragen haben.[502] Im neunzehnten Jahrhundert gab es die ersten Begegnungen der Europäer mit den Ureinwohnern neuerschlossener Gebiete.[503] Doch schon in ferner Urzeit, lange bevor die geschichtliche Überlieferung einsetzt, hat sich ein Verfahren ausgebildet, das selbst im Krieg manche gesellschaftliche Beziehungen, die vor dem feindlichen Zusammenstoss bestanden hatten, fortbestehen ließ, oder beim Zusammenstoss von Gruppen, zwischen denen früher noch keinerlei Beziehungen bestanden hatten, dem Gedanken Rechnung trug, dass zwischen Menschen über die augenblickliche Feindschaft hinweg eine Kooperation möglich sei. Der Krieg wurde zur Schädigung des Gegners geführt, doch man. führte ihn nicht mehr im strengsten Sinne des Wortes schonungslos und rücksichtslos. Man begann gewisse Grenzen zu achten, die im Kampfe gegen Menschen – anders als im Kampfe gegen wilde Bestien – nicht überschritten werden sollten. Über die Todfeindschaft und die Raserei der Vernichtung und Zerstörung hinaus begann ein gesellschaftliches Element Geltung zu beanspruchen. Es bildete sich die Auffassung heraus, dass in jedem Menschen und in jeder Menschengruppe potentiell ein Genosse einer möglichen Zusammenarbeit zu suchen sei und dass man auf diesen Umstand auch im Kampfe Rücksicht zu nehmen habe. Die Menschen erkannten, dass friedliche Zusammenarbeit das beste Mittel ist, um den Kampf um das biologische Überleben fortzusetzen. Als man erkannt hatte, dass es vorteilhafter sei, die Besiegten zu versklaven statt sie zu töten, zog der Gedanke der Kooperation in die Kriegsgesinnung ein. Die Versklavung ist schon ein erster Schritt auf dem Wege, der zu gesellschaftlicher Zusammenarbeit führt.

[504]Erst der Sieg dieser Auffassung, dass auch im Kampfe noch Recht und Unrecht unterschieden werden müsse, dass es ein Recht, also einen Friedensverband gebe, der über den Völkern, auch über den im Kriege einander bekämpfenden Völkern, steht, hat die gesellschaftliche Bindung zur allgemeinen, zur großen, alle Menschen umfassenden ökumenischen Gesellschaft geführt. Die einzelnen Gesellschaften waren in der einen großen Gesellschaft aufgegangen.

Die Kriegführenden, die den Krieg nicht wild nach Art der Bestien führen, sondern nach gesellschaftlichen und «menschlichen» Regeln, verzichten auf die Anwendung mancher ihnen zu Gebote stehender Mittel, um vom Gegner ähnliches Entgegenkommen zu erlangen. Insoweit diese Rücksichten genommen werden, besteht auch zwischen den Kriegführenden noch ein gesellschaftliches Band. Die Kriegshandlungen selbst sind nicht nur asozial, sie sind antisozial. Es ist eine wenig empfehlenswerte Redeweise, den Begriff des Gesellschaftlichen so zu fassen, dass auch die Handlungen, die auf Vernichtung des Lebens von Menschen und auf Unwirksammachung ihres Handelns gerichtet sind, als soziale Beziehungen aufzufassen sind.[7] Wenn zwischen Menschen oder Menschengruppen keine anderen Beziehungen bestehen als Handeln, das die andere Seite zu schädigen sucht, ist überhaupt keine gesellschaftliche Bindung gegeben.

Gesellschaft ist nicht bloße Wechselwirkung. Wechselwirkung gibt es zwischen allen Teilen des Kosmos: zwischen dem Wolf und dem Lamm, dass jener verzehrt; zwischen dem Menschen und dem Bazillus, der sein Leben zerstört; zwischen dem fallenden Stein und dem Gegenstand, auf den er auffällt. Gesellschaft ist immer menschliches Handeln, das mit anderen Menschen mithandelt, damit alle Beteiligten in diesem Mithandeln ihr Handeln verwirklichen.

8. Der Kampf- und Zerstörungstrieb

Man hat die Behauptung aufgestellt der Mensch sei von Natur aus ein Raubtier, dem wie allen Raubtieren als wilder Urtrieb die Kampfbegierde und die Lust am Zerstören eingeboren sei. Die Kultur habe durch die Ausbildung naturwidriger Humanitätsduselei, die den Menschen seiner animalischen Herkunft entfremdet, diesen Urtrieb zu ersticken versucht. Sie habe den Kulturmenschen zu einem dekadenten Schwächling gemacht, der sich der seinem Wesen entsprechenden Charaktereigenschaften schämt und seine Entartung stolz seine Menschlichkeit nennt. Um dem weiteren Verfall der Menschenart Einhalt zu tun, müsse man den Menschen von der Kultur befreien. Denn Kultur und Zivilisation wären nichts anderes als listige Erfindung der minderwertigen Menschen. Weil diese Untermenschen zu schwach sind, um im Kampfe gegen die Starken ihren Mann zu stellen, weil sie zu feige sind, um das ihnen naturgemäß gebührende Los des Vernichtetwerdens zu erdulden, und weil sie zu faul und zu frech sind, um als Sklaven und Haustiere den Starken zu dienen, hätten sie die ewigen, von der Natur unabänderlich gesetzten

[7]So geht die «Beziehungslehre» Wiese's vor. Vgl. Leopold von Wiese, Allgemeine Soziologie, I. Teil, (München, 1924), S. 10 ff.

Wertmaßstäbe durch eine Wertung zu ersetzen gesucht, die ihre Minderwertigkeit in Wert und die Höherwertigkeit der Starken in Unwert verkehrt. Dieser Sklavenaufstand der Moral müsse durch eine neue Umwertung aller Werte um die Frucht seines Sieges gebracht werden. An Stelle der aus dem Ressentiment der Schwachen geborenen Sklavenmoral müsse wieder die Moral der Starken oder, richtiger ausgedrückt, ihre Moralfreiheit treten. Der Mensch müsse wieder ein würdiger Nachkomme seiner Vorfahren, der edlen Bestien des Urwaldes, werden.

Man hat diese Lehre als sozialen oder soziologischen Darwinismus bezeichnet; ob das berechtigt ist, mag dahingestellt bleiben.[505] Jedenfalls steht fest, dass man eine Auffassung, die die ganze menschliche Entwicklung vom Zeitpunkte der Loslösung der Vorfahren der Menschen von ihren tierisch gebliebenen Vettern bis zur Gegenwart als naturwidrig abtut, nicht entwicklungsgeschichtlich und überhaupt nicht naturwissenschaftlich nennen darf. Die entwicklungsgeschichtliche Betrachtung hat keinen anderen Maßstab zur Beurteilung von Veränderungen, die mit Lebewesen vorgegangen sind, als den, ob die Veränderung die Anpassung an die naturgegebenen Bedingungen ihres Daseins und damit die Erfolgsaussicht im Kampfe ums Dasein fördert.

Dass die Kultur dem Menschen diesen Dienst geleistet hat, dass sie es ihm ermöglicht hat, sich im Kampfe gegen die anderen Lebewesen – gegen die großen Raubtiere und gegen die ihm noch verderblicheren Mikroben – zu behaupten und seinen Nahrungsmittelspielraum zu erweitern, dass sie die Vermehrung der Spezies Mensch gefördert hat, dass sie die Menschen im Durchschnitt größer, gewandter und widerstandsfähiger gemacht hat, dass sie ihre durchschnittliche Lebensdauer verlängert hat, kann nicht bestritten werden. Dass diese Entwicklung manche Gaben, die einst dem Existenzkampf förderlich waren und es unter den geänderten Verhältnissen nicht mehr sind, verkümmern ließ, und dafür andere Gaben entwickelt hat, kann eine entwicklungsgeschichtliche Betrachtung gewiss nicht einfach als Entartung bezeichnen. Dem Urmenschen waren harte Fäuste im Kampfe ums Dasein ebenso förderlich wie dem Kulturmenschen die Gabe, richtig zu rechnen und gut zu sprechen. Es ist willkürlich und entspricht gewiss nicht entwicklungsgeschichtlicher Denkweise, allein die Eigenschaften, die dem Urmenschen förderlich waren, als natur- und artgemäß zu werten, und die Eigenschaften, die den Kulturmenschen fördern, als Entartungserscheinungen zu verwerfen. Mit demselben Rechte, mit dem man fordert, der Kulturmensch möge sich zu den seelischen Eigenschaften der Urmenschen zurückzüchten, könnte man auch die Forderung aufstellen, der Mensch möge trachten, sich wieder einen Schwanz anzuzüchten.

Es ist bemerkenswert, dass das Lob der wilden Urtriebe von Leuten verkündet wurde, deren Körper den Anforderungen des gefährlichen Lebens keineswegs genügt hätte. Nietzsche war auch vor seinem Zusammenbruch so leidend, dass er sich nur im Engadin und in einigen Landstrichen Italiens wohl fühlte. Er konnte sein Werk nur unter dem schirmenden Dach vollbringen, das die Kultur dem feinnervigen Denker zur Verfügung stellte. Die Apostel der Gewalt haben ihre Bücher im Schutze der bürgerlichen Sekurität geschrieben, die sie nicht müde wurden zu verhöhnen und zu verurteilen. Sie durften ungefährdet ihre Brandreden halten, weil der Liberalismus, dem sie feind waren, die Freiheit des Wortes und der Schrift gewährleistete. Sie hätten sich unglücklich gefühlt, wenn sie auf die Errungenschaften der Kultur, deren Geringschätzung den Kern ihrer Lehre, bildete, hätten verzichten müssen. Welch ein Schauspiel bietet doch der ängstliche Literat Georges Sorel, der die Intellektuellen und die Bürger verachtet und im Lob der Brutalität soweit geht, dass er es dem Erziehungssystem zum Vorwurf macht, «unsere Neigungen zur Gewalt zu schwächen.»[8]

Man mag zugeben, dass dem Urmenschen Mord- und Zerstörungslust und der Hang zur Grausamkeit angeboren waren. Man mag auch annehmen, dass die Mordlust unter den Bedingungen, die dem menschlichen Leben damals gesetzt waren, der Erhaltung des individuellen Lebens und der Art förderlich war. Der Mensch war einmal eine brutale Bestie. (Es besteht keine Notwendigkeit zu untersuchen, ob der prähistorische Mensch sich von Fleisch ernährte oder ein Vegetarier war.)[506] Doch man darf nicht vergessen, dass er ein schwaches Tier war, das sich mit den stärkeren Bestien nicht hätte messen können, wenn ihm nicht noch außer den Raubtiereigenschaften eine andere Gabe geworden wäre, die ihn von allen anderen Lebewesen unterscheidet, die Vernunft. Dass der Mensch vernünftig ist, dass er daher nicht blind und hemmungslos jedem Antrieb folgt, vielmehr sein Verhalten der vernünftigen Überlegung unterordnet, darf die entwicklungsgeschichtliche und zoologische Betrachtung doch nicht als Unnatur werten. Das vernünftige Verhalten, das Handeln, besteht aber gerade darin, dass man die Triebe, die nach Befriedigung verlangen, nach der Wichtigkeit unterscheidet und dass man, da nicht alle Triebe voll befriedigt werden können und Widerstreit zwischen der Befriedigung der verschiedenen Triebe waltet, auf Minderwichtiges verzichtet, wenn es Wichtigerem im Wege steht. Um die gesellschaftliche Kooperation auszubauen, muss der Mensch auf die Befriedigung der Triebe verzichten, deren Befriedigung der Bildung und Fortbildung der gesellschaftlichen Arbeitsvereinigung hinderlich wäre. Dass dieser Verzicht schmerzhaft ist, und dass er Opfer auferlegt, ist nicht zu bezweifeln. Doch, vor die Entscheidung gestellt, zwischen der Befriedigung dieser, mit dem gesellschaftlichen Zusammenleben unvereinbaren Triebe und der Befriedigung aller jener Triebe zu wählen, die nur in der Gesellschaft oder doch besser in der Gesellschaft als in Vereinzelung befriedigt werden können, hat der Mensch zu Gunsten der Gesellschaft und der Kultur[507] gewählt.

Die Entscheidung, die damit getroffen wurde, war keine endgültige. Die Wahl der Ahnen präjudiziert nicht die Wahl der Enkel. Auch heute haben die Menschen zu wählen, und die Entscheidung der Vorfahren beschränkt nicht ihre Freiheit. Jeden Tag können sie an die Umwertung der Werte schreiten und, wie man bis vor kurzem zu sagen pflegte, die Barbarei der Kultur oder, wie man heute zu sagen pflegt, die Seele dem Geist, den Mythos der Vernunft, die Gewalt dem Sichvertragen vorziehen. Doch es gilt zu wählen. Man kann das Unverträgliche nicht zugleich haben.

Nicht das hat die Wissenschaft, unter dem Gesichtspunkt ihrer Wertneutralität,[508] den Verkündern des Evangeliums der Gewalt vorzuwerfen, dass sie die Wonnen des Blutrausches und die Lust sadistischer Befriedigung preisen. Wertungen sind subjektiv, und die bürgerliche, die liberale Gesellschaft gestattet jedermann, seinen Gefühlen in Worten Ausdruck zu verleihen. Die dem Urmenschen eingeborenen Mord- und Grausamkeitsinstinkte sind durch die Kultur nicht beseitigt worden. Sie sind, wenn vielleicht auch nicht bei allen Menschen, so doch bei der großen

[8]Vgl. Georges Sorel, Reflexions sur la violence, Troisième édition, (Paris 1912), S. 269.

Mehrzahl latent vorhanden und brechen hervor, wenn die durch die Kultur gebildeten inneren und äußeren Hemmungen, die sie bändigen, fortfallen. Man erinnere sich an die unaussprechlichen Schrecken der Nazi-Konzentrationslager.[509] Die Zeitungen berichten täglich von Einzel- und von Massenverbrechen, in denen sich jene Urinstinkte offenbaren. Dass die beliebtesten Romane und Filme die sind, in denen Rohheitsakte dargestellt werden und dass die Menge nichts mehr interessiert als Stierkämpfe und Hahnenkämpfe[510], kann man nicht bestreiten.[511]

Wenn ein Schriftsteller sagt: das freut die Menge und es freut auch mich, hat er ebenso recht wie mit der Behauptung, dass auch die Vorfahren der Kulturmenschen darin Genuss gefunden haben. Doch wenn er verschweigt, dass die Befriedigung der sadistischen Triebe der Ausbildung und dem Fortbestand der gesellschaftlichen Kooperation im Wege steht, oder wenn er gar erklärt, dass Wohlfahrt und Gesellschaft ein Werk der hemmungslos ihrer Mordlust frönenden Gewaltmenschen sind, dass die Zurückdrängung der Grausamkeitsinstinkte die Menschheit gefährdet und dass man zu ihrer Rettung die Humanität durch die Rückkehr zur natürlichen Rohheit beseitigen muss, irrt er. Die gesellschaftliche Arbeitsvereinigung und Arbeitsteilung beruht auf dem friedlichen Sichvertragen; nicht, wie Heraklit sagte, der Krieg, der Frieden ist der Vater aller gesellschaftlichen Dinge. Dem Menschen sind auch andere Triebe als der Grausamkeitstrieb angeboren und artgemäß, und wenn er diese anderen Triebe befriedigen will, muss er auf die Befriedigung des Grausamkeitstriebes verzichten. Wer sein eigenes Leben und die Unversehrtheit seines Leibes so gut und so lange es geht erhalten will, muss sich darüber klar werden, dass die Achtung vor dem Leben und der Unversehrtheit der Mitmenschen der Erreichung seiner Absicht besser dient als das gegenteilige Verhalten. Man mag bedauern, dass die Welt so beschaffen ist, dass man durch die Befriedigung des Mordtriebes die Befriedigung anderer Triebe stört, doch man kann die Tatsache mit solchem Bedauern nicht beseitigen.

Auch die immer wiederkehrende Berufung auf das Irrationale kann daran nichts ändern. Alle Triebe sind der vernünftigen Überprüfung entzogen, weil die Vernunft es nur mit den Mitteln und nicht mit den Zielsetzungen zu tun hat. Doch das gerade unterscheidet den Menschen vom Tier, dass er nicht ein Spielball der ihn bald hin, bald her treibenden Instinkte ist, dass er nicht widerstandslos jedem augenblicklichen Impuls nachgibt, sondern seine Vernunft zwischen der unvereinbaren Befriedigung verschiedener Triebe wählen lässt.

Man darf den Massen nicht sagen: frönet nur unbedenklich eurer Mordlust, das ist echt menschlich im höchsten Sinne und fördert die menschliche Wohlfahrt. Man muss ihnen sagen: Wenn ihr eure Bluttriebe befriedigen wollt, dann müsst ihr auf sehr viel, ja, auf alles andere verzichten, was euch freut. Ihr wollt essen, trinken, gut wohnen, euch kleiden und noch tausend andere Sachen, die euch nur die Gesellschaft bieten kann. Alles könnt ihr nicht haben, darum müsst ihr wählen. Das gefährliche Leben hat seinen Reiz, doch es verträgt sich schlecht mit der Geborgenheit und dem Wohlstand, die ihr doch auch nicht missen wollt.

Die Wissenschaft[512] kann den Werturteilen der Handelnden nicht vorgreifen. Nicht sie hat zu entscheiden, sondern das Leben.[513] Sie fördert das Leben nicht durch die Fällung von Werturteilen, sondern durch Klarstellung aller Bedingungen, die dem Handeln gesetzt sind, und durch das Aufzeigen der Wirkungen des Handelns. Sie bereitet dem, der entscheiden und handeln soll, das Wissen, auf

Grund dessen er die Wahl in voller Erkenntnis ihrer Tragweite treffen kann. Sie stellt eine Kosten- und Ertragsschätzung[514] an, sie zeigt, was dies und was jenes kostet. Sie hat nur den einen Beruf, diese Kostenberechnung richtig und vollständig durchzuführen. Sie wird ihrem Beruf untreu, wenn sie Posten, die in die Rechnung einzugehen haben, außer Betracht lässt.

Aktuelle Fehlinterpretationen der modernen Naturwissenschaften, insbesondere des Darwinismus

Einige Antiliberale der Gegenwart, sowohl der rechten als auch der linken Variante, stützen ihre Lehren auf Fehlinterpretationen der Errungenschaften der modernen Biologie.

1. *Menschen sind ungleich.* Der Liberalismus des 18. Jahrhunderts und ebenso der gegenwärtige Egalitarismus gehen von der «selbstverständlichen Wahrheit» aus, dass «alle Menschen gleich geschaffen sind und dass sie von ihrem Schöpfer mit bestimmten unveräußerlichen Rechten ausgestattet sind». Jedoch, sagen die Befürworter einer biologischen Gesellschaftsphilosophie, habe die Naturwissenschaft auf unwiderlegbare Weise bewiesen, dass die Menschen verschieden sind. Im Rahmen einer experimentellen Beobachtung von Naturphänomenen sei für einen solchen Begriff wie Naturrechte kein Platz mehr. Die Natur sei gefühllos und unempfindlich in Bezug auf das Leben und das Glück eines jeden Wesens. Natur sei eiserne Notwendigkeit und Regelmäßigkeit. Es sei metaphysischer Unsinn, den «schlüpfrigen» und vagen Freiheitsbegriff mit den unveränderlichen absoluten Gesetzen der kosmischen Ordnung zu verknüpfen. So werde die Grundidee des Liberalismus als Trugschluss entlarvt.

Nun ist es wahr, dass die liberale und demokratische Bewegung des achtzehnten und neunzehnten Jahrhunderts einen großen Teil ihrer Kraft aus der Lehre des Naturrechts und den angeborenen, unveräußerlichen Rechten des Einzelnen schöpft. Diese Ideen, die zuerst von der antiken Philosophie und der jüdischen Theologie entwickelt wurden, durchdrangen das christliche Denken. Einige antikatholische Sekten machten sie zum Mittelpunkt ihrer politischen Programme. Eine lange Reihe bedeutender Philosophen untermauerte sie. Sie wurden populär und waren die mächtigste treibende Kraft in der prodemokratischen Entwicklung. Sie werden auch heute noch unterstützt. Ihre Fürsprecher kümmern sich nicht um die unbestreitbare Tatsache, dass Gott oder die Natur die Menschen nicht gleich erschaffen haben, da viele von ihnen gesund und munter geboren werden, während andere verkrüppelt und deformiert sind. Bei ihnen sind alle Unterschiede zwischen Menschen auf Bildung, Chancen und soziale Institutionen zurückzuführen.

Aber die Lehren der utilitaristischen Philosophie und der klassischen Ökonomie haben mit der Lehre vom Naturrecht überhaupt nichts zu tun. Bei ihnen kommt es einzig und allein auf den sozialen Nutzen an. Sie empfehlen Volksregierung, Privateigentum, Toleranz und Freiheit nicht, weil sie natürlich und gerecht sind, sondern weil sie nützlich sind. Der Kern von Ricardos Philosophie ist die Demonstration, dass die soziale Zusammenarbeit und Arbeitsteilung zwischen Männern, die in jeder Hinsicht überlegen und effizienter sind, und Männern, die in jeder Hinsicht minderwertig und weniger effizient sind, für beide Gruppen von Vorteil ist. Bentham, der Radikale, rief: «*Naturrechte* sind schlichter Unsinn – unveräußerliche Naturrechte rhetorischer Unsinn.»[9] Für ihn «sollte das einzige Ziel der Regierung das größte Glück der größtmöglichen Zahl der Gemeinschaft sein».[10] Dementsprechend geht es ihm bei der Untersuchung dessen, was richtig sein soll, nicht um vorgefasste Vorstellungen von den Plänen und Absichten Gottes oder der Natur, die den sterblichen Menschen für immer verborgen bleiben, sondern darum, herauszufinden, was der Förderung des menschlichen Wohlergehens und Glücks am besten dient. Malthus zeigte, dass die Natur bei der Beschränkung der Existenzmittel keinem Lebewesen ein Existenzrecht zuspricht, und dass die sich Menschheit durch achtlose Hingabe an den natürlichen Fortpflanzungstrieb nie über den Abgrund des Hungers gehoben hätte. Er behauptete, dass sich die menschliche Zivilisation und der Wohlstand nur in dem Maße entwickeln konnten, in dem der Mensch lernte, seinen sexuellen Appetit durch moralische Zurückhaltung zu zügeln. Die Utilitaristen bekämpfen willkürliche Regierungen und Privilegien nicht, weil sie gegen das Naturrecht verstoßen, sondern weil sie dem Wohlstand abträglich sind. Sie empfehlen Gleichheit unter dem bürgerlichen Recht nicht, weil Menschen gleich sind, sondern weil eine solche Politik dem Gemeinwohl nützt. Mit der Ablehnung der illusorischen Vorstellungen von Naturrecht und menschlicher Gleichheit wiederholte die moderne Biologie nur das, was die utilitaristischen Verfechter des Liberalismus und der Demokratie lange vorher viel überzeugender gelehrt hatten. Es liegt auf der Hand, dass kein biologischer Lehrsatz jemals das entkräften kann, was die utilitaristische Philosophie über den sozialen Nutzen von demokratischer Regierung, Privateigentum, Freiheit und Gleichheit unter dem Gesetz sagt.

Das gegenwärtige Vorherrschen von Lehren, die gesellschaftliche Auflösung und gewaltsame Konflikte befürworten, ist nicht das Ergebnis einer angeblichen Anpassung der Sozialphilosophie an die Erkenntnisse der Biologie, sondern der fast universellen Ablehnung der utilitaristischen Philosophie und Wirtschaftstheorie. Die «orthodoxe» Ideologie der Harmonie des recht verstandenen, d. h. langfristig angelegten Interesses aller Individuen, sozialen Gruppen und Nationen wurde durch eine Ideologie des unversöhnlichen Klassenkampfes und des internationalen Konflikts ersetzt. Die Menschen bekämpfen sich gegenseitig, weil sie überzeugt sind, dass die Vernichtung und Liquidierung von Gegnern das einzige Mittel ist, um ihr eigenes Wohlergehen zu fördern.

2. *Die sozialen Implikationen des Darwinismus.* Die Evolutionstheorie, wie sie Darwin dargelegt hat, sagt eine Schule des sozialen Darwinismus, habe deutlich gezeigt, dass es in der Natur nicht so etwas wie Frieden und Respekt für das Leben und Wohlergehen anderer gebe. In der Natur gebe es immerwährenden Kampf und gnadenlose Vernichtung der Schwachen, denen es nicht gelingt, sich zu verteidigen. Die Pläne des Liberalismus für den ewigen Frieden – sowohl im Innen- als auch im Außenverhältnis – seien das Ergebnis eines illusorischen Rationalismus, der der natürlichen Ordnung zuwiderlaufe.

Der Begriff des Existenzkampfes, wie ihn Darwin von Malthus entlehnt und in seiner Theorie angewandt hat, ist jedoch metaphorisch zu verstehen. Es bedeutet, dass ein Lebewesen den Kräften, die seinem eigenen Leben abträglich sind, aktiv widersteht. Dieser Widerstand muss, wenn er gelingen soll, den Umweltbedingungen entsprechen, unter denen sich der Betroffene behaupten muss. Es muss nicht immer ein Vernich-

[9] Jeremy Bentham, Anarchical Fallacies; being an Examination of the Declaration of Rights issued during the French Revolution, in Works, Hrsg. Bowring, II, S. 501 [eigene Übersetzung].

[10] Jeremy Bentham, Principles of the Civil Code, in Works, I, S. 301 [eigene Übersetzung].

tungskrieg sein, wie in den Beziehungen zwischen Menschen und krankmachenden Mikroben. Die Vernunft hat gezeigt, dass für den Menschen das geeignetste Mittel zur Verbesserung seines Zustandes die soziale Zusammenarbeit und Arbeitsteilung ist. Sie sind das wichtigste Werkzeug des Menschen in seinem Kampf ums Überleben. Aber sie können nur dort wirken, wo Frieden herrscht. Kriege, Bürgerkriege und Revolutionen schaden dem Erfolg des Menschen im Existenzkampf, weil sie den Apparat der sozialen Zusammenarbeit zersetzen.

3. *Vernunft und rationales Verhalten sind unnatürlich.* Die christliche Theologie missbilligte die tierischen Funktionen des menschlichen Körpers und stellte die «Seele» als etwas außerhalb aller biologischen Phänomene dar. In einer übertriebenen Reaktion gegen diese Philosophie neigen manche Vertreter der Moderne dazu, alles, was den Menschen von anderen Tieren unterscheidet, zu verunglimpfen. In ihren Augen ist die menschliche Vernunft den tierischen Instinkten und Impulsen unterlegen, sie sei unnatürlich und deshalb schlecht. Bei ihnen haben die Begriffe Rationalismus und rationales Verhalten eine negative Konnotation. Der vollkommene Mensch, der wirkliche Mensch, sei ein Wesen, das seinen Urinstinkten mehr gehorcht als seiner Vernunft.

Die offensichtliche Wahrheit ist, dass die Vernunft, das charakteristischste Merkmal des Menschen, auch ein biologisches Phänomen ist. Sie ist weder natürlicher noch weniger natürlich als jedes andere Merkmal der Art homo sapiens, wie z.B. der aufrechte Gang oder die haarlose Haut.

Kapitel 9

DIE IDEE IM HANDELN

1. Die menschliche Vernunft

Die Sonderstellung des Menschen[515] liegt in der ihm allein eigentümlichen Vernunft. Ob und inwieweit die menschliche Vernunft ein Werkzeug darstellt zur Erkenntnis der letzten und höchsten Dinge, kann für uns außer Betracht bleiben. Wir betrachten die Vernunft nur soweit, als sie den Menschen zum Handeln befähigt.

Auch an den Sinnen des Tieres ziehen alle jene äußeren Eindrücke vorbei, die den Stoff menschlicher Beobachtung bilden. Doch nur der Mensch vermag aus der Sinnesempfindung das zu gewinnen, was sie zur Beobachtung und Erfahrung macht, und nur die Vernunft vermag aus den einzelnen Beobachtungen und Erfahrungen den Weg zum systematischen Zusammenhang zu finden.

Vor jedem Handeln steht das Denken. Das Denken ist Vorbedenken künftigen Handelns und Nachbedenken vergangenen Handelns. Denken und Handeln sind nicht zu trennen. Jedes Handeln ist auf der Feststellung von Kausalzusammenhängen aufgebaut. Wer einen Kausalzusammenhang denkt, denkt einen zu Grunde liegenden Satz mit, denkt eine Theorie mit. Handeln ohne Denken, Praxis ohne Theorie sind unvorstellbar. Das Denken mag fehlerhaft, die Theorie mag falsch sein, doch Denken und Theorie können nie fehlen. Anderseits ist Denken stets das Denken eines Handelns. Auch wer reine Theorie denkt, unterstellt sie als wahr, d.h. er nimmt an, dass ein nach dieser Lehre ausgerichtetes Handeln zu dem gemäß der Theorie zu erwartenden Erfolg führen werde. Ob solches Handeln durchführbar ist, ist dabei ohne Belang.

Es ist immer der Einzelne, der denkt. Die Gesellschaft denkt nicht, so wenig sie isst oder trinkt. Die Entwicklung des Denkens vom naiven Denken der Urvölker zum schärferen Denken moderner Wissenschaft hat sich in der Gesellschaft vollzogen. Doch das Denken selbst ist ein durchaus Individuelles; es gibt Zusammenhandeln, aber kein Zusammendenken. Es gibt nur eine Überlieferung, die das einmal Gedachte erhalten und den andern mitteilen kann, damit sie es nutzen oder auf der empfangenen Grundlage weiter denken. So sind sie natürlich in der Lage, auf der Grundlage der Gedanken ihrer Vorgänger weiter voranzuschreiten. Das wichtigste Vehikel der Tradition ist das Wort. Das Denken ist an die Sprache gebunden wie die Sprache an das Denken. Die Begriffe sind Sprachbegriffe. Die Sprache ist Werkzeug des Denkens, wie sie Werkzeug des sozialen Handelns ist.

Die Geschichte der Wissenschaft ist ein Gespräch zwischen Denkern, das von Geschlecht zu Geschlecht weitergeführt wird. An dem Denken der Vorgänger rankt sich das Denken des Späteren empor. Ohne diese Anregung und ohne diese Hilfe kann kein Denken vorwärts kommen. Die Beständigkeit der menschlichen Entwicklung, das Säen für die Nachkommen und das Ernten auf den von den Vorfahren bestellten Feldern, tritt auch in der Geschichte der Wissenschaft und des Denkens hervor. Wie wir von unseren Vorfahren produzierte Güter aller Art und aller Güterordnungen geerbt haben, auf deren Besitz sich unser Wohlstand aufbaut, so haben wir von ihnen auch Ideen und Gedanken, Theorien und Technologien geerbt, denen unser Denken und unser Handeln erhöhte Fruchtbarkeit dankt. Doch das Denken bleibt darum doch durchaus ein Denken des einzelnen Menschen.[516]

2. Weltanschauung und Ideologie

Die Theorien, die dem Handeln zu Grunde liegen, sind mitunter sehr unvollkommen und unzulänglich. Sie mögen Widersprüche enthalten und sich nur schlecht oder gar nicht zu einer logisch geschlossenen Einheit zusammenfassen lassen.

Betrachten wir die Gesamtheit der Theorien, die dem Handeln eines Einzelnen oder dem von Gruppen zugrunde liegen, als ein Ganzes und versuchen wir, so recht und schlecht es gehen mag, dieses Ganze als System, das heißt als eine geordnete Einheit von Erkenntnissen zu sehen, so sprechen wir von Weltanschauung. Weltanschauung ist als Theorie eine Ansicht über alles und jedes[517]. Weltanschauung ist mithin Naturlehre und Technologie, beide Ausdrücke im weitesten Sinn gesetzt. Religion, Metaphysik und Philosophie wollen Weltanschauung sein, das heißt, sie geben Erklärung der Natur und des Menschen auf der einen Seite, und Anweisung, wie der Mensch sich benehmen soll, auf der anderen Seite.

Enger als der Begriff der Weltanschauung ist der der Ideologie.[518] Das Konzept der Ideologie ist enger als das einer Weltanschauung. Wenn wir von Ideologie sprechen, haben wir nur menschliches Handeln und soziale Zusammenarbeit im Blick und ignorieren die Probleme der Metaphysik, des religiösen Dogmas, der Naturwissenschaften und der daraus abgeleiteten Technologien. Ideologie ist die Gesamtheit unserer Lehren über individuelles Verhalten und soziale Beziehungen. Sowohl die Weltanschauung als auch die Ideologie gehen über die Grenzen einer rein neutralen und akademischen Betrachtung der Dinge hinaus. Sie sind nicht nur wissenschaftliche Theorien, sondern auch Lehren über das Soll, d. h. über die Endziele, die der Mensch in seinen irdischen Belangen anstreben sollte.

Der Asketismus lehrt, dass das einzige Mittel, das dem Menschen offensteht, um Schmerzen zu beseitigen und völlige Ruhe, Zufriedenheit und Glück zu erlangen, darin bestehe, sich von den irdischen Sorgen abzuwenden und zu leben, ohne sich um weltliche Dinge zu kümmern. Es gebe keine andere Rettung, als auf das Streben nach materiellem Wohlergehen zu verzichten, die Widrigkeiten der Pilgerfahrt auf Erden unterwürfig zu ertragen[519] und sein Denken zu nichts anderem zu gebrauchen als zum Nachsinnen über das Heil, das ihn in einer besseren Welt erwartet. Doch die Zahl derer, denen es um die vollkommene Abkehr vom Leben und menschlichen

Wirken ernst ist, ist sehr gering. Sie ist so gering, dass man Mühe hätte, auch nur wenige Beispiele solcher Abkehr zu nennen.[520] Doch die Weltflucht scheint der Menschennatur[521] zu widersprechen. Das Leben hat immer wieder über die Idee der Weltflucht gesiegt. Die asketischen Lehren wurden verwässert, und die selbstlos verzichtenden Heiligen haben sich doch dazu bereit gefunden, manches dem Leben und Handeln einzuräumen, was ihre Lehre, folgerichtig bis ans Ende gedacht, nicht gestattet hätte.

Sobald aber einmal irdische Ziele anerkannt werden, sobald einmal an die Stelle vollkommener Ablehnung alles Irdischen, eine wenn auch bedingte und mit den übrigen Auffassungen der Entsagungslehre kaum zu vereinbarende Anerkennung des Lebens und des Handelns getreten ist, betritt man den Boden, auf dem man sich mit allen Auffassungen begegnet, die das Leben, Handeln und Wirken, kurz die diesseitige Welt, bejahen. Dann gibt es Gemeinsames[522].

Die Auffassungen, die die einzelnen Menschen von Dingen haben, von denen sie weder durch die Vernunft noch durch die Erfahrung Kunde erhalten, können so weit von einander abweichen, dass eine Verständigung schlechterdings unmöglich ist. Auf diesem Gebiet, auf dem der freien Betätigung des menschlichen Geistes keine Schranken gezogen sind, wo er weder durch die Struktur des logischen Denkens noch durch die Empfänglichkeit der Sinne gebunden ist, kann seine Eigenart und Individualität sich am Stärksten ausdrücken. Nichts ist so ganz an die Persönlichkeit gebunden wie das Gefühl und das Verhältnis zum All[523].[524] Die Sprache reicht nicht aus, um das Transzendente von Geist zu Geist zu vermitteln; es kann nie festgestellt werden, ob bei dem Versuche, es durch die Sprache zu übertragen, nicht gerade das Wesentliche verlorengegangen ist. In Dingen des Jenseitigen gibt es keine Verständigungsmöglichkeit. Glaubenskriege sind die fürchterlichsten Kriege, weil sie ohne Hoffnung auf Frieden[525] geführt werden.

Doch wo es sich um Irdisches handelt, macht sich die natürliche Verwandtschaft alles Menschlichen und die Identität der biologischen Bedingungen für die Erhaltung des Lebens geltend.[526] Die höhere Produktivität der arbeitsteiligen Zusammenarbeit macht die Gesellschaft zum wichtigsten Mittel jedes Einzelnen, um seine eigenen Ziele zu erreichen, wie auch immer sie aussehen mögen. Indem die gesellschaftliche Vereinigung des Handelns zum wichtigsten Mittel des Handelns jedes Einzelnen wird, wie auch immer seine Ziele beschaffen sein mögen, wird sie zum allgemeinen Mittel für alle Ziele und Zwecke, denen Menschen zustreben.

Keine Weltanschauung und keine Ideologie, die nicht unbekümmert um alles andere an dem Gedanken, dass das Heil allein in vollständiger Abkehr von Welt, Wirken und Handeln liegt, festhalten, können sich der Einsicht verschließen, dass die Gesellschaft das große Mittel ist, das zu allen irdischen Zielen des Menschen führt. Damit aber ist ein Boden gewonnen, auf dem eine Verständigung durch Erörterung der einzelnen Fragen angebahnt werden kann. Die Ideologien mögen sich im übrigen noch so schroff gegenüberstehen, darin, dass sie alle die Gesellschaft bejahen, finden sie einander.

Man pflegt das gewöhnlich zu verkennen, weil man sich bei Betrachtung der Ideologien mehr mit dem befasst, was sie über das Jenseitige und Unerfahrbare lehren, als mit dem, was sie in Bezug auf das Handeln auf Erden sagen. Zwischen den Teilen einer Ideologie, die als Einheit vorgetragen wird, klafft oft eine unüberbrückbare Kluft. Wirkung hat aber nur das, was von Menschen als Richtschnur des Verhaltens genommen wird, nicht aber die, im Praktischen als unverbindlich betrachtete, theoretische oder akademische Anerkennung einer Lehre. Schon weil folgerichtig und vollständig durchgeführte Askese längstens in einem Menschenalter zum Aussterben der Anhänger führt[527]. Alle anderen Ideologien, die das Streben nach den Notwendigkeiten des Lebens befürworten, sind in gewisser Weise gezwungen, die Tatsache zu berücksichtigen, dass Arbeitsteilung produktiver ist als isolierte Arbeit. Sie bekennen sich damit zur Notwendigkeit der sozialen Zusammenarbeit.

Praxeologie und Ökonomie sind nicht befähigt, sich mit den transzendenten und metaphysischen Aspekten irgendeiner Lehre auseinanderzusetzen. Andererseits kann aber auch kein Appell an religiöse oder metaphysische Dogmen und Glaubensbekenntnisse die Theoreme und Theorien über die soziale Zusammenarbeit, die durch logisch korrekte praxeologische Argumentation entwickelt wurden, entkräften. Wenn eine Philosophie die Notwendigkeit gesellschaftlicher Verbindungen zwischen Männern eingeräumt hat, so hat sie sich, soweit Probleme des sozialen Handelns ins Spiel kommen, auf einen Boden gestellt, von dem aus es kein Entkommen in persönliche Überzeugungen und Glaubensbekenntnisse gibt, die keiner gründlichen Prüfung durch wissenschaftliche Methoden zugänglich sind.

Diese grundlegende Tatsache wird oft ignoriert. Die Menschen glauben, dass Unterschiede in der Weltanschauung zu unversöhnlichen Konflikten führen würden. Die fundamentalen Gegensätze zwischen Parteien, die sich unterschiedlichen Weltanschauungen verschrieben haben, könnten nicht durch Kompromisse gelöst werden. Sie stammten aus den Tiefen der menschlichen Seele und wären Ausdruck der angeborenen Gemeinschaft eines Menschen mit übernatürlichen und ewigen Kräften. Es könne niemals eine Zusammenarbeit zwischen Menschen geben, die durch unterschiedliche Weltbilder getrennt sind.[528]

Eine Untersuchung der Parteiprogramme – sowohl der schön ausgearbeiteten und öffentlich verlautbarten, als auch der von den Parteien, wenn sie am Ruder sind, wirklich befolgten – lässt jedoch die Parteigegensätze anders erscheinen. Alle Parteien erstreben irdisches Wohlergehen und irdischen Reichtum für die Gruppen, denen sie dienen wollen. In dieser Frage gibt es keinen Unterschied zwischen der römisch-katholischen Kirche und den verschiedenen protestantischen Konfessionen, soweit sie in politische und soziale Fragen eingreifen, zwischen dem Christentum und den nichtchristlichen Religionen, zwischen den Befürwortern der wirtschaftlichen Freiheit und den verschiedenen Arten des marxistischen Materialismus, zwischen Nationalisten und Internationalisten, zwischen Rassisten und Freunden des interrassischen Friedens. Wenn sie dabei gewöhnlich die Auffassung vertreten, dass sich dieses Ziel nur auf Kosten des Wohlstands anderer Gruppen erreichen lasse, wenn sie mitunter selbst soweit gehen, die Unterjochung, ja Vernichtung aller übrigen Gruppen als die unumgängliche Voraussetzung für das Glück der eigenen Gruppe anzusehen, so ist ihnen diese Schädigung anderer nur Mittel zur Erreichung der angestrebten Ziele, nicht selbst Ziel. Wenn sie zur Einsicht gelangen würden, dass ihre Ziele auf anderem Wege besser zu erreichen sind, oder gar zur Einsicht, dass gerade die Förderung der Wohlfahrt der übrigen eine Voraussetzung für die Förderung der Gruppen bildet, für deren Wohlfahrt allein sie eintreten, würden sie ihre Stellung ändern.

Die großen Worte, die die Menschen um Dinge machen, die außerhalb des Bereiches liegen, den sie mit dem Werkzeug ihrer Vernunft zu erfassen vermögen, ihre Kosmologien und Weltanschauungen, ihre Religionen, Mystiken, Metaphysiken und Begriffsdichtungen sind so verschieden, wie Erzeugnisse menschlicher Geistestätigkeit sich überhaupt unterscheiden können. Der praktische Kern aller Ideologien aber, jener Teil, der von den Zielen handelt, die im irdischen diesseitigen Leben anzustreben sind, und von den Wegen, die zu diesen Zielen führen, weist im Grundsätzlichen weitgehende Übereinstimmung auf. Wohl gibt es auch hier Unterschiede und Gegensätze sowohl in den Zielen als auch in den Mitteln. Diese Unterschiede sind aber, soweit sie die letzten Ziele betreffen, keineswegs von solcher Art, dass sie eine Verständigung über gemeinsames Handeln im gesellschaftlichen Verbande ausschließen würden. Soweit sie die Mittel betreffen, mithin technischer Natur sind, ist eine Auseinandersetzung auf dem Boden vernünftiger Überlegung von vornherein möglich.[529]

Wenn in Auseinandersetzungen über gesellschaftliche Probleme von der einen oder der anderen Seite die Behauptung aufgestellt wird: «da liegt eine Frage der Weltanschauung vor, über die wir nicht weiter verhandeln können; hier müssen wir starr und unnachgiebig sein, koste es, was es wolle», so muss man der Sache nur genauer auf den Grund gehen, um festzustellen, dass es sich um eine Redeweise handelt, die den Gegensatz unrichtig und vor allem auch als schärfer kennzeichnet, als dem Sachverhalt entspricht. Denn für alle Parteien, die die Gesellschaft bejahen, sind Fragen der Gesellschaftsverfassung nicht weltanschauliche, sondern ideologische, nicht grundsätzliche, sondern technische Probleme, die rationaler Erörterung zugänglich sind[530]. Keine Partei würde wissentlich den sozialen Zerfall, die Anarchie und die Rückkehr zur primitiven Barbarei einer Lösung vorziehen, die um den Preis des Opfers einiger ideologischer Punkte erkauft werden muss.

In den einzelnen Parteiprogrammen nehmen die technischen Mittel zur Erreichung des allen Parteien vorsehwebenden Zieles freilich eine andere Stellung ein. Parteien haben sich auf bestimmte Mittel festgelegt, sie empfehlen bestimmte Mittel als die einzigen, die geeignet wären, das angestrebte Ziel zu erreichen, und lehnen alle anderen Mittel als ungeeignet ab. Für die Partei ist das Mittel wesentlich, und Parteibildung vollzieht sich nach der Wahl der Mittel[531]. Die Partei geht unter, wenn das Programm, das sie aufgestellt hat, sich als ungeeignet erweist; die Parteiführer, deren Ansehen und politische Karriere mit diesem Programm verknüpft ist, mögen Grund genug haben, eine Erörterung nicht zuzulassen. Sie mögen ihnen den Charakter von Endzielen zuschreiben, die nicht in Frage gestellt werden dürfen, weil sie auf einer Weltanschauung beruhen. Doch für die, als deren Sachwalter die Partei auftritt, liegt die Sache anders. Für sie ist im Parteiprogramm nichts der Erörterung entzogen; sie können in einem Parteiprogramm nichts anderes erblicken als die Empfehlung eines Verfahrens zur Erlangung der Wohlfahrt, und sie dürfen es in allen seinen Teilen kritisch prüfen.

Die Parteien, die man heute als Weltanschauungsparteien bezeichnet, d. h. Parteien, die sich zu philosophischen Grundsatzentscheidungen über Endziele bekennen, scheinen sich nur im Hinblick auf das Endziel uneinig zu sein und scheiden sich entweder nach ihrer Stellung zur Religion[532] oder nach ihrer Stellung zum Nationalismus[533] oder nach ihrer Stellung zum Eigentum an den Produktionsmitteln oder auch nach ihrer Stellung zum Problem der politischen Verfassung[534].

Beginnen wir mit der letzten der angeführten Gruppen. Wenn die einen für Demokratie, die anderen für Erbmonarchie, andere wieder für cäsaristische oder, wie man heute sagt, faschistische Diktatur[535], andere schließlich für die Herrschaft einer selbsternannten Elite eintreten, so werden diese Programme zwar oft[536] durch Berufung auf ewiges Recht, auf die Ordnung der Natur,[537] auf den unvermeidlichen Trend der historischen Entwicklung, oder auf andere[538] transzendente Gesichtspunkte gerechtfertigt. Doch diese Berufung dient nur der Ausschmückung des Programms. Im Kampf um die Gewinnung von Anhängern bedienen sich die Parteien anderer Argumente. Da suchen sie zu zeigen, dass die von ihnen empfohlene Staatsverfassung besser als die von den Gegnern empfohlenen imstande sei, die Gesellschaft jenen Zwecken dienstbar zu machen, die die Bürger durch sie erreichen wollen. Da wird von den Erfolgen gesprochen, die man durch die empfohlene Verfassung schon erzielt hat[539]; da wird von den Nachteilen gesprochen, die das von den Gegnern befürwortete System mit sich bringt.[540] Sie greifen sowohl auf reine Argumentation als auch auf eine Interpretation geschichtlicher Erfahrung zurück, um die Überlegenheit ihrer eigenen Vorschläge und die Sinnlosigkeit derer ihrer Gegner zu demonstrieren. Ihr Hauptargument ist immer: Das politische System, das wir unterstützen, wird Sie wohlhabender und zufriedener machen.

Im Bereich der wirtschaftlichen Organisation der Gesellschaft gibt es die Liberalen, die für das Privateigentum an den Produktionsmitteln eintreten, die Sozialisten, die für das gesellschaftliche Eigentum an den Produktionsmitteln eintreten, und die Interventionisten, die für ein drittes System eintreten, das, so behaupten sie, vom Sozialismus ebenso weit entfernt sei wie vom Kapitalismus. Beim Aufeinandertreffen dieser Parteien wird wieder viel über philosophische Grundsatzfragen geredet. Die Menschen sprechen von wahrer Freiheit, Gleichheit, sozialer Gerechtigkeit, den Rechten des Einzelnen, Gemeinschaft, Solidarität und Humanität. Aber jede Partei ist darauf bedacht, durch Argumente und unter Bezugnahme auf geschichtliche Erfahrungen zu beweisen, dass nur das von ihr empfohlene System die Bürger wohlhabend und zufrieden machen wird. [541] Die Parteien suchen zu zeigen, dass die Durchführung ihres Programms nützlicher sei als die Durchführung der Programme der anderen Parteien. Die Verwirklichung unseres Programms wird euch zufriedener machen als die Verwirklichung des Programms unserer Gegner, sagen sie. Nicht durch das Ziel unterscheiden sie sich, sondern durch die Mittel, durch die sie das Ziel erreichen wollen. Sie alle geben vor, das höchste materielle Wohlergehen für die Mehrheit der Bürger anzustreben.[542] Der Nationalist geht von der Auffassung aus, dass die Interessen der Völker einander entgegenstehen und dass innerhalb des Volkes die richtig verstandenen Interessen der Einzelnen und der Volksgesamtheit identisch sind. Des einen Volkes Vorteil sei der Schaden aller anderen Völker; der Einzelne aber könne nur gedeihen, wenn sein ganzes Volk gedeiht. Der Liberalismus ist anderer Ansicht. Er hält die richtig verstandenen Interessen der Völker ebensowenig für unverträglich wie die der einzelnen Gruppen, Klassen und Schichten innerhalb eines Volkes. Er sieht[543] in ihrem friedlichen Zusammenwirken das geeigneteste Mittel zur Erreichung des Zieles, das ihm mit dem Nationalismus gemein ist: höchste Entfaltung der nationalen Kräfte[544].[545] So tritt der Liberale für Freihandel und für Frieden nicht etwa im Interesse der Ausländer ein, wie ihm die Nationalisten vorwerfen, sondern im Interesse aller Völker, vor allem aber auch des eigenen Volkes. Im Gegenteil, er hält Frieden und Freihandel für das beste Mittel, um die eigene Nation reich zu machen. Nicht das Ziel scheidet ihn vom Nationalismus, sondern die Mittel, die zum Ziele führen sollen.

Religiöse Gegensätze können durch die Vernunft nicht behoben werden.[546] Man kann daher von religiösen Parteiungen sagen, dass sie hoffnungslose unüberbrückbare Feindschaft stiften.

Doch sobald eine Religionsgemeinschaft das Feld des politischen Handelns betritt und versucht, sich mit Problemen der sozialen Organisation auseinanderzusetzen, ist sie verpflichtet, irdische Anliegen zu berücksichtigen, was jedoch mit ihren Dogmen und Glaubensartikeln in Konflikt geraten kann. Keine Religion in ihren exoterischen Aktivitäten wagte es jemals, den Menschen offen zu sagen: Die Verwirklichung unserer Pläne für soziale Organisation wird Sie arm machen und Ihr irdisches Wohlergehen beeinträchtigen. Diejenigen, die sich konsequent für ein Leben in Armut einsetzten, zogen sich von der politischen Bühne zurück und flohen in die eremitische Abgeschiedenheit. Aber Kirchen und Religionsgemeinschaften, die darauf abzielen, neue Gläubige durch Konversion zu gewinnen und die politischen und sozialen Aktivitäten ihrer Anhänger zu beeinflussen, haben sich für die Prinzipien säkularen Verhaltens eingesetzt. Im Umgang mit Fragen der Pilgerfahrt des Menschen auf Erden unterscheiden sie sich kaum von anderen politischen Parteien. Im Werben um neue Gläubige betonen sie die materiellen Vorteile, die sie ihren Glaubensbrüdern bieten, mehr als Glückseligkeit im Jenseits. [547]

Nur eine Weltanschauung, deren Bekenner[548] auf jedes Wirken auf Erden verzichten wollen, kann sich der Macht der rationalistischen Erwägungen verschließen, die letzten Endes zur Anerkennung der gesellschaftlichen Kooperation als eines allen handelnden Menschen gemeinsamen Zwischenzieles führen. Weil der Mensch ein soziales Wesen ist, weil er nur in der Gesellschaft leben und gedeihen kann, müssen alle Ideologien die Gesellschaft bejahen und müssen alle Parteien die zweckmäßigste Einrichtung der politischen Organisation des gesellschaftlichen Zusammenlebens anstreben. Auf diesem gemeinsamen Boden trennt die Parteien nichts mehr, was man als irrational und der vernunftgemäßen Erörterung entzogen bezeichnen darf, sondern nur Probleme der Mittelwahl, deren Erörterung Aufgabe der Vernunft[549] ist.[550]

Der Kampf gegen den Irrtum

Eine kritische Auseinandersetzung mit den philosophischen Systemen, die von den großen Denkern der Menschheit konstruiert wurden, hat sehr oft Risse und Mängel in der eindrucksvollen Struktur dieser scheinbar konsistenten und kohärenten Gebilde umfassenden Denkens aufgedeckt. Selbst das Genie, das eine Weltanschauung entwirft, scheitert manchmal daran, Widersprüche und falsche Syllogismen zu vermeiden.

Die Ideologien, die von der öffentlichen Meinung akzeptiert werden, sind noch stärker von den Unzulänglichkeiten des menschlichen Geistes infiziert. Meistens handelt es sich um ein eklektisches Nebeneinander von Ideen, die völlig unvereinbar sind. Sie können eine logische Prüfung ihres Inhalts nicht überstehen. Ihre Ungereimtheiten sind irreparabel und entziehen sich jedem Versuch, ihre verschiedenen Teile zu einem System von miteinander kompatiblen Ideen zusammenzufassen.

Einige Autoren versuchen, die Widersprüche der allgemein akzeptierten Ideologien zu rechtfertigen, indem sie auf die angeblichen Vorteile eines Kompromisses hinweisen, der für das reibungslose Funktionieren der zwischenmenschlichen Beziehungen notwendig, wenn auch aus logischer Sicht unbefriedigend, sei. Sie verweisen auf den weit verbreiteten Irrtum, dass Leben und Realität «nicht logisch» seien; sie behaupten, dass ein widersprüchliches System seine Zweckmäßigkeit oder gar seine Wahrheit beweisen könne, indem es zufriedenstellend funktioniere, während ein logisch konsistentes System zu einer Katastrophe führen würde. Es besteht keine Notwendigkeit, solche populären Fehler erneut zu widerlegen. Logisches Denken und wirkliches Leben sind keine zwei getrennten Bahnen. Logik ist für den Menschen das einzige Mittel, um die Probleme der Realität zu meistern. Was in der Theorie widersprüchlich ist, ist in der Realität nicht weniger widersprüchlich. Keine ideologische Inkonsistenz kann eine befriedigende, d. h. funktionierende, Lösung für die Probleme bieten, die die Fakten der Welt darstellen. Der einzige Effekt widersprüchlicher Ideologien besteht darin, die wirklichen Probleme zu verbergen und so die Menschen daran zu hindern, rechtzeitig eine angemessene Politik zu finden, um sie zu lösen. Inkonsistente Ideologien können manchmal die Entstehung eines offensichtlichen Konflikts hinauszögern. Aber sie verschlimmern sicherlich die Übel, die sie verbergen, und erschweren eine endgültige Lösung. Sie vervielfachen die Qualen, verstärken den Hass und machen eine friedliche Lösung unmöglich. Es ist ein schwerwiegender Fehler, ideologische Widersprüche als harmlos oder sogar als nützlich zu erachten.

Das Hauptziel von Praxeologie und Ökonomie ist es, die widersprüchlichen Lehren des populären Eklektizismus durch konsistente, korrekte Ideologien zu ersetzen. Es gibt kein anderes Mittel, um die Auflösung der Gesellschaft zu verhindern und die ständige Verbesserung der menschlichen Verhältnisse zu gewährleisten, als das, was die Vernunft bietet. Die Menschen müssen versuchen, alle damit verbundenen Probleme bis zu dem Punkt durchzudenken, an dem ein menschlicher Verstand nicht weiter voranschreiten kann. Sie dürfen sich niemals mit den von den älteren Generationen vermittelten Lösungen abfinden, sie müssen jede Theorie und jedes Theorem immer wieder aufs Neue hinterfragen, sie dürfen sich nie in ihrem Bemühen entspannen, Irrtümer zu beseitigen und die bestmögliche Erkenntnis zu finden. Sie müssen den Irrtum bekämpfen, indem sie falsche Lehren entlarven und die Wahrheit aufdecken.

Es handelt sich um rein intellektuelle Probleme, die als solche behandelt werden müssen. Es ist katastrophal, sie in die moralische Sphäre zu verlagern und Anhänger gegensätzlicher Ideologien beiseite zu schieben, indem man sie Bösewichte nennt. Es ist sinnlos, darauf zu bestehen, dass das, was wir anstreben, gut und das, was unsere Gegner wollen, schlecht sei. Die zu lösende Frage ist genau, was als gut und was als schlecht zu betrachten ist. Der starre Dogmatismus, der religiösen Gruppen und dem Marxismus eigen ist, führt nur zu unversöhnlichen Konflikten. Er verurteilt im Voraus alle Andersdenkenden als Übeltäter, er stellt ihren guten Glauben in Frage, er fordert sie auf, bedingungslos aufzugeben. Wo eine solche Haltung vorherrscht, ist keine soziale Zusammenarbeit möglich.

Nicht besser ist die heute sehr beliebte Neigung, Anhänger anderer Ideologien als Verrückte zu brandmarken. Psychiater sind unpräzise, wenn es darum geht, eine Grenze zwischen Vernunft und Wahnsinn zu ziehen. Es ist absurd, wenn sich Laien in diese grundlegende Frage der Psychiatrie einmischen. Es ist jedoch klar, dass, wenn die bloße Tatsache, dass ein Mensch fehlerhafte Ansichten teilt und nach seinen Fehlern handelt, ihn als geistig behindert qualifiziert, es sehr schwierig wäre, eine Person zu entdecken, der das Etikett «gesund» oder «normal» verliehen werden könnte. Dann sind wir gezwungen, die vergangenen Generationen als verrückt zu bezeichnen, denn ihre Vorstellungen über die Probleme der Naturwissenschaften und damit auch ihre Techniken unterschieden sich von unseren. Nachkommende Generationen werden uns aus dem gleichen Grund als Verrückte bezeichnen. Der Mensch ist dem Irrtum unterworfen. Wenn Irren das charakteristische Merkmal geistiger Behinderung wäre, dann müsste jeder als geistig behindert bezeichnet werden.

Auch die Tatsache, dass ein Mensch im Widerspruch zu den Meinungen der Mehrheit seiner Zeitgenossen steht, kann ihn nicht als Wahnsinnigen kennzeichnen. Waren Kopernikus, Galileo und Lavoisier wahnsinnig? Es ist der regelmäßige Lauf der Geschichte, dass ein Mensch neue Ideen entwickelt, im Gegensatz zu denen anderer Menschen. Einige dieser Ideen werden später im System des Wissens verankert, das von der öffentlichen Meinung als wahr akzeptiert wird. Ist es zulässig, das Etikett «gesund» nur solchen einfältigen Gemütern zuzugestehen, die nie eigene Ideen hatten, und sie allen Innovatoren zu verwehren?

Das Vorgehen einiger zeitgenössischer Psychiater ist wirklich ungeheuerlich. Sie haben keine Ahnung von Theorien der Praxeologie und der Ökonomie. Ihre Vertrautheit mit den heutigen Ideologien ist oberflächlich und unkritisch. Dennoch bezeichnen sie die Anhänger mancher Ideologien als paranoid.

Es gibt Menschen, die gemeinhin als «*monetary cranks*», als *Geldspinner* gebrandmarkt werden. Der Geldspinner schlägt eine Methode vor, mit der jeder durch monetäre Maßnahmen zum Wohlstand gebracht werden könne. Seine Pläne sind illusorisch. Es handelt sich jedoch um die konsequente Anwendung einer monetären Ideologie, die von der zeitgenössischen öffentlichen Meinung völlig gebilligt und von der Politik fast aller Regierungen unterstützt wird. Die von den Ökonomen gegen diese ideologischen Irrtümer erhobenen Einwände werden von den Regierungen, den politischen Parteien und der Presse nicht berücksichtigt.

Es wird allgemein von denjenigen, die mit der Wirtschaftstheorie nicht vertraut sind, angenommen, dass die Kreditausweitung und die Erhöhung der umlaufenden Geldmenge wirksame Mittel sind, um den Zinssatz dauerhaft unter die Höhe zu senken, die er auf einem nicht manipulierten Kapital- und Kreditmarkt erreichen würde. Diese Theorie ist völlig illusorisch. Aber sie lenkt die Geld- und Kreditpolitik fast jeder modernen Regierung. Nun kann auf der Grundlage dieser üblen Ideologie kein gültiger Einwand gegen die Pläne erhoben werden, die von Pierre Joseph Proudhon, Ernest Solvay, Clifford Hugh Douglas und einer ganzen Reihe anderer Möchtegern-Reformer entwickelt wurden. Sie sind nur konsequenter als andere Menschen. Sie wollen den Zinssatz auf null senken und damit die Knappheit des «Kapitals» ganz abschaffen. Wer sie widerlegen will, muss die Theorien, die der Geld- und Kreditpolitik der großen Nationen zugrunde liegen, angreifen.

Der Psychiater mag einwenden, dass das, was einen Mann als Wahnsinnigen auszeichnet, genau die Tatsache ist, dass es ihm an Mäßigung mangelt und er ins Extreme geht. Während der normale Mensch vernünftig genug ist, sich zurückzuhalten, geht der Paranoiker über alle Grenzen hinaus. Das ist eine recht unbefriedigende Antwort. Alle Argumente, die zugunsten der These vorgebracht wurden, dass der Zinssatz durch Kreditausweitung von 5 oder 4 Prozent auf 3 oder 2 Prozent gesenkt werden kann, gelten gleichermaßen für eine Reduktion auf null. Die «Geldspinner» liegen gewiss richtig, wenn man die von der öffentlichen Meinung gebilligten monetären Irrtümer betrachtet.

Es gibt Psychiater, die die Deutschen, die sich für die Prinzipien des Nazismus eingesetzt haben, Verrückte nennen und sie mit therapeutischen Verfahren heilen wollen. Auch hier stehen wir wieder vor dem gleichen Problem. Die Lehren des Nationalsozialismus sind bösartig, aber sie widersprechen im Wesentlichen nicht den Ideologien des Sozialismus und Nationalismus, wie sie von der öffentlichen Meinung anderer Völker gebilligt werden. Was die Nazis kennzeichnete, war nur die konsequente Anwendung dieser Ideologien auf die besonderen Bedingungen Deutschlands. Wie alle anderen zeitgenössischen Nationen wünschten sich die Nazis eine staatliche Kontrolle der Wirtschaft und wirtschaftliche Selbstversorgung, d. h. Autarkie, für ihre eigene Nation. Das Erkennungszeichen ihrer Politik war, dass sie es ablehnten, den Nachteil zu akzeptieren, den ihnen die Akzeptanz desselben Systems durch andere Nationen auferlegen würde. Sie waren nicht bereit, für immer «eingesperrt» zu sein, wie sie sagten, in einem vergleichsweise überbevölkerten Gebiet, in dem die physischen Bedingungen die Arbeitsproduktivität niedriger machen als in anderen Ländern. Sie glaubten, dass die großen Bevölkerungszahlen ihrer Nation, die strategisch günstige geographische Lage ihres Landes und die angeborene Stärke und Tapferkeit ihrer Streitkräfte ihnen eine gute Chance boten, die Missstände, die sie beklagten, durch Aggression zu beheben.

Wer nun die Ideologie des Nationalismus und des Sozialismus als wahr und als Maßstab der Politik seiner eigenen Nation akzeptiert, ist nicht in der Lage, die Schlussfolgerungen der Nazis zu widerlegen. Die einzige Möglichkeit für eine Widerlegung des Nationalsozialismus, die ausländischen Nationen, die sich für diese beiden Prinzipien eingesetzt haben, überlassen bleibt, besteht darin, die Nazis im Krieg zu besiegen. Und solange die Ideologie des Sozialismus und des Nationalismus in der Weltöffentlichkeit an oberster Stelle steht, werden die Deutschen oder andere Völker erneut versuchen, durch Aggression und Konfrontation Erfolg zu haben, sollte ihnen jemals die Gelegenheit geboten werden. Es gibt keine Hoffnung, die Aggressionsmentalität auszurotten, wenn man nicht die ideologischen Irrtümer, aus denen sie entspringt, völlig widerlegt. Das ist keine Aufgabe für Psychiater, sondern für Ökonomen.[1]

Was mit den Deutschen nicht stimmt, ist gewiss nicht, dass sie sich nicht an die Lehren des Evangeliums halten. Kein Land hat das je getan. Mit Ausnahme der kleinen und einflusslosen Gruppen der Quäker segneten praktisch alle christlichen Kirchen und Sekten die Waffen der Krieger. Die rücksichtslosesten unter den älteren deutschen Eroberern waren die Deutschen Ritter, die im Namen des Kreuzes kämpften. Die Quelle der heutigen deutschen Aggressivität ist die Tatsache, dass die Deutschen die liberale Philosophie verworfen und die Ideologie des Nationalismus und Sozialismus an die Stelle der liberalen Prinzipien des Freihandels und des Friedens gesetzt haben. Wenn die Menschheit nicht zu den heute als «orthodox», «Manchester-Philosophie» und «laissez faire» herabgewürdigten Ideen zurückkehrt, ist die einzige Methode, um eine neue Aggression zu verhindern, die Deutschen unschädlich zu machen, indem man ihnen die Mittel der Kriegsführung vorenthält.

Der Mensch hat nur ein Werkzeug, um Irrtümer zu bekämpfen: die Vernunft.

3. Idee, Macht, Gewalt, Herrschaft

Die Gesellschaft ist das Erzeugnis menschlichen Handelns. Menschliches Handeln wird von den Ideologien bestimmt. Mithin ist Gesellschaft ein Produkt der Ideologie, und nicht die Ideologie, wie der Marxismus behauptet, ein Produkt der

[1] Vgl. Ludwig von Mises, Im Namen des Staates, oder Die Gefahren des Kollektivismus, Bonn Aktuell, (Bonn, 1982), S. 221-228, 129-131, 135-140.

Gesellschaft. Gewiss, auch das menschliche Denken und die menschlichen Ideen sind nicht das Werk Einzelner; auch das Denken führt zu Ergebnissen nur durch Zusammenarbeit[551] der Denkenden. Kein Einzelner wäre imstande, im Denken weiter zu kommen, müsste er von Anfang an alles allein leisten. Nur weil er auf den Schultern ungezählter Geschlechter steht, die vor ihm gedacht haben, die das Werkzeug des Denkens, die Sprachbegriffe, geformt und die Fragen gestellt haben, kann er im Denken über erste Ansätze hinausgelangen.

Wenn wir sagen, die Gesellschaft sei ein Erzeugnis der Ideologie, so heißt das, dass die jeweilige Ordnung des gesellschaftlichen Zusammenwirkens zuerst erdacht werden muss, um dann ausgeführt zu werden[552]. Dieses vorangehende Ausdenken bedeutet nicht etwa das Ausdenken eines vollständigen Planes zur Ordnung der gesellschaftlichen Verhältnisse, wie es Utopisten machen[553]. Was vorher ausgedacht sein muss, ehe es ausgeführt wird, ist nicht das Zusammenwirken alles Handelns zum Ganzen des Gesellschaftsbaus, sondern das Handeln des Einzelnen oder der bereits gesellschaftlich verbundenen Gruppe den anderen Einzelnen oder Gruppen gegenüber. Bevor ein Mann einem andern beispringt, um ihm einen Baum fällen zu helfen, muss er diese Mitarbeit in Gedanken geplant haben. Bevor ein Tauschakt vor sich geht, müssen die beiden Teile das Tauschen gedacht und entworfen haben. Dass aus ihrem Zusammenwirken und Tauschen[554] and ein gesellschaftliches Gebilde[555] erwächst, muss ihnen dabei durchaus nicht bewusst werden.[556] Der Einzelne plant und vollführt nicht ein Handeln, das, seiner Absicht nach ein gesellschaftliches Gebilde begründen soll; aus seinem Handeln und dem entsprechenden Handeln anderer Einzelner geht das gesellschaftliche Gebilde hervor.

Die Gesellschaft, die besteht, ist das Erzeugnis einer früher gebildeten Ideologie. In der Gesellschaft mögen dann neue Ideologien entstehen und die Gesellschaft umgestalten. Doch die bestehende Gesellschaft bleibt immer das Erzeugnis einer Ideologie, die ihr zeitlich und logisch vorangegangen ist. Das Handeln wird von Ideologien geleitet, das heißt: es führt aus, was das ihm vorangehende Denken entworfen hat.

Vergegenständlichen oder vermenschlichen wir den Begriff der Ideologie, dann können wir davon sprechen, dass die Ideologien Macht über Menschen haben. Macht ist die Fähigkeit, das Handeln von Menschen zu bestimmen.[557] In der Regel wird man nur von Menschen oder

Menschengruppen sagen, dass sie Macht haben oder mächtig sind. Dann lautet die Begriffsbestimmung des Ausdruckes Macht: Macht ist die Fähigkeit, fremdes Handeln (das Handeln anderer) zu bestimmen. Wer mächtig ist, ist es durch eine Ideologie. Nur Ideologien können einen Menschen befähigen, die Entscheidungen und das Verhalten anderer Menschen zu beeinflussen[558]. Man kann Führer werden, wenn man sich auf eine Ideologie zu stützen vermag, die Mitmenschen gefügig macht. Macht ist sohin ein geistiges und moralisches Phänomen, keine körperliche und greifbare Sache. Die Macht des Königs ruht in der monarchistischen Ideologie, die die Untertanen als gültig anerkennen.

Wer die Macht nützt, um im Staate, d. h. im sozialen Zwangsapparat, zu führen, übt Herrschaft. Herrschaft ist die Ausübung der Macht im politischen Verbande, im Staate. Herrschaft ist immer auf Macht, d.i. auf der Kraft, fremdes Handeln zu bestimmen, begründet.

Man kann Herrschaft wohl auch auf Gewalt begründen, d.h. auf dem Bestreben, fremdes Handeln durch körperliche Überwindung oder durch die Bereitschaft, etwaigen Widerstand durch körperliche Überwindung niederzuringen, gegen den Willen der Beherrschten zu bestimmen. Doch auch Gewaltherrschaft ist ohne Macht, die Geister gefügig formt, nicht denkbar. Wer Gewalt im politischen Verbande anwenden oder zur Verwendung bereit halten will, muss sich auf das freiwillige Mitwirken von Menschen stützen können. Er muss, in einem Verbande Machtherrschaft ausüben, um in der Unterstützung durch diesen Verband die Mittel zu finden, die ihn zur Vergewaltigung anderer Menschen in einem größeren Verbande befähigen. Der Einzelne kann, allein auf sich gestellt, nie Gewaltherrschaft ausüben[559]. Der Tyrann muss über eine Gefolgschaft oder Garde verfügen, die kraft einer Ideologie seinem Befehle freiwillig folgt. Ihr freiwilliger Gehorsam bietet ihm den Gewaltapparat, dessen er zur Unterdrückung der anderen bedarf. Ob es ihm gelingen mag, mit Hilfe dieses Gewaltapparats seine Herrschaft dauernd aufrechtzuerhalten, hängt von dem zahlenmäßigen Verhältnis der beiden Gruppen ab, derer, die sich ihm freiwillig zur Verfügung stellen, und derer, die er vergewaltigt. Obwohl ein Tyrann vorübergehend durch eine Minderheit regieren kann, wenn diese Minderheit bewaffnet ist und die Mehrheit nicht, kann auf die Dauer eine Minderheit die Mehrheit nicht vergewaltigen. Die Unterdrückten werden aufstehen und das Joch abschütteln.

Alle Herrschaft, die Dauer haben soll, muss daher ideologisch fundiert sein. Das «reale» Element, die «realen Mächte», die Herrschaft begründen und zur Ausübung von Gewalt gegenüber widerstrebenden Schwächeren befähigen, sind in letzter Linie stets ideologischer, moralischer und geistiger Natur. Herrscher, die das verkannt, auf die vermeintliche Unwiderstehlichkeit ihrer Waffen gepocht und den Geist und die Ideen verachtet haben, sind schließlich dem Ansturm ihrer Gegner erlegen. Die im politischen und geschichtlichen Schrifttum vielfach übliche Auffassung der Macht als einer «realen», vom Ideologischen unabhängigen Größe ist, verfehlt. Der Begriff Realpolitik hat nur dann einen Sinn, wenn man Realpolitik als Politik, die mit den herrschenden Ideologien rechnet, ansehen will im Gegensatz zu einer Politik, die mit Ideologien arbeiten will, die in der Gegenwart keine so allgemeine Anerkennung gefunden haben, dass man auf sie Herrschaft zu stützen vermöchte.

Wer die Gewalt und die Anwendung der Gewalt als den entscheidenden Faktor im gesellschaftlichen Leben[560] ansieht, sieht die Dinge von der Froschperspektive des Unterführers, des Unteroffiziers und des Gendarmen, und vom bloß militärischen Standpunkt des Befehlshabers, dessen Aufgabe sich auf die Führung eines ihm anvertrauten Heereskörpers beschränkt. Den Unterführern ist der Wirkungskreis im Rahmen einer herrschenden Ideologie zugewiesen. Sie empfangen eine Truppe, die nicht nur materiell ausgerüstet, bewaffnet und für ihre Verwendung organisiert ist, sondern auch von dem Geist erfüllt ist, der den Einzelnen zum gefügigen Werkzeug in der Hand der Befehlshaber macht. Sie nehmen das Wirken dieses Geistes als gegeben hin, weil sie selbst von ihm erfüllt sind und weil sie sich einen anderen Zustand gar nicht vorzustellen vermögen. Darin äußert sich gerade die Herrschaft einer Ideologie am schärfsten, dass sie als selbstverständlich fraglos hingenommen wird.

Für den Oberführer[561] liegen die Dinge anders. Er muss darauf bedacht sein, den «guten Geist», die «Moral» der Truppen, und die «Loyalität»[562] der übrigen

Untertanen zu erhalten. Denn diese geistigen Faktoren sind das einzige «reale» Moment, von dem der Fortbestand seiner Herrschaft abhängt. Sie schwindet, wenn der Geist geschwunden ist, der sie trägt.

Auch Minderheiten können durch überlegene Kriegskunst über die Überzahl Siege davontragen und damit ihre Herrschaft über die Mehrheit aufrichten. Doch solche Herrschaft kann nicht von Dauer sein. Wenn es den Siegern nicht gelingt, ihre Gewaltherrschaft durch nachträgliche Bezwingung des Geistes der Unterworfenen in Machtherrschaft zu verwandeln, dann werden sie in neuen Kämpfen erliegen. Alle siegreichen Minderheiten, die dauernde Herrschaft über die vorerst nur durch die Waffen bezwungenen Mehrheiten aufgerichtet haben, haben nur durch den Geist ihrer Herrschaft Bestand geben können. Sie haben ihre Stellung in den Augen der Besiegten nachträglich entweder dadurch legitimiert, dass sie sie den Ideologien der Besiegten angepasst haben, oder dadurch, dass sie die Ideologien der Besiegten umzugestalten wussten. Wo weder das eine noch das andere gelungen ist, haben die besiegten Vielen den siegreichen Wenigen die Herrschaft bald wieder entrissen, mitunter durch gewaltsame Auflehnung, öfter durch das stille, doch erfolgreiche Wirken des Geistes.

Viele der größten Eroberungen der Weltgeschichte haben dadurch Bestand gewonnen, dass die Sieger sich mit den Beherrschern des Landes verbündeten, deren Herrschaft sich auf von der Mehrheit anerkannte Ideologien stützte und dadurch in den Augen der Massen legitimiert war. So haben die Tataren Russland beherrscht, so die Türken die Donaufürstentümer und in gewissen Sinne auch Ungarn und Siebenbürgen, so haben die Engländer und die Niederländer ihrer Herrschaft in Indien Bestand zu verleihen gesucht. Eine verhältnismäßig kleine Zahl von Engländern vermag über mehrere hundert Millionen Inder zu herrschen, weil die indischen Fürsten und ihr Anhang in der englischen Herrschaft das Mittel zur Sicherung ihrer eigenen Stellung erblicken und ihr die Stütze leihen, die die herrschende Ideologie ihrer eigenen Herrschaft gibt. Englands Herrschaft in Indien ruhte so lange auf festen Grundlagen, als die öffentliche Meinung des Volkes die Erhaltung der überkommenen Gesellschaftsordnung für notwendig erachtete. Die Pax Britannica sichert den einzelnen Fürsten und den Adeligen, die unter ihrem Schutze leben, die Privilegien und bewahrt alle Schichten der Bevölkerung vor den Greueln der Kriege zwischen den Fürstentümern und der Kämpfe um den Thron in den Fürstentümern selbst. Erst das Eindringen europäischer Lehren, die im Umsturz der bestehenden Gesellschaftsordnung das Heil sehen, untergräbt die englische Herrschaft im Lande. Die revolutionäre Bewegung bedroht zugleich die englische Herrschaft und die bestehende, durch uralte Tradition[563] Gesellschaftsordnung.

Die Minderheiten, die über die Überzahl triumphiert haben, verdankten ihren Sieg nicht selten der technischen Überlegenheit ihres Kriegsgeräts. Doch auch von diesen Siegen gilt alles das, was von jedem Siege einer Minderheit gilt. Die besseren Waffen kann man auf die Dauer den Angehörigen der Mehrheit nicht vorenthalten. Nicht die besseren Waffen sichern Englands Herrschaft in Indien, sondern die ideologische Lage im Lande. Wenn die Inder sich einmal einmütig und geschlossen gegen die britische Herrschaft wenden wollten, würde es ihnen nicht schwer fallen, ihr Ziel zu erreichen. Auch ohne Waffen könnten sie der englischen Herrschaft ein Ende bereiten, sei es mit den Mitteln, die Gandhi empfiehlt, sei es durch die schrittweise Erkämpfung der Selbstverwaltung auf parlamentarischem Wege[2].

Es kann geschehen, dass in der öffentlichen Meinung eines Volkes solche Zersplitterung besteht, dass keine Gruppe imstande ist, eine dauerhafte Herrschaft aufzurichten. Dann versinkt das Land in Anarchie. Aufstand folgt auf Aufstand, der Bürgerkrieg wird zu einer ständigen Einrichtung.

Traditionsgebundenheit als Ideologie

Unter Traditionsgebundenheit versteht man eine Ideologie, die das Festhalten an von den Vorfahren oder von den vermeintlichen Vorfahren überlieferten oder vermeintlich überlieferten Wertungen und Techniken als richtig oder zweckmäßig erklärt. Die Vorfahren müssen nicht gerade im biologischen Sinne Vorfahren sein oder als Vorfahren im biologischen Sinne angesehen werden; sie sind oft nur die früheren Bewohner des betreffenden Landes oder Anhänger desselben religiösen Glaubens oder nur Vorgänger im Berufe, Amte oder Gewerbe. Wer als Vorfahre im Sinne der Lehre anzusehen ist und was den Inhalt der Überlieferung bildet, bestimmt der konkrete Gehalt jedes einzelnen Traditionalismus. Die Ideologie belichtet einen Teil der Vorfahren und stellt andere in den Schatten und erklärt mitunter Menschen zu Vorfahren, die mit diesen Enkeln nichts zu schaffen haben. Die Ideologie konstruiert eine «historische»[564] Doktrin, die mitunter sehr modernen Ursprungs ist und von den Ideologien der vermeintlichen Vorfahren stark abweicht.

Die Bindung an die Tradition besteht darin, dass man sich zur Rechtfertigung und Begründung einer Ideologie, zu Recht oder zu Unrecht, auf die Erfolge, die sie in der Vergangenheit erzielt habe,[565] beruft. Die Geschichtsforschung konnte zuweilen[566] die Irrtümer der Traditionalismen aufdecken; der Irrtum büßte darum noch nicht seine ideologiestützende Kraft ein. Denn das Wesen des Traditionalismus ist nicht die Tradition, sondern der Glaube an einen Inhalt, den man als überliefert ansehen will.[567]

4. Meliorismus und die Idee des Fortschritts[568]

Die Begriffe Fortschritt und Rückschritt sind nur innerhalb eines teleologischen Denksystems sinnvoll. In einem solchen Rahmen ist es sinnvoll, eine Annäherung an das angestrebte Ziel Fortschritt und eine Bewegung in die entgegengesetzte Richtung Rückschritt zu nennen. Ohne Bezugnahme auf eine Handlung und auf ein bestimmtes Ziel sind beide Begriffe leer und bedeutungslos.

Es war einer der Mängel der Philosophien des 19. Jahrhunderts, die Bedeutung des kosmischen Wandels falsch interpretiert zu haben und die Idee des Fortschritts in die Theorie der biologischen Transformation eingeschmuggelt zu haben. Wenn man von einem gegebenen Zustand der Dinge auf die Zustände der Vergangenheit zurückblickt, kann man die Begriffe Entwicklung und Evolution in einem neutralen Sinn recht gut gebrauchen. Dann bedeutet Evolution den Prozess, der von vergangenen Zuständen in

[2]Hier ist von der Aufrechterhaltung der Minderheitsherrschaft der Europäer in den außereuropäischen Gebieten die Rede und nicht etwa von einem Angriff der Asiaten auf die europäische Kultur in Europa und Amerika. Darüber vgl. weiter unten.

die Gegenwart führte. Aber man muss sich vor dem fatalen Irrtum hüten, Veränderung mit Verbesserung und Evolution mit Evolution zu höheren Lebensformen zu verwechseln. Ebenso wenig ist es zulässig, den Anthropozentrismus der Religion und der älteren metaphysischen Lehren durch einen pseudowissenschaftlichen Anthropozentrismus zu ersetzen.

Es besteht jedoch keine Notwendigkeit für die Praxeologie, in eine Kritik dieser Philosophie einzutreten. Ihre Aufgabe ist es, die Irrtümer, die in den gegenwärtigen Ideologien impliziert sind, zu widerlegen.

Die Sozialphilosophie des 18. Jahrhunderts war davon überzeugt, dass die Menschheit nun endlich in das Zeitalter der Vernunft eingetreten wäre. Während in der Vergangenheit theologische und metaphysische Irrtümer vorherrschend waren, würde fortan die Vernunft die Oberhand gewinnen. Die Menschen würden sich immer mehr von den Ketten der Tradition und des Aberglaubens befreien und sich mit aller Kraft für die kontinuierliche Verbesserung der sozialen Institutionen einsetzen. Jede neue Generation würde ihren Teil zu dieser glorreichen Aufgabe beitragen. Mit dem Fortschritt der Zeit würde die Gesellschaft immer mehr zur Gesellschaft der freien Menschen, die auf das größte Glück der größten Zahl abzielt.[569]

Vorübergehende Rückschläge hielt man nicht für ausgeschlossen, doch man zweifelte nicht daran, dass das Gute, Wahre und Edle[570] endlich siegen müsse, weil es das Vernunftgemäße ist. Man pries sich glücklich, im Zeitalter zu leben, das durch die Entdeckung der Gesetze vernünftigen Handelns das Heil der Welt vorbereitet, und bedauerte höchstens, dass man zu alt sei, um selbst noch in das gelobte Land der Zukunft einziehen zu können.

Ich wünschte, sagte Bentham zu Philarète Chasles, dass es mir vergönnt wäre, jedes der Jahre, die ich noch zu leben habe, am Ende eines jeden der Jahrhunderte zu verleben, die meinem Tode folgen werden; so könnte ich Zeuge werden der Wirkung, die meine Schriften ausüben[3].[571]

Alle diese Hoffnungen und Erwartungen bauten sich auf dem Aufklärungszeitalter eigenen Vertrauen in die sittlich guten und vernünftigen Eigenschaften der Volksmassen auf. Die Oberschichten, die im Genusse von Privilegien schwelgenden Adelskreise[572], hielt man für verderbt, das nichtadelige Volk, vor allem die Bauern und die Handarbeiter, sah man in romantischer Verklärung als gut, edelherzig und vernünftig an. Darum war man überzeugt, dass die Demokratie, die Anteilnahme des ganzen Volkes an der Regierung, den Idealstaat[573] verwirklichen werde.

In diesem Vorurteil lag der verhängnisvolle Fehler der Philanthropen, Aufklärer und Liberalen[574]. Die Menschen sind nicht unfehlbar. Sie können irren, und sie irren sehr oft. Es ist nicht wahr, dass die Massen immer richtig denken und die Mittel ausfindig zu machen wissen, die sie den Zielen, die sie erreichen wollen, näherbringen. Der «Glaube an den einfachen Menschen» ist nicht besser begründet als der Glaube an die übernatürlichen Gaben von Königen, Priestern und Adligen. Die Demokratie kann die Gewähr dafür bieten, dass die Regierungsgeschäfte stets den Wünschen der Mehrheit gemäss geführt werden. Sie kann aber nicht verhindern, dass die Mehrheit, von falschen Vorstellungen über die Zweckmäßigkeit der Mittel erfüllt, eine Politik einschlägt, deren Folgen sie für unerwünscht hält. Auch Mehrheiten können irregehen und die Menschheit ins Verderben stürzen[575]. Das

[3]Vgl. Philarete Chasles, Etudes sur les hommes et les moers du xix[e] siecle, (Paris, 1849), S. 89.

Vernünftige[576] muss nicht schon darum siegen, weil es vernünftig und zweckmäßig ist. Nur wenn die Menschen so geartet sind, dass sie[577] schließlich[578] vernünftige und wahrscheinlich die erstrebten Endziele zu erreichen helfende Politik befürworten, wird unsere Kultur weiter fortschreiten, werden Gesellschaft und Staat die Menschen zwar nicht glücklich im metaphysischen Sinne, doch glücklicher machen. Ob diese Bedingung zutrifft, wird die Zukunft lehren.

In einem System der Praxeologie ist kein Platz für Meliorismus und optimistischen Fatalismus. Der Mensch ist frei in dem Sinne, dass er sich täglich neu entscheiden muss zwischen Politik, die zum Erfolg führt, und solcher, die zu Katastrophen, gesellschaftlichem Zerfall und Barbarei führt.

Der Begriff Fortschritt ist unsinnig, wenn man ihn auf kosmische Ereignisse oder auf ein umfassendes Weltbild anwendet. Wir haben keine Informationen über die Pläne des ersten Bewegers. Anders ist es aber bei der Verwendung des Begriffs im Rahmen einer ideologischen Lehre. Die überwiegende Mehrheit strebt nach einer größeren und besseren Versorgung mit Nahrungsmitteln, Kleidung, Häusern und anderen materiellen Annehmlichkeiten. Wenn Ökonomen einen Anstieg des Lebensstandards der Massen als Fortschritt und Verbesserung bezeichnen, so sprechen sie sich nicht für einen gemeinen Materialismus aus. Sie stellen lediglich die Tatsache fest, dass die Menschen durch den Drang motiviert sind, die materiellen Bedingungen ihrer Existenz zu verbessern. Sie beurteilen die Politik aus der Sicht der Ziele, die Menschen erreichen wollen. Wer den Rückgang der Säuglingssterblichkeit und das allmähliche Verschwinden von Hungersnöten und Seuchen verschmäht, möge den ersten Stein auf den Materialismus der Ökonomen werfen.

Es gibt nur einen Maßstab für die Beurteilung menschlichen Handelns: ob es geeignet ist, die Ziele zu erreichen, die von den handelnden Menschen angestrebt werden.

Kapitel 10

DER TAUSCH IN DER GESELLSCHAFT

1. Innerer Tausch und zwischenmenschlicher (gesellschaftlicher) Tausch[579]

Jedes Handeln[580] ist dem Wesen nach ein Tauschen eines[581] Zustandes gegen einen anderen.[582] Wenn die Handlung durch ein Individuum ohne jede Bezugnahme auf Kooperation mit anderen Individuen gesetzt wird, können wir sie inneren[583] Tausch nennen. Ein Beispiel: der isolierte Jäger, der ein Tier tötet, um es zu verspeisen; er tauscht Freizeit und eine Patrone gegen Nahrung.

Innerhalb der Gesellschaft setzt die Kooperation zwischenmenschlichen oder gesellschaftlichen Tausch anstelle des inneren Tausches.[584] Man gibt, um zu empfangen; man leistet anderen, damit sie ihrerseits wieder eine Gegenleistung vollbringen. Der Mensch dient, damit ihm gedient wird.[585]

Die Tauschbeziehung ist die gesellschaftliche Grundbeziehung zwischen den Einzelnen in der Tauschgesellschaft. Der zwischenmenschliche Austausch von Gütern und Dienstleistungen schlingt um die Menschen das Band, das sie zur Gesellschaft zusammenschließt. Die Gesellschaftsformel lautet: *do ut des*. Zwischenmenschlicher Tausch liegt dort nicht vor, wo die Wechselwirkung zwischen Menschen nicht aus dem auf Zusammenwirken gerichteten Handeln beider Teile hervorgeht, wo sie entweder Ergebnis natürlicher Vorgänge und unbewussten Verhaltens oder einseitigen Handelns des Einen ist. Es spielt keine Rolle, ob die innere Handlung für andere Menschen vorteilhaft oder schädlich ist oder ob sie sie überhaupt nicht betrifft. Ein Genie mag seine Aufgabe für sich selbst erfüllen, nicht für die Masse, aber er ist ein hervorragender Wohltäter der Menschheit. Der Räuber tötet das Opfer zu seinem eigenen Vorteil; der ermordete Mensch ist keineswegs Partner dieses Verbrechens,[586] der Gemeuchelte hat in diesem Handeln nur eine leidende Rolle; nicht mit ihm, gegen ihn ist es geschehen.

Das feindliche Losgehen eines Wesens auf das andere ist schon von den tierischen Vorfahren der Menschheit geübt worden. Das bewusste und zielgerichtete Zusammenwirken der Menschen[587] ist das Ergebnis einer langen Entwicklung. Geschichte und Völkerkunde haben manche wissenswerte Feststellungen über die Anfänge und Urformen des Tauschverkehres zu machen gewusst. Man hat einen Vorläufer des gesellschaftlichen Tausches in der Gewohnheit wechselseitigen Beschenkens erblicken wollen[1]. Andere wieder haben die Wurzeln des Handels im stummen Handel gesucht. Doch ein Schenken, um beschenkt zu werden oder um die Freundschaft eines Mannes, dessen Feindschaft gefährlich werden könnte, zu erhalten, ist bereits ein zwischenmenschliches, also gesellschaftliches Tauschen. Nicht anders steht es um den stummen Handel, den von dem Handel, bei dem mit Worten verhandelt wird, nur die Abwesenheit der mündlichen Auseinandersetzung unterscheidet.

Es liegt im Wesen der Kategorien des menschlichen Handelns, dass sie absolut sind und keine graduelle Abstufung zulassen. Es gibt Handeln und Nichthandeln, es gibt Tausch und Nichttausch, und alles, was dem Handeln und dem Tausch wesentlich ist, ist je nachdem, ob Handeln und Tausch vorliegt oder nicht vorliegt, in jedem einzelnen Fall entweder gegeben oder nicht gegeben. So ist auch die Grenze zwischen innerem Tausch und gesellschaftlichem Tausch scharf. Einseitiges Schenken, bei dem weder vom Beschenkten noch von anderen Menschen irgend eine Gegenleistung irgendwelcher Art erwartet wird, ist innerer Tausch. Der Schenker erwirbt durch die Schenkung die Genugtuung, die ihm die bessere Befriedigung des Beschenkten bereitet, und der Beschenkte empfängt die Gabe, die ihm in den Schoss fällt wie ein «von oben» kommender Glücksfall. Wenn aber geschenkt wird, um menschliches Handeln zu beeinflussen, ist das Schenken nicht mehr einseitig, sondern zwischen-menschlicher Tausch zwischen dem Schenker und dem, dessen Handeln durch die Schenkung beeinflusst werden soll. Wenn auch das menschliche Handeln und das gesellschaftliche Handeln im Besondern als Ergebnis einer Entwicklung auftreten, so mildert dennoch zwischen Handeln und Nichthandeln und zwischen innerem Tausch und gesellschaftlichem Tausch kein Übergangsverhalten die Schärfe des Gegensatzes; der Schritt, der vom Nichthandeln zum Handeln führt, erschließt ebenso eine *toto coelo* verschiedene Welt wie der, der vom inneren Tausch zum gesellschaftlichen Tausch hinüberleitet.

2. Vertragliche Bindung[588] und herrschaftlicher Verband

Es gibt zwei verschiedene Arten der sozialen Kooperation: Kooperation durch Vertrag und Koordination und Kooperation durch Befehl und Unterordnung oder Hegemonie.[589]

Wo und soweit die Kooperation vertraglich begründet ist, ist die logische Beziehung zwischen den kooperierenden Personen symmetrisch. Sie sind alle Parteien von zwischenmenschlichen Tauschverträgen. John hat die gleiche Beziehung zu Tom wie Tom zu John. Wo und soweit die Kooperation auf Befehl und Unterordnung beruht, gibt es den Menschen, der befiehlt, und es gibt diejenigen, die seinen Befehlen gehorchen. Die logische Beziehung zwischen diesen beiden Klassen von Menschen ist

[1] Vgl. Gustav Cassel, Theoretische Sozialökonomie, a. a. O., S. 331 f.

asymmetrisch. Es gibt einen Leiter und es gibt Leute unter seiner Obhut. Der Leiter allein wählt und dirigiert, die anderen – die Versorgten – sind nur Spielfiguren in seinem Handeln.[590]

Die Macht, die jeden sozialen Körper zum Leben ruft und belebt, ist immer ideologische Macht, und die Tatsache, dass ein Individuum Mitglied irgendeines sozialen Verbundes wird, ist immer sein eigenes Verhalten. Dies gilt nicht minder im Hinblick auf eine hegemoniale gesellschaftliche Bindung. Zwar werden die Menschen in der Regel in die wichtigsten hegemonialen Bindungen, in die Familie und in den Staat hineingeboren, und das war auch bei den hegemonialen Bindungen älterer Tage, der Sklaverei und der Leibeigenschaft, die im Bereich der westlichen Zivilisation verschwunden sind, der Fall. Aber keine physische Gewalt und kein Zwang können einen Menschen gegen seinen Willen dazu zwingen, im Status eines Versorgten einer hegemonialen Ordnung zu verbleiben.[591] Vor die Aufgabe gestellt, zwischen den Folgen der Auflehnung und den Folgen der Unterordnung zu wählen, entscheidet er sich für die Unterwerfung und gliedert sich damit in den herrschaftlichen Verband ein. Jeder einzelne Befehl stellt ihn immer wieder vor dieselbe Wahl. Indem er sich immer wieder fügt, indem er immer wieder gehorcht, bindet er sich immer wieder von Neuem an den Zwangsverband.[592] Auch als Versorgter bleibt der Mensch ein handelndes Wesen, d.i. ein Wesen, das nicht blind Impulsen folgt, sondern bewusst (vernünftig) zwischen Alternativen wählt.

Was den herrschaftlichen Verband von der Tauschgesellschaft unterscheidet, ist der Spielraum, in dem die Wahlakte der einzelnen Versorgten entscheiden. Hat der Einzelne sich einmal in den herrschaftlichen Verband eingegliedert, dann wird er im Rahmen der Aktivitäten dieses Systems und für die Dauer seiner Zugehörigkeit zum Verband Objekt fremden Handelns. Innerhalb der herrschaftlich geordneten Gesellschaft handelt der Leiter allein. Der Versorgte handelt, indem er die Eingliederung wählt; als Versorgter handelt er nicht weiter.

Im Rahmen einer Vertragsgesellschaft tauschen die einzelnen Mitglieder bestimmte Mengen an Gütern und Dienstleistungen von bestimmter Qualität aus. Bei der Wahl der Unterordnung in einem hegemonialen Körper gibt und empfängt der Mensch nichts Bestimmtes. Er integriert sich in ein System, in dem er unbegrenzte Leistungen erbringen muss und erhält, was der Leiter ihm zuweisen will. Er ist dem Leiter ausgeliefert.[593] Im herrschaftlichen Verband handelt und entscheidet über Produktion und Verbrauch der Leiter allein, dem die anderen gehorchen. Ob er ein Tyrann ist, dem das Wohl der Versorgten gleichgültig ist, oder ein fürsorglicher Vater, der sie glücklich machen will; ob er ein Einzelner ist oder ein geordneter Verband von Einzelnen, eine Körperschaft, ist für die Struktur der gesellschaftlichen Ordnung belanglos.

Der Gegensatz, der zwischen diesen beiden[594] Gestaltungen gesellschaftlicher Kooperation besteht, ist von allen soziologischen Theorien seit dem 18. Jahrhundert erfasst worden. Ferguson kennt ihn als Gegensatz zwischen warlike nations and commercial nations,[2] Saint Simon als Gegensatz zwischen kriegerischen und friedlichen (industriellen) Gesellschaften, Herbert Spencer als Gegensatz von Mili-

[2] Vgl. Adam Ferguson, An Essay on the History of Civil Society, (new ed. Basel, 1789), S. 208.

tarismus und Industrialismus,[3] Sombart als Gegensatz von Helden und Händlern.[4] Für die marxistischen Sozialisten ist er der Gegensatz zwischen der Gentilverfassung einer sagenhaften Vorzeit und der sozialistischen Zukunft auf der einen Seite und bürgerlicher (kapitalistischer) Warenproduktion[595] auf der andern Seite,[5] für den Nationalsozialismus ist er der Gegensatz zwischen der bürgerlichen Gesellschaft und der totalitären Staatsordnung[596]. Die Wertung, die die Soziologen den beiden Gesellschaftsformen zuteilen, ist verschieden gewesen. Doch in der Feststellung des Gegensatzes, der zwischen den beiden Organisationsformen besteht, stimmen sie gerade so überein wie in der Erkenntnis, dass eine dritte Möglichkeit gesellschaftlicher Ordnung menschlicher Kooperation nicht denkbar ist.

Die Kultur, die wir kennen und in der wir leben[597], ist das Werk von Menschen, die in tauschgesellschaftlicher Verbundenheit kooperiert haben. Auch in dieser Kultur gibt es herrschaftliche Verbände. Der Staat als Zwangsapparat[598] stellt notwendigerweise einen herrschaftlichen Verband dar. Genauso wie die Familie und ihre Hausgemeinschaft. Doch das charakteristische Merkmal dieser Kultur liegt im Aufbau der tauschgesellschaftlichen Kooperation zwischen den einzelnen Familienhaushaltungen. Es hat isoliertes Nebeneinander von geschlossenen Familienhaushaltungen gegeben. Die Kooperation der Familienhaushaltungen trug aber bei allen Völkern, die man als Kulturvölker zu bezeichnen pflegt, seit jeher tauschgesellschaftlichen Charakter. Die menschliche Gesellschaft[599], die der Erfahrung gegeben ist, ist überwiegend Ergebnis von vertraglichen Beziehungen[600].

Jede gesellschaftliche Kooperation von Menschen ist friedliches Zusammenleben und Zusammenwirken. Im Innern des Verbands, sei er nun tauschgesellschaftlich oder herrschaftlich, muss Frieden bestehen; wo Kampf ist und soweit Kampf ist, gibt es weder Kooperation noch Gesellschaft. Wenn auch manche der politischen Parteien, die die tauschgesellschaftliche Ordnung durch die herrschaftliche Ordnung ersetzen wollen, den «faulen Frieden» und die «bürgerliche Sekurität» verächtlich machen und Gewalt und Blutvergießen als die einzige menschenwürdige Form des Umgangs mit Menschen erklären, ihr Plan für die nach ihren Idealen aufgebaute Gesellschaft muss doch die Befriedung einschließen. Auch das Reich[601], von dem sie träumen und. schwärmen, soll ein Reich des Friedens sein. Es soll durch Pazifikation entstehen, durch die gewaltsame Niederwerfung Aller, die ihrer Eingliederung in den vom Zwingherrn geplanten herrschaftlichen Verband widerstreben. In der Tauschgesellschaft können verschiedene Staaten selbständig nebeneinander bestehen. In der herrschaftlich geordneten Gesellschaft kann es nur *ein* Reich[602] und *einen* Herrn geben. Das sozialistische System hat nur die Wahl zwischen Verzicht auf die Vorteile allgemeiner, die ganze Erdoberfläche und alle Menschen umfassender Arbeitsteilung oder Aufrichtung eines Weltreiches durch Unterwerfung aller Länder und Menschen. Das ist es, was den russischen Bolschewismus, den deutschen Nationalsozialismus und den italienischen Faschismus «dynamisch», d.h. aggressiv[603] macht. In der Tauschgesellschaft löst sich das «Reich» in einen losen Verband autonomer Staaten auf[604]; der herrschaftliche Verband muss alle Völker und Staaten seinem Reich einzuverleiben suchen.

---

[3] Vgl. Herbert Spencer, The Principles of Sociology (New York, 1914), III, S. 575-611.

[4] Vgl. Werner Sombart, Händler und Helden (München, 1915).

[5] Vgl. Friedrich Engels, The Origin of the Family, Private Property and the State (New York, 1942), S. 144.

Der tauschgesellschaftliche Verband ist Rechtsstaat, der herrschaftliche Verband ist Wohlfahrtsstaat. Recht ist die Umgrenzung der dem Handeln des Einzelnen[605] eingeräumten Sphäre. Im herrschaftlichen Verband ist dem Handeln des Einzelnen kein solcher[606] Spielraum offen[607]; hier gibt es kein Recht, nur eine Dienstordnung Der Leiter erlässt die Befehle, denen der Versorgte gehorcht. Dieser hat kein Recht und keine Freiheit, es sei denn, man wolle[608] sagen, dass er einzig das Recht und die Freiheit habe, den Befehlen zu gehorchen.

3. Rechnendes Handeln[609]

Alle praxeologischen Kategorien sind in dem Sinne ewig und unwandelbar, als sie dem Menschen durch die logische Struktur seines Denkens und durch die Bedingungen, die seinem Sein gesetzt sind, eindeutig zugeordnet sind. Die Vernunft des Menschen kann, mag er handeln oder das Handeln nur betrachten, von ihnen nicht loskommen und über sie nicht hinausgehen. Ein Handeln, das von dem Handeln, das wir kennen, verschieden wäre, können Menschen nicht nur nicht vollziehen, sondern auch nicht einmal denken. Für den Menschen gibt es nur Handeln oder Nichthandeln. Ein Etwas, das weder Handeln noch Nichthandeln wäre, kann der Mensch geistig nicht fassen. Es gibt keine Geschichte des Handelns, es gibt keine Entwicklung, die von Nichthandeln zu Handeln führt, es gibt keine Übergänge oder Zwischenstufen, die zwischen beiden stünden; es gibt nur Handeln oder Nichthandeln; und von jedem Handeln gilt in voller Strenge all das, was vom Handeln kategorial ausgesagt wird.

Jedes Handeln kann sich der Ordnungszahlen bedienen. Für den Gebrauch der Kardinalzahlen und des Rechnens mit ihnen müssen noch besondere Bedingungen gegeben sein. Diese Bedingungen sind im Laufe der geschichtlichen Entwicklung des gesellschaftlichen Zusammenwirkens[610] geschaffen worden. Damit erst wurde dem Rechnen und Berechnen bei der Planung künftiger Maßnahmen und bei der Ermittlung der durch frühere Maßnahmen erzielten Wirkungen Eingang in die Denkverfahren eröffnet, die dem Handeln zugrunde liegen. Auch die Kardinalzahlen und das Operieren mit ihnen sind ewige und unwandelbare Kategorien des menschlichen Denkens. Doch ihre Verwendung für das Vorbedenken und Nachbedenken des Handelns ist an geschichtlich gegebene Bedingungen geknüpft, die im frühen Stadium der menschlichen Angelegenheiten nicht gegeben waren, die erst später auftauchten und die möglicherweise wieder verschwinden könnten.

Erst die Betrachtung des an der Wirtschaftsrechnung ausgerichteten Handelns führte zur Nationalökonomie und zur Praxeologie. Die Ökonomie ist im Wesentlichen eine Theorie jenes Handlungsspielraums, in dem die Berechnung angewendet wird oder angewendet werden kann, wenn bestimmte Bedingungen erfüllt sind. Keine andere Unterscheidung ist sowohl für das menschliche Leben als auch für die Erforschung des menschlichen Handelns von größerer Bedeutung als die zwischen kalkulierbarem und nicht kalkulierbarem Handeln. Die moderne Zivilisation zeichnet sich vor allem dadurch aus, dass sie eine Methode entwickelt hat, die den Einsatz der Arithmetik in einem breiten Tätigkeitsfeld ermöglicht. Das ist es, was die Leute im Kopf haben, wenn sie ihr das Etikett der Rationalität zuschreiben – nicht sehr zweckdienlich und oft irreführend.[611]

Die geistige Zergliederung und Erfassung dessen, was in der rechnenden Marktwirtschaft im Handeln vorgeht, war der Ausgangspunkt des nationalökonomischen Denkens im Besonderen und in weiterer Folge des praxeologischen Denkens im Allgemeinen. Doch wenn wir in unserer systematischen Darstellung des Gesamtgebäudes der Praxeologie im Allgemeinen und der Nationalökonomie im Besonderen mit der Analyse der Marktwirtschaft beginnen und ihr noch überdies eine Untersuchung des Problems der Wirtschaftsrechnung vorausschicken, soll dieses Vorgehen keineswegs durch den Hinweis auf die geschichtliche Entwicklung der Wissenschaft vom menschlichen Handeln gerechtfertigt werden. Nicht geschichtliche und heuristische Erwägungen, sondern logisch-systematische Notwendigkeit schreibt dieses Verfahren vor. Die Probleme, die uns beschäftigen, sind nur in der rechnenden und berechnenden Marktwirtschaft sinnvoll. Es ist nur eine hypothetische und figurative Übertragung, die sie für die Untersuchung anderer Systeme der ökonomischen Organisation der Gesellschaft nutzbar macht, die keine Berechnung zulassen. Wirtschaftsrechnung ist die grundlegende Frage im Verständnis aller Probleme, die gemeinhin als ökonomisch bezeichnet werden.[612]

Teil III

Die Wirtschaftsrechnung

Kapitel 11

WERTUNG OHNE RECHNEN

1. Die Reihung der Mittel

Die Rangstellung oder Bedeutung, die der Handelnde den einzelnen Zielen, denen er zustrebt, beilegt, überträgt er auf die Mittel. Er legt[613] der Gesamtheit der Mittel den Wert bei, den er dem Ziele, dessen Erreichung[614] diese Mittel vermitteln sollen, beimisst. Von der Zeit, die die Produktion beansprucht, und von ihrer Einwirkung auf die Gestaltung des Wertverhältnisses von Mittel und Ziel sehen wir zunächst ab.

So wie das Handeln das Vorziehen eines *a* gegenüber einem *b* ist, so ist auch die Wertung der Mittel nichts anderes. Es wird vorgezogen und zurückgestellt. Es gibt hier ein höher und ein tiefer, ein lieber und ein weniger lieb.[615] Es gibt ein Feld zur Anwendung der Ordnungszahlen, doch keine Möglichkeit für die Anwendung der Kardinalzahlen und des Rechnens mit ihnen. Wenn mir Eintrittskarten als Mittel zum Besuche von drei Opernaufführungen: Traviata, Aïda und Falstaff, zur Auswahl angeboten werden und ich entscheide mich, wenn ich nur eine wählen darf, für Aïda, wenn ich noch eine zweite wählen darf, auch noch für Traviata[616], so habe ich eine Reihung vorgenommen, die meinem augenblicklichen Wunsche, Opernmusik zu hören, Ausdruck verleiht. Ich ziehe, heißt das, heute, in meiner augenblicklichen Lage und Stimmung es vor, Aïda und Traviata zu hören und verzichte auf Falstaff; würde ich nur *eine* Oper hören dürfen, dann würde ich auch noch auf Traviata verzichten. Es wäre unsinnig, diese Reihung unmittelbar in einen Ausdruck zu bringen, der die Verwendung von Kardinalzahlen zulassen würde. Bezeichne ich die Eintrittskarte Aïda mit *a*, die zu Traviata mit *b* und die zu Falstaff mit *c*, dann kann ich sagen: ich ziehe *a* dem *b* und *b* dem *c* vor.

Das nächste[617] Ziel des Handelns ist sehr oft die Erlangung der Verfügung über zählbare und messbare Vorräte von sinnlich wahrnehmbaren Dingen der Außenwelt. Die Entscheidung des Handelnden hat zwischen zählbaren Mengen zu wählen, sie zieht etwa 7 *p* eine Menge von 15 *r* vor; würde die Entscheidung nicht zwischen 7 *p* und 15 *r*, sondern zwischen 8 *p* und 15 *r* zu treffen sein, so würden

8 p den 15 r vorgezogen werden. Man kann das auch in der Weise ausdrücken, dass gesagt wird, 15 r werden höher geschätzt als 7 p, doch niedriger als 8 p. Das bedeutet nichts anderes als der Ausspruch: a wird dem b vorgezogen und b dem c. Dass für a nun 8 p, für b nun 15 r, für c nun 7 p gesagt wird, ändert nichts an dem Charakter der Aussage und des Vorgangs, über den sie aussagt. Auch damit wird dem Rechnen (mit Kardinalzahlen) und den auf solchem Rechnen basierenden geistigen Operationen noch nicht Eingang in das Gebiet des menschlichen Handelns verschafft.

2. Die Naturaltausch-Fiktion der elementaren Wert- und Preislehre

Die Ausarbeitung der ökonomischen Theorie ist heuristisch so stark von den logischen Prozessen des Rechnens abhängig, dass die Wirtschaftswissenschaftler das grundsätzliche Problem der Wirtschaftsrechnung nicht erkannt haben. Sie neigten dazu, die Wirtschaftsrechnung als Selbstverständlichkeit zu betrachten; sie übersahen, dass es sich nicht um eine letzte Gegebenheit handelt, sondern um eine Ableitung, die eine Reduktion auf elementarere Phänomene erfordert. Sie haben die Wirtschaftsrechnung missverstanden. Sie hielten sie für eine Kategorie allen menschlichen Handelns und ignorierten die Tatsache, dass es sich nur um eine Kategorie handelt, die dem Handeln unter besonderen Bedingungen innewohnt. Sie waren sich voll und ganz bewusst, dass der durch ein allgemein akzeptiertes Tauschmittel – Geld – vermittelte zwischenmenschliche Tausch am Markt und folglich die Preise, Besonderheiten eines bestimmten Zustandes der wirtschaftlichen Organisation der Gesellschaft sind, der in primitiven Kulturen nicht existierte und im weiteren Verlauf des historischen Wandels möglicherweise verschwinden könnte.[1] Sie haben aber nicht begriffen, dass die Geldpreise das einzige Mittel der Wirtschaftsrechnung sind. Die meisten ihrer Studien sind daher wenig hilfreich. Selbst die Schriften der bedeutendsten Ökonomen werden in gewissem Maße von den Irrtümern in ihren Vorstellungen über die Wirtschaftsrechnung beeinträchtigt.

Die von der modernen subjektivistischen Nationalökonomie ausgebildete Wert- und Preislehre zeigt, wie aus den Entscheidungen der Handelnden, aus ihrem Wählen – Vorziehen und Zurückstellen – im gesellschaftlichen Tausch die Austauschverhältnisse des Marktes hervorgehen[2]. Man kann diese Ableitung heute korrekter vortragen,[618] man kann einige ungeschickte Wendungen vermeiden,[619] doch man kann ihr im Wesen nichts hinzufügen und man kann von ihr nichts fortnehmen. Soweit man sie zu berichtigen hat, muss es nicht gegen die Gedankengänge ihrer Urheber geschehen, sondern vielmehr gerade in ihrer folgerichtigen Ausführung, im Ausbau und in Fortführung dessen, was sie begonnen haben.

Um die Erscheinungen des Marktverkehrs auf das einfache Vorziehen eines a gegenüber einem b zurückzuführen, muss die elementare Wert- und Preislehre mit einer Reihe von Fiktionen arbeiten.[620] Die Fiktion, d.i. das Handhaben von bewusst falschen Annahmen, ist dem Denken unentbehrlich[621]. Keine andere Methode

[1] Die Deutsche Historische Schule drückte dies damit aus, dass das Privateigentum an den Produktionsmitteln, der Tausch am Markt und das Geld «historische Kategorien» wären.

[2] Vgl. vor allem Eugen Böhm-Bawerk, Kapital- und Kapitalzins, (II. Abteilung, III. Buch).

hätte etwas zur Interpretation der Realität beigetragen. Doch man muss es verstehen, die Fehler zu meiden, die aus nicht behutsamem Gebrauch von Fiktionen entspringen können.

Die elementare Wert- und Preislehre bedient sich neben anderen Gedankenbildern, von denen noch später zu sprechen sein wird, auch des Gedankenbildes eines Marktes, auf dem nur unvermittelt getauscht wird. Es gibt kein Geld; Güter und Dienstleistungen werden direkt gegen andere Güter und Dienstleistungen eingetauscht. Diese Fiktion ist unentbehrlich: kein anderer Weg führt zu den Erkenntnissen, die sie uns bringen kann. Man muss das Geld ausschalten, um zu erfassen, dass in letzter Linie immer nur Güter niederster Güterordnung[622] gegen andere Güter niederster Güterordnung getauscht werden und dass das Geld[623] immer nur Tauschmittel[624] ist. Doch man darf nicht vergessen, dass die gedankliche Konstruktion eines Marktes, auf dem ohne Vermittlung nur direkt getauscht wird, fiktiv ist und unser Denken leicht irreführen kann.

Ein schwerwiegender Fehler, der seinen Ursprung und seine lange Lebensdauer dieser Fiktion verdankt, war die Auffassung, dass das Tauschmittel im Austauschprozesse einen neutralen Faktor darstelle. Direkter und indirekter Tausch waren nach dieser Auffassung durch nichts anderes geschieden als durch den nicht für besonders wichtig angesehenen Umstand, dass in dem einen Falle ohne Vermittlung des Geldes, in dem anderen durch Vermittlung des Geldes getauscht wird. Die Einschiebung des Geldes in den Tausch bringe, meinte man, keine Verschiebung der Austauschverhältnisse mit sich. Man verschloss sich nicht der Einsicht, dass in der Geschichte heftige Veränderungen der Kaufkraft des Geldes[625] aufgetreten sind und dass diese Bewegungen das gesamte System der Austauschbeziehungen erschüttert haben. Doch man hielt das für Ausnahmeerscheinungen, die in der Regel durch falsche Politik hervorgerufen werden. Nur das «schlechte» Geld, meinte man, sei an diesen Störungen schuld; man verkannte dabei die Natur und die Ursache dieser Störungen, da man stillschweigend annahm, dass die Veränderungen der Kaufkraft der Geldeinheit gleichzeitig und gleichmäßig allen Waren und Diensten gegenüber vor sich gehen. Man hielt das Geld eben für neutral und folgerte daraus, dass man befugt wäre, vom Gelde in der Aufstellung des Systems der Katallaktik abzusehen. Die ganze Theorie, meinte man, lasse sich unter der Annahme des direkten Tausches ableiten. Nachher habe man in die so gewonnenen Ergebnisse einfach noch die Geldausdrücke einzuführen, um alles zu leisten, was von der Nationalökonomie verlangt werden kann. Dabei dachte man, dass mit der nachträglichen Einführung des indirekten Tausches und des Geldes den durch die theoretische Untersuchung des Systems des direkten Tausches gewonnenen Ergebnissen nichts mehr hinzugefügt werde, was besonderer Beachtung würdig und bedürftig wäre. Die nationalökonomische Theorie hielt man mit der Untersuchung der Probleme des direkten Tausches im Allgemeinen für abgeschlossen. Was dann noch übrig bleibe, sei höchstens eine Untersuchung der Problematik des «schlechten» Geldes.

Eine Folge dieser Auffassung war, dass die moderne Theorie aufhörte, sich mit den Problemen des indirekten Tausches zu befassen, und dass die Nationalökonomen entweder überhaupt nicht vom Gelde handelten, oder, wenn sie es taten, es unterließen, ihre Geldlehre in ihr ökonomisches System einzubauen.[626] Um die Jahrhundertwende herum gehörte die Behandlung der Probleme des indirekten

Tausches kaum noch in die Nationalökonomie. Es gab Systeme der Katallaktik, in denen vom Geld nur so nebenbei und ziemlich unzulänglich gehandelt wurde, und es gab Bücher über Geld und Kredit, die nur in loser Verbindung mit den gleichzeitigen katallaktischen Systemen standen. An den Universitäten der angelsächsischen Länder gab es neben den Lehrstühlen für Nationalökonomie besondere für *currency and banking*, und an den meisten deutschen Universitäten wurden Geldprobleme fast gänzlich außer Acht gelassen.[3] Erst spät setzte sich die Erkenntnis durch, dass gerade die wichtigsten und schwierigsten Probleme der Nationalökonomie in der Lehre vom indirekten Tausch enthalten sind und dass eine ökonomische Theorie, die ihnen nicht in vollem Umfang Rechnung trägt, leider mangelhaft ist. Die Aufnahme der Untersuchungen über das Verhältnis von Realzins und Geldzins[627], der Durchbruch der monetären Krisentheorie – der Zirkulationskredittheorie des Konjunkturwechsels -, vor allem aber die Untersuchungen über den Gang der Geldwertveränderungen, die zur Zerstörung der Lehre von der Gleichzeitigkeit und Gleichmäßigkeit der Kaufkraftänderungen führten, bedeuteten den Sieg der neuen (man sollte im Hinblick auf Hume, die Currency-Schule, J. St. Mill und Cairnes besser sagen: wiedergewonnenen)[628] Erkenntnis.

Noch verhängnisvoller wurde ein zweiter Irrtum, der auf die unbedachte Verwendung dieses Gedankenbildes eines Marktes zurückführt, auf dem nur direkt getauscht wird.

Ein tief verwurzelter Irrtum behauptete, dass die ausgetauschten Dinge und Dienstleistungen gleichwertig seien. Der Wert wurde als objektiv betrachtet, als eine den Dingen innewohnende Eigenschaft und nicht nur als Ausdruck des Wunsches verschiedener Menschen, sie zu erwerben. Die Menschen, so ging man davon aus, stellten zunächst die Größe des Wertes an sich der Güter und Dienstleistungen durch einen Akt der Messung fest und tauschten sie dann gegen Mengen von Gütern und Dienstleistungen des gleichen Wertes. Dieser Irrtum beeinträchtigte Aristoteles' Herangehensweise an wirtschaftliche Probleme und fast zweitausend Jahre lang die Argumentation all derer, für die Aristoteles' Ansichten maßgebend waren. Er hat die wunderbaren Leistungen der klassischen Ökonomen stark beeinträchtigt und die Schriften ihrer Epigonen, insbesondere der von Marx und der Marx'schen Schule, völlig sinnlos gemacht. Den Ausgangspunkt der modernen Wert- und Preislehre bildet die Erkenntnis, dass nicht Gleichheit der Wertung, sondern stets nur Ungleichheit der Wertung Tausch auszulösen vermag.[629] Die Leute kaufen und verkaufen nur, weil sie die aufgegebenen Dinge geringer bewerten als die erhaltenen. Daher geht der Gedanke einer Wertmessung in die Irre.[630] Dem Tausche geht nichts voran, worauf man den Ausdruck «Wertmessung» anwenden könnte. Man kann zwei Güter als gleich erachten; wo das eintritt, wird jedoch nicht gehandelt und wird nicht getauscht. Wenn man Güter verschieden schätzt, ist man nicht in der Lage, mehr darüber zu sagen als: das eine Gut wird höher und das andere wird weniger hochgeschätzt. Wertungen und

[3] Die Vernachlässigung der Probleme des indirekten Tausches wurde sicherlich durch politische Vorlieben beeinflusst. Die Menschen wollten die These nicht aufgeben, dass Wirtschaftsdepressionen ein Übel der kapitalistischen Produktionsweise sind und keineswegs durch Versuche der Zinssenkung durch Kreditausweitung verursacht werden. Modische Wirtschaftslehrer hielten es für «unwissenschaftlich», Depressionen als ein Phänomen zu erklären, das «nur» aus Ereignissen im Geld- und Kreditbereich entstanden sei. Es gab sogar Darstellung der Geschichte der Konjunkturzyklustheorie, die eine Diskussion der monetären These unterließen. Vgl. z. B. Ernst von Bergmann, Geschichte der nationalökonomischen Krisentheorien (Stuttgart, 1895).

Werte sind intensive und nicht extensive Größen. Sie können durch Operationen mit Kardinalzahlen nicht erfasst werden.

Die falsche Vorstellung, dass Werte messbar sind und tatsächlich bei der Durchführung von wirtschaftlichen Transaktionen gemessen werden, war jedoch so tief verwurzelt, dass selbst herausragende Ökonomen dem Irrtum zum Opfer fielen. Selbst Friedrich von Wieser und Irving Fisher sahen es als selbstverständlich an, dass es so etwas wie eine Wertmessung geben müsse und dass die Ökonomie in der Lage sein müsse, die Art und Weise, wie eine solche Messung durchgeführt wird, darzustellen und zu erklären.[4] Die meisten Ökonomen von geringerer Bedeutung behaupteten einfach, Geld diene «als Wertmaß».

Nun müssen wir uns darüber im Klaren sein, dass Bewerten bedeutet, a gegenüber b zu bevorzugen. Es gibt – logisch, epistemologisch, psychologisch und praxeologisch – nur ein Muster für Präferenzen. Dabei spielt es keine Rolle, ob ein Liebhaber ein Mädchen den anderen Mädchen vorzieht, ein Mann einen Freund den anderen Menschen, ein Amateur ein Gemälde den anderen Gemälden vorzieht, oder ein Konsument einen Laib Brot einer Süßigkeit. Bevorzugen heißt immer, a mehr als b zu lieben oder zu begehren. So wie es keinen Standard und keinen Maßstab für sexuelle Liebe, Freundschaft und Sympathie oder ästhetischen Genuss gibt, so gibt es auch kein Maß für den Wert von Gütern. Wenn ein Mann zwei Pfund Butter gegen ein Hemd tauscht, ist alles, was wir in Bezug auf dieses Geschäft behaupten können, dass er – im Augenblick der Transaktion und unter den Bedingungen, die ihm dieser Augenblick anbietet – ein Hemd zwei Pfund Butter vorzieht. Es ist sicher, dass jede Bevorzugung durch eine bestimmte psychische Intensität der Gefühle gekennzeichnet ist, die sie impliziert. Es gibt Stufen der Intensität des Wunsches, ein bestimmtes Ziel zu erreichen, und diese Intensität bestimmt den psychischen Gewinn, den die erfolgreiche Handlung dem handelnden Individuum bringt. Aber psychische Quantitäten sind nur spürbar. Sie sind ganz persönlich, und es gibt keine semantischen Mittel, um ihre Intensität auszudrücken und anderen Menschen Informationen über sie zu vermitteln.

Es gibt keine Methode zur Konstruktion einer Werteinheit. Denken wir daran, dass zwei Einheiten eines homogenen Angebots zwangsläufig unterschiedlich bewertet werden. Der Wert der n-ten Einheit ist niedriger als der Wert der (n - 1)-ten Einheit.

In der Marktgesellschaft gibt es Geldpreise. Wirtschaftsrechnung ist Rechnung in Geldpreisen. Die verschiedenen Mengen von Waren und Dienstleistungen gehen in diese Rechnung mit dem Geldbetrag ein, für den sie auf dem Markt gekauft und verkauft werden oder für den sie prospektiv gekauft und verkauft werden könnten. Es ist eine fiktive Annahme, dass ein isoliertes autarkes Individuum oder der Generaldirektor eines sozialistischen Systems, d. h. eines Systems, in dem es keinen Markt für Produktionsmittel gibt, kalkulieren könnte. Es gibt keinen Weg, der von der Geldrechnung einer Marktwirtschaft zu irgendeiner Art von Rechnung in einem nicht-marktwirtschaftlichen System führen könnte.[631]

[4] Für eine kritische Analyse und Widerlegung der Argumentation von Irving Fisher, vgl. Ludwig von Mises, Theorie des Geldes und der Umlaufsmittel, (Berlin, 1924), S. 42-44; die Argumentation von Friedrich von Wieser wird widerlegt, Ludwig von Mises, Nationalökonomie (Genf, 1940), S. 192-194.

Wertlehre und Sozialismus

Sozialisten,[632] Institutionalisten und Vertreter der historischen Schule haben der Nationalökonomie das Operieren mit dem Denken und Handeln eines isolierten Wirts zum Vorwurf gemacht. Die Robinsonaden wären, sagen sie, kein Gedankengebilde, an dem man mit Erfolg die Probleme der Marktwirtschaft studieren könnte. Dieser Einwand ist bis zu einem gewissen Grade berechtigt. Imaginäre Konstruktionen eines isolierten Individuums und einer Planwirtschaft ohne Marktaustausch beruhen auf der fiktiven, gedanklich widersprüchlichen und realitätswidrigen Annahme, dass Wirtschaftsrechnung auch innerhalb eines Systems ohne Markt für die Produktionsmittel möglich wäre.[633]

Dass die Nationalökonomie diesen grundsätzlichen Unterschied zwischen dem Handeln eines gedachten isolierten Wirts und dem Wirtschaften in der Marktwirtschaft verkannt hat, war der schwerste Fehler, den sie begehen konnte. Freilich, gerade Sozialisten hatten am wenigsten Ursache, ihr diesen Fehler vorzuhalten; bestand doch dieser Fehler darin, dass man stillschweigend voraussetzte, dass auch einer sozialistischen Gesellschaftsordnung Rechnen im Handeln möglich wäre, und dass man auf diese Weise die Frage nach der Verwirklichbarkeit des Sozialismus bejahte.[634]

Die klassischen Ökonomen und ihre Epigonen konnten die diesbezüglichen Probleme freilich nicht erkennen. Wenn es stimmt, dass der Wert der Dinge durch die Menge an Arbeit bestimmt wird, die für ihre Produktion oder Reproduktion benötigt wird, dann gibt es kein weiteres Problem der Wirtschaftsrechnung. Den Befürwortern der Arbeitswerttheorie kann nicht vorgeworfen werden, die Probleme eines sozialistischen Systems falsch ausgelegt zu haben. Ihr schicksalhaftes Scheitern lag an ihrer unhaltbaren Wertlehre. Dass einige von ihnen bereit waren, die imaginäre Konstruktion einer sozialistischen Ökonomie als nützliches und realisierbares Muster für eine tiefgreifende Reform der sozialen Organisation zu betrachten, widerspricht dem Kern ihrer theoretischen Analyse nicht. Anders steht es um die moderne subjektivistische Nationalökonomie. Dass sie das Problem der Wirtschaftsrechnung nicht gesehen hat, ist unverzeihlich.

Wenn Wieser schreibt: «Gar manche Theoretiker haben die Werttheorie des Kommunismus geschrieben ohne es zu wissen, und haben darüber versäumt, die der Gegenwart zu schreiben»[5], so hatte er recht. Es ist tragisch, dass er selbst dieses Scheitern nicht verhindert hat.

Die Illusion, dass eine rationale Ordnung der Wirtschaftsführung in einer Gesellschaft möglich ist, die auf öffentlichem Eigentum an den Produktionsmitteln beruht, verdankt ihren Ursprung der Werttheorie der klassischen Ökonomen und ihre Hartnäckigkeit dem Versagen vieler moderner Ökonomen, das Grundtheorem der subjektivistischen Theorie konsequent bis zu ihren letzten Schlussfolgerungen durchzudenken. So wurden die sozialistischen Utopien durch die Unzulänglichkeiten jener Denkschulen erzeugt und konserviert, die die Marxisten als «ideologische Tarnung des egoistischen Klasseninteresses der ausbeuterischen Bourgeoisie» zurückweisen. In Wahrheit waren es die Irrtümer dieser Schulen, die die sozialistischen Ideen gedeihen ließen. Diese Tatsache zeigt deutlich die Leere der marxistischen Lehren über «Ideologien» und ihres modernen Ablegers, der Wissenssoziologie.[635]

[5]Vgl. Friedrich von Wieser, Der natürliche Werth, a. a. O., S. 60, Anm. 3.

3. Das Problem der Wirtschaftsrechnung

Aus den Erkenntnissen, die die Naturwissenschaften vermitteln, baut der auf das Handeln gerichtete Geist[636] die Technologie, d.i. die Lehre vom möglichen Handeln. Die Technologie zeigt, was erreicht werden könnte, wenn man es erreichen will, und wie es erreicht werden könnte, wenn man bereit ist, die angegebenen Mittel aufzuwenden. Mit dem Fortschreiten der naturwissenschaftlichen Erkenntnis ist die Technologie fortgeschritten; richtiger wäre vielleicht zu sagen, dass das Bestreben, die Technologie auszugestalten, die Naturwissenschaften gefördert hat. Die Quantifizierung der Naturwissenschaft hat auch die Technologie quantifiziert. Die moderne Technologie ist in ihrer Anwendung im Erzeugungsverfahren vor allem eine Kunst des Rechnens und Berechnens des Erfolges möglichen Handelns. Man berechnet mit einem für das Handeln ausreichendem Grad von Genauigkeit den Erfolg geplanten Handelns, und man rechnet, um das Handeln so zu planen, dass es einen bestimmten Erfolg zu erreichen vermag.

Doch mit dem Wissen[637], das die Technologie gibt, vermöchte man für das Berechnen des Handelns nur dann das Auslangen zu finden, wenn entweder alle Mittel des Handelns[638] – materielle wie menschliche – nach festem Verhältnis vollkommen substituierbar wären oder wenn alle Mittel absolut spezifisch wären. In jenem Falle wären alle Mittel in gleicher Weise, wenn auch in verschiedenen Mengen, für die Erreichung eines jeden Zieles brauchbar; es wäre so, als ob es nur ein einziges Mittel, nur ein einziges wirtschaftliches Gut höherer Ordnung geben würde. Im zweiten Falle wäre jedes Mittel nur für die Erreichung *eines* Zieles brauchbar; man würde jeder Gruppe von komplementären Produktivgütern den Wert beilegen, der dem entsprechenden Gut niederster Ordnung[639] beigelegt wird. (Von den Schwierigkeiten, die sich aus der Berücksichtigung des Zeitelements ergeben, wollen wir vorerst absehen.) Keine dieser beiden Bedingungen ist in der Welt[640], in der wir Menschen zu wirtschaften haben, gegeben. Die Mittel sind nur innerhalb enger Grenzen substituierbar, sie sind in höherem oder geringerem Grade spezifische Mittel zur Erreichung verschiedener Zwecke. Anderseits aber trägt ein großer Teil der Mittel nicht absolut spezifischen Charakter; die meisten Mittel lassen mehrfache Verwendung zu. Dass es verschiedene Mittel gibt, dass sie für die Erreichung mancher Zwecke besser, anderer weniger gut und vieler überhaupt nicht geeignet sind, und dass man die einzelnen Mittel verschieden verwenden kann, stellt dem Wirtschaften die Aufgaben. Da kann uns die Naturalrechnung der Technologie, die nur zählbare und messbare Mengen und Wirkungen kennt, der aber Wertungen fremd sind, nicht helfen; sie kennt kausale Zusammenhänge zwischen ihnen. Ihr Feld ist nur der objektive Nutzwert. Sie beurteilt alle Probleme aus der Sicht eines neutralen Beobachters von physikalischen, chemischen und biologischen Ereignissen. Für den Begriff des subjektiven Nutzwertes, für den spezifisch menschlichen Blickwinkel und für die Dilemmata des handelnden Menschen gibt es keinen Platz in den Lehren der Technik. Sie ignoriert das wirtschaftliche Problem: Denn die Aufgabe ist, die verfügbaren Mittel so zu verwenden, dass kein wichtigerer Zweck durch das Bestreben, einen minderwichtigen zu erreichen, leide. Diesem Problem gegenüber versagt die technische Rechnung. Sie vermag wohl zu zeigen, wie ein gegebenes Ziel durch Aufwendung verschiedener Mittel, die in verschiedener Weise kombiniert werden können, erreicht werden kann, oder wie gegebene Mittel zu verschiedenen Zielen zu führen vermögen. Doch sie vermag nichts darüber zu sagen, wie unser Handeln zwischen den unendlich vielen verschiedenen Kombinationen, die denkbar und möglich sind, zu wählen hätte. Was der Handelnde benötigt, ist die Antwort auf die Frage, wie er die Mittel verwenden soll, um sein Unbefriedigtsein soweit abzustellen, als die Mittel gestatten.[641] Die technische Rechnung gibt ihm aber nicht mehr als quantitativen Ausdruck für erkannte Kausalbeziehungen zwischen äußeren Dingen. Sie sagt: aus $7a + 3b + 5c$ u.s.w. können 8 P werden. Aber obwohl sie den Wert kennt, den der handelnde Mensch den verschiedenen Gütern erster Ordnung beimisst, kann sie sich nicht entscheiden, ob diese oder irgendeine andere Vorgehensweise aus der unendlichen Vielzahl ähnlich konstruierter Vorgehensweisen der Erreichung der vom handelnden Menschen angestrebten Ziele am besten dient.[642] Die Ingenieurkunst mag sagen, wie eine Brücke gebaut werden muss, damit sie einen Fluss an gegebener Stelle übersetze und eine gegebene Last zu tragen vermag, doch sie kann nicht entscheiden, ob und wo man Brücken bauen soll, wie stark man sie machen soll, und welcher der vielen Entwürfe, die sie für die Lösung der gestellten Aufgabe auszuarbeiten vermag, vorzuziehen ist. Sie kann die Frage nicht beantworten, ob der Bau einer solchen Brücke materielle Produktionsfaktoren und Arbeit von einer Verwendung abziehen würde, die als dringender erachtete Bedürfnisse befriedigen könnte. Die technische Rechnung kann zwischen den verschiedenen Mittel-Elementen nur insoweit Beziehungen finden, als sie für die Erreichung gleicher Zwecke einander vertreten können; das Handeln aber muss in seiner Rechnung zwischen allen Elementen ohne Rücksicht auf ihre Vertretbarkeit für gleiche Leistung Beziehungen finden.

Die Technologie und alle auf sie gestützten Überlegungen wären für das Handeln unbrauchbar, wenn sie nicht an den Geldpreisen aller Güter und Dienstleistungen orientiert werden könnten. Die Projekte und Entwürfe von Ingenieuren wären rein akademische Gedankenspiele, wenn sie Input und Output nicht auf einer gemeinsamen Basis vergleichen könnten. Der hochmütige Theoretiker in der Abgeschiedenheit seines Labors kümmert sich nicht um solche Kleinigkeiten; was er sucht, sind kausale Zusammenhänge zwischen verschiedenen Elementen des Universums. Aber der praktische Mensch, der bestrebt ist, die menschlichen Verhältnisse zu verbessern, indem er Unzufriedenheit so weit wie möglich beseitigt, muss wissen, ob das, was er plant, unter den gegebenen Bedingungen die beste Methode ist oder sogar eine Methode ist, um die Menschen zufriedener zu machen. Er muss wissen, ob das, was er erreichen will, eine Verbesserung gegenüber dem gegenwärtigen Stand der Dinge und den zu erwartenden Vorteilen aus der Durchführung anderer technisch realisierbarer Projekte sein wird, die nicht ausgeführt werden können, wenn das Projekt, das er im Sinn hat, die verfügbaren Mittel absorbiert. Solche Vergleiche sind nur mit Geldpreisen möglich.[643]

So wird Geld zum Träger der Wirtschaftsrechnung. Dies ist keine separate Funktion des Geldes. Geld ist das universell verwendete Tauschmittel, nichts anderes. Nur weil Geld das allgemeine Tauschmittel ist, weil die meisten Güter und Dienstleistungen auf dem Markt gegen Geld verkauft und gekauft werden können, und nur soweit dies der Fall ist, können die Menschen auf Geldpreise für ihre Berechnungen zurückgreifen. Die Austauschverhältnisse zwischen Geld und den verschiedenen Gütern und Dienstleistungen, wie sie sich auf dem Markt der Vergangenheit gebildet haben und wie sie sich erwartungsgemäß auf dem Markt der Zukunft bilden werden, sind die geistigen Werkzeuge der Wirtschaftsplanung. Wo es keine Geldpreise gibt, gibt es keine ökonomischen Quantitäten. Es gibt nur verschiedene quantitative Zusammenhänge zwischen verschiedenen Ursachen und Wirkungen in der Außenwelt. Es gibt kein Mittel für den Menschen, um herauszufinden, welche Art von Handlung seinem Bestreben am besten dienen würde, die Unzufriedenheit so weit wie möglich zu beseitigen.

Auf die primitiven Verhältnisse der Hauswirtschaft autarker Landwirte brauchen wir nicht weiter eingehen. Diese Menschen führten nur sehr einfache Produktionsprozesse durch. Für sie war keine Kalkulation nötig, da sie Input und Output direkt vergleichen konnten. Wenn sie Hemden wollten, bauten sie Hanf an, spannen, webten und nähten sie. Sie konnten sich ohne Kalkulation leicht entscheiden, ob die Mühe und der Aufwand durch das Erzeugnis kompensiert würden oder nicht. Für die zivilisierte Menschheit kommt eine Rückkehr zu einem solchen Leben jedoch nicht in Frage.

4. Wirtschaftsrechnung und Marktverkehr[644]

Die quantitative Behandlung ökonomischer Probleme darf nicht mit den quantitativen Methoden verwechselt werden, die zur Behandlung der Probleme der sinnlich wahrnehmbaren physikalischen und chemischen Ereignisse angewandt werden. Das Unterscheidungsmerkmal der Wirtschaftsrechnung besteht darin, dass sie weder auf etwas, das als Messung bezeichnet werden könnte, basiert noch damit in Zusammenhang steht.

Ein Messvorgang besteht darin, die numerische Relation eines Objekts zu einem anderen Objekt, d. h. zur Einheit der Messung, zu bestimmen. Der Ursprung des Messens ist das Messen räumlicher Dimensionen. Mit Hilfe der Einheit, die in Bezug auf die Ausdehnung definiert ist, misst man Energie und Potential, die Macht einer Sache, Veränderungen in anderen Dingen und Beziehungen herbeizuführen, und den Lauf der Zeit. Eine Zeigerablesung ist ein direktes Indiz für eine räumliche Relation und nur indirekt für andere Größen. Die der Messung zugrundeliegende Annahme ist die Unveränderlichkeit der Einheit. Die Längeneinheit ist das Fundament, auf dem alle Messungen beruhen. Es wird angenommen, dass der Mensch dieses nur als unveränderlich erachten kann.

Die letzten Jahrzehnte haben eine Revolution der traditionellen erkenntnistheoretischen Grundlage von Physik, Chemie und Mathematik erlebt. Wir stehen am Vorabend von Innovationen, deren Tragweite nicht absehbar ist. Es kann sein, dass die kommenden Generationen von Physikern mit ähnlichen Problemen konfrontiert sein werden, wie sie die Praxeologie zu bewältigen hat.

Vielleicht werden sie gezwungen sein, die Idee fallen zu lassen, dass es etwas gibt, das nicht von kosmischen Veränderungen beeinflusst wird, die der Beobachter als Maßstab für die Messung verwenden kann. Aber wie auch immer es kommen mag, die logische Struktur der Messung irdischer Entitäten im makroskopischen oder molekularen Bereich der Physik wird sich nicht ändern. Die Messung im Bereich der mikroskopischen Physik erfolgt ebenfalls mit Mikrometern und Spektrographen – letztlich mit den groben Sinnesorganen des Menschen, des Betrachters und Experimentators, der selbst molekular ist.[6] Sie kann sich nicht von der euklidischen Geometrie und dem Begriff eines unveränderlichen Standards befreien.

[6] Vgl. Arthur Eddington, The Philosophy of Physical Science, S. 70-79, 168-169.

Es gibt Geldeinheiten und es gibt messbare physikalische Einheiten verschiedener Wirtschaftsgüter und vieler – aber nicht aller Dienstleistungen, die gekauft und verkauft werden. Aber die Austauschverhältnisse, mit denen wir es zu tun haben, sind ständig schwankend. Es gibt nichts Konstantes und Unveränderliches in ihnen. Sie trotzen jedem Versuch, sie zu messen. Sie sind keine Tatsachen in dem Sinne, in dem ein Physiker die Ermittlung des Gewichts einer Kupfermenge als Tatsache bezeichnet. Sie sind historische Ereignisse, die das Geschehene in einem bestimmten Moment und unter bestimmten Umständen ausdrücken. Das gleiche numerische Umtauschverhältnis mag zwar wieder auftauchen, aber es ist keineswegs sicher, ob dies wirklich der Fall sein wird und wenn ja, ist die Frage offen, ob dieses identische Ergebnis das Ergebnis der Bewahrung der gleichen Umstände oder einer Rückkehr zu ihnen war und nicht das Ergebnis des Zusammenspiels einer ganz anderen Konstellation preisbestimmender Faktoren. Zahlen, die vom handelnden Menschen bei der Wirtschaftsrechnung verwendet werden, beziehen sich nicht auf gemessene Mengen, sondern auf die zu erwartenden Austauschverhältnisse, die in gegenseitigem Einverständnis auf den Märkten der Zukunft zu realisieren sind, auf die allein alles Handeln gerichtet ist und die allein für den handelnden Menschen zählen.

Wir beschäftigen uns an dieser Stelle unserer Untersuchung nicht mit dem Problem «einer quantitativen Wirtschaftswissenschaft», sondern mit der Analyse der mentalen Prozesse, durch die der handelnde Mensch bei der Planung seines Handelns quantitative Unterscheidungen trifft. Da das Handeln immer darauf ausgerichtet ist, den Zustand der Zukunft zu beeinflussen, befasst sich die Wirtschaftsrechnung immer mit der Zukunft. Soweit sie vergangene Ereignisse und Austauschverhältnisse der Vergangenheit berücksichtigt, tut sie dies nur im Interesse einer Gestaltung des zukünftigen Handelns.

Die Aufgabe, die der handelnde Mensch mit der Wirtschaftsrechnung bewältigen will, ist, das Ergebnis des Handelns durch Gegenüberstellung von Input und Output zu ermitteln. Die Wirtschaftsrechnung ist entweder eine Schätzung des erwarteten Ergebnisses künftiger Maßnahmen oder die Feststellung der Ergebnisse früherer Maßnahmen. Letzteres dient aber nicht nur geschichtlichen und didaktischen Zwecken. Die praktische Bedeutung besteht darin aufzuzeigen, wie viel man frei konsumieren kann, ohne die künftige Produktionskapazität zu beeinträchtigen. Im Hinblick auf dieses Problem werden die Grundbegriffe der Wirtschaftsrechnung – Kapital und Einkommen, Gewinn und Verlust, Ausgaben und Sparen, Kosten und Ertrag – entwickelt. Die praktische Anwendung dieser Begriffe und aller daraus abgeleiteten Begriffe ist untrennbar mit dem Funktionieren eines Marktes verbunden, auf dem Waren und Dienstleistungen aller Ordnungen gegen ein allgemein verwendetes Tauschmittel, das Geld, ausgetauscht werden. In einer Welt mit einer anderen Handlungsstruktur wären sie rein akademisch und ohne Relevanz für das Handeln.[645]

Kapitel 12

DIE GELDRECHNUNG, IHRE VORAUSSETZUNGEN UND DIE GRENZEN IHRES BEREICHES

1. Die Geldansätze der Geldrechnung

Die Geldrechnung vermag alles zu erfassen, was gegen Geld umgesetzt wird.

Die Geldpreise der Güter und Dienstleistungen sind entweder vergangene Ereignisse beschreibende historische Daten oder Vorausschätzungen wahrscheinlicher zukünftiger Ereignisse[646]. Informationen über einen vergangenen Preis vermitteln das Wissen[647], dass ein oder mehrere Austauschakte nach diesem Verhältnis vollzogen wurden. Über die künftigen Preise wird damit nichts ausgesagt. Wir mögen wohl annehmen, dass die Marktlage, die die Bildung der Preise in den jüngsten Tauschakten bestimmt hat, in der nächsten Zukunft keine oder zumindest keine beträchtlichen Veränderungen erfahren werde, so dass auch die Preise zunächst keine oder nur geringfügige Änderungen aufweisen werden. Diese Annahmen werden besonders dann gerechtfertigt sein, wenn die Preise, die wir im Auge haben, das Ergebnis des Zusammenwirkens einer großen Zahl von Käufern und Verkäufern sind und wenn der Markt, auf dem sie gebildet wurden, nicht durch Umstände beeinflusst wurde, die man als zufällig, außerordentlich oder einmalig zu bezeichnen pflegt. Die Hauptaufgabe der Geldrechnung besteht jedoch nicht darin, sich mit den Problemen unveränderlicher oder sich nur geringfügig ändernder Marktsituationen und Preise auseinanderzusetzen, sondern Veränderungen zu bewältigen. Entweder nimmt der handelnde Mensch Veränderungen, die ohne eigene Einmischung eintreten, vorweg und will sein Handeln an diesen voraussichtlichen Zustand anpassen; oder er will ein Projekt starten, das die Bedingungen verändern wird, auch wenn keine anderen

Faktoren eine Veränderung bewirken. Die Preise der Vergangenheit sind für ihn nur Ausgangspunkte in seinem Bemühen, zukünftige Preise zu antizipieren.[648]

Nur der Geschichtsforscher und der Statistiker beschränkt sein Interesse auf die Geldpreise der Vergangenheit. Den handelnden Menschen[649] interessieren allein die Geldpreise der Zukunft, mag es auch nur die nächste Zukunft – die nächste Stunde oder die nächsten Tage[650] – sein; ihm sind die Geldpreise der Vergangenheit nur Mittel, um Schlüsse auf die Geldpreise der Zukunft zu ziehen. Nicht nur in seiner vorläufigen Berechnung des zu erwartenden Ergebnisses geplanter Maßnahmen, sondern auch in seinen Versuchen, das Ergebnis seiner vergangenen Transaktionen zu ermitteln, befasst er sich vor allem mit den zukünftigen Preisen.[651]

In der Bilanz und in der Gewinn- und Verlustrechnung erscheint das Ergebnis des vergangenen Handelns als Unterschied des gegenwärtigen Vermögens[652] (Gesamtwert der Aktiva minus Gesamtwert der Passiva) – des Vermögensstandes am Bilanztage – gegenüber dem Vermögen, das bei Beginn des zu betrachtenden Handelns vorhanden war, und als Unterschied zwischen den Aufwendungen, die das Handeln verursacht hat, und dem Rohertrag, den es gebracht hat. In diesen Aufstellungen müssen alle Aktiva und Passiva, die nicht Geld sind,[653] in Geld ausgedrückt werden; es müssen für sie Preise angenommen werden, die voraussichtlich erzielt werden können, oder, wie es insbesondere bei Ausrüstungen für Produktionsprozesse der Fall ist, unter Bezugnahme auf die zu erwartenden Preise beim Verkauf von mit ihrer Hilfe hergestellten Waren. Die kaufmännischen Faustregeln für diese Bewertungen und die Vorschriften der Handels- und Steuergesetze mögen den Sinn dieser Wertansätze mitunter verhüllen. Weder den Handelsgesetzen noch den Steuervorschriften ist es in erster Linie um eine «richtige», d.h. den Erfolg des verflossenen Handelns möglichst genau darstellende Bilanzierung und Gewinn- und Verlustrechnung zu tun. Das Handelsrecht zielt auf eine Buchhaltungsmethode ab, die die Gläubiger indirekt vor Verlusten schützen könnte. Es tendiert mehr oder weniger zu einer Bewertung von Vermögenswerten unterhalb ihres geschätzten Marktwerts, um den Reingewinn und das Gesamtvermögen kleiner erscheinen zu lassen, als sie wirklich sind. Dadurch wird eine Sicherheitsmarge geschaffen, die die Gefahr verringert, dass dem Unternehmen zu viel als vermeintlicher Gewinn zum Nachteil der Gläubiger entzogen wird und eine bereits zahlungsunfähige Firma so lange weitermachen könnte, bis sie die Mittel zur Befriedigung ihrer Gläubiger ausgeschöpft hat.[654] Die Steuergesetze wieder wollen oft umgekehrt einen möglichst hohen Gewinn der getätigten Geschäfte errechnet sehen. Die Absicht ist, die effektiven Steuersätze zu erhöhen, ohne diese Erhöhung in den nominalen Steuertabellen sichtbar zu machen.[655] So kommt es, dass Handelsbrauch, Handelsgesetze und Steuervorschriften mitunter Regeln für die Bewertung der Vermögensbestände aufstellen, deren Beobachtung die Bilanz und die Gewinn- und Verlustrechnung von dem Ziele ablenkt, das das Handeln der Wirtschaftsrechnung setzt. Man muss daher zwischen der Wirtschaftsrechnung unterscheiden, wie sie von Unternehmern praktiziert wird, die zukünftige Geschäfte planen, und denjenigen Berechnungen der geschäftlichen Tatsachen, die anderen Zwecken dienen[656]. Die Steuerbemessung hat mit den Aufgaben, die das Handeln der Wirtschaftsrechnung setzt, nichts zu tun[657]. Wenn ein Gesetz, das das Halten von Dienerschaft besteuert, verfügt, dass ein männlicher Diener zwei weiblichen Dienerinnen gleichzuhalten sei, wird niemand darin etwas anderes erblicken als eine Vorschrift über die Höhe der zu entrichtenden Abgabe. Wenn ein

Steuergesetz verfügt, dass Aktien und andere Wertpapiere für die Bemessung der Erbschaftssteuer nach dem Börsenkurs des Todestages des Erblassers zu bewerten sind, dann haben wir auch darin nichts weiter zu sehen als eine Vorschrift über das Ausmaß der Steuer.

Die ordnungsgemäß geführten Konten in einem System korrekter Buchhaltung sind auf Dollar und Cents genau. Sie zeigen eine beeindruckende Präzision, und die numerische Exaktheit ihrer Einträge scheint alle Zweifel auszuräumen. Tatsächlich sind die wichtigsten Kennzahlen, die sie enthalten, spekulative Antizipationen zukünftiger Marktkonstellationen. Es ist ein Fehler, die Posten jeder kaufmännischen Buchhaltung mit den Posten zu vergleichen, die in der rein technologischen Abrechnung verwendet werden, z. B. im Entwurf für den Bau einer Maschine. Der Ingenieur – soweit er sich um die technische Seite seiner Arbeit kümmert – wendet nur numerische Beziehungen an, die durch die Methoden der experimentellen Naturwissenschaften hergestellt werden; der Kaufmann kommt nicht um numerische Ausdrücke herum, die das Ergebnis seines Verständnisses des zukünftigen menschlichen Verhaltens sind. Das Wesentliche in der Bilanz und in der Gewinn- und Verlustrechnung ist die Bewertung von Aktiva und Passiva, die nicht aus Bargeld bestehen. Alle diese Bilanzen und Abschlüsse sind praktisch Zwischenbilanzen und Zwischenabschlüsse. Sie beschreiben so gut wie möglich den Stand der Dinge zu einem willkürlich gewählten Zeitpunkt, an dem das Leben und Handeln weitergeht und nicht aufhört. Es ist möglich, einzelne Geschäftseinheiten aufzulösen, aber das gesamte System der sozialen Produktion hört nie auf. Auch die in Bargeld enthaltenen Vermögenswerte und Schulden sind nicht von der Unbestimmtheit aller betriebswirtschaftlichen Bilanzpositionen befreit. Sie hängen von der zukünftigen Marktkonstellation ab, nicht weniger als ein Lagerbestand oder Geräte. Die numerische Genauigkeit von Geschäftsberichten und Berechnungen darf uns nicht daran hindern, die Unsicherheit und den spekulativen Charakter ihrer Posten und aller auf ihnen beruhenden Berechnungen zu erkennen.[658]

Das alles darf man aber nicht als Unzulänglichkeit der Wirtschaftsrechnung bezeichnen.[659] Die Wirtschaftsrechnung ist als Verfahren so brauchbar, als sie nur sein kann, und keine Verbesserung könnte sie vervollkommnen. Sie leistet alles, was man von ihr verlangen kann. Sie gibt dem Handeln alles, was ihm die zahlenmäßige Rechnung zu geben vermag. Dass sie kein Werkzeug zur sicheren Erforschung der künftigen Dinge ist und dass sie dem menschlichen Handeln nicht den spekulativen Charakter nehmen kann, kann nur in den Augen jener als ein Mangel erscheinen, die sich nicht damit abzufinden vermögen, dass Welt und Leben nicht starr und tot sind, sondern sich immerfort wandeln, und dass wir über diese Wandlungen im Voraus nichts sicher wissen.

Die Aufgabe, die die Wirtschaftsrechnung zu leisten hat, ist keineswegs etwa darin zu suchen, dass dem Wirtschaften der spekulative Charakter, der ihm notwendig innewohnt, genommen werden soll. Ihre Aufgabe ist es, das Handeln eines Akteurs so gut wie möglich an seine derzeitige Meinung über die künftige Befriedigung seiner Wünsche anzupassen. Zu diesem Zweck braucht der handelnde Mensch eine Berechnungsmethode, und die Berechnung erfordert einen gemeinsamen Nenner, auf den alle berücksichtigten Positionen bezogen werden sollen.[660] Der gemeinsame Nenner der Wirtschaftsrechnung ist das Geld.

2. Der Umfang der Geldrechnung

Was nicht gegen Geld umgesetzt zu werden pflegt, kann von der Wirtschaftsrechnung nicht erfasst werden.

[661]Es gibt Dinge, die man nicht mit Geld kaufen kann, für deren Erlangung man andere Opfer zu bringen hat als die Hingabe von Geld oder Geldeswert. Wer seinen eigenen Körper[662] zu[663] großen Leistungen stählen will, muss große Aufwendungen machen, und diese Aufwendungen mögen auch die Hingabe von Geld erfordern; doch das Entscheidende dabei, das, was allein unmittelbar zum Erfolge zu führen vermag, ist nicht zu kaufen. Ehre, Ruhm, Tugend, aber auch Kraft, Gesundheit, Leben, die alle im Handeln als Mittel und als Zweck berücksichtigt werden, sind nicht zu kaufen und müssen daher bei der Wirtschaftsrechnung außer Anschlag bleiben.

Es gibt Dinge, die überhaupt nicht in die Geldrechnung der Wirtschaft eingestellt werden können, und solche, die nur mit einem Teil ihrer Bedeutung in ihr berücksichtigt werden können. Wenn erwogen wird, ein Bauwerk von künstlerischem und geschichtlichem Wert abzutragen, um an seine Stelle ein modernes Bauwerk zu errichten, kann man in die Rechnung den Kunst- und Pietätswert nur soweit in Geld einstellen, als er zu Geldeinnahmen zu führen vermag. Was das Gemüt an das alte Bauwerk knüpft,[664] bleibt außerhalb der Geldrechnung.

Das alles setzt die Brauchbarkeit der Geldrechnung für die Überlegungen des handelnden Menschen nicht herab. Die Dinge, die nicht in die Posten der Buchhaltung und Berechnung eingehen, sind entweder Ziele oder Güter erster Ordnung. Eine Berechnung ist nicht erforderlich, um sie vollständig anzuerkennen und angemessen zu berücksichtigen. Alles, was der handelnde Mensch braucht, um seine Wahl zu treffen, ist ihnen die Summe der Kosten gegenüberzustellen, die ihr Erwerb oder ihre Erhaltung erfordert. Nehmen wir an, eine Stadtverwaltung muss sich zwischen zwei Wasserversorgungsprojekten entscheiden. Eines davon bedeutet den Abriss eines historischen Denkmals, während das andere bei höheren Kosten dieses Denkmal erhält. Die Tatsache, dass die Empfindungen, die die Erhaltung des Denkmals empfehlen, nicht in einer Geldsumme abschätzbar sind, behindert die Entscheidung der Stadträte in keiner Weise.[665] Die nicht in Geld abschätzbaren Werte werden dadurch, dass sie nicht in die Geldrechnung eingehen, in eine Sonderstellung gehoben, die ihre Berücksichtigung eher erleichtert.[666] Nichts ist törichter als die Klage, dass die Geldrechnung des Geschäftslebens das Unbezahlbare nicht einschließt. Den sittlichen und ästhetischen Werten geschieht dadurch kein Abbruch.[667]

Geld, Geldpreise, Markttransaktionen und die darauf aufbauende Wirtschaftsrechnung stehen stark in der Kritik. Beredte Prediger verunglimpfen die westliche Zivilisation als ein übles System des Wucherns und Feilschens. Selbstzufriedenheit, Selbstgerechtigkeit und Heuchelei erheben sich spöttisch über die «Dollar-Philosophie» unserer Zeit. Neurotische Reformer, nervöse Literaten und ehrgeizige Demagogen haben Freude daran, die «Rationalität» anzuklagen und das Evangelium des «Irrationalen» zu predigen. In den Augen dieser Schwätzer sind Geld und Rechnung die Quelle der schlimmsten Übel. Die Tatsache, dass die Menschen eine Methode entwickelt haben, um die Zweckmäßigkeit ihres Handelns so weit als möglich festzustellen und die Unzufriedenheit auf die praktischste und wirtschaftlichste Weise zu beseitigen, hindert jedoch niemanden daran, sein Verhalten nach jenem Grundsatz zu ordnen, den er für richtig hält. Der «Materialismus» der Börse und des Rechnungswesens hindert niemanden daran, dem Anspruch von Thomas von Kempen gerecht zu werden oder für einen edlen Zweck zu sterben. Die Tatsache, dass die Massen Detektivgeschichten der Poesie vorziehen und dass es sich daher eher lohnt, die ersteren zu schreiben als die letzteren, wird nicht durch die Verwendung von Geld und Buchhaltung verursacht. Es ist nicht die Schuld des Geldes, dass es Gangster, Diebe, Mörder, Prostituierte und korrumpierbare Beamte und Richter gibt. Es ist nicht wahr, dass sich Ehrlichkeit nicht «auszahlt». Es zahlt sich für diejenigen aus, die die Treue zu dem, was sie für richtig halten, den Vorteilen vorziehen, die sie aus einer anderen Einstellung ziehen könnten.

Die Kritik, die an der Geldrechnung geübt wurde, hat stets verkannt, dass die Wirtschaftsrechnung, die sie ermöglicht, allein die Rechnung eines Wirtes ist, der in der auf dem Sondereigentum an den Produktionsmitteln beruhenden arbeitsteiligen Gesellschaft wirtschaftet, und dass sie nur den Rechnungen zu dienen vermag, die die in dieser Gesellschaft wirtschaftenden Einzelnen und Personenverbände für ihr Handeln anzustellen haben. Es ist folglich eine Berechnung der privaten Profite und nicht der «sozialen Wohlfahrt».[668] Das heißt, dass für sie die Preise, die auf dem Markte gebildet werden, die einzige Richtschnur[669] bilden und dass sie keiner Überlegung genügen kann, die nicht von der Nachfrage der auf dem Markte auftretenden Verbraucher ausgeht, sondern von der hypothetischen Wertung eines das gesamte Handeln der Nation oder Welt allein bestimmenden Diktators. Wer «volkswirtschaftliche» Werturteile aus der Sicht eines angeblichen «sozialen Wertes», d. h. aus der Sicht der «ganzen Gesellschaft» bildet, um das, was in der kapitalistischen Gesellschaft vorgeht, an dem Maßstab einer imaginären sozialistischen Gesellschaft als deren Herr und Leiter er sich selbst denkt, zu kritisieren, findet in der Geldrechnung keine Unterstützung. Die Wirtschaftsrechnung in Geldpreisen ist die Rechnung von Unternehmern, die für die Verbraucher einer Marktgesellschaft produzieren.[670] Sie ist unanwendbar für alles, was darüber hinausgeht.

Wer mit Geld rechnen will, darf sich nie auf den Standpunkt stellen, von dem aus ein das gesamte Handeln einer Menschengruppe, eines Volkes oder der Menschheit leitende Wille das Handeln sehen müsste. Mit Geld vermögen[671] Kapitalisten, Bodenbesitzer, Arbeiter[672] und Unternehmer der kapitalistischen Gesellschaft zu rechnen. Für Rechnungen und Berechnungen, die jenseits der Aufgaben dieser Kategorien liegen, ist es unbrauchbar. Es ist sinnlos und verkehrt, in Geld Dinge abschätzen zu wollen, die auf den Märkten nicht gehandelt werden, und mit diesen willkürlichen Wertansätzen[673] in Rechnungen zu operieren. Der Gesetzgeber bestimmt, welchen Betrag der zu vergüten hat, der durch Tötung eines Menschen Schaden gestiftet hat. Doch die Anweisung, wie dieser Schaden zu berechnen sei, bedeutet nicht, dass der Wert des Menschenlebens in einen Geldausdruck gebracht werden kann. Wo Sklaverei besteht, gibt es auf dem Markte Preise für Sklaven. Wo keine Sklaverei besteht, sind der Mensch, sein Leben und seine Gesundheit *res extra commercium*. In einer Gesellschaft freier Menschen ist die Bewahrung von Leben und Gesundheit ein Ziel, kein Mittel, und bleibt daher außerhalb des Bereiches der Geldrechnung.

Man kann die Summe der Geldeinkommen oder der in Geld abgeschätzten Vermögen einer Anzahl von Personen errechnen; man kann aber, wenn man im Bereiche des Sinnvollen bleiben will, nicht Volkseinkommen oder Volksvermögen in Geld ausdrücken. In dem Augenblick, in dem man in die Betrachtung des menschlichen

Handelns Gesichtspunkte einführt, die dem Handeln eines in der Marktwirtschaft tauschenden Wirtes fremd sind, vermag man in der Geldrechnung keine Stütze der Überlegungen mehr zu finden. Die Versuche, das Vermögen eines ganzen Volkes oder der ganzen Welt in Geld auszudrücken, sind Zahlenspielerei[674] wie die der Zahlenmystiker, die aus den Dimensionen der Cheopspyramide Weltgeheimnisse zu enträtseln suchen. Wenn in einer kaufmännischen Rechnung einem Vorrat Kartoffel der Wert von hundert Dollar beigelegt wird, so bedeutet das, dass man erwartet, diesen Vorrat um hundert Dollar verkaufen zu können. Wenn der Gesamtwert eines Unternehmens mit 1.000.000 Dollar beziffert wird, so bedeutet das, dass man erwartet, das Unternehmen um diesen Preis veräußern zu können. Was aber sollen die Geldansätze bedeuten, die in der Aufstellung des[675] Volksvermögens enthalten sind? Was ist das Gesamtergebnis dieser Rechnung? Was hat in sie einzugehen? Was hat unberücksichtigt zu verbleiben? Soll man den «Wert» der Strassen, des Klima, der Tüchtigkeit der Bewohner[676] miteinbeziehen? Der Geschäftsmann kann sein Eigentum in Geld umwandeln, aber eine Nation nicht.[677]

Die Geld-Äquivalente, wie sie beim Handeln und in der Wirtschaftsrechnung verwendet werden, sind Geldpreise, d. h. Wechselkurse zwischen Geld und anderen Gütern und Dienstleistungen. Die Preise werden nicht in Geld gemessen, sondern bestehen aus Geld. Die Preise sind entweder Preise der Vergangenheit oder erwartete Preise der Zukunft. Ein Preis ist notwendigerweise eine historische Tatsache entweder der Vergangenheit oder der Zukunft. Nichts an Preisen erlaubt es, sie mit der Messung physikalischer und chemischer Phänomene zu vergleichen.[678]

3. Die Wandelbarkeit der Geldpreise

Alle Austauschverhältnisse des Marktes ändern sich, weil die Umstände, die zu ihrer Bildung geführt haben, sich ständig wandeln. Die Bedeutung, die die Einzelnen sowohl dem Gelde als auch den verschiedenen Waren und Dienstleistungen beilegen, entspricht den Überlegungen eines Augenblicks; schon der nächste Augenblick mag Neues bringen und anderen Überlegungen und Wertungen Raum geben. Nicht dass die Geldpreise sich ändern, vielmehr dass sie sich nicht schneller ändern, wäre als ein Problem zu bezeichnen, dem man Aufmerksamkeit zu schenken hätte.

Dass die Geldpreise der einzelnen Güter und Leistungen beständig Änderungen unterworfen sind, wird den Wirten täglich so eindringlich zu Bewusstsein gebracht, dass man annehmen sollte, dass ihr Denken über Geld und Geldpreise vor allem durch die Beachtung dieser Veränderungen bestimmt sein müsste. Dennoch werden alle volkstümlichen Anschauungen über Erzeugung und Verbrauch, über Vermarktung [679] und über Marktpreise von der vagen und widersprüchlichen Annahme einer Starrheit und Unwandelbarkeit der Verhältnisse[680] bestimmt. Man[681] hält es für natürlich und richtig zugleich, dass die alten Preise[682] beibehalten werden, und man erblickt in jeder Verschiebung der Austauschverhältnisse etwas, was wider die Natur und wider das Recht geht.

Man darf nicht etwa versuchen, diese volkstümliche Lehre dadurch zu erklären, dass sie den Niederschlag von Meinungen bilde, die sich in alten Zeiten beständigerer Produktions- und Absatzverhältnisse und beständigerer Preise in den Köpfen festgesetzt hätten. Es sei dahingestellt, ob man berechtigt wäre zu behaupten, dass die Preise in älterer Zeit weniger stark geschwankt hätten und ob nicht eher die Behauptung zulässig wäre, dass die Verschmelzung der lokalen Märkte zu größeren nationalen Märkten, die endgültige Herausbildung eines die Welt umfassenden Weltmarktes[683], und die Ausbildung eines für die Stetigkeit der Marktbeschickung sorgenden Handels mehr Stetigkeit in die Preisbildung gebracht hätten. In vorkapitalistischen Zeiten gab es mehr Stabilität bei den technologischen Produktionsmethoden, aber es gab viel mehr Unregelmäßigkeiten bei der Versorgung der verschiedenen lokalen Märkte und bei der Anpassung des Angebots an die sich ändernden Anforderungen.[684] Doch selbst wenn dem so gewesen wäre, hätte es wenig zu sagen. Die landläufigen Vorstellungen über Geld und Geldpreise reichen nicht in die Zeiten einfacherer wirtschaftlicher Verhältnisse zurück; es wäre unzulässig, sie durch die kritiklose Übernahme von Ideen, die sich in längst verflossenen Zeiten gebildet haben, zu erklären. In der modernen Wirtschaft hat jeder Wirt Tag für Tag so viel mit Geld und Geldumsatz zu schaffen, dass man wohl anzunehmen berechtigt ist, dass sein Denken über Geld nicht einfach auf dem beruht, was ihm durch eine alte Überlieferung zugeführt wurde.

Dass die durch eine Preisveränderung in ihren unmittelbaren Interessen Geschädigten sich mit moralischen Werturteilen gegen die Veränderung kehren, dass sie den alten Preis nicht nur als gerecht, sondern auch als natürlich bezeichnen und dass sie dabei die Beständigkeit der Preise als dem Wesen der Dinge gemäss erklären und in jeder Preisveränderung etwas Unnatürliches erblicken, wäre zu verstehen. Doch jede Preisveränderung bringt anderen Leuten wieder Vorteil, und die Begünstigten werden die Lehre von der Naturgemäßheit unwandelbarer Preise bei diesem Anlass gewiss nicht hervorkehren wollen.

Weder geschichtliche Umstände[685] noch die Gestaltung der Sonderinteressen vermögen die Entstehung des Glaubens, dass unwandelbare Preise der Natur gemäss seien, zu erklären. Seine Wurzel liegt vielmehr darin, dass alle Auffassungen über das Wesen gesellschaftlicher Beziehungen nach der Analogie der naturwissenschaftlichen Erkenntnis geformt wurden. Nicht erst die Soziologen und Nationalökonomen, die ihre wissenschaftliche Arbeit nach dem Muster der Physik oder der Biologie[686] zu gestalten suchen, haben die Denkungsart der Naturwissenschaft auf das menschliche Handeln zu übertragen gesucht. Lange vorher hat das naive Alltagsdenken der Handelnden dasselbe getan.

Selbst die klassischen Ökonomen befreiten sich nur langsam von diesem Fehler. Bei ihnen war Wert etwas Objektives, d. h. ein Phänomen der Außenwelt und eine den Dingen innewohnende und damit messbare Qualität. Sie haben den rein menschlichen und freiwilligen Charakter von Werturteilen überhaupt nicht verstanden.[687] Soweit man heute sehen kann, war es Samuel Bailey, der zuerst die Problematik der Wertung enthüllte[1]. Doch seine Schrift blieb lange unbeachtet wie die Werke aller Vorläufer der modernen Wertlehre.

Es ist nicht nur eine Aufgabe der Wirtschaftswissenschaften, die Fehler hinsichtlich der Messbarkeit im Bereich des Handelns zu beseitigen. Dies ist nicht weniger Aufgabe der Wirtschaftspolitik. Denn das Scheitern der heutigen Wirtschaftspolitik ist zum

[1] Vgl. Samuel Bailey, A Critical Dissertation on the Nature, Measures and Causes of Values. (London 1825). *Series of Reprints of Scarce Tracts in Economic and Political Science*, Nr. 7, (London, 1931).

Teil auf die bedauerliche Verwirrung zurückzuführen, die durch den Gedanken entstanden ist, dass es etwas Fixiertes und damit Messbares in den zwischenmenschlichen Beziehungen gäbe.[688]

4. Stabilisierung

Der Niederschlag aller dieser Irrtümer ist die Idee der Stabilisierung.

Unzulänglichkeiten in der Regulierung[689] des Geldwesens und Kritik der Wirtschaftspolitik, die durch Kreditausweitung den Zins senken und die Produktionstätigkeit anregen will,[690] haben den Anstoß zu den Überlegungen gegeben, die schließlich zum Schlagwort Stabilisierung geführt haben. Man kann es verstehen, wie man diesen Gedanken fassen konnte, man kann es aus der Geschichte des Geldwesens und der Umlaufsmittelbanken[691] der letzten hundertfünfzig Jahre erklären, man kann gewissermaßen mildernde Umstände zu Gunsten der Irrlehre ins Treffen führen. Doch ein Irrtum wird dadurch noch nicht zur Wahrheit, dass man sein Werden menschlich zu erfassen versteht.

Die Vorstellungen, die der Forderung nach Stabilisierung zugrunde liegen, sind vom Anfang bis zum Ende unhaltbar und widerspruchsvoll. Die Stabilität, die die Stabilisierung sich zum Ziele setzt, ist ein leerer Begriff. Der Drang zum Handeln, d. h. zur Verbesserung der Lebensbedingungen, ist dem Menschen angeboren. Der Mensch selbst verändert sich von Augenblick zu Augenblick, und seine Bewertungen, Wünsche und Handlungen ändern sich mit ihm. Im Bereich des Handelns gibt es nichts Ewiges außer der Veränderung. Es gibt keinen Fixpunkt in dieser unaufhörlichen Fluktuation, außer den ewigen aprioristischen Kategorien des Handelns.[692] Oder man sucht Werten und Handeln von dem handelnden Menschen und seiner Wandelbarkeit loszulösen, man nimmt das Bestehen ewiger unveränderlicher Werte an, die vom Menschen und seiner Wertung unabhängig im Kosmos für sich sind und an denen Werten und Handeln des Menschen gemessen Werden können1.

Es ist sinnlos, die Bewertung und das Handeln von der Unsicherheit des Menschen und der Veränderlichkeit seines Handelns zu trennen und so zu argumentieren, als gäbe es im Universum ewige Werte, unabhängig von menschlichen Werturteilen und geeignet, als Maßstab für die Bewertung des realen Handelns zu dienen.[2]

Allen Überlegungen, die ein Verfahren zur Messung der Geldwertveränderungen finden wollen, liegt in letzter Linie die Vorstellung zugrunde, dass ein ewiges und unwandelbares Wesen an unwandelbaren Maßstäben die Befriedigung ermittelt, die ihm durch die Verfügung über die Geldeinheit erreichbar wird. Man verhüllt diese abstruse Vorstellung nur unzulänglich, wenn man vorgibt, man wolle nur errechnen, wie sich die Kaufkraft der Geldeinheit geändert habe. Die Problematik des Stabilitätsbegriffs liegt doch gerade in *diesem* Begriff der Kaufkraft. Die naive Theorie des Laien sieht, befangen in den Maßvorstellungen der Physik, im Gelde zuerst ein Unwandelbares, einen Maßstab, und glaubt, dass Schwankungen der Austauschverhältnisse nur im Verhältnis der verschiedenen Güter und Dienstleistungen untereinander und nicht auch im Verhältnis des Geldes zu den

---

[2]Über die allgemeine Bereitschaft des menschlichen Geistes, Starrheit und Unwandelbarkeit als das Essentielle und Wechsel, Veränderung und Bewegung als das Accidentielle zu betrachten, vgl. Henri Bergson, La pensée et le mouvant, a. a. O., S. 85 ff.

als Gesamtheit betrachteten Gütern und Dienstleistungen vor sich gehen.[693] Man kehrt nur den Sachverhalt um: nicht das Geld erscheint hinfort als das Unwandelbare, sondern die Gesamtheit aller Güter und Leistungen, die für Geld gekauft werden können. Man sucht die Kaufgüter rechnerisch zusammenzufassen, um sie als Einheit dem Gelde gegenüberzustellen. Man ist bereit, sich über alle Bedenken hinwegzusetzen, um die Indexzahlen zu ermitteln. Man ist bereit davon abzusehen, dass alle Einzeldaten, die man für diese Zusammenfassung benötigt, anzweifelbar sind, und dass die Wahl der Methoden, mit denen man aus den Preisangaben zur Indexzahl gelangen will, willkürlich ist.

Irving Fisher, der geistige Führer der zeitgenössischen amerikanischen Bewegung für Stabilisierung, stellt dem Gelde den Inhalt eines Korbes gegenüber, in den die Hausfrau die Waren tut, die sie auf dem Markte für den täglichen Bedarf ihres Haushalts einkauft. In dem Maße, in dem der Geldbetrag, der für die Erwerbung dieser Auswahl von Gütern aufgewendet werden muss, sich verändert hat, habe sich die Kaufkraft des Geldes verändert; das Ziel der Stabilisierungspolitik wird darin erblickt, die Unveränderlichkeit dieses Geldaufwandes zu gewährleisten[3]. Das Verfahren, das hier zur Messung der Geldwertveränderungen vorgeschlagen wird, wäre vortrefflich, wenn die Hausfrau und ihr imaginärer Warenkorb[694] als unveränderliche Wesenheiten angesehen werden könnten, wenn der Einkaufskorb der Hausfrau immer die gleichen Waren und von jeder einzelnen Ware die gleiche Menge enthalten würde, und wenn die Bedeutung, die die Hausfrau dem Inhalt dieses Korbes beilegt, stets unverändert bliebe[695]. Doch wir haben eine Welt vor uns, in der diese Bedingungen nicht erfüllt sind.

Da ist zunächst der Umstand, dass die Beschaffenheit der Waren, die erzeugt und verbraucht werden, sich beständig ändert, so dass es verfehlt wäre, etwa einfach Weizen und Weizen oder gar Schuhe und Schuhe gleichzusetzen[696]. Die große Preisspanne, die zu gleicher Zeit an demselben Orte bei Umsätzen von Waren, die der Sprachgebrauch des Alltags und die Statistik *einer* Gattung zurechnen, festzustellen ist, beweist diese, übrigens jedermann bekannte und von niemand bestrittene Tatsache. Wenn auch eine landläufige Redensart ein Ei dem andern gleichen lässt, so unterscheiden Verkäufer und Käufer die Eier in der Preisbildung doch sehr beträchtlich.[697] Ein Vergleich von Preisen, die an verschiedenen Orten und zu verschiedenen Zeiten für Waren gezahlt wurden, die die Technologie oder die Preisstatistik mit demselben Wort zu bezeichnen pflegen, ist nichtssagend, wenn nicht feststeht, dass es sich um Waren derselben Beschaffenheit – abgesehen vom Ortsunterschied – handelt, wobei unter Beschaffenheit alle jene Eigenschaften zu verstehen sind, die von Käufern und Kauflustigen bei der Erstellung des Preisangebots berücksichtigt werden. Da die Beschaffenheit aller Waren des unmittelbaren Verbrauchs sich im Verlauf der Zeiten ändert, erweisen sich die Gedankengänge, die zur Messung der Kaufkraftverschiebungen führen wollen, schon in dieser Hinsicht als verfehlt. Der Umstand, dass eine beschränkte Anzahl von Produktionsmitteln – vor allem die Metalle und eine Reihe von anderen Stoffen, die eine chemische Formel eindeutig bestimmt, – technologisch so genau bezeichnet werden können, dass auch Unterschiede der Beschaffenheit exakt festgestellt werden können, spielt dabei keine Rolle. Eine Messung der Kaufkraft müsste auf den

[3]Vgl. Irving Fisher, The Money Illusion, (New York 1928), S. 19 f.

Preisen der Genussgüter[698], und zwar aller Genussgüter, aufgebaut werden.[699] Die Produktionsmittelpreise sind dafür unbrauchbar, weil man bei ihrer Verwendung nicht vermeiden kann, die verschiedenen Stufen der Produktion der einzelnen Endprodukte verschieden oft in die Rechnung eingehen zu lassen, woraus sich eine Ungleichmäßigkeit ergibt, die das Ergebnis empfindlich stört. Ganz unzulässig wäre die Beschränkung auf eine Auswahl von Gütern, da dann der Willkür Tür und Tor geöffnet wäre.

Doch auch wenn man von allen diesen unüberwindlichen Schwierigkeiten absehen wollte, bliebe die Aufgabe unlösbar. Denn nicht nur die Beschaffenheit der Waren ändert sich beständig; auch die Bedeutung, die den Waren von den wirtschaftenden Subjekten beigelegt wird, ist dem Wandel unterworfen. Neue Waren werden erzeugt, alte verschwinden. Die Ansichten über das, was zum Beheben des Unbefriedigtsein geeignet ist, wechseln und damit wechseln Nachfrage und Erzeugung. Die Voraussetzungen der Messungstheorie wären nur dann erfüllbar, wenn die Wünsche und Bewertungen der Menschen unveränderlich wären.[700] Nur wenn die Leute die gleichen Dinge immer gleich bewerteten, könnten wir Preisänderungen als Ausdruck von Veränderungen der Kaufkraft des Geldes betrachten.[701]

Weil man nicht imstande ist, die Preissummen für die Gesamtheit aller in den Zeitabschnitten, deren Preisgestaltung verglichen werden soll, umgesetzten Genussgüter zu ermitteln, muss man von den Preisen der einzelnen Güter ausgehen. Da ergeben sich sofort zwei weitere Probleme, für die es wieder keine Lösung gibt, die frei von Willkür und Ermessen[702] wäre. Man muss den einzelnen Preisangaben, die man verwenden will, Wichtigkeitskoeffizienten zuordnen, um zu verhindern, dass die Preise der Waren ohne Rücksicht auf den Umfang, den die Umsätze dieser Waren haben, und ohne Rücksicht auf die Bedeutung, die ihnen für die Versorgung zukommt[703], in die Rechnung eingehen. Die Festlegung dieser Gewichtung ist aber wiederum willkürlich. Schließlich aber muss man aus den einzelnen so bestimmten Elementen den Durchschnitt ermitteln, und da taucht die Frage auf, welches Verfahren[704] verwendet werden soll. Es gibt die arithmetischen, die geometrischen, die harmonischen Mittelwerte, es gibt den als Median bezeichneten Quasi-Durchschnitt.[705] Jedes Verfahren führt zu anderen Ergebnissen[706]. Keines von ihnen ist als der einzige Weg zu einer logisch unangreifbaren Antwort zu erkennen. Die Entscheidung für eine dieser Berechnungsmethoden ist willkürlich.

[707]Wenn alle menschlichen Verhältnisse ewig unwandelbar wären, wenn alle Menschen stets dieselben Handlungen setzen würden, weil ihr Unbefriedigtsein, ihre Auffassungen über seine Behebung und die ihnen zu seiner Behebung zu Gebote stehenden Mittel stets gleich wären, oder wenn wir zumindest annehmen dürften, dass alle Veränderungen, die sich in dieser Hinsicht bei einzelnen Menschen oder Menschengruppen ereignen, durch entsprechende Veränderungen bei anderen Einzelnen oder Gruppen in ihrer Wirkung auf den Markt, auf die Preise und das Handeln der Unternehmer aufgehoben werden, dann würden wir in einer Welt der Stabilität leben. Widerspruchsvoll bliebe aber dann die Vorstellung, es könnte in einer im Übrigen starren Welt das Geld allein seine Kaufkraft verändern. Wie später gezeigt wird, müssen sich Veränderungen der Kaufkraft des Geldes zwangsläufig auf die Preise verschiedener Güter und Dienstleistungen zu unterschiedlichen Zeitpunkten und in unterschiedlichem Ausmaß auswirken; sie müssen folglich zu Veränderungen bei Nachfrage und Angebot, bei Produktion und Konsum

führen.[708] Die im unpassenden Ausdruck «Preisniveau» liegende Vorstellung, als ob *caeteris paribus* sämtliche Geldpreise in gleichem Masse gehoben oder gesenkt werden könnten, ist unhaltbar. Andere Dinge können nicht gleich bleiben, wenn sich die Kaufkraft des Geldes ändert.[709]

In der praxeologischen und wirtschaftlichen Sphäre kann man mit dem Begriff der Messung keinen Sinn verbinden. Im gedachten Zustand der Starrheit gibt es keine Veränderungen, die zu messen wären, und im gegebenen Zustand steter Veränderung gibt es keinen festen Punkt und keine feste Beziehung, in Bezug auf welche Veränderungen gemessen werden könnten. Die Begriffe Stabilität und Stabilisierung sind leer, außer wenn damit die Vorstellung eines Zustands der Starre und der Erhaltung dieses Zustands verbunden wird. Doch der Zustand der Starre[710] kann widerspruchsfrei nicht einmal gedacht werden, geschweige denn verwirklicht werden. Wo gehandelt wird, da ändert sich etwas. Handeln ist ein Hebel der Veränderung.[711]

Die hochgestochene Festlichkeit, die Statistiker und statistische Ämter in der Berechnung von Kaufkraft- und Lebenshaltungskostenindizes an den Tag legen, ist fehl am Platz. Diese Indexzahlen sind allenfalls grobe und ungenaue Darstellungen der eingetretenen Veränderungen. In Zeiten langsamer Veränderungen im Verhältnis des Angebots von und der Nachfrage nach Geld vermitteln sie überhaupt keine Informationen. In Zeiten der Inflation und damit von starken Preisschwankungen liefern sie ein grobes Bild von Ereignissen, die jeder Einzelne in seinem täglichen Leben erlebt. Eine vernünftige Hausfrau weiß viel mehr über Preisänderungen, soweit sie ihren eigenen Haushalt betreffen, als die statistischen Durchschnitte ausdrücken können. Sie hat wenig Nutzen für Berechnungen, wenn diese die Änderungen in der Qualität und in der Menge der Waren ignorieren, die sie zu den Preisen kaufen kann oder darf, die in die Berechnung eingehen. Wenn sie die Veränderungen für ihre persönliche Wertschätzung «misst», indem sie die Preise von nur zwei oder drei Gütern als Maßstab nimmt, ist sie nicht weniger «wissenschaftlich» und nicht weniger willkürlich als die versierten Mathematiker bei der Wahl ihrer Methoden zur Berechnung der Marktdaten.

Im praktischen Leben lässt sich niemand durch Indexzahlen täuschen. Niemand hängt der Fiktion an, dass es sich dabei um Messwerte handelt. Bei quantitativen Messungen hören alle weiteren Zweifel und Meinungsverschiedenheiten in Bezug auf deren Dimensionen auf. Diese Fragen sind geklärt. Niemand wagt es, mit den Meteorologen über die von ihnen gemessene Temperatur, Luftfeuchtigkeit, Luftdruck und anderer meteorologischer Daten zu streiten. Auf der anderen Seite wird jedoch niemand einer Indexzahl zustimmen, wenn er von der Anerkennung durch die öffentliche Meinung keinen persönlichen Vorteil erwartet. Die Festlegung von Indexzahlen löst keine Streitigkeiten, sondern verlagert sie lediglich in ein Gebiet, in dem das Aufeinanderprallen von widerstreitenden Meinungen und Interessen unversöhnlich ist.

Menschliches Handeln ist der Ursprung von Veränderung. Was das menschliche Handeln betrifft, so gibt es keine Stabilität, sondern unaufhörliche Veränderung. Der historische Prozess ist eine Abfolge von Veränderungen. Es ist jenseits der menschlichen Macht, sie zu stoppen und ein Zeitalter der Stabilität herbeizuführen, in dem die ganze Geschichte zum Stillstand kommt. Es liegt in der Natur des Menschen, nach Verbesserung zu streben, neue Ideen zu erdenken und die Bedingungen seines Lebens nach diesen Vorstellungen neu zu ordnen.

Die Preise des Marktes sind historische Tatsachen, die einen Zustand ausdrücken, der zu einem bestimmten Zeitpunkt des unumkehrbaren historischen Prozesses herrschte. Im praxeologischen Bereich macht das Konzept der Messung keinen Sinn. Im imaginären – und natürlich nicht realisierbaren – Zustand von Erstarrung und Stabilität sind keine messbaren Veränderungen zu erkennen. In der tatsächlichen Welt des permanenten Wandels gibt es keine festen Punkte, Objekte, Qualitäten oder Beziehungen, anhand derer Veränderungen gemessen werden könnten.

5. Die Herkunft der Stabilisierungsidee

Die Wirtschaftsrechnung ist unabhängig von allem, was mit der Vorstellung wertstabilen Geldes zusammenhängt.[712] Die Tatsache, dass Starrheit in der Kaufkraft der Geldeinheit undenkbar und unrealisierbar ist, beeinträchtigt die Methoden der Wirtschaftsrechnung nicht.[713]

Was die Wirtschaftsrechnung benötigt, ist ein Geld, dessen Dienst nicht durch Eingriffe der Wirtschaftspolitik unterbunden wird[714]. Durch Maßnahmen, die auf Steigerung der den Staatskassen zur Verfügung stehenden Mittel oder auf die Senkung des Zinssatzes unter den Stand, der sich auf dem unbehinderten Markte bildet, hinzielen, wird das Geldwesen in Unordnung gebracht und damit auch die Geldrechnung gestört. Das erste Ziel der Geldpolitik muss darin bestehen, die Regierungen daran zu hindern, die Inflation anzukurbeln und Bedingungen zu schaffen, die die Kreditausweitung der Banken begünstigen. Aber dieses Programm unterscheidet sich sehr von dem konfusen und widersprüchlichen Programm zur Stabilisierung der Kaufkraft.[715]

Für die Wirtschaftsrechnung genügt es, wenn das Geld nicht großen und heftigen Schwankungen der Kaufkraft ausgesetzt ist[716]. Goldgeld[717] und, bis in die Mitte des neunzehnten Jahrhunderts, auch Silbergeld[718] haben allen Anforderungen der Wirtschaftsrechnung entsprochen. Veränderungen in der Relation des Angebots von und der Nachfrage nach den Edelmetallen und den daraus resultierenden[719] Veränderungen der Kaufkraft[720] vollzogen sich so langsam, dass die Wirtschaftsrechnung des Unternehmers sie unberücksichtigt lassen durfte, ohne dass daraus allzuschwere Fehler entstehen konnten. Exaktheit ist in der Wirtschaftsrechnung auch abgesehen von den Mängeln, die sich aus der Nichtberücksichtigung oder unzulänglichen Berücksichtigung der Veränderungen der Kaufkraft des Geldes ergeben, nicht zu erzielen[4]. Die kaufmännische Kalkulation[721] muss eine Reihe von Daten verwenden, die sich auf die unbekannte Zukunft beziehen, denn sie hat mit künftigen Preisen und Produktionskosten zu rechnen. Das Rechnungswesen und die Buchführung sind in ihrem Bemühen, das Ergebnis vergangener Handlungen zu ermitteln, in der gleichen Position, soweit sie sich auf die Schätzung von Sachanlagen, Lagerbeständen und Forderungen stützen.[722] Ungeachtet aller dieser Mängel vermag die Geldrechnung die Aufgabe, die ihr der Unternehmer zuweist, zu erfüllen. Denn diese Ungewissheiten sind nicht auf Unzulänglichkeiten des Berechnungssystems

---

[4] Keine praktische Rechnung kann übrigens exakt sein. Exakt ist die Formel, nach der die Rechnung erfolgt, doch nicht die Rechnung, die von mehr oder weniger ungenauen Messungen ausgeht. – Die Nationalökonomie ist, wie schon gezeigt wurde, eine exakte Wissenschaft von wirklichen Dingen. Sobald jedoch in die Überlegungen Preisangaben eingeführt werden, verliert der Gedankengang die Exaktheit und wird zu nationalökonomisch orientierter Geschichtsbetrachtung, zur Wirtschaftsgeschichte.

zurückzuführen. Sie sind dem Wesen des Handelns inhärent, das sich immer mit der ungewissen Zukunft beschäftigt.[723]

Der Gedanke, das Geld wertstabil zu machen, ist nicht dem Bestreben entsprungen, die Geldrechnung auf eine richtigere Grundlage zu stellen, sondern dem Wunsche, eine Sphäre zu schaffen, die dem unaufhörlichen Fluss der menschlichen Angelegenheiten entzogen ist, ein Bereich, den der historische Prozess nicht beeinflusst[724]. Stiftungen, die eine kirchliche Einrichtung, eine Wohlfahrtsanstalt oder eine Familie für «ewige Zeiten» materiell sicherstellen wollten, wurden seit altersher in Grund und Boden oder in Naturalleistung von Bodenfrüchten verankert. Erst später traten auch Geldrenten auf. Die Erwartung, die Stifter und Begünstigte erfüllte, dass man die Leistung durch Bestimmung einer Summe von Edelmetallgeld aus den Schwankungen des Wirtschaftslebens herausgehoben und ihr unveränderlichen Wert gegeben habe, erwies sich aber als trügerisch. Die Enkel[725] mussten erkennen, dass die Absicht der Vorfahren sich nicht verwirklicht hatte. Angeregt durch diese Erfahrungen fing man nun an, darüber Untersuchungen anzustellen, in welcher Weise man das angestrebte Ziel besser erreichen könnte. Man betrat damit den Weg, der zur Ausarbeitung von Vorschlägen zur Messung des Geldwertes und eines auf solchen Messungen aufgebauten wertbeständigen Geldes führte.

Das Problem gewann größere Bedeutung in dem Maße, in dem die Regierungen daran gingen, sich Anleihen durch die Ausgabe langfristiger und «ewiger» Schuldtitel zu beschaffen. Der als ewige und unwandelbare Anstalt hoch über den Wechselfällen der Wirtschaft thronende Staat, dieser neue Gott des aufsteigenden Zeitalters des Etatismus, bot da dem Bürger hilfreich die Hand, um ihm ein Einkommen für alle Zeiten zu sichern. Hier wurde ein Weg gezeigt, der den Einzelnen von dem Zwange des kapitalistischen Systems, sein Eigentum täglich neu wagen und neu erwerben zu müssen, befreien sollte. Wer sein Geld in Schuldverschreibungen des Staates und der Gemeinden oder der von diesen beschirmten Anstalten[726] anlegte, der war nicht mehr dem Markte und den Verbrauchern untertan. Er musste nicht länger ängstlich bemüht sein, seine Kapitalien so anzulegen, dass sie den Wünschen der Verbraucher am wirksamsten dienen. Er war gesichert, er war aus dem gefahrvollen Bereich des Wettbewerbs der Unternehmer und Kapitalisten, wo Verluste drohen, unter die ungestörten ewigen Genuss versprechenden Fittiche des allmächtigen und vollkommenen, des «ewigen» Staates getreten. Sein Einkommen floss nicht mehr aus dem Handeln von Unternehmern, die den Verbraucher versorgen müssen, wenn sie ihre Unternehmerstellung nicht verlieren wollen, sondern aus den Steuern, die der Staat durch seinen Zwangsapparat dem Einkommen und Vermögen der Bürger entzieht. Was der Staat an Verzinsung bot, war weniger, als auf dem Markte geboten wurde; doch die Minderleistung wurde aufgewogen durch die über jeden Zweifel erhabene Kreditwürdigkeit des Schuldners, der nicht vom Markte und den Verbrauchern abhängig ist, sondern ihnen gebietet und von ihnen Zwangsabgaben heischt.

Ungeachtet aller üblen Erfahrungen, die man in vergangenen Zeiten mit dem Staat als Schuldner gemacht hatte, vertraute man rückhaltlos dem neuen[727] Staate des 19. Jahrhunderts. Von ihm nahm man ohne weiteres an, dass er den freiwillig übernommenen Verpflichtungen gewissenhaft nachkommen werde. Kapitalisten und Unternehmer mussten besser als die anderen Schichten erkennen, dass es in der kapitalistischen Gesellschaft keinen anderen Weg gibt, erworbenes Vermögen zu bewahren als den, sich um die bestmögliche Versorgung der Verbraucher im Wettbewerb mit jedermann, auch mit dem Vermögenslosen, erfolgreich zu bewähren. Der alternde Unternehmer, der der täglichen Mühe, sich den wechselnden Lagen des Marktes anzupassen, müde geworden war und seinen schwer erworbenen Reichtum nicht neuerlich den Gefahren des Marktgetriebes aussetzen wollte, und der Erbe der Gewinne von anderen, der seine Unfähigkeit, sich im Wettbewerb der Güterversorgung zu bewähren, erkannte, suchten die Anlage in Staatspapieren, weil sie frei werden wollten von dem Zwange, den der Verbraucher ihnen durch den Markt auferlegt.

Für die ewige Rentenschuld braucht man den immerfesten Geldwert.[728] Doch wenn auch der Staat und sein Zwang ewig sein mögen, die Verpflichtung des Staates aus seinen Schulden könnte es nur dann sein, wenn sie auf ewig unveränderliche Leistung abgestellt werden könnte[729]. In diesem Punkte tritt dem Vermögenden, der um der Sicherheit willen vom wagenden und nach Erwerb strebenden Unternehmer zum Rentner geworden war, das Problem der Wandelbarkeit aller menschlichen Verhältnisse wieder in anderer Gestalt entgegen. Es erweist sich, dass der Versuch, eine vom Markte unabhängige, nie versiegende Einkommensquelle zu schaffen, auch durch die Anrufung der Staatsgewalt nicht gelöst werden kann.

Es gibt in dieser Welt keine wie immer geartete Stabilität und Sicherheit, und keine menschlichen Anstrengungen sind mächtig genug, sie zu verwirklichen. Im Gesellschaftssystem der Marktwirtschaft gibt es keine andere Möglichkeit Reichtum zu erwerben und zu bewahren als den erfolgreichen Dienst am Verbraucher. Der Staat ist natürlich in der Lage, Zahlungen von seinen Untertanen einzufordern und Kredite aufzunehmen. Doch selbst die rücksichtsloseste Regierung kann sich den Gesetzen, die das Leben und Handeln der Menschen bestimmen, auf Dauer nicht widersetzen. Wenn der Staat die geliehenen Gelder für Investitionen in den Branchen verwendet, in denen sie den Bedürfnissen der Verbraucher am besten dienen, und wenn er diese unternehmerischen Aktivitäten im freien und gleichberechtigten Wettbewerb mit allen privaten Unternehmern durchsetzt, ist er in der gleichen Position wie jeder andere Unternehmer; er kann Zinsen zahlen, weil er Überschüsse gemacht hat. Aber wenn die Regierung Mittel erfolglos anlegt und keine Überschüsse anfallen, oder wenn sie das Geld für laufende Ausgaben verwendet, schrumpft oder verschwindet das geliehene Kapital ganz, und es wird keine Quelle erschlossen, aus der Zinsen und Kapital gezahlt werden könnten. Dann ist die Besteuerung der Menschen die einzige Methode, um die Verpflichtungen aus dem Kreditvertrag zu erfüllen. Mit der Forderung nach Steuern für solche Zahlungen macht die Regierung die Bürger verantwortlich für das Geld, das in der Vergangenheit verschwendet wurde. Die gezahlten Steuern werden nicht durch die von der Regierung erbrachten Dienstleistungen kompensiert. Der Staat zahlt Zinsen auf das verbrauchte und nicht mehr vorhandene Kapital. Die Staatskasse ist mit den unglückseligen Ergebnissen vergangener Politik belastet.

Kurzfristige Staatsschulden lassen sich unter besonderen Bedingungen argumentieren. Natürlich ist die populäre Rechtfertigung von Kriegsdarlehen unsinnig. Alle Materialien, die für die Durchführung eines Krieges benötigt werden, müssen durch Beschränkung des zivilen Konsums, durch die Inanspruchnahme eines Teils des verfügbaren Kapitals und durch härtere Arbeit zur Verfügung gestellt werden. Die ganze Last des Krieges trifft die lebende Generation. Die kommenden Generationen sind nur insofern betroffen, als sie aufgrund der Kriegsausgaben von den heute Lebenden weniger erben werden, als wenn kein Krieg geführt worden wäre. Die Finanzierung eines Krieges durch Kredite verlagert die Last nicht auf die Söhne und Enkel. Es handelt sich lediglich um eine Methode der Lastenverteilung unter den Bürgern. Wenn die gesamten Ausgaben durch Steuern gedeckt werden müssten, könnten nur diejenigen angesprochen werden, die über liquide Mittel verfügen. Der Rest der Bevölkerung würde nicht ausreichend dazu beitragen. Kurzfristige Darlehen können zur Beseitigung solcher Ungleichheiten beitragen, da sie eine faire Heranziehung der Eigentümer von illiquidem Kapital ermöglichen.

Der langfristige öffentliche und halböffentliche Kredit ist ein fremdes und störendes Element in der Struktur einer Marktgesellschaft. Dessen Einführung war ein vergeblicher Versuch, über die Grenzen des menschlichen Handelns hinauszugehen und eine Umlaufbahn der Sicherheit und Ewigkeit zu schaffen, die der Vergänglichkeit und Instabilität irdischer Angelegenheiten entrückt wäre. Was für eine arrogante Anmaßung, für immer und ewig Geld auszuleihen und zu verleihen, ewige Verträge für alle Zeiten zu schließen! Dabei war es wenig bedeutsam, ob die Kredite formell unkündbar waren oder nicht; sie wurden absichtlich und praktisch in der Regel als solche betrachtet und behandelt. In der Blütezeit des Liberalismus haben einige westliche Nationen Teile ihrer langfristigen Schulden durch ehrliche Rückzahlung wirklich abgebaut. Aber zum größten Teil wurden neue Schulden nur auf alte gehäuft. Die Finanzgeschichte des letzten Jahrhunderts zeigt eine stetige Zunahme der Staatsverschuldung. Niemand glaubt, dass die Staaten die Last dieser Zinszahlungen auf ewig schleppen werden. Es liegt auf der Hand, dass alle diese Schulden früher oder später auf die eine oder andere Weise liquidiert werden, aber sicherlich nicht durch Zahlung von Zinsen und Kapital gemäß den Vertragsbedingungen. Eine Vielzahl von spitzfindingen Schriftstellern ist bereits damit beschäftigt, die moralischen Betäubungsmittel für den Tag der endgültigen Abrechnung auszuarbeiten.

Die Tatsache, dass die Wirtschaftsrechnung in Geld den Aufgaben nicht gewachsen ist, die ihr in diesen illusorischen Schemata zur Errichtung eines unrealisierbaren, von den unausweichlichen Begrenzungen menschlichen Handelns entfernten Ruhebereiches, der ewige Sicherheit bieten soll, zugewiesen sind, kann nicht als Mangel bezeichnet werden. Es gibt keine ewigen, absoluten und unveränderlichen Werte. Die Suche nach einem Standard solcher Werte ist vergeblich. Die Wirtschaftsrechnung ist nicht unvollkommen, weil sie nicht den verworrenen Vorstellungen von Menschen entspricht, die sich nach einem stabilen Einkommen sehnen, das nicht von den Produkionsprozessen der Menschen abhängig ist.[730]

Kapitel 13

DIE GELDRECHNUNG ALS GEDANKLICHES WERKZEUG DES HANDELNS

1. Die Geldrechnung als Denkverfahren[731]

Die Geldrechnung ist der Leitstern des Handelns im Gesellschaftssystem der Arbeitsteilung. Sie ist der Kompass des Menschen, der produzierend tätig wird.[732] Man rechnet, um die vorteilhaften (rentablen) Wege der Produktion[733] von den nicht vorteilhaften (unrentablen) zu unterscheiden, jene, denen die souveränen Verbraucher wahrscheinlich zustimmen werden, von denjenigen, denen sie wahrscheinlich nicht zustimmen werden. Jeder einzelne Schritt unternehmerischer Aktivitäten[734] wird durch die Geldrechnung geprüft. Das Vorbedenken des Handelns wird zur kaufmännischen Kalkulation erwarteter Kosten und erwarteter Erlöse, das Nachbedenken des vollzogenen Handelns zur Erfolgsrechnung und Bilanzaufstellung durch die Buchführung.

Das Rechnen im Handeln ist an eine Reihe von gesellschaftlichen Voraussetzungen geknüpft. Es muss Arbeitsteilung und Sondereigentum an den Produktionsmitteln bestehen, und die Güter aller Güterordnungen und die Dienstleistungen müssen auf dem Markte durch Vermittlung eines allgemein gebräuchlichen Tauschmittels, des Geldes, umgesetzt werden.

Die Geldrechnung ist die Rechnung des im Rahmen der kapitalistischen Gesellschaftsordnung[735] wirtschaftenden Unternehmers. Sie geht vom Handeln der in der kapitalistischen Gesellschaftsordnung wirkenden Einzelnen aus, sie ist eine Rechnung der Sondervermögen und der Sondergewinne und Sonderverluste der mit ihren Sondervermögen wirtschaftenden Einzelnen.[1],[736] Alle ihre Ergebnisse

[1] In Partnerschaften und Aktiengesellschaften sind es immer Individuen, die handeln, obschon nicht ein einzelnes Individuum.

beziehen sich auf das Wirtschaften[737] der Einzelnen, und wenn die Statistik sie zusammenfasst, so ergibt das die Summe der Ergebnisse des Handelns vieler Einzelner, doch niemals Ergebnisse des Handelns der Gesamtheit. Die Geldrechnung ist völlig unanwendbar und nutzlos für jede Betrachtung, die nicht aus der Sicht des Einzelnen erfolgt. Dabei geht es um die Berechnung der Profite des Einzelnen, nicht um imaginäre «soziale» Werte und «soziale» Wohlfahrt.[738]

Die Geldrechnung ist ein geistiges Werkzeug des Handelns in der auf dem Sondereigentum an den Produktionsmitteln beruhenden, durch das Getriebe des Marktes gesteuerten arbeitsteiligen Gesellschaftsordnung.[739] Sie hat sich in dem Masse entwickelt, in dem der Marktmechanismus sich verfeinert und immer weitere Kreise des Handelns in seinen Bereich gezogen hat. Erst durch die Ausbildung der Geldrechnung haben Maß und Zahl und Rechnen[740] jene Bedeutung erlangt, die sie in unserer quantitativen und kalkulierenden Zivilisation spielen. Alle Messungen der Physik und der Biologie erhalten für das Handeln erst durch die Geldrechnung Sinn. Es ist die Geldrechnung, die die Arithmetik zu einem Werkzeug im Kampf um ein besseres Leben gemacht hat. Sie bietet eine Methode, die Errungenschaften von Laborversuchen zu nutzen, um Unzufriedenheit am wirksamsten zu beseitigen.[741]

Ihre Vollendung erreicht die Geldwirtschaftsrechnung in der Kapitalsrechnung. Die zur Verfügung stehenden Güter werden in Geld bewertet und den Veränderungen gegenübergestellt, die sie durch das Handeln und durch alle anderen Einwirkungen erfahren. Aus dieser Gegenüberstellung ergibt sich die Möglichkeit, den Erfolg des Handelns und das Ausmaß dieser Veränderungen [742] zu prüfen; sie macht Erfolg und Misserfolg, Gewinn und Verlust feststellbar[743]. Das System der freien Marktwirtschaft wurde als Kapitalismus bezeichnet, um es zu verunglimpfen und zu schmähen. Dieser Begriff kann jedoch als sehr treffend angesehen werden. Es bezieht sich auf das charakteristischste Merkmal des Systems, seine wesentliche Essenz, nämlich die Rolle, die der Begriff des Kapitals in seinem Verhalten spielt.[744]

Es gibt Naturen[745], die dieses Denkverfahren abstößt. Sie wollen in ihren Träumereien und Phantastereien nicht durch die nüchterne Kritik des rechnenden Verstandes gehemmt werden. Die Realität des menschlichen Daseins widert sie an, sie sehnen sich nach einem Reich der unbegrenzten Möglichkeiten.[746] Sie erheben Klage über die Niedrigkeit und Gemeinheit einer alles berechnenden Menschheit. Man pflegt mit Unrecht diese Auffassung als die des Geistes, der Schönheit und hoher Gesinnung der Auffassung der stumpfen Banausen gegenüberzustellen. Der Kult der Schönheit und der Tugend, der Weisheit und der Suche nach der Wahrheit[747] wird durch die Rationalität des rechnenden und berechnenden Verstandes [748] nicht behindert. Sie steht nur der romantischen Weltauffassung im Wege, die von einem Leben träumt, das die Schranken, die dem menschlichen Wirken gezogen sind, übersteigen darf. Der nüchterne Rechner ist der Feind des schwärmenden Utopisten.

Unsere Zivilisation[749] ist untrennbar auf Handeln aufgebaut, das durch die Geldrechnung rechenhaft geworden ist. Sie würde untergehen, wenn wir dieses kostbarste intellektuelle Werkzeug des Handelns aufgeben würden. Goethe nannte die doppelte Buchhaltung zu Recht «eine der schönsten Erfindungen des menschlichen

Geistes»[2].[750]

2. Geldrechnung und Praxeologie[751]

Die Ausbildung der kapitalistischen Geldrechnung war die geistige Voraussetzung für die Entstehung einer systematischen und logisch geschlossenen Wissenschaft vom menschlichen Handeln. Soziologie[752] und[753] Nationalökonomie haben einen geschichtlichen Ort in der Geschichte der Menschheit und in der Entwicklung der Wissenschaften. Sie konnten erst auftreten, als im Handeln selbst Denkverfahren gestaltet worden waren, die es ermöglichten, die Überlegungen des Handelnden mit zahlenmäßiger Genauigkeit durchzuführen. Die Wissenschaft vom Handeln war zunächst Wissenschaft vom Wirtschaftlichen im engeren Sinn. Sie war die Lehre von jenen Handlungen, die als durch Geld vermittelte Tauschakte in der Gesellschaftsordnung vollzogen werden[754]. Die ersten Versuche auf ihrem Wege waren Untersuchungen über Münzwesen, Geldverleih und über Geldpreise. Die Erkenntnisse, die das Gresham'sche Gesetz, die Quantitätstheorie in ihren ersten Formulierungen – etwa in denen von Bodin und Davanzati[755] – und die King'sche Regel uns bieten, ließen schon lange vor der Ausbildung einer die Gesamtheit der Markterscheinungen umfassenden und sie in ihrer Verbundenheit erkennenden Lehre das Walten einer Notwendigkeit im Handeln ahnen. Das erste geschlossene System der Ökonomik, das der klassischen Nationalökonomie, ist eine Theorie des rechnenden und berechnenden Lebens[756], das die Scheidelinie zwischen dem wirtschaftlichen und dem übrigen Handeln dort zieht, wo die Verwendung des Geldes ihre Grenze findet. Ausgehend von dieser Grundlage waren die Ökonomen gezwungen, das Feld ihrer Studien Schritt für Schritt zu erweitern, bis sie schließlich ein System entwickelten, das sich mit allen menschlichen Entscheidungen befasste, eine allgemeine Theorie des Handelns.[757]

[2]Vgl. Johann W. von Goethe, Wilhelm Meisters Lehrjahre, I. Buch, 10. Kapitel.